Die Gemäldegalerie des Kunsthistorischen Museums in Wien

Herausgeber
DAS KUNSTHISTORISCHE MUSEUM IN WIEN

Führer durch das Kunsthistorische Museum
Nr. 27

2. Auflage 1981

Printed in Austria by Druckhaus R. Kiesel, Salzburg
Papier von Borregaard: holzfrei Euroffset 115 g
ISBN 3-7017-0203-9

FRIDERIKE KLAUNER

Die GEMÄLDEGALERIE
des Kunsthistorischen Museums in Wien

Vier Jahrhunderte europäischer Malerei

RV

Residenz Verlag

Gewidmet
dem Gründer der Galerie
Erzherzog Leopold Wilhelm
von Österreich
(1614–1662)

VORWORT

In der Regel haben Vorworte das Schicksal, nicht gelesen zu werden oder bestenfalls als Nachwort. In diesem Fall wäre es aber zum besseren Verständnis unseres Buches, ebenso wie zu dem der darin vorgestellten Bilder zu empfehlen, dem Vorwort die kurze Zeit zu widmen, die es beansprucht.
Seit der Aufklärung stellt man Bilder-Galerien nach didaktischen Gesichtspunkten auf, das heißt in der Regel nach Ländern und innerhalb dieser chronologisch geordnet. Dadurch gewinnt man eine Übersicht über die Entwicklung der Stile und die Unterschiede beziehungsweise Ähnlichkeiten der Entwicklung in den verschiedenen Ländern. Aus praktischen Gründen sind Galerien – und da besonders große, wie die unsere – nur in einer solchen Weise darzubieten. Ein solcher Überblick läßt freilich ein sehr wesentliches Bewußtsein nicht aufkommen – das der Gleichzeitigkeit. Wer denkt schon daran, daß Dürer und Michelangelo derselben Generation angehörten, oder daß Gossaerts »Madonna mit Kind« und Tizians »Kirschenmadonna« gleichzeitig entstanden sind, daß Caravaggio seine »Rosenkranzmadonna« zur gleichen Zeit malte wie Savery die »Waldlandschaft«? So etwas kann man in einer Galerie nicht zur Darstellung bringen, man kann es aber dem Leser in einem Buch bewußt machen. Darum werden im folgenden die Maler nicht nach ihren Ursprungsländern, sondern nach der Gleichzeitigkeit der Generationen zusammengefaßt. Desgleichen ihre Werke nach der Gleichzeitigkeit ihrer Entstehungsdaten, wobei man natürlich nicht nach Jahren, sondern nur nach Jahrzehnten vorgehen kann. Man gewinnt auf diese Weise einen Überblick über die jeweilige Gesamtheit des malerischen Schaffens und wird dabei zu erstaunlichen Einsichten kommen. Die Wiener Galerie umfaßt noch dazu fast für alle Phasen der internationalen Entwicklung von etwa 1400 bis 1800 wesentliche Beispiele, und sollte dies einmal nicht der Fall sein, so kann man die fehlenden Glieder ohne Mühe in der Österreichischen Galerie

(unsere Galerie enthält keine österreichischen Bilder) oder in der Galerie der Akademie der Bildenden Künste aufsuchen.
Neben kunsthistorischen Überlegungen gibt es aber noch eine andere Art der Betrachtungsweise, die auch nur in einem Buch zu berücksichtigen ist, nämlich die ikonographische. Die erste und natürlichste Art, ein Bild zu betrachten, ist immer die, nach dem Thema zu fragen. Genauso ist ja auch der Auftraggeber des Bildes vorgegangen, der entweder einen Altar oder eine mythologische Szene, eine Landschaft oder ein Porträt haben wollte. Es setzt bereits die Kunstkennerschaft einer späten Zeit voraus, die zum Beispiel eine Landschaft – die aber nur von einem bestimmten Maler – wünscht oder die gar auf das Thema keinen Wert mehr legt, sondern nur auf den bestimmten Künstler, dessen Qualität sie daher ausschließlich von der malerisch-handwerklichen Seite her beurteilt. Alte Bilder aber, wie sie unsere Galerie enthält, werden zunächst – und mit Recht – von ihrem Inhalt her betrachtet. Unter »alten Bildern« werden diejenigen verstanden, die vor der einschneidenden Zäsur der Aufklärung, vor dem Klassizismus entstanden sind. Bis dahin war das Weltbild trotz tiefgreifender Wandlungen im geistigen und wissenschaftlichen Bereich noch immer einheitlich und demgemäß trotz Verschiebung der Schwerpunkte auch die Thematik der Malerei. Daher wäre es möglich, mit den Bildern der Galerie ein Bild der Welt zu geben: angefangen von der Schöpfungsgeschichte des Alten Testaments, dem Paradies und den ersten Menschen Adam und Eva und ihrem Sündenfall, über die christliche Vorstellungswelt des Neuen Testaments und die Erlösungsgeschichte der Menschheit, über die durch den Humanismus poetisch verklärte und gedeutete antike Weltgeschichte, ihren Götterhimmel und ihr Weltbild bis in die historische Zeit, in der sich der Mensch in seinen Taten auf dieser Erde und mitten unter ihren Erscheinungen, aber immer noch eingespannt zwischen Himmel und Hölle, verwirklicht sieht.
Ein solches in einer langen Reihe von Bildern aufgeblättertes »Imago Mundi« muß natürlich nicht nur aus Meisterwerken bestehen, um verständlich zu sein. Eine »Kreuzigung Christi« etwa ist als solche auch dann erkennbar, wenn sie von einem mittelmäßigen Maler stammt, auch wird ihr liturgischer Zweck erfüllt, denn der Symbolwert bleibt erhalten, ob das Bild nun gut oder schlecht ist.

Wenn aber die Bilder einer solchen Reihe von großer malerischer Qualität sind, so wird auch ihre inhaltliche Wirkung in hohem Maße verstärkt. Jakob Ruisdaels »Großer Wald« berührt den Betrachter viel mehr als etwa Jan Wynants »Waldlandschaft«. Der Ernst des Bildkonzepts, die kompromißlose Ehrlichkeit der Gestaltung machen auch für den Betrachter eine Vertiefung in den Bildgegenstand möglich, die ihm das Wesen des Bildes erst in allen Dimensionen erschließt.

Um ein Bild zu verstehen, braucht man freilich Zeit. So wie man einen Roman oder ein Gedicht Wort für Wort liest, muß man auch ein Bild Stück für Stück lesen, seine inneren Zusammenhänge in Komposition, Form und Inhalt aufsuchen und die Notwendigkeit aller Teile und ihrer Zusammenhänge erkennen. Obwohl jedes Kunstwerk Glied einer Entwicklungskette ist und – ikonographisch gesehen – nur eine Illustration unter vielen aus einer großen zusammenhängenden Bildergeschichte, so ist es – aus dem Zusammenhang gelöst und darüber hinaus – doch eine in sich geschlossene Persönlichkeit und Individualität mit völlig eigenem und unverwechselbarem Charakter. Dabei macht es nichts aus, ob sein Schöpfer gut oder schlecht bezahlt wurde, oder ob er den Auftrag hatte, eine religiöse Szene zu malen oder eine weltliche. Die Gesamtheit der Thematik war ohnehin weitgehend festgelegt, die Maler wie ihr Publikum konnten nur nach feststehenden, ihrer Zeit gemäßen Bildkategorien denken. Wesentlich ist nur, wie sich der Maler mit seiner Aufgabe auseinandersetzte, wie er die Wirklichkeit der Umwelt in die Wahrheit seiner künstlerischen Welt umsetzte, und daß der Betrachter das große Angebot an möglichen künstlerischen Wahrheiten aus allen Zeiten soweit als möglich erfaßt und in seine Gegenwart herübernimmt. Ein solches Unterfangen ist möglich, ebenso wie man auch heute noch Dante oder Shakespeare lesen kann. Die großen Werke der Kunst sind trotz der Prägung, die sie durch das Besondere ihrer Entstehungszeit erfahren haben, so reich an Allgemeinem, daß man auch heute noch durch sie bereichert wird.

Freilich, ein Kunstwerk ist nie in seiner Totalität, sondern nur annäherungsweise zu erkennen und aufzufassen, und die Gegenwart wird sich von alter Kunst außer der Erkenntnis ihrer jeweiligen Qualität nur das nehmen, wozu aus der gegebenen Situation heraus ohnehin Neigung und Verwandtschaft besteht. Daraus erklärt sich der Wandel des Geschmacks, der einmal Raffael als den größten Künstler aller Zeiten gelten läßt und dann wieder El Greco.

Große Liebhaber der Kunst wissen das, und sie wissen auch, daß jedes Kunstwerk, ob es nun gerade »modern« ist oder nicht, einen Reichtum entfaltet, der für alle mit einiger Bemühung nutzbar zu machen ist. So hat einer der größten Kunstsammler aller Zeiten, Kaiser Rudolf II. von Habsburg (1552–1612), wie unsere Galerie zeigt, ebenso Werke Dürers und P. Bruegels d. Ä. gesammelt wie solche – gänzlich entgegengesetzte – von Correggio oder Parmigianino. Und sein Neffe, Erzherzog Leopold Wilhelm (1614–1662), der eigentliche Gründer unserer Galerie, schätzte die alte niederländische Malerei des 15. Jahrhunderts ebenso wie die venezianische des 16. und die Bilder seiner Zeitgenossen, angefangen von Rubens.

Da es aber so ist, daß ein Kunstwerk niemals bis ins Innerste erkannt werden kann, bleiben verschiedene Möglichkeiten der Erkenntnis. Dem Betrachter steht damit innerhalb der Grenzen, bis zu denen das Wissen reicht, jede Deutung offen. Die Deutung hat keine Berechtigung in der Wissenschaft. Kunst ist aber nicht nur für den Kunstwissenschaftler da, sondern für alle ihre Liebhaber. Die Liebe zur Kunst – wie übrigens zu allem anderen auch – entsteht gerne gerade da, wo sich Wissen in Ahnung auflöst. Und es braucht Geduld und Zeit, um bis zu diesem Grenzpunkt, an dem erst die persönliche Auseinandersetzung mit dem Kunstwerk beginnt, zu gelangen.

F. K.

Als Gott, wie die Genesis erzählt, Himmel und Erde geschaffen, Licht und Finsternis getrennt, die Wasser gesammelt, Bäume und Kräuter zum Sprießen gebracht, Sonne, Mond und Sterne in das Himmelsgewölbe gesetzt und als die Zeit ihren Anfang genommen, als er die Tiere der Luft, des Meeres und der Erde geschaffen hatte, erschuf er zum Schluß den Menschen als sein Abbild und ließ ihn im Garten Eden wohnen. In der Mitte des Gartens stand der Baum der Erkenntnis, von dessen Früchten zu essen Gott dem ersten Menschenpaar verboten hatte. Die Schlange aber verhieß ihnen, daß sich ihre Augen auftun und sie werden würden wie Gott, wenn sie davon äßen. Darum taten sie es. Und sie versteckten sich vor Gott, der sich zur Zeit des Tageswindes im Garten erging. Er aber entdeckte sie, vertrieb sie aus dem Garten Eden und verfluchte sie, und um Adams willen fluchte er auch der Erde, die dem Menschenpaar auf immer zur Mühsal werden sollte.

Und so geschah es auch. Vorbei war der paradiesische Zustand, in dem der Mensch in Frieden mit der ihn umgebenden Natur gelebt hatte; nun stand er außerhalb, stand ihr gegenüber durch die neue, gegen das Verbot des Herrn gewonnene Fähigkeit, zu erkennen. Gott wurde nun zum strafenden und eifernden Rächer, dem nicht zu trauen war. Und alle Mächte der Natur verwandelten sich zu lebensbedrohenden Feinden. Den Tieren hatte Adam im Paradies Namen gegeben und dadurch über sie geherrscht. Jetzt fürchtete er sie, denn sie waren sehr oft viel stärker als er. Es war schwer, ihnen beizukommen, er brauchte sie aber, um sich am Leben zu erhalten. Seine Stärke reichte dazu nicht aus. So versuchte er es auf andere Art, sich ihrer zu bemächtigen. Er rief sie abermals mit Namen, er beschwor sie, diesmal aber nicht mit dem Wort allein; er schuf ein Bild von jedem Tier, bemächtigte sich darin seiner und brachte es so in seine Gewalt. Denn das Abbild war gleichbedeutend mit dem Tier.

Die Abbilder von Bären, Wisenten, Pferden und Hirschen, die man an den Decken und Wänden von Höhlen entdeckte, haben vor 20.000 oder 30.000 Jahren Priester-Zauberer gemalt. Sehr oft befinden sie sich in versteckten, schwer zugänglichen Winkeln. Und außer dem Zauberer werden sie wohl nur wenige zu Gesicht bekommen haben. Der aber, der den Bison, den Hirsch, den Bär malte, mußte dies besser können als jeder andere. Denn wäre die Überzeugung, daß es sich um ein solches Tier handle, nicht stark genug gewesen, hätte die Beschwörung ja mißlingen können, die Identifikation zwischen dem wirklichen Hirsch und seinem Abbild wäre vielleicht ausgeblieben. Der Schöpfer der Abbilder muß also ein großer Könner gewesen sein. Diese ersten Bilder, die der Mensch vor Jahrtausenden schuf, sind sehr naturgetreu. Sie sind es aber nicht im Sinne moderner Beurteilung – also als Leistung einer realistischen Betrachtungsweise –, sie sind vielmehr getreue Abbilder auf Grund ihrer magischen Aufgabe, die sie, unter den damaligen Gegebenheiten, eben nur erfüllen konnten durch Wiederholung des Naturvorbildes, als sein Stellvertreter.

Zwei einander bedingende Komponenten sind deutlich zu unterscheiden – und werden es bei jedem bildnerischen Werk auch in aller Zukunft sein. Die eine ist das formale Gebilde als solches, und die andere ist seine Bedeutung, sein Inhalt, seine Idee. So mannigfaltig die Relation dieser beiden Komponenten zueinander und ihr jeweiliges Gewicht auch sein können, sie sind immer vorhanden, denn sie bedingen einander. Die eine ohne die andere ist nicht möglich. Die inhaltgeladene Form ist jedoch schon ein Resultat, ein Ergebnis. Es wird erreicht durch den geistigen Prozeß der Umsetzung eines in der Natur in Wirklichkeit gegebenen Vorbildes. Die Tierbilder aus den Höhlen von Altamira und Lascaux geben die körperliche, farbige Wirklichkeit der Tiere wieder. In der darauffolgenden Entwicklungsphase jedoch werden dieselben Tiere als solche kaum erkennbar, sie bestehen nur mehr aus Strichen und werden schließlich ornamental verwandelt. Damals war das Wesentliche nicht mehr das reine Abbild, die Nachahmung, sondern es kam viel eher auf eine andere Wirklichkeit, eine dem Tier wesensmäßig anhaftende Eigenschaft an, auf die Bewegung nämlich. Der Fluß der immer gleichen Bewegung jedoch führte zum Ornament. Die Möglichkeiten der Umsetzung sind also sehr vielfältig. Der Prozeß der Umsetzung eines in der Wirklichkeit vorhandenen Phänomens ist eine Neuschöpfung, eine Erfindung. Von einem gewissen, sehr frühen, aber unbekannten Augenblick an ist es jedoch so, daß nicht das Naturvorbild, sondern bereits eine früher schon bestehende Umsetzung davon umgesetzt wird, die man unter Umständen am Naturvorbild korrigiert. Dieser in der frühesten Vorzeit angetretene Weg von Umsetzung zu Umsetzung, von Verwandlung zu Verwandlung, ist ohne Ende. Von neuem anzufangen, ohne Voraussetzung, ohne Vorbild ist nicht möglich. Wir können uns nur vorstellen, wir können nur verstehen, was wir schon kennen, so wie unser Bild vom »Marsmenschen« immer nur zusammengesetzt sein kann aus den Erfahrungen, die die Menschheit schon gemacht hat – weshalb paradoxerweise zwischen der Venus von Willendorf und der Venus Medici, zwischen einer Venus von Tizian und einer von Picasso im Grunde genommen kein Unterschied ist. Die Produkte aller Umsetzungen – sich wandelnde Formgebilde mit wandelnder Bedeutung – sind dann Kunstwerke, wenn ihr Schöpfer die Begabung besitzt, seinem Werk ebensoviel magische Stärke und Überzeugungskraft zu geben, wie es sein Vorfahr vor Jahrtausenden imstande war – als man dem Bild der Natur größere Kraft zutraute als der Natur selbst.

Eine große alte Bildersammlung hat die Möglichkeit, einige Kapitel aus der Geschichte der Verwandlungen an Hand der Werke, die in ihr vereinigt sind, von Mal zu Mal zu verfolgen. Das ewige Spiel der Umsetzungen, der Beeinflussungen, der Versuche, sich immer wieder von neuem der Welt zu bemächtigen, sie deutlicher zu erkennen als ein anderer, wird immer ein faszinierendes Schauspiel bleiben.
Wir wollen es beginnen lassen mit einem Werk aus der Zeit um 1400: mit dem *zweiteiligen Altar* eines unbekannten Malers, den man den *Meister von Heiligenkreuz* nennt (der Altar stammt Abb. 1
aus dem Zisterzienserstift Heiligenkreuz in Niederösterreich), da sein Name unbekannt ist. Auf der einen Seite des Diptychons ist die *Verkündigung Mariae,* auf der anderen die *Mystische Vermählung der hl. Katharina* zu sehen. Die Heiligen Petrus und Jakob, Dorothea und Barbara schauen von oben auf die Ereignisse herunter. Auf den Rückseiten der Tafeln ist auf der einen Seite abermals die Madonna, auf der anderen die hl. Dorothea

1 Meister von Heiligenkreuz, Zweiteiliges Altärchen

dargestellt. Der Altar ist also der Madonna und zwei der sogenannten vier Virgines Capitales – nämlich den Nothelferinnen Katharina von Alexandria und Dorothea – geweiht. Beide Szenen, »Verkündigung« und »Vermählung«, sind in einen gemeinsamen Raum gestellt, der sich vor einem Goldhintergrund über beide Flügel erstreckt. Die Heiligen sitzen in einer Blumenwiese, die von Mauern und einem unfertigen Gebäude begrenzt wird, an dem zwei Engel bauen. Sie sind dabei, den Eckstein, den »Lapis angularis«, zu legen. Damit wird das Gebäude als die Kirche ausgewiesen, deren Eckstein Christus ist. Aber auch Maria kennzeichnet das Gebäude als die Kirche, für die sie Symbol ist, ebenso wie für den ummauerten Garten, in dem sie einmal die Botschaft des Engels in Form eines gesiegelten Briefes erhält, das anderemal der mystischen Verlobung der hl. Katharina mit dem Kinde Jesus

beiwohnt. Es ist der »hortus conclusus«, das »Paradiesgärtlein«. Über die Nationalität des Malers des Diptychons ist man sich nicht im klaren. Das ist übrigens bezeichnend für die Jahrzehnte um 1400, die man nicht umsonst als Internationale Gotik bezeichnet. Dieser schönlinige, elegant schwingende, kostbar farbige, sehr feminine Stil, der sich besonders in Miniaturen, die zum Schönsten gehören, was es überhaupt gibt, ausdrücken kann, aber auch als »weicher Stil« den Typus der »Schönen Madonna« hervorgebracht hat, war von dem Sienesen Simone Martini (1284–1344) ausgegangen. 1340 war Martini zusammen mit seinem Freund Petrarca nach Avignon, an den Hof des im Exil lebenden Papstes, gezogen. Von dort aus verbreitete sich dieser Stil nach Frankreich und Burgund, nach Deutschland, Böhmen und Österreich und in die Lombardei. Wohl entwickelte er in jedem Land seine Eigenart, dennoch ist das übernationale Element stärker. Der Grund dafür ist der, daß es sich um eine aristokratische Kunst handelte, die von den Fürstenhöfen ihren Ausgang nahm, die ja untereinander enge Beziehungen unterhielten.
Daraus resultiert, daß man das Herkunftsland eines Kunstwerkes nicht immer eindeutig bestimmen kann. Das trifft auch beim Heiligenkreuzer Altar zu. Ohne Zweifel herrschen französische Stilelemente vor, und mit Sicherheit ist der Künstler nicht im Umkreis österreichischer Maler zu suchen. Von beiden Richtungen unterscheidet sich das Diptychon durch Verzerrungen und Übersteigerungen bestimmter stilistischer Eigentümlichkeiten. So sind etwa die Finger nicht nur lang und schlank, sondern sehen eher wie Krallen aus, und die runden Stirnen, die kindlich wirken sollen, sind wie Wasserköpfe vorgewölbt. Die Eleganz und Zartgliedrigkeit des weichen Stils erfährt hier eine Überspitzung der Art, wie man das manchmal in kulturellen Randgebieten oder bei Nachahmern einer Manier findet. Übrigens kommt die hl. Dorothea – auf dem Heiligenkreuzer Altar zweimal vertreten – vornehmlich im deutschsprachigen Gebiet vor, und auch der Einfall, die Botschaft des Engels an Maria, das »Ave Maria« nämlich, in Form eines gesiegelten Briefes zu überbringen, ist nur im deutschen Kunstkreis zu finden. Auch daß Maria links vom Engel und nicht wie gewöhnlich rechts von ihm sitzt, deutet auf dieses Gebiet hin. Trotz der erwähnten Verzerrungen des modischen Vorbilds ist das Diptychon von besonderer Qualität durch die

2 Pisanello, Kaiser Sigismund

originelle Auffassung des Themas und durch die auffallend emailhafte farbige und malerische Schönheit. Vielleicht erklärt sich die Schwierigkeit, den Maler einzuordnen, daraus, daß er ursprünglich Miniaturist war und seine Schulung nicht in Frankreich, sondern möglicherweise im Umkreis böhmischer Meister empfangen hat.

Aus derselben Epoche und daher ebenso schwer zu bestimmen
Abb. 2 ist das Porträt von *Kaiser Sigismund* von Luxemburg (1364 bis 1437). Die Luxemburger, französische Vasallen, waren nach dem Tod König Albrechts I. von Habsburg (1308) als deutsche Könige zur Regierung gekommen. Karl IV., der bedeutendste unter ihnen, König von Böhmen und deutscher Kaiser, hatte Prag zu seiner Hauptstadt erwählt. Er gründete die erste deutsche Universität (1348) und machte Prag zum kulturellen Mittelpunkt des Reiches.

Berühmt sind die während seiner und der Regierung seines Sohnes Wenzel tätigen Miniatoren, die unter französischem Einfluß eine Fülle von Meisterwerken schufen. Auch die Tafelmalerei orientierte sich an den französischen, aber auch den italienischen Kunstzentren; Tommaso da Modena brachte den Stil Giottos nach Prag. Als Sigismund nach seinem Bruder Wenzel an die Regierung kam, war hier der Boden für bedeutende künstlerische Leistungen bereitet, weshalb man auch das Porträt des Kaisers mit guten Gründen einem *böhmischen Meister* zugeschrieben hat. Gleichzeitig wies man aber auch auf die große Verwandtschaft dieses Porträts mit Werken des Veroneser Malers *Pisanello* (1395–1455) hin. Auch hat Pisanello 1430 eine Profilzeichnung des Kaisers hergestellt. Verwunderlich sind die verschiedenen Meinungen nicht, wenn man bedenkt, daß Pisanellos Stil sich noch aus der Internationalen Gotik herleitet, daß er aber auch einheimische Einflüsse verarbeitet hat, die von Tommaso da Modena und von dem bedeutendsten nachgiottesken Veroneser Maler, nämlich von Altichiero, bestimmt sind. Zu dem in großformigem Umriß angelegten Porträt des betagten Kaisers in Dreiviertelansicht – man kennt von Pisanello sonst nur Profilporträts – steht die realistische kleine Form in gewissem Widerspruch wie etwa die Haare der Pelzmütze und die minuziös gezeichneten Locken des Kaisers oder die Zähne. Das ist ein Phänomen, das man in Böhmen ebenso wie bei Pisanello findet und das die Unentschiedenheit eines Übergangsstils kennzeichnet, der im Norden wie im Süden innerhalb einer eng geschlossenen höfisch-aristokratischen Gesellschaft dieselben Kennzeichen trägt.

Fast zur gleichen Zeit schuf *Jan van Eyck* das Porträt des Kardinals *Niccolò Albergati* (um 1390–1440). Dennoch läßt sich kein größerer Unterschied denken, obwohl beide Werke aus der Internationalen Gotik hervorgehen. Das Bildnis des Kaisers aber kennzeichnet eine Endphase und das des Kardinals einen Anfang – wobei freilich nicht vergessen werden darf, daß kein Ende absolut ist, sondern bereits den Keim zur Fortsetzung, zum neuen Anfang in sich trägt. Das Bildnis des Kaisers Sigismund ist noch vom überindividuellen Idealismus der Gotik geprägt – trotz einzelner realistischer Elemente, die freilich für den heutigen Betrachter das Ganze noch wirklichkeitsfremder machen. Gerade von einem Porträt aber erwarten wir Wirklichkeitsnähe. Diese

Abb. 3

3 Jan van Eyck, Kardinal Niccolò Albergati

nun vermittelt sehr eindringlich das Bildnis des Albergati. Der Kardinal, von Papst Martin V. 1426 zum Kardinal der Kirche von Sta. Croce in Gerusalemme in Rom ernannt, war 1431 als päpstlicher Legat an die Höfe von Frankreich, England und Burgund gesandt worden und trug als Unterhändler zur Beendigung des hundertjährigen Krieges zwischen England und Frankreich bei. Sein Verdienst war das Zustandekommen des Friedens von Arras (1435). Während seines Aufenthalts in Burgund (1431) hatte ihn Jan van Eyck gezeichnet. Es ist übrigens das Jahr, in dem Jeanne d'Arc, die Jungfrau von Orléans, als Opfer der französisch-englischen Politik, verbrannt wurde. Nach dieser Zeichnung (Dresdner Kupferstichkabinett), die mit genauen Farbangaben versehen ist, schuf der Künstler wohl nicht sehr viel später das Bild: ein Porträt von größter Schärfe und Unmittelbarkeit, das

Bild einer ganz bestimmten Individualität, keinen Typus, sondern eben einen alten Herrn mit Knollennase, faltigem Hals und großen Ohren, der aber in seiner leuchtend roten Soutane große Würde ausstrahlt. Auffallend und neuartig ist das Licht, das von links einfällt, dem Kopf Volumen gibt und ihm Raum verschafft. Das hat es vorher nicht gegeben. Trotz seiner geringen Dimensionen besitzt das Bild Monumentalität. Erinnern wir uns, daß zur gleichen Zeit in Florenz nicht nur der Architekt Brunelleschi tätig war, sondern auch der Bildhauer Donatello und vor allem der Maler Masaccio (1401–1428), der der eigentliche Nachfolger Giottos ist, obwohl erst rund ein Jahrhundert nach dessen Tod. Masaccio übernimmt nichts mehr von der Spätgotik, wie das etwa noch sein Zeitgenosse Pisanello tat. Seine Figuren stehen wie schwere Plastiken im Raum. Nicht umsonst kommt gerade zu dieser Zeit der Plastik in Italien eine hervorragende Rolle zu.
Jan van Eyck aber hatte keinen Giotto, auf den er sich berufen konnte. Seine Malerei steht im Grunde ohne direkten Vorläufer da – denn noch so großartige Miniaturen wie etwa die der Brüder von Limburg oder die des Meisters von Boucicaut, sind schwer vorstellbar als letzter Anstoß für diese neue Auffassung der Wirklichkeit, für Werke wie den Genter Altar.
Daß die neue Wirklichkeitssicht besonders in der Porträtmalerei, die bei van Eyck ihren Anfang nimmt, sinnfällig wird, leuchtet ein. Die wenigen Bildnisse früherer Zeit waren ausschließliche Herrscherporträts und als solche Abbilder eines bestimmten Standes, viel weniger eines bestimmten Menschen. Jetzt aber wird nicht der König, sondern der Bürger, der Bankier, der Kaufmann und seine Frau, ebenso aber auch der Geistliche dargestellt. Freilich geben auch diese nur einen Ausschnitt aus der Wirklichkeit, eine »schöne« Wirklichkeit – aber Entwicklungen gehen eben nur schrittweise vor sich –, denn sie sind Vertreter des gehobenen Bürgertums, der hohen Geistlichkeit, Bilder von Personen von Einfluß in angesehenen Positionen. Dennoch vertreten sie eine bisher nicht dargestellte Sparte der Wirklichkeit, sie vertreten Berufe. Die Malerei bemächtigt sich ihrer als eines neuen Themas und wendet dazu neue malerische Mittel an. Die neue Harz-Öl-Mischtechnik – gelegentlich wurde auch noch zusätzlich von der Tempera Gebrauch gemacht – gestattete einen Farbauftrag in durchscheinenden lasierenden Schichten: die Folge war eine uner-

4 Rogier van der Weyden, Kreuzigungsaltar

hörte Leuchtkraft, die die Bilder kostbar erscheinen ließ wie edle Steine. Es war aber nicht nur Schönheit, die die neue subtilere Technik mit sich brachte, man besaß vielmehr nun auch die malerischen Mittel, der Wirklichkeit näher zu kommen als bisher, ohne freilich dabei gewisse Grenzen des Dekors, die durch die Selbsteinschätzung des Darzustellenden gegeben waren, zu überschreiten.
Die Malerei des 15. Jahrhunderts ist charakterisiert durch ein ständiges Schwanken zwischen spätgotischen Formen und solchen eines neuen körperhaften wirklichkeitsnäheren Stils. Ähnlich wie Masaccio zunächst keine Nachfolger fand, und Fra Angelico in vielem wieder auf den internationalen Stil zurückgreift, sind auch van Eycks Nachfolger durch eine Rückwendung zur Gotik gekennzeichnet. Es ist nicht Jan van Eyck, sondern der aus Tournai stammende und in Brüssel tätige *Rogier van der Weyden* (um 1400–1464), Hofmaler Herzog Philipps des Guten, der zur

5 Rogier van der Weyden, Maria mit dem Kind und hl. Katharina

Zentralfigur der nördlichen Malerei des 15. Jahrhunderts wird. Seine Figuren haben, wie wir an dem um 1445 entstandenen *Kreuzigungsaltar* sehen, weniger Volumen, sie sind schlanker. Abb. 4 Der Nachdruck liegt eher auf der Linienführung, im graphischen Element als auf dem Körperhaften. Die fliegenden Enden des Lendentuchs Christi, der wehende Mantel des Johannes zeigen noch die Freude des Gotikers an der kunstvoll bewegten Linie. Diese verkörpert aber gleichzeitig gefühlsmäßige Bewegung, wie man sie ja auch von den Gesichtern der Hauptfiguren ablesen kann. Es ist freilich eine gemäßigte Bewegung, kein lauter Schmerz, sondern eine stille Klage, die zwar die Tränen rollen läßt, aber kaum die Gesichter verzerrt und die edel-vornehme Haltung der Personen eher steigert als beeinträchtigt.

Die Personen knien in einer steinig-dürren Landschaft, die sich in kleinen Hügeln bis zu einer Stadt am Horizont, dem »himmlischen Jerusalem«, fortsetzt. Das ist wohl eine Reminiszenz an den Meister von Flémalle, der Rogier ohne Zweifel sehr beeinflußt hat. Noch deutlicher ist dieser Einfluß bei der »Hl. Katharina« von dem kleinen *Marien-Diptychon,* die zeitlich etwas früher anzusetzen ist als die »Kreuzigung«.

Abb. 5

Rogier reiste 1449/50 nach Italien. Er besuchte Rom und den Hof Lionello d'Estes in Ferrara, wo man ihn als Repräsentanten des mächtigen, in einer kulturellen Spätblüte alle anderen Staaten überragenden Herzogtums Burgund aufnahm. Die niederländische Malerei des 15. Jahrhunderts galt als besonders kostbar, und es ist verständlich, daß sie durch die Werke, die in Italien blieben, auf die italienischen Maler großen Eindruck machte. Übrigens hielt sich zur gleichen Zeit Piero della Francesca am Hof von Ferrara auf. Vielleicht lernte er Rogier kennen, für den freilich die Kunst Pieros vollkommen unverständlich gewesen sein muß. Die niederländischen Maler waren damals noch nicht dazu disponiert, Wesentliches in Italien aufzunehmen.

Besonders bedeutsam für die italienische Malerei wurde hingegen der Altar des Genter Malers *Hugo van der Goes* (1440–1482), den er für Tommaso Portinari, Agent und Bankier der Medici in Brügge (1475/76, Florenz, Uffizien), schuf. Hugo van der Goes war ein sehr eigenartiger Maler. Wir wissen, daß er unter Anfällen von Melancholie litt und sich schließlich ins Kloster zurückzog, wo er in geistiger Umnachtung starb. Seine psychische Labilität war jedoch nicht Ursache für seine eminente Begabung, man könnte es eher umgekehrt formulieren. Hugo gab der flämischen Malerei eine neue Wendung. Deutlich zeigt das sein frühestes Hauptwerk, ein kleines zweiteiliges *Hausaltärchen* (1467/68). Die beiden Darstellungen – *Der Sündenfall* und die *Beweinung Christi* – stehen in inhaltlicher Beziehung zueinander. Der Maler greift auf die mittelalterliche Typologie zurück, wonach Adam eine Präfiguration Christi ist, und der Opfertod Christi durch den Sündenfall notwendig geworden war. Auch die Szenen in den Zwickeln der Grisaille mit der heiligen Genoveva, der Patronin von Paris – sie bildete die Rückseite des »Sündenfalls« und wurde später abgesägt –, spielen auf denselben Sachverhalt an: auf die Opfer von Kain und Abel und auf Abels Tod.

Abb. 6

Adam und Eva stehen im Paradiesesgarten. Seine mannigfaltigen Gewächse, Blumen und Früchte erinnern an die Vielfältigkeit der Vegetation, inmitten derer sich die »Anbetung des Lammes« vom

6 Hugo van der Goes, Sündenfall und Beweinung Christi

Genter Altar der Brüder van Eyck abspielt. Die Blumen sind voll Bedeutsamkeit. Die Lilie im Vordergrund, die wie zufällig den Schoß der Eva bedeckt, ist ein Zeichen der Keuschheit und dadurch Symbol Marias, als deren Präfiguration wieder Eva aufgefaßt wurde. Die Art, wie nun diese Lilie verwertet wird, macht ganz deutlich, wie feinfühlig der Maler die Wirklichkeit interpretierte. Sie ist zunächst ein hervorragend wiedergegebenes Stück Natur, das ganz unbemerkt jene Aufgabe erfüllt, die sonst dem Feigenblatt zukommt. Die Figur der Eva wirkt dadurch in gesteigertem Maße als nackte Frau, weil das Attribut, das Feigenblatt, das sie, nach der herkömmlichen Ikonographie, zur einmaligen Erscheinung der Eva macht, fehlt. Da aber die Lilie, Symbol der Keuschheit und der Jungfrau Maria, Evas Schoß bedeckt, wird eine eindeutige Beziehung zwischen dem durch Eva verursachten Sündenfall – auch der angebissene Apfel spielt darauf an – und der Unbefleckten Empfängnis Mariae hergestellt.

Van der Goes geht in der Auffassung der Wirklichkeit weiter

als van Eyck. Zwar hat auch dieser im Genter Altar als Vorbild für die Aktfiguren von Adam und Eva Leute aus dem Volk genommen. Dennoch haben diese Figuren die Würde und statuenhafte Schwere bedeutsamer Persönlichkeiten. Die Figuren des Hugo van der Goes sind jedoch viel eher echte Akte und noch dazu nach häßlichen, proletarischen Vorbildern; es sind ausgezehrte und abgearbeitete Menschen mit knochigen Knien und spitzen Ellbogen. Auch die Schlange ist nicht in der herkömmlichen Art dargestellt. Sie ist hier ein widerwärtiger großer echsenartiger Dämon, der – mit den gealterten Zügen der jungen Eva – dieser aufmerksam in die herausfordernd blickenden Augen schaut. Das bedeutet mehr als nur Eva und den Teufelsdämon, das ist die Vanitas, die Eitelkeit alles Irdischen, die im Sündenfall beschlossen liegt. Keinem Maler nach van der Goes ist es mehr gelungen, Ursache und Wirkung in solcher Weise simultan darzustellen.

Auch die zweite Tafel des Diptychons ist ungewöhnlich: und zwar die in den Bilddiagonalen gleichsam auf den Toten zustürzenden Personen, die nur durch die beiden knienden Figuren an den Seiten aufgehalten werden. Die alte reliefartige Anordung ähnlicher Szenerien in früheren Werken wird ganz aufgegeben. Die dichte Ballung erregter Menschen auf engem Raum erzeugt eine starke emotionelle Spannung, die vom düster bewölkten Himmel, vor dem das leere Kreuz steht, unheilvoll beschattet wird.

Ganz deutlich ist das Bestreben des Malers, die hergebrachten Bildthemen unvoreingenommen zu sehen und ihnen die Intensität wirklicher Vorgänge zu geben. In diese seine Wirklichkeit ist aber auch das Wunderbare, Mehrdeutige, Geheimnisvoll-Bedeutsame hineinverwoben, das eine Verdichtung der Wirklichkeit hervorruft.

Um seine Absichten zu erreichen, hat der Maler die erlernte Maltechnik aufs Subtilste verfeinert und differenziert. Seine Lasuren sind noch durchsichtiger als die seiner Vorgänger, so daß die Vorzeichnung und ihre bewegte, modellierende Strichführung sichtbar werden. Die Durchsichtigkeit der Farben läßt die Menschen blaß und exaltiert aussehen, gewissermaßen von innen leuchten; sie werden nicht von außen angestrahlt wie die feierlichen Gestalten van Eycks.

Von ganz anderer Art ist *Hans Memling*, der zwar um 1433 in

7 Hans Memling, Johannesaltärchen

Seligenstadt bei Mainz geboren wurde, sich aber dann in Brügge niederließ, wo er 1494 auch starb. Das *Johannesaltärchen* – Abb. 7 Maria mit einem Engel und einem Stifter auf den Flügeln des Altars flankiert von den beiden Johannes', dem Täufer und dem Evangelisten – zeigt deutlich die Schulung an Rogier van der Weyden. Memling ist jedoch ein Temperament ganz anderer Art, so wie er sich auch von Hugo van der Goes unterscheidet, auch wenn er hin und wieder Details von ihm übernimmt. Aber er besitzt weder das Gefühlspathos Rogiers noch die bohrende Selbstquälerei des Hugo van der Goes. Seine Szenen gehen in gleichmäßiger Serenität vor sich, in stiller Gelassenheit und kindlicher Anmut, durchwebt von einem leichten Wehmutshauch. Dabei fällt einem ein, daß auch ein anderer großer Maler diese Abendlichtstimmung in seine Werke zaubern konnte: Giovanni Bellini in Venedig nämlich, ein unmittelbarer Zeitgenosse Memlings. Übrigens finden sich auch direkte Einflüsse aus Oberitalien: das geordnete Bildkonzept, die Landschaft im Hintergrund, die nicht nur Ausschnitt ist, sondern sich über alle drei Bildteile erstreckt; die Figuren, in strenger Symmetrie angeordnet, stehen fest auf ihren Füßen und gleiten nicht nach vorne ab. Nicht zuletzt sind es die dekorativen Details, die in Spätwerken, wie das Johannesaltärchen eines ist, Kontakt mit italienischer Kunst verraten: die Fruchtgirlanden und die Putten etwa könnten von Mantegna oder von Cosmè Tura stammen.

Memling galt lange Zeit als *der* Inbegriff flämischer Malerei des 15. Jahrhunderts. Und nicht zu Unrecht, denn er besitzt alles das, was man ihr immer zuschreibt und von ihr erwartet: die Innigkeit des Gefühls, die vollkommene Beherrschung einer Maltechnik, die Bilder von wunderbarer Kostbarkeit und Schönfarbigkeit, ruhend im harmonischen Klang der Blau-, Rot- und Grün-Töne, hervorbringt. Wie seine Vorgänger und wie Hugo van der Goes arbeitete auch Memling für italienische Auftraggeber, für reiche Bankiers, die in Gent und Brügge ihre Büros hatten und diese Bilder dann nach Hause mitnahmen. Bis gegen 1480 ist der Einfluß der flämischen Malerei in Italien sehr stark. Dann erlischt er allmählich, und zwar nicht zufällig. Denn um die gleiche Zeit erlosch mit dem Tod Karls des Kühnen (1477) das burgundische Reich. In den Bildern Memlings leuchten Glanz und Reichtum des alten Burgund noch einmal auf. Alles erscheint voll Ruhe und in Ordnung. Und dennoch erkennt man bereits an verschiedenen Spuren den Einbruch neuer Gesinnungen.

Ähnlich wie in den Niederlanden laufen auch in Italien – und da besonders in Florenz – bis ins späte 15. Jahrhundert zwei Stilrichtungen nebeneinander her; eine fortschrittliche, die sich vor allem den Problemen von Raum und Körper widmet und den Weg von Giotto über Masaccio und Piero della Francesca (1420 bis 1492) nimmt, und eine altertümliche, die die Linienfreudigkeit der Internationalen Gotik mit ihrem Hang zum Beschreiben der kleinen Wirklichkeiten weiterverfolgt.

Benozzo Gozzoli (1420–1498) etwa ist ebenso alt wie Piero della Francesca. Er setzt aber, ohne sich von dessen großartigen Freskenzyklen in Arezzo beeindrucken zu lassen (1452), die altertümliche Malerei des Fra Angelico fort, ja manches erinnert sogar noch an den um fünfzig Jahre älteren Gentile da Fabriano. Vielleicht eignet seiner Malerei gerade deshalb großer poetischer Reiz, wie man auch an unserem kleinen Bild feststellen kann:
Abb. 8 Die beiden Heiligen Francesco und Bernardino präsentieren ihren

8 Benozzo Gozzoli, Maria mit Kind und Heiligen

Schutzbefohlenen, den Stifter des Bildes, Fra Jacopo da Montefalco (der für den Maler zur gleichen Zeit noch einen weit größeren Auftrag in S. Francesco in Montefalco bereit hatte), der Madonna in einer der märchenhaften, geheimnisvoll leuchtenden Waldlandschaften mit blumigen Wiesen, wie man sie noch von Pisanello her kennt. Die feierliche Strenge der Gewänder, die goldgleißenden Heiligenscheine, der kostbare hermelingefütterte Brokatbaldachin erhöhen noch die verzauberte Stimmung, deren Stille nur durch das eindringliche Geflüster des heiligen Franziskus unterbrochen wird, der der Madonna seinen Schützling vorstellt. Dieses Bild wurde aller Wahrscheinlichkeit nach 1452 gemalt. Um die gleiche Zeit zögern auch die flämischen Maler noch, sich ganz der neuen Sicht der Wirklichkeit, wie sie Jan van Eyck brachte, rückhaltslos zu überlassen. Wie Rogier van der Weyden suchen sie ihrer allmählich auf dem Weg über die strenge Tradition habhaft zu werden. Ähnlich zeigt sich auch in der Entwicklung der florentinischen Malerei das Bemühen, dem Problem von Raum und Körper mit Hilfe linearer Mittel beizukommen; ganz deutlich wird das etwa im Werke Botticellis (1444–1510). In diese Auseinandersetzung spielt, wie schon erwähnt, das Vorbild der flämischen Malerei hinein, die ihrerseits aus der nicht unähnlichen Situation, in der sie sich zu diesem Zeitpunkt befindet, freilich nur mit Hilfe der italienischen Malerei herausfindet.

Bis gegen das Jahr 1000 stand Venedig unter byzantinischer Oberhoheit. Doch weit über diesen Zeitpunkt hinaus blieb der kulturelle Einfluß von Byzanz, begünstigt durch den Handel mit der Levante, bestehen. Diese Sonderstellung Venedigs anderen Städten Italien gegenüber führte zu einer gewissen Verzögerung innerhalb der eigenständigen Kunstentwicklung. Erst durch den Aufenthalt Gentiles da Fabriano (1370–1427) und Pisanellos (um 1395–1455) in Venedig fand die venezianische Malerei allmählich den Anschluß an die neue Entwicklung. Vertreter dieser Generation in Venedig waren vor allem Jacopo Bellini (1396? bis 1470), Vater von Giovanni und Gentile Bellini, und *Antonio Vivarini* (ca. 1405–1476/84) in Murano, der Insel in der venezianischen Lagune.

Abb. 9 Der sechsteilige *Hieronymusaltar* von Antonio Vivarini (von seinem Schwager *Giovanni d'Alemagna* stammen die Architekturteile) aus S. Stefano in Venedig ist ein Zeugnis für diesen noch unentschlossenen Übergangsstil. Äußerlich führt er noch ganz die Form des alten venezianischen Poliptychons weiter, das aus der Ikonostasis, der Bilderwand der Ostkirche, hervorgeht. Die den Muttergottesdarstellungen Jacopo Bellinis verwandte Madonna in Halbfigur mit dem Kind im gotischen Dreipaß in der oberen Reihe zwischen Johannes dem Täufer und Antonius läßt bereits in ihrer blassen und etwas gedunsenen Schwere den Einfluß der florentinischen Malerei spüren, vor allem den des Masolino, der sich zwischen 1435 und 1440 in Venedig aufhielt. Das Rahmenwerk des Altars aus dem 19. Jahrhundert ist eine Kopie des alten Rahmens, den Gaspare Moranzone geschnitzt hatte. Der Altar wird übrigens von Sansovino in seinem berühmten Führer durch Venedig, »Venezia Città Nobilissima« (1581), mit Angabe des Malers und dem Entstehungsdatum 1441 erwähnt.

Das ist auch, wenn wir uns daran erinnern, fast genau das Entstehungsdatum des Triptychons von Rogier van der Weyden, der gleich alt ist wie Vivarini. Trotz der höheren künstlerischen Qualität und malerischen Subtilität des flämischen Werkes zeigt der Altar des Muranesen, obwohl beileibe nicht das fortschritt-

9 Antonio Vivarini, Hieronymusaltar mit Markus und Ambrosius

lichste Erzeugnis seiner Zeit, die Richtung an, der die Malerei von nun an in einer Vorrenaissance folgen wird.
Um die Mitte des Jahrhunderts verlagert sich das Zentrum der künstlerischen Aktivität Oberitaliens von Venedig nach Padua. Die alte Universitätsstadt war für kulturelle Einflüsse aus der Toskana schon immer offener als die Regierungsstadt Venedig gewesen. Darum hat auch Giotto gerade hier das Meisterwerk der Eremitanikapelle geschaffen und Altichiero zu Ende des Jahrhunderts seine Fresken gemalt, die übrigens auch einen großen Einfluß auf die österreichische Malerei hatten. Nun kamen 1432 Filippo Lippi, 1443 Donatello und 1445 Uccello von Florenz nach Padua. Vor allem Donatello gibt Richtlinien an, gerade der Bildhauer wird für die Maler interessant. Die richtige Darstellung von Körper und Raum – bis jetzt nur aus der Beobachtung ge-

10 Andrea Mantegna, Hl. Sebastian

wonnen, nicht mathematisch – war das neue Problem, das gerade an der Dreidimensionalität einer Plastik genau expliziert werden konnte. Besonders ernst nahm diese Fragen *Andrea Mantegna* aus Mantua (1436–1506). Er kommt aus der Werkstatt des Paduaner Malers, Kunsthändlers und Unternehmers Squarcione; schon mit achtzehn Jahren begann er das Meisterwerk der Ovetarikapelle in der Eremitanikirche in Padua. Übrigens waren auch Antonio Vivarini und Giovanni d'Alemagna beauftragt, dort einen Teil der Fresken auszuführen. Daraus erklärt sich wiederum, daß der junge Mantegna von dem älteren Vivarini beeinflußt wurde. Die steingraue trockene Dürre der Heiligen Vivarinis kam den Ideen Mantegnas entgegen; aber erst Dona-
Abb. 10 tellos Einfluß verhilft ihnen zur Verwirklichung. Der *hl. Sebastian* zeigt deutlich, worauf es dem Künstler ankommt, ja was

ihn geradezu fasziniert: das ist der Körper, das Dreidimensionale, das sich am deutlichsten und verständlichsten an Felsen, Berg, Gebäude und Ruine darstellt. Darum ist für Mantegna alles Körperhafte immer hart und kompromißlos aus Stein oder wie aus Stein. So wie der heilige Sebastian, der, gleichsam Teil der Ruinenarchitektur, als Steinfigur vor der Säule lehnt, hart, glatt und grau. Sogar der rätselhafte Wolkenreiter – und was könnte weniger hart sein als eine Wolke – ist eine Erinnerung an Steinernes, an ein Relief an der Fassade von S. Zeno in Verona. Es ist also nur konsequent, daß Mantegna des öfteren Grisaillen malt (siehe »Abrahams Opfer«), Steinreliefs sozusagen, und daß er sich auch als Bildhauer betätigt.
Die Faszination, die alles Steinerne und hart Konturierte für Mantegna hat, trifft sich mit seiner Auffassung von der Antike oder umgekehrt: die Verzauberung, die von den wiederentdeckten steinernen Resten antiker Denkmäler ausgeht, läßt ihn die ganze Welt in Stein sehen. Gewissermaßen lassen die zerbrochenen Statuen, die Reste von Reliefs, die zerbröckelnde Architektur und die feierlichen Ruinen einer antiken Stadt auf den Bergen den heiligen Sebastian auch zu einer Statue werden. Mantegna sieht die Antike fast wie ein Archäologe, in Ruinen und Trümmern. In romantischer Sehnsucht umfaßt er diese verlorene Welt und sucht sie wiederzugewinnen und umzuwandeln in ein neues Weltbild. Stolz verkündet die griechische Inschrift hinter dem Heiligen: »To ergon ton Andreae« = das Werk des Andrea. Er ist auch der erste oberitalienische Maler, dem diese Verwandlung der Antike gelingt. Die Voraussetzung für die Durchführung dieses Vorhabens ist die technische Bewältigung aller zeichnerischen Probleme der Verkürzung und der Perspektive. Und tatsächlich nehmen die Gestalten Mantegnas in selbstverständlicher Körperlichkeit und Festigkeit unter sicher und gerade aufgesetzten Füßen ihre Welt in Besitz. Wie sehr gleicht seine Kunst darin dem Werk seines nur um weniges älteren Zeitgenossen, des großen toskanischen Malers Piero della Francesca. Und wie sehr unterscheidet sie sich von den gleichzeitigen Niederländern wie Memling etwa, und dennoch findet sich in unserem Sebastian bei aller antikischen Festigkeit eine Reminiszenz an die nördliche Kunst; es ist das der auffallende gotische Schwung des Körpers. Das Bild ist in den Jahren um 1459–1460 entstanden, in denen der Ein-

11 Cosmè Tura, Beweinung Christi

fluß spätgotischer niederländischer Kunst in Italien noch wirksam war. Aber auch die Kunst Mantegnas ihrerseits wirkt wieder zurück auf die spätgotische Kunst des Nordens. Auf den Maler und Bildschnitzer Michael Pacher machte das eigenartige Formgefühl des Italieners solchen Eindruck, daß er erst mit dessen Hilfe alle seine Fähigkeiten entfalten und Meisterwerke wie den Altar von Sankt Wolfgang schaffen konnte.

Ein Ateliergenosse Mantegnas war *Cosmè Tura* aus Ferrara (um 1430–1495). Er bringt die gleichen künstlerischen Voraussetzungen mit wie Mantegna. Auch er ist geprägt durch Donatello, Piero della Francesca und auch durch Rogier van der Weyden, der, wie wir wissen, auf seiner Italienreise den Hof von Ferrara besucht hatte. Dazu kommt noch die Kenntnis von Mantegnas Kunst. Das Ergebnis ist eindrucksvoll und macht den Hof von Ferrara, der ein Zentrum humanistischer Kultur war, unter den Herzögen Borso und Ercole d'Este nun auch zu einem Zentrum der Malerei.

So verwandt die Malerei Turas auch jener Mantegnas ist, so verschieden ist sie doch wiederum davon. Die Art, in der Mantegna die Wirklichkeit sieht, die Methode, mit der er sie wiedergibt, dient ausschließlich der Form. Die sehr ähnliche Methode Turas aber dient dem Ausdruck. Dieser Ausdruck muß nicht allein durch das Bildthema gefordert werden – wie man vielleicht bei unserem Bild einer »Imago pietatis«, einer *Bewei-*

nung Christi durch zwei Engel, annehmen könnte. Denn abgesehen vom inhaltlichen Zusammenhang sind es Linienführung, Modellierung und Farbgebung, die ausdrucksvoll an sich sind: die marmorne Blässe der drei Figuren, das fast ornamental zu einem dekorativen Gebilde verzerrte Gesicht des weinenden Engels, die von einem unnatürlichen giftigen Grün umsponnene Felslandschaft, in der dürre Bäume stecken, der kalte grellblaue Himmel, die heiligen Frauen in ihren metallisch schimmernden Gewändern und nicht zuletzt das archaisch anmutende Gold in den Flügeln der Engel; dazu die geheimnisvolle Inschrift auf dem Sarkophag, die in ornamental umgewandelten hebräischen Lettern den Namen »Tura« ergibt – das alles ist auch ohne Bindung an das Bildthema expressiv und gefühlsbetont. Wie klassisch wirkt dagegen Mantegna. Und tatsächlich rührt ja auch die innere Bewegung und Durchgeistigung der Bilder Turas aus dem Nicht-Klassischen, nämlich der Kunst nördlich der Alpen her; ebenso wie auch das Bildthema des toten, von Engeln gehaltenen Christus aus der französischen und deutschen Kunst der Spätgotik nach Italien kam. Aber gerade in der sichtbaren Auseinandersetzung von spätgotischer Durchgeistigung und humanistischem Formwillen liegt der Reiz von Turas Kunst. Abb. 11

Die Tafel, die ursprünglich wohl die Lünette eines mehrteiligen Altars war – die anderen Teile sind nicht mit Sicherheit festzustellen –, wurde um 1475 gemalt. Das ist die Zeit, in der Mantegna die Camera degli Sposi im Castello Sforzesco in Mantua gemalt hat und Hugo van der Goes seinen monumentalen und ausdrucksstarken Altar für den Florentiner Tommaso Portinari (Florenz, Uffizien).

Zur selben, an Talenten so reichen Generation der um 1430 Geborenen gehört auch *Antonello da Messina* (um 1430–1479). Für die venezianische Malerei hat er eine ganz besondere Bedeutung. Seine Herkunft aus dem sizilianisch-neapolitanischen Kulturkreis hatte für den Künstler eine spezielle künstlerische Situation geschaffen. Zuerst unter der Herrschaft der Anjou werden ab 1442 Neapel und Sizilien vom Haus Aragon beherrscht. So kommt es, daß in diesem Reich sowohl die französisch-flämische Malerei durch Importe bekannte wird – also Jan van Eyck, Rogier van der Weyden, Jean Fouquet – als auch die katalonische Kunst. Ein frühes Bild Antonellos, wie der »Hl. Hieronymus«

12 Antonello da Messina, Madonna mit Kind und Heiligen

in der Londoner National Gallery, kommt daher in seinem das Gefühl ansprechenden detailreichen Realismus der niederländischen Malerei sehr nahe. Von dieser übernimmt er auch die neue Maltechnik, eine Mischtechnik, die mit Lasuren arbeitet. Damit schafft er sich die handwerklichen Mittel, um aus einem weiteren künstlerischen Eindruck, dem kein Maler seiner Generation entgehen konnte, seine endgültige Vision der Wirklichkeit aufzubauen: Wir meinen den Eindruck, den die großartige Richtigstellung, die Piero della Francesca in seiner Auffassung und Darstellung des Dreidimensionalen durch Licht und Perspektive vornahm, auf seine Zeitgenossen machte. Als Antonello 1475 für kurze Zeit nach Venedig kam, hatte er sich diese neue Erfahrung schon so zu eigen gemacht, daß er sie auf seine eigene Weise abwandeln konnte.

Von dem venezianischen Patrizier Pietro Bon war der damals

ungefähr fünfundvierzigjährige Antonello beauftragt worden, für die Kirche *S. Cassiano* einen Altar zu malen. Das Fragment dieses 1475/76 entstandenen Altars haben wir hier vor uns. Es ist eine sogenannte *Santa Conversazione,* also eine thronende Madonna mit dem Kind und Heiligen. Ursprünglich standen auf jeder Seite vier Heilige in ganzer Figur. Jetzt sind es nur noch je zwei, und zwar links Nikolaus von Bari und eine weibliche Heilige (vielleicht Anastasia), rechts Ursula und Dominikus. Aus Kopien weiß man, daß ursprünglich auf der linken Seite noch die Heiligen Rosalia und Georg (oder Liberale) standen, rechts Sebastian und Helena (von der man noch das Kreuz sieht). Nach oben setzte sich der Altar wohl in eine Kuppel oder Apsisarchitektur eines Kircheninterieurs fort, wie man sie auch auf Altären von Giovanni Bellini findet. Abb. 12

Dieses herrliche Stück zeigt, wenn auch nur noch als Fragment, was Antonello der venezianischen Kunst an Neuigkeiten gebracht hat. Im Gegeneinander und Miteinander durchdringen und steigern sich südliches und nördliches Auffassen der Wirklichkeit. Eine einfache, große und strenge, nach allen Richtungen fest im Raum verankerte Körperlichkeit – man beachte nur die Lektion der nach vorne und zur Seite weisenden Hände, die ein unsichtbares Raumgerüst ausspannen – ist in die reiche, farbige Pracht von Brokat und Stickereien, von Gold und durchsichtigem Kristall gekleidet, wie sie ein Jan van Eyck kaum schöner hätte malen können. Sie leuchtet von innen durch die Transparenz der Farben und wird beleuchtet und umflossen von einem alles umfassenden und weich machenden Licht. Das graue, grüblerische Licht, das die Körper Pieros della Francesca rundete, aber auch trennte, wird durchstrahlt von dem goldenen Leuchten flämischer Farbigkeit. Es nimmt nicht wunder, daß gerade in Venedig mit seinen alten, golden aus dem Dunkel schimmernden Mosaiken eine Malerei wie diese nicht mehr vergessen werden konnte. Jetzt erst findet die venezianische Malerei zu sich selbst, die Mittel zu einer grandiosen Entwicklung sind ihr nun gegeben. In Hinkunft wird es kein venezianisches Bild mehr geben, in dem nicht durch alle Verhüllungen hindurch die Pala di S. Cassiano fortleuchten würde.

Verwertet werden kann nur, wozu ohnehin eine Neigung besteht. Darum mußte die Pala di S. Cassiano auf *Giovanni Bellini* einen

13 Giovanni Bellini, Darbringung im Tempel

ungeheuren Eindruck machen, obwohl sein Werdegang ein anderer als der Antonellos war. Giovanni (1430–1516), ein unmittelbarer Zeitgenosse Antonellos, wurzelt in der malerischen spätgotischen Tradition Venedigs, die ihm durch seinen Vater Jacopo vermittelt wurde. Alsbald aber gerät er in den Einflußbereich des paduanischen Kunstkreises, nämlich in den des Donatello und Mantegna. Das Verhältnis zu Mantegna wird besonders eng dadurch, daß die Schwester Bellinis Mantegna heiratet. Und es dauert bis gegen 1470, bis sich Bellini von dem übermächtigen Zwang, den die harte, strenge Welt Mantegnas auf ihn ausübt, freimacht. Dann aber verlieren seine Figuren auf einmal das wie Gemeißelte, scharf Gezeichnete. Ähnlich wie Antonello, wohl auch nach seinem Vorbild, wenn auch weniger robust, behutsamer, baut er die Figuren als runde feste Körper auf, deren Dreidimensionalität von großer Selbstverständlichkeit ist. Betrachtet man den so sicher gerundeten Kopf des Jesuskindes in
Abb. 13 der *Darbringung im Tempel* (leider wurde das Bild im 18. Jahrhundert vom Rechteck zum Oval verschnitten), so sieht man förmlich die geometrische Konstruktionszeichnung vor sich, die

14 Andrea Basaiti, Berufung der Söhne des Zebedäus zum Apostelamt

ihm zugrunde liegt. Es ist aber nicht die Beherrschung aller dreidimensionalen Bezüge, die die Größe Bellinis ausmacht, sondern die Fähigkeit, seinen Bildern eine Stimmung zu verleihen, wie sie es bis jetzt in der italienischen Kunst nicht gegeben hat und wie sie die venezianische Malerei von nun an nicht mehr verlieren wird. Stimmung bedarf als Voraussetzung der Gleichgestimmtheit aller Komponenten, des Vorhandenseins eines einheitlichen Grundakkords. Nicht zufällig ist das Wort »Stimmung« aus der Musik übernommen. Der Grundakkord, auf den Bellinis Kunst abgestimmt ist, ist ein harmonischer Dreiklang aus Farbe, Licht und einer ganz spezifischen Gemütslage der dargestellten Personen. Allen Werken Bellinis, seien es die herrlichen Altäre mit der »Santa Conversazione« – eine Darstellung, die erst durch ihn

populär wird –, seien es die zahlreichen anderen Madonnen und Heiligenbilder oder aber die Porträts –, ihnen allen eignet ein hoher, fast elegischer Ernst, der wohl aus der Auffassung, die der Maler von seiner Aufgabe hatte, herrührt und seinem tiefen Bemühen, ihr gerecht zu werden. Köpfe wie der des Josef auf unserem Bild erinnern an Dürer und lassen verstehen, weshalb der deutsche Künstler Bellini für den größten Maler Italiens hielt. Dieser Ernst wird durch eine in blau-rot-grünen Tönen komponierte Farbigkeit und durch ein alles umfassendes und durchdringendes, warmes, weiches Licht gemildert und gewissermaßen in die serene Gelöstheit einer Abendstimmung transponiert. Nicht wenig wird dieser Stimmungsgehalt durch die wunderschönen Voralpenlandschaften gehoben, die sich öfter klar und rein hinter dem heiligen Geschehen auftun. Obwohl aus den kristallinischen Landschaften Mantegnas entwickelt, verlieren sie doch bald deren steinerne mineralische Strenge und verwandeln sich in Aussichten auf ferne Gewässer, Hügel und blauende Berge, voll reinster Poesie. Leider besitzt die Gemäldegalerie keinen der Altäre Bellinis. Aber deren Eigenart kann man an dem Altarmodell des *Andrea Basaiti* (um 1470 bis ca. 1530), einem Schüler Bellinis, ablesen. Die schöne Landschaft, in der sich die *Berufung der*
Abb. 14 *Söhne des Zebedäus zum Apostelamt* abspielt – sie ist signiert und 1515 datiert –, ist noch ganz in der Art Bellinis empfunden. Der Geist der wiederentdeckten Antike trägt bei Mantegna archäologische Züge, hart und streng. Bellini jedoch begreift ihn als eine Neubelebung von Natur und Mensch zu gleichen Maßen. Die Tafel Basaitis ist übrigens eine verkleinerte und veränderte Fassung eines schon 1510 gemalten Altars desselben Themas (Venedig, Accademia di Belle Arti).

Während seines langen Lebens sieht Bellini in seiner nächsten Nähe neue Künstlergenerationen heranwachsen; darunter den jungen Giorgione, der von dem alten Maler freilich überlebt werden sollte. Der alte Bellini blieb nicht unbeeindruckt von dem originellen und zukunftsträchtigen Werk des jungen Künstlers, der seinerseits wiederum nicht ohne Bellini zu denken gewesen wäre.

Abb. 15 Die *Junge Dame bei der Toilette* malte der ungefähr Fünfundachtzigjährige ein Jahr vor seinem Tod, 1515, was man von dem wie achtlos hingeworfenen Zettel ablesen kann. Um diese Zeit

15 Giovanni Bellini, Junge Dame bei der Toilette

waren bereits die großen richtungweisenden Werke der Hochrenaissance vollendet: so Raffaels Stanzen im Vatikan oder die Sixtinische Decke des Michelangelo; auch die »Kirschenmadonna« Tizians stammt aus dieser Zeit. Vergleicht man Bellinis lyrisches Bild mit diesen Werken, so sieht man auf den ersten Blick, wie unähnlich es ihnen ist. Der alte Madonnenmaler wollte es seinen berühmten jungen Kollegen nachtun und sich auch einmal mit den neu aufgekommenen Themen aus der idealen Vorstellungswelt der Antike befassen. Das Ergebnis ist ebenso aufschlußreich wie reizvoll. Denn hinter der sitzenden weiblichen Aktfigur steckt das oft abgewandelte Bild des toten Christus, der am Grabesrand sitzt; dieser hat sich hier gleichsam in eine von Teppichen und Tuch bedeckte Bank verwandelt. Die Komposition wieder leitet sich von den zahlreichen breitformatigen Madonnenbildern Bellinis her, die auch vom jungen Tizian aufgegriffen wurden (siehe die »Zigeunermadonna«). Die Madonna mit dem Kind sitzt vor einem

Vorhang, der zur Hälfte zurückgezogen ist und den Blick auf die Landschaft freigibt. Der Vorhang hinter der jungen Dame ist zur grünen Wand geworden, und die Landschaft sieht man durch ein Fenster, das Ganze ist also zu einem Innenraum umgestaltet und hat dadurch eine früher nicht gekannte Intimität gewonnen. Bellini verwendet die alten, ihm geläufigen Bildmodelle, um damit ein neuartiges Thema darzustellen, das er wohl kaum erfunden hat. Es gehört ganz in die Vorstellungswelt der jüngeren Generation um Giorgione, ebenso wie auch das Motiv des Spiegels und des Sich-Spiegelns. Der Spiegeleffekt erschließt eine neue Raumdimension, durch welche die Figur wie eine Plastik auch von hinten sichtbar wird. Dieses Spiel mit der Räumlichkeit ist umso überraschender, als es gar nicht der quattrocentesken Komposition mit ihren bildparallelen Raumschichten entspricht. Der Einbruch einer neuen Dimension in die alte, feste Welt des Quattrocento ist verwirrend und doch von zauberischem Reiz, so als würde sich eine Tür in einer Wand öffnen, in der kurz zuvor noch gar keine war. Die Verzauberung spinnt sich fort, wenn aus dem altvertrauten Andachtsbild, aus Christus, aus Maria, die heidnische nackte Schöne hervorwächst. Das Alte wird langsam fremd, das Neue tut sich auf gleich einer Ahnung.

Es gibt wohl kaum ein Bild, in dem das Generationsproblem so deutlich sichtbar ist, in dem aber gerade auch das Problematische, das Zwischen-den-Zeiten-Stehen, bedingt durch das hohe Alter des Malers, an sich zum Gewinn wird und höchste Qualität hervorbringt. Tiefer Ernst, fast Trauer prägt das Gesicht der jungen Frau. Man möchte meinen (falls solche unwissenschaftliche Überlegung überhaupt gestattet ist), daß daraus die Trauer des Malers spricht, der sich an seiner Aufgabe gescheitert vorkommen mußte.

Der Bruder Giovannis, *Gentile Bellini,* malte ganz anders. Seine künstlerische Kapazität ist weit geringer als die des Giovanni; er ist altertümlicher und kann sich nie dem Einflußbereich seines Vaters Jacopo und dem des Mantegna entziehen. Seine Stärke war die detaillierte, porträthafte, etwas trockene, naiv-gläubige Schilderung der Stadt Venedig als Szenerie für bedeutsame Ereignisse, Prozessionen, Wunder und dergleichen. Als Hofporträtist der Dogen und seit 1479 des Sultans Mohammed II. erlangte er dennoch Berühmtheit.

16 Gentile Bellini, Kardinal Johannes Bessarion

Die Tafel mit dem Porträt des Kardinals *Johannes Bessarion* trägt deutlich alle wesentlichen Merkmale der Kunst Gentiles; es zeigt ihn als Historien- und als Porträtmaler, als Erzeuger einer zweckgebundenen Kunst im Dienste der Republik Venedig und ihrer Einrichtungen. Die Tafel bildete die Tür eines Kästchens, in dem das dargestelle Reliquiar mit Kreuzpartikel enthalten war. Kardinal Bessarion, Erzbischof von Nicäa, war nach Italien gekommen, um die Union zwischen griechischer und römischer Kirche zu betreiben und dadurch Hilfe gegen die Türken zu erlangen. Er selbst trat zum katholischen Glauben über und wurde von Papst Eugen IV. zum Kardinal ernannt, später zum Patriarchen von Konstantinopel. Während seines Aufenthaltes in Venedig wurde er Mitglied der Scuola di Santa Maria della Carità, der ältesten der sechs großen Bruderschaften Venedigs, ihr vermachte Abb. 16

er 1463 das Reliquiar. Patriarch Gregor Melinenos hatte es bei seiner Flucht aus Konstantinopel gerettet und Bessarion übergeben. Das Reliquiar befindet sich auch heute noch an seinem alten Platz, im alten Albergo della Scuola, das jetzt zur Accademia di Belle Arti gehört.

Der Kardinal im Habit eines Basilianers (diesem Orden gehörte er an) kniet in der Haltung eines Stifters vor dem bedeutend vergrößerten Reliquiar. Dahinter knien zwei Mitglieder der Bruderschaft der Carità. Der eine trägt das Zeichen dieser Korporation auf der Brust, ein Kreuz in zwei ineinandergeschlungenen Kreisen.

Das Tabernakel und damit auch die bemalte Tür entstanden 1472 aus Anlaß der feierlichen Übergabe des Reliquiars durch Bessarion an die Bruderschaft.

Diese Tür ist ihrer Bestimmung entsprechend nicht als Bild im herkömmlichen Sinne anzusehen, sondern nur als Möbelbild, so wie das etwa Cassoni sind. Wie bei diesen ist auch hier das Format sehr ungünstig. Gleichzeitig ist sie aber auch ein Dedikationsbild, das die Stiftung des Reliquiars durch den Kardinal in Erinnerung hält. Überdies ist sie das einzige Porträt, das zu seinen Lebzeiten entstand. Das ist nicht uninteressant, denn der Kardinal war eine sehr bedeutende Persönlichkeit, der die Kenntnis der griechischen Literatur, besonders der Werke des Plato, ins Abendland brachte. Er vermachte auch seine reiche Bibliothek mit zahlreichen griechischen Handschriften der Biblioteca di San Marco und war selbst ein bedeutender Schriftsteller. Es ist verständlich, daß Bessarion sich vom offiziellen Maler der Republik porträtieren ließ. Ohne Zweifel ist ja auch zumindestens der eine der beiden Brüder der Carità eine angesehene Persönlichkeit, sonst träte er wohl nicht als Gegenüber des Kardinals auf. Im vorliegenden Zusammenhang stellt die Profilansicht des Kardinals eine Möglichkeit des Porträts dar, wie sie uns bis jetzt noch nicht unterkam. Wir hatten es bisher immer mit der Dreiviertelansicht zu tun (Eyck, Pisanello). Das reine Profil kommt von den Porträtmedaillen, wie man sie bei Pisanello findet. Es wird immer angewendet, wenn es auf flächenhafte Silhouettenwirkung ankommt, wenn es um die schöne Kontur geht, oder aber, wenn das Charakteristische eines Gesichts prägnant herausgeholt werden soll: die Nase, das Kinn. Darum sind Karikaturporträts sehr oft im Profil gezeichnet. Freilich fehlt der Profilansicht die Wirkung der belebenden Augen und begibt sich damit der Möglichkeit des Ausdrucks und der Beziehung zum Betrachter. Da es aber zu Beginn des 16. Jahrhunderts gerade darauf ankommt, verliert sich das Profilporträt immer mehr und wird höchstens hin und wieder für das offizielle Porträt, das weniger auf den Ausdruck als auf Charakteristik und Repräsentation abzielt, verwendet.

So ist also das Porträt des Bessarion durch die Profilansicht als offizielles Bildnis gekennzeichnet und steht damit als Typus in einer Reihe mit zahlreichen Fürstenporträts der Frührenaissance. Gleichzeitig findet es sich aber auch in einer Reihe mit allen neben dem Kreuz knienden Stifterfiguren, die seit dem 14. Jahrhundert ebenfalls immer vom Profil gesehen sind.

Die künstlerische Qualität der Bessarion-Tafel allein hätte wohl kaum eine so ausführliche Auseinandersetzung gerechtfertigt. Ikonographisch gesehen bietet sic jedoch interessante und vielfältige Aspekte.

Wendet man sich von der so poetischen und beziehungsreichen Malerei Venedigs jener Mittelitaliens und als einem ihrer wichtigsten Vertreter *Perugino* (eigentlich Pietro Vanucci, 1445/1450 bis 1523) aus Umbrien zu, so ergreift zumindest den heutigen Betrachter ein leises Gefühl des Unbefriedigtseins; bei genauerer Überlegung kommen wir auch auf seine Ursache. Eine Art von Simplifizierung beherrscht die Bilder Peruginos auf allen Ebenen, und gerade sie macht uns keine Freude. Diese Vereinfachung betrifft die Komposition, die Farbigkeit, die Gesichtsbildung und das Sentiment. Die *Santa Conversazione* (1493) und Abb. 17 die *Madonna mit zwei Heiligen* sind streng symmetrisch aufgebaut. Nun ist freilich jede Santa Conversazione dieser Zeit symmetrisch komponiert, dies liegt in der Natur dieses Bildtypus. Hier ist aber die Symmetrie so weit getrieben, daß sie auf die Menschen einen Zwang ausübt, sie sperrt sie ein und macht jede Abweichung unmöglich.

Zur Verstärkung der Symmetrie sowie zur allgemeinen Vereinfachung überhaupt trägt auch die frappierende Ähnlichkeit der Gesichter untereinander bei. Die Madonna und ihre beiden weiblichen Assistenzfiguren könnten Drillinge sein, mit ihren breiten schönen ausdruckslosen Gesichtern und den schweren Augen-

17 Perugino, Santa Conversazione

lidern. Eine oberflächlich religiöse, fromme Haltung wird angedeutet durch die sentimentalisch zur Seite geneigten Köpfe, durch die weich gelöste, versunkene Haltung der – übrigens sehr präzise gezeichneten und räumlich ganz sicher komponierten – Gestalten. Die Farben Rot, Blau und Grün bestimmen den Farbcharakter der Bilder. Das Blau des Jordan, in dem Christus getauft wird, ist dasselbe Blau wie das des Himmels, es reicht vom unteren bis zum oberen Bildrand. Malerischen Reichtum, wie ihn etwa venezianische Bilder besitzen, würden wir hier vergebens suchen. Auch wenn in den Bildern Peruginos immer wieder die Landschaft vorkommt, so ist sie zwar oft sehr schön – wie in der erwähnten *Taufe Christi* –, aber dafür auch erstaunlich leblos.
Diese Reduzierung in formalem wie in gefühlsmäßigem Bereich

18 Perugino, Taufe Christi

ist aber nicht etwa eine Folge künstlerischen Unvermögens. Dazu beherrscht der Maler ganz offensichtlich sein Metier zu gut. Sie ist viel eher Zusammenfassung und Konzentration auf Wesentliches. Sie ergibt in reinster Abstraktion das Schema – und jedes Schema ist leblos – zur Entwicklung neuer Ziele. Raffael ist von diesen durch Perugino vorgestellten Grundformeln ausgegangen.

Perugino selbst hätte sie wohl nicht allein erarbeiten können, wäre nicht das große Vorbild Piero della Francesca zu seiner Verfügung gewesen, den er entweder in Urbino oder in Arezzo getroffen haben muß. Fast genauso alt wie Leonardo, kennzeichnet Perugino ebenso wie dieser die Schwelle zur Hochrenaissance. Die halbe Generation, um die Perugino jünger ist als die großen

19 Francia, Santa Conversazione

Meister der venezianischen Malerei – wie etwa Giovanni Bellini –, bringt ihn zwar diesem Ziel näher, beläßt ihn aber auch in der unerfüllten Situation des unmittelbaren Vorläufers und Wegbereiters. Selbstverständlich war sich Perugino seiner Funktion innerhalb der Geschichte der Malerei nicht bewußt. Stimmt jedoch der Bericht des Künstlerbiographen Vasari, wonach Perugino ein Agnostiker war, nicht an die Unsterblichkeit der Seele glaubte und zu jeder Übeltat bereit war, um zu Reichtum zu gelangen, so wäre vielleicht gerade einer solchen Natur die Fähigkeit zu überlegter Abstraktion und schöner Formelhaftigkeit zuzutrauen.

Abb. 19 Den Einfluß Peruginos verrät die *Santa Conversazione* (um 1504) mit den Heiligen Franziskus und Katharina von dem gleichaltrigen Francesco Raibolini, der *Il Francia* genannt wurde (um

20 Gerard David, Geburt Christi

1450–1517). Er stammte aus Bologna, das künstlerisch zum Einflußbereich Ferraras gehörte. Seine Bilder sind weitaus frischer, viel naiver und nüchterner und ohne das oft berechnend und doch zugleich schematisch wirkende Sentiment vieler Werke Peruginos.

Während sich in Italien der künstlerische Höhepunkt der Klassik vorbereitete, geschah in den Niederlanden, der einzigen Kunstlandschaft nördlich der Alpen, die bis dahin in all ihrer Eigenart mit der italienischen Malerei konkurrieren konnte, etwas ähnliches. *Gerard David* (gegen 1460–1523), ein gebürtiger Holländer, der seine ersten Studien wahrscheinlich in Haarlem gemacht hatte, war 1484 nach Brügge, in die Stadt, in der Memling lebte, gekommen. Hier entstanden seine Hauptwerke. 1515 wurde er in

21 Gerard David, Heilige mit Kind

die Malerzunft von Antwerpen aufgenommen. Für die weitere Entwicklung der niederländischen Malerei wird von eminenter Bedeutung, daß Brügge gerade zu dieser Zeit durch die Versandung des Swijn seine Bedeutung als Hafenstadt allmählich verlor, während Antwerpen als modernes Handelszentrum in vollem Aufschwung begriffen war. David war wohl schon zu alt, um sich den neuen Verhältnissen, die Antwerpen für die Künstler bot, anzupassen, daher kehrte er wieder nach Brügge zurück. Mit einem gewissen Recht sieht man daher in ihm den letzten Vertreter der altflämischen Malerei. Dennoch ist er nicht nur das. Seine volle Leistung ist an den Wiener Bildern freilich nicht so ohne weiteres abzulesen. Eines fällt jedoch sofort auf: die ganz andere farbige Vision nämlich, die seine Bilder von denen seiner gelegentlichen Vorbilder – wie Memling und Hugo van der Goes – unterscheidet. Seine Farben strahlen nicht so wie die der früheren Maler. Sie sind dunkler, matter, toniger, die Gesichter sind umschattet, gleichsam aus dem Grau heraus modelliert und erinnern an das Sfumato der Bilder des gleichaltrigen Leonardo da Vinci. Was auf der einen Seite an vielfarbiger Leuchtkraft eingebüßt wird, dient jedoch auf der anderen zur farbigen Vereinheitlichung. So ist etwa das Nachtbild mit der *Geburt Christi* Abb. 20 (um 1495) Farbvereinheitlichung in höchster Konsequenz. Darüber hinaus bringt sie die Möglichkeit zu subtiler, fein abschattierender Malerei. Überdies ist die gehaltene Tonigkeit im Malerischen noch einer anderen Absicht sehr zuträglich, nämlich der, körperliche und räumliche Illusion zu schaffen. Die *Heilige* Abb. 21 *mit dem Kind* (1500/1510) auf der Rückseite des rechten Flügels des *Michaelsaltars* steht mit niedergeschlagenen Augen statuengleich in ihrer nüchtern schachtelartigen Nische, fast leblos in ihrer würdevollen Versunkenheit. Um so mehr berührt das stille, aber intensive Leben, das die wunderbar modellierte Hand der Heiligen beseelt, die das Handgelenk des Kindes umschließt. Nur jemandem, der ein ausgeprägtes Gefühl für die dreidimensionale Form hat, gelingt ein solches Detail. Das zögernde Tasten der Hände, wie man es bisher in der niederländischen Malerei sah, ist hier einem entschiedenen und bewußten Fassen und Greifen gewichen. Das ist nur zu erklären durch das Einwirken italienischer Kunst, in der das wissenschaftlich untermauerte Wechselspiel von Raum und Körper, von Körper und Körper und als Folge der sinnliche Effekt der Berührung von Körpern künstlerisch vorexerziert wurde. Auch hier ist es wie in Italien vor allem die Kunst des Piero della Francesca, die den Hauptanstoß zu einer neuen Wirklichkeitserfassung gegeben hat. Sein Bild der Wirklichkeit zerstört freilich jenes, das bisher für die niederländische Malerei Geltung hatte.

Es sind oft die Meister einer Übergangsperiode, die die Entwicklung zunächst auf einem Nebengeleise weitertreiben. David etwa malt auf einem seiner Altäre auf die Rückseiten der Flügel zum ersten Mal reine Landschaften. Bisher bildete sie ja nur den Hintergrund oder den mehr oder weniger ausgeprägten Schauplatz der Darstellung. Die Wiener Galerie besitzt keine solche Landschaft von David – wohl aber als vollgültige Vertretung

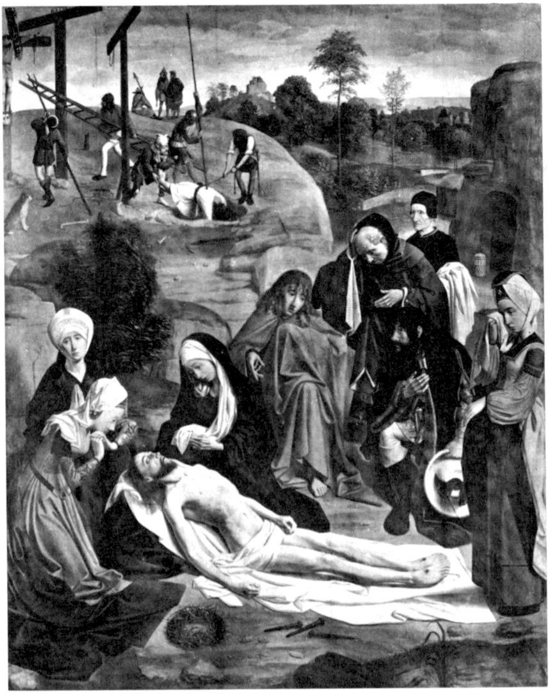

22 Geertgen van Haarlem, Beweinung Christi

dafür die wunderbare Landschaft mit der »Taufe Christi« von *Joachim Patinier* (siehe dort), einem Schüler des David. Von ihm wird noch die Rede sein. Seit den Landschaftsdarstellungen des gebürtigen Holländers David wird diese Bildgattung für immer ein Thema der flämischen wie der holländischen Malerei bleiben.
Ein Generationsgenosse des Gerard David ist ein anderer Holländer – *Geertgen van Haarlem* (um 1460–1490/1495). Bis auf eine um 1475 erfolgte Reise in die südlichen Niederlande hielt er sich immer in Haarlem auf. Seine Malerei unterscheidet sich in wesentlichen Dingen sowohl von der seines gleichaltrigen Landsmannes als auch von der flämischen Malerei überhaupt. Gerade diese Unterschiede sind es aber, die später die Spezifika der späteren holländischen Malerei ausmachen werden. Die Wiener Galerie besitzt das Hauptwerk des jung verstorbenen Meisters.

23 Geertgen van Haarlem, Legende Johannes des Täufers

Es ist der rechte, beidseitig bemalte und schon im 17. Jahrhundert auseinandergesägte Flügel eines sehr großen Altars, von dem weder das Mittelstück noch der linke Flügel erhalten sind. Auf der einen Tafel, der ehemaligen Vorderseite des Flügels, ist die *Beweinung Christi*, auf der anderen Tafel (Rückseite) sind Szenen Abb. 22
aus der *Legende Johannes des Täufers* dargestellt. Der Altar Abb. 23
muß bald nach 1484 gemalt worden sein, denn in diesem Jahr wurden in Rhodos dem Johanniterorden die Reliquien Johannes des Täufers, die bei der Eroberung Jerusalems an die Türken verlorengegangen waren, von Sultan Bajasid als Geschenk übergeben. Aus diesem Anlaß gab der Kommandeur des Johanniterordens von Haarlem dem Maler den Auftrag, einen dem Johannes geweihten Altar für die Johanniterkapelle zu malen. Dieser Altar, der offenstehend als Mittelstück wahrscheinlich eine »Kreuzigung«

und am linken Flügel vielleicht eine »Kreuztragung« oder eine andere Passionsszene zeigte, führte in geschlossenem Zustand auf der linken Seite vermutlich das Leben des Täufers vor Augen, auf der rechten, erhaltenen, die Legende der Reliquien.
In mehreren Szenen, die zwar zeitlich weit auseinanderliegen, sich dennoch aber im selben Gelände abspielen, wird die Geschichte erzählt: Im Hintergrund, vor einer lieblichen, von einem stillen, klaren Fluß durchzogenen Wiesen- und Baumlandschaft, kniet die Frau des Herodes und bestattet das Haupt des Johannes. Vor einem phantastischen Felsgebilde wird der Leichnam des Johannes von seinen Jüngern in Sebaste ins Grab gesenkt. Christus steht dabei. Das zeitlich nächste Ereignis spielt sich im Vordergrund ab. Im Jahr 362 werden auf Befehl des Kaisers Julian Apostata – im Hermelin, mit Szepter und Krone, steht er grimmig blickend inmitten seines bunten Gefolges – die Gebeine des Heiligen aus dem Sarkophag genommen, verbrannt und die Asche in den Wind gestreut. Zwischen den einzelnen Szenen hindurch ziehen Gruppen dunkler, ernst blickender Männer. Es sind die Johanniter, durch das Malteserkreuz gekennzeichnet, die noch einige Überreste der verbrannten Gebeine im Grab finden – den rechten Arm nämlich und den Zeigefinger des Täufers – und sie im Hintergrund, feierlich von ihren Mitbrüdern empfangen, in ihre Burg nach Acco bringen. Das hatte sich im Jahre 1252 abgespielt. Die Ordensbrüder tragen aber die Gesichtszüge der mehr als zweihundert Jahre später lebenden Haarlemer Johanniter. Es sind das eben diejenigen, die den Altar stifteten, als die noch im 13. Jahrhundert an die Türken verlorengegangenen Reliquien 1484 dem Orden zurückgegeben wurden. Die einstmalige Auffindung der Gebeine wird demnach mit ihrer neuerlichen Gewinnung gleichgesetzt, weshalb die Darsteller der Szene Leute sind, die in der Gegenwart leben. Ob dieser Einfall von Geertgen selber kam oder von seinen Auftraggebern, weiß man nicht. Sicher aber ist auf diese Art das erste Gruppenporträt entstanden – ein bedeutender Beitrag der holländischen Malerei zur Malerei Europas. So wie die bildende Kunst seit ihren Anfängen kultischen, religiösen Ursprungs ist, so lassen sich auch ihre immer reicher und differenzierter werdenden Gestaltungen durch die Jahrhunderte hindurch immer wieder bis zu diesem Bereich zurückverfolgen. Denn auch das Gruppenporträt hat, wie die Tafel

Geertgens beweist, religiöse Wurzeln. Er malt die Porträts von Stiftern. Einzelne Stifterfiguren oder auch ganze Stifterfamilien kennen wir schon von den Altären älterer Künstler. Diese Stifter knien aber immer getrennt nach Männern und Frauen rechts und links neben den heiligen Szenen. Niemals stehen sie auf und mischen sich unter die Hauptakteure. Denn mit diesen, Christus, Madonna und Heiligen, die Jahrhunderte früher lebten, haben sie ja auch nichts gemein, sie empfehlen sich vielmehr ihrem himmlischen Schutz. Hier jedoch ist der Stifter nicht ein Mann mit seiner Familie, sondern eine Gemeinschaft durch gleiche Ziele Verbundener, ein Orden, eine Gruppe Gleichgesinnter; sie betet nicht an, sie empfiehlt sich nicht passiv – zumindestens nicht augenscheinlich – dem Schutz des Heiligen, sie ist aktiv, tätig in seiner Verehrung. Auch in Hinkunft werden sämtliche Gruppenporträts Gruppen von Personen darstellen, die zu einem bestimmten Zweck zusammengekommen sind und Wert darauf legen, ihre spezielle Zusammengehörigkeit zu dokumentieren. Es ist selten, daß man die Entstehung eines Bildtypus so klar mitverfolgen kann.

Viel weniger erfinderisch zeigt sich der Maler in der *Beweinung Christi.* Nicht nur der diagonale Aufbau der Komposition geht auf die »Beweinung« des Hugo van der Goes zurück, auch die Figur des Knienden finden wir beim selben Meister (am Monforte Altar, Berlin). Und die Magdalena, die die Hände in so auffallender Weise ringt, gibt es schon in der »Kreuzesabnahme« des Rogier van der Weyden (Escorial). Trotz der Übernahmen aus fremden Vorbildern unterscheidet sich Geertgen dennoch grundlegend von ihnen. Die flämische Malerei ist vornehm und edel und schafft dadurch eine Distanz zwischen sich und dem Betrachter. Die Figuren des Holländers Geertgen hingegen sind hölzern, mit glatten, eiförmigen, gedrechselten Köpfen, kindischen, manchmal auch grotesk verzerrten Gesichtern, harten, festen Händen und breiten, flachen Füßen. Diese Malerei ist nicht verallgemeinernd, sie idealisiert nicht, sondern hebt das Individuelle hervor. Sie spricht den Betrachter direkt an, macht aufmerksam auf besondere Eigenheiten, sie distanziert nicht, sondern erzählt bunt und deutlich, oft mit sehr schönen poetischen Details. Die Landschaften im Hintergrund der beiden Bilder etwa sind solche: stille Wasser, in denen sich der Himmel spiegelt, Wiesen, auf denen man unter

24 Hieronymus Bosch, Kreuztragung

Bäumen stehen und in die blaue Ferne schauen möchte. Dieses Zwischending aus naivem, kindlichem und poetischem Realismus wird man auch in den späteren Jahrhunderten immer wieder als Charakteristikum der holländischen Malerei antreffen. Ihre Beziehung zur Wirklichkeit ist – wie wir noch sehen werden – furchtlos, neugierig und unkonventionell. Die Wirklichkeit wird von ungewöhnlichen Seiten her angegangen. Dies wird besonders offenkundig bei einem Zeitgenossen des Geertgen, bei *Hieronymus Bosch* (um 1450–1516).
Bosch wurde um 1450 in s'Hertogenbosch geboren, wo er auch 1516 starb. Seine Vorfahren waren aus Aachen eingewandert, weshalb er korrekt Iheronimus van Aken hieß und erst später nach seiner Geburtsstadt kurzerhand den Namen Bosch annahm. Zu seinen Lebzeiten lag Hertogenbosch im Territorium von Bra-

bant, ganz im Norden nahe der Grenze der Grafschaft Holland (heute gehört es zu Holland). Aber sowohl Holland als auch Brabant mit seinen großen Städten Brüssel, Antwerpen und Mecheln und Flandern mit den Städten Brügge und Gent gehörten zum burgundischen Staatengebiet und unterstanden gemeinsam der Rechnungskammer von Mecheln. Trotz der verwaltungstechnischen Einheit ist aber die Kunst, die gerade in diesen Gebieten zu so besonderer Blüte gelangte, nicht eben so einheitlich. Wir sahen den Unterschied deutlich an dem Holländer Geertgen, und wir sehen sie noch auffallender bei Bosch.

An der *Kreuztragung*, einem Frühwerk, ist die Kraft der Imagi- Abb. 24
nation des Malers freilich noch nicht in vollem Umfang abzulesen. Trotzdem gibt es genug Hinweise, so daß der Umfang seiner künstlerischen Möglichkeiten bei aufmerksamer Betrachtung durchaus zu erahnen ist. Diese Tafel, die übrigens der linke, oben beschnittene Flügel eines Altärchens ist, der ursprünglich oben im Viertelkreis geschlossen war – das Mittelstück war wohl eine »Kreuzigung« –, unterscheidet sich schon auf den ersten Blick vollkommen von allen bisher gesehenen niederländischen Bildern.

Das ist nicht, wie man es sonst zu sehen gewohnt ist, der Kreuzweg Christi, begriffen als Teil seiner Passion, die den Betrachter hinweisen soll auf die Erlösung der Menschheit durch das Leiden Christi – ein Leiden, das durch das Exemplarische des Falles über die Wirklichkeit hinausgehoben und dadurch dieser und ihrem Schrecken entrückt wird. Hier ist gerade das Gegenteil beabsichtigt, hier ist alles grausige, einmalige Wirklichkeit, hier gehen drei Menschen zu ihrer eigenen Hinrichtung. Zuerst, ganz nahe dem Zuschauer, sieht man die beiden Schächer, sie werden auf das Sterben vorbereitet. Der rechte kniet schon vor dem Stamm des Kreuzes, das ihn bald tragen wird. Entsetzen im blutleeren Gesicht, Wahnsinn in den weitaufgerissenen Augen, keucht er aus offenem Mund seine Sünden hervor. Ein schwerhöriger Mönch, die Hand hinterm Ohr, nimmt ihm die Beichte ab. Dem todbleichen Verbrecher hält er sein rotnäsiges und verschlagen-gieriges Gesicht entgegen. Trotzdem ist hier Hilfe, wenn auch kein Erbarmen, und somit ist dieser reuige Sünder der einzige unter den drei Delinquenten, dem Hoffnung gegeben wird noch in seiner letzten Minute, in der ihn der Henker schon am Kragen packt. Der linke Schächer jedoch, gestoßen vom Kriegsknecht im eisernen Kleid, ergibt sich nicht. Vor der bleichen maskenstarren Miene des rotbemantelten Henkers, der in schrecklicher Bedächtigkeit die Fesseln für die Hinrichtung löst, schreit er seine Angst nieder mit wüsten Zoten und gräßlichen Flüchen, die auf dieser Welt keine Folgen mehr zu befürchten haben. Oberhalb von diesen beiden Sündern aber wird Christus von einer drängenden, schiebenden, aufgeregten Menge vorangestoßen, gezerrt und geschlagen. Nagelbretter unter den Füßen, schleppt er sich dahin, klein, unbedeutend, tiefgebeugt unter einem viel zu großen Kreuz. Sein spitznäsiges, verschnupftes Gesichtchen zeigt einen tief in sich gekehrten Ausdruck. Das Gegröle der lemurenhaften Masse, die Schmerzen scheint er nicht zu bemerken. Diese stille, demütige, schicksalergebene Kreatur wird von einem Mann in strahlendem Weiß wie ein Tier an einem Strick geschleppt. Auch dieser geht gebückt, mit gebeugten Knien, als ob er sich über sein Opfer lustig machen würde. Auf dem Rücken trägt er ein Schild mit dem Bild einer großen dickbauchigen Kröte. Er trägt ihn vor Christus her, als wäre er ein Spiegel. Vielleicht steckt eine bestimmte Absicht dahinter. In der mittelalterlichen Ikonologie gilt die Kröte als Sinnbild für »Superbia«, den Hochmut; Bosch selbst verwendet in einigen seiner Bilder die Kröte in diesem Sinn. Bekanntlich legten es die Pharisäer Christus als ungeheuerliche Anmaßung aus, daß er sich als »Sohn Gottes« bezeichnete. Dieser Hochmut wird ihm nun hier wie in einem Spiegel hohnvoll vorgehalten und dadurch das Ausmaß seiner Erniedrigung, die Tiefe seines Falls besonders eindringlich vorgeführt.

Man hat oft auf die altertümliche, nicht zeitgemäße Teilung der Tafel hingewiesen, die die Szenenfolge übereinander statt hintereinander anordnet. Vielleicht sollte die untere, also räumlich gesehen vordere Hälfte des Bildes die Gegenwart (des Malers) darstellen, nämlich zwei Verbrecher vor der Hinrichtung, wobei dem einen durch die Beichte die Absolution seiner Sünden erteilt wird, wodurch er der Erlösung teilhaftig geworden ist. In der oberen Hälfte der Tafel aber, in der Vergangenheit, begibt sich die Passion Christi, durch deren Vollzug ja erst der Erlösungsgedanke und seine Nutzanwendung in die Welt kommen werden.

Das ist das Auffallende an diesem Bild: die Gegenüberstellung von Wirklichkeit und übergeordneter Bedeutung. In Boschs Hauptwerken geht diese Tendenz so weit, daß sich sozusagen die Bedeutung als Wirklichkeit darstellt, eine Umkehrung, die das Verständnis mancher seiner Werke sehr erschwert und sie als die Phantasmagorien eines Irren erscheinen läßt, dem sich die Grenzen zwischen Wirklichkeit und Phantasie verwischen. Aber gerade durch diese Unsicherheit erlangen seine Dämonen und teuflischen Monstren, die er so gern in seinen Bildern malt (vergleiche den »Jüngsten-Gericht-Altar« in der Galerie der Akademie der Bildenden Künste in Wien), unmittelbar packende Schrecklichkeit – ebenso wie die bösartigen Grimassen der Schergen, der Kriegsknechte, des Gesindels und der Bettler. Auch früher gab es Höllen-Teufel in der Malerei, und immer waren die Feinde Christi und der Heiligen durch ausgesuchte Häßlichkeit als Bösewichter gekennzeichnet. Aber all diese Dämonen und Teufel und sonstigen Verkörperungen des Übels kommen uns eher komisch und primitiv – wie Figuren aus einem Volksstück – vor. Erst Bosch ist imstande, das Bild des Teuflischen und Abgründigen derart zu beleben und in die Wirklichkeit einzubauen, daß auch uns bei ihrem Anblick ein Schauer überläuft. Das Schwanken und Oszillieren zwischen Wirklichkeit und Bedeutung, zwischen starrem Sinnbild und nacktem Realismus – wie es auf unserem Bild sehr gut herauskommt – führt zu einer geistigen Durchdringung und Ausdeutung der Bildidee nach allen Richtungen hin, zuletzt aber auf den Menschen zu. Während man zur gleichen Zeit in der italienischen Kunst das Idealbild, das Wunschbild des Menschen in höchster Vollendung schafft, entdeckt Bosch den Menschen als Gehetzten, als von Lastern Getriebenen, als von Gott Verlassenen. In der italienischen Kunst ist der Mensch schön und so voll Gleichmaß, daß sein Gesicht in seiner inneren Ruhe oft fast ausdruckslos erscheinen kann. Für Bosch ist der Mensch häßlich, armselig und gottlos, verhängnisvoll verstrickt in sein Geschick und belagert von inneren Dämonen. Auch die Rückseite der Tafel ist bemalt: ein kleines Kind mit Laufstuhl und Windrad-Zeichen der Infantia, der Unwissenheit und Torheit.

Bosch steht allein mit dieser Art von Malerei. Er hat keine unmittelbaren Vorläufer, nur hier und da findet man Verwandtes in kleinstem Format, im deutschen Kupferstich nämlich, in der Gebrauchsgraphik, die zur täglichen Belehrung des frommen Christen diente. Auch die Maltechnik des Künstlers und die Art der Farbigkeit sind neuartig. Vergessen ist die glatte emailartige

Oberfläche, die bisher die niederländische Malerei auszeichnete und so kostbar und fest gefügt erscheinen ließ. Der Pinselstrich wird sichtbar, schnell, unruhig und nervös, auch die Farben vibrieren licht und blaß, ungewiß, ob sie nun der Wirklichkeit dienen oder ihrer Deutung.

Bosch hatte keine echten Schüler, nur Nachahmer äußerlicher Eigenheiten, ohne echtes Verständnis für den Gehalt seiner Werke und für das neue Menschenbild, das er schuf. Erst Pieter Bruegel d. Ä., auch ein Nordbrabanter und Einsamer, hat lange nach dem Tod Boschs dessen Vorstellungen und Ideen verstanden, aufgegriffen und neu gedeutet. Spät – erst beim Anblick der Malerei Rembrandts – wird offenbar, daß das Abbilden des Menschen weniger seiner äußeren als seiner inneren Struktur nach in Holland schon bei Bosch begonnen hat.

Zwischen den beiden mächtig wirkenden Kunstlandschaften, den burgundischen Niederlanden und Italien, gelegen, konnte sich die deutsche Malerei den Einflüssen einer solchen Nachbarschaft nicht entziehen. Besonders die niederländisch-burgundische Malerei wird ihr zum Vorbild. Aber trotz dieser Einflußnahme, deren die deutsche Malerei zu ihrer Entwicklung bedurfte, entstand aus der Art der Übernahme und aus der Auslegung niederländischer Vorbilder eine neuartige Malerei. Für die erste Hälfte des 15. Jahrhunderts, die etwa einen Konrad Witz hervorgebracht hatte, waren Bilder des Meisters von Flémalle oder die Plastiken des Klaus Sluter mit ihren schweren, raumgreifenden Gestalten bestimmend gewesen. Ab der Jahrhundertmitte jedoch wird die spätgotische Form modern. So bewundern die deutschen Maler vor allem die vornehmen, schlanken Figuren des Rogier van der Weyden, denn die deutsche Malerei ist noch nicht so reif, daß sie die neuen Erkenntnisse der italienischen Kunst begreifen könnte. Viel näher steht ihr die späte und letzte Entfaltung mittelalterlicher Kunst, die in den Niederlanden bis ans Ende des Jahrhunderts ihre mannigfachen und immer prachtvollen Blüten entfaltet. War für die niederländischen Maler Rogier das Vorbild gewesen, so greifen auch die deutschen Maler der zweiten Jahrhunderthälfte auf diesen stilbildenden Künstler zurück. Der Elsässer *Martin Schongauer* (1453–1496), der berühmteste deutsche Maler dieser Periode, ist zwar fast zwei Generationen jünger als Rogier, dennoch aber wandert er in die Niederlande, um die Werke dieses Künstlers zu studieren. Und während sich seine niederländischen Generationsgenossen schon den Verlockungen des Italienischen überlassen, bleibt Schongauer ganz der altertümlichen Manier verhaftet, ja nicht nur das, er gewinnt ihr sogar einen neuen Aspekt ab. Gerade dieser ist es aber, der der deutschen Malerei ihre Eigenheit und Unverwechselbarkeit verleihen wird.

Schongauer stammte aus einem Augsburger Geschlecht von Goldschmieden, das sich in Kolmar angesiedelt hatte. Auch er selbst war ursprünglich Goldschmied. Seine spätere Tätigkeit als Kupferstecher entwickelte sich ganz folgerichtig aus der Goldschmiedetechnik. Seine Kupferstiche waren übrigens immer berühmter als seine Bilder. Und tatsächlich erreichte die graphische Gestaltung seiner Blätter, die gleichsam selbständig sich bewegende, vielfältig gebrochene, vom Weg abweichende und doch wieder zum Anfang zurückkehrende Linienführung eine Vielfalt und einen erstaunlichen Reichtum der Formen, der auch der Malerei zugute kam. Gerade in dieser Generation gab es öfters Doppelbegabungen, die zwei Kunstgattungen vereinten: den Maler-Stecher wie Schongauer, aber auch den Maler-Bildschnitzer wie Michael Pacher in Südtirol. In beiden Fällen prägt die Linie in entscheidender Weise die malerische Gestaltung und die plastische Form.

Ganz deutlich ist das bei Schongauers *Heiliger Familie.* Der geknickte, faltig gebrochene Stoff des roten Gewandes umwuchert die Figur der Hl. Jungfrau, die plastische Körperform verliert sich dazwischen und darunter. Wie mächtig wirken dagegen in den Bildern Rogiers die Körper einer Maria, eines Johannes auch durch das Gewand hindurch. Die schönen feierlichen Faltenschwünge und -knicke dieser Gewänder, die die darunter fühlbaren Körper lebendig machen und ihnen etwas von der statuarischen Strenge nehmen, faszinieren Schongauer derart, daß sie ihm zur Hauptsache werden. Mit spitzem Pinsel zeichnet er Falten, Linien, jedes kleine Detail wie auf einer Miniatur. Die belebte Linie hat aber nicht nur formalen Eigenwert, sondern auch einen gemüthaften. Sie schwingt nicht pathetisch aus wie bei Rogier, sie weht nicht im Wind, sondern schließt sich, sie führt wieder zu ihrem Anfang zurück, sie umgibt nestartig die Figur. Das vermittelt ein Gefühl des Abgeschlossenseins, des Geborgen- und Behütetseins. Alle anderen Elemente des Bildes zeigen dieselbe Absicht. Das helle, klare, durchsichtige niederländische Licht ist

Abb. 25

25 Martin Schongauer, Heilige Familie

einem braunen warmen undurchsichtigen Dunkel gewichen. Der Hintergrund verliert sich im ungewiß Höhlenartigen, darin die beiden Tiere, Ochs und Esel, schattenhaft sichtbar werden. Josef tritt fürsorglich mit einem Bündel Stroh im Arm hervor. Maria pflückt mit spitzen Fingern eine Weinbeere nach der anderen für das Kind, das ungeduldig strampelt. Die Weintraube ist aus dem Korb genommen, der vorne steht. Alles ist auf stille warme Traulichkeit angelegt. Dieses Gefühl berührt so unmittelbar, es spricht so deutlich aus jeder Einzelheit, daß man jedes Detail ganz selbstverständlich in seiner Realität hinnimmt als das, was es zu sein vorgibt. Trotzdem ist es mehr. Denn das Strohbündel, das man ganz natürlich mit dem Stall in Zusammenhang bringt, symbolisiert den Ort der Handlung, Bethlehem nämlich. Bethlehem bedeutet ja »Haus des Brotes«. Die Weintraube jedoch, der Wein, ist das Symbol für Christus. Brot und Wein zusammen sollen an die Eucharistie erinnern. Die Wasserflasche in der Nische wiederum evoziert das Epitheton, das Maria als »Brunnen des lebenden Wassers« bezeichnet. Aber alle diese Gegenstände werden durch ihren Bedeutungsgehalt nicht hinausgehoben über ihr schlichtes Dasein, ebensowenig wie die ganze Szene trotz aller Anspielungen und Hinweise auf höhere Zusammenhänge nichts anderes ist als ein Familienbild.

Aber gerade die Intimität ist es, die diese Malerei von ihren niederländischen Vorbildern unterscheidet. Die niederländische Malerei ist ihrem Charakter nach höfische Malerei. Rogier war der Maler des Herzogs von Burgund. Schongauer jedoch war Stadtmaler, seine Kunst geht den Bürger, den Menschen an. Sie muß nicht repräsentieren und nach außen glänzen, sie kann intim sein, nach innen wirken auf das Gemüt jedes einzelnen. Mit Bildern wie der »Heiligen Familie« ist man vertraut und ohne Scheu. Es ist nicht nur von kleinen Ausmaßen, sondern auch innerlich abgegrenzt und durch die zugrunde liegende graphische Form auf das vertraut kleine und nahsichtige Maß gebracht.

Halten wir das kleine Bildchen der *Taufe Christi* von *Perugino,* vergleichbar im Format und in der Art als intimes Andachtsbild, neben Schongauers in den achtziger Jahren gemalte »Heilige Familie«. Es ist wenig später als diese entstanden. Beide Maler sind Vorläufer und Wegbereiter einer großen Malergeneration. Man mag dem italienischen Künstler und seinen gelassen und frei im Raum stehenden schönen Menschen den Vorzug geben vor dem noch immer gotisch in sich verschlossenem Menschenbild des deutschen Meisters. Gerade aber darin verbergen sich Kräfte der Form und des Ausdrucks, die Dürer faszinierten und die erst durch ihn zum vollen Durchbruch gelangen werden.

Ein wenig jüngerer Zeitgenosse Schongauers ist der Schwabe *Bernhard Strigel* (1460–1528) aus Memmingen. Auch er stammt aus einer Künstlerfamilie. Das Handwerk lernte er bei seinem Vater Hans Strigel, der ein Zeitgenosse zweier anderer schwäbischer Künstler war, von Konrad Witz und Hans Multscher nämlich. Auch eine Reise in die Niederlande bleibt nicht ohne Wirkung. Vor allem Strigels Tätigkeit als Porträtist und Hofmaler Kaiser Maximilians I. ist interessant. In dem Bildnis *Maximilian* Abb. 26
mit seiner Familie, das auf der (später abgesägten) Rückseite die

26 Bernhard Strigel, Kaiser Maximilian I. mit seiner Familie

Abb. 27 *Heilige Sippe* zeigt, vereinigen sich viele Absichten. Das merkt man auch, deshalb eignet diesem Bild die allen solchen repräsentativen Darstellungen eigene Steifheit. Was aussieht wie ein Gruppenporträt, soll zunächst eine glückliche politische Transaktion festhalten, und zwar die 1515 vollzogene Doppelverlobung zwischen Maximilians Enkeln Maria und Ferdinand mit Ludwig und Anna von Ungarn. Diesen Anlaß benützte der Kaiser, um sich und seine Familie darstellen zu lassen. Er selbst im kaiserlichen Hermelin abgesondert von den anderen im Profil, wie ihn Strigel öfters allein dargestellt hatte. So wie ja überhaupt das Herrscherporträt – ausgehend von antiken Kaisermünzen über die Medaillen Pisanellos und italienische Frührenaissanceporträts – eine lange Tradition hatte (siehe auch das Porträt Maximilians I. von Giovanni de Predis). Seine erste Gemahlin Maria

27 Bernhard Strigel, Heilige Sippe

von Burgund und ihrer beider Sohn Philipp der Schöne waren 1515 schon lange tot. Strigel konnte sie also nur nach vorhandenen Vorlagen malen. Den älteren Sohn Philipps des Schönen und Enkel Maximilians I., den damals fünfzehnjährigen späteren Kaiser Karl V., schon mit dem Goldenen Vließ ausgezeichnet, kannte Strigel wahrscheinlich gar nicht persönlich und mußte ihn deshalb ebenfalls nach vorhandenen Porträts malen. Karls jüngeren Bruder Ferdinand, später Kaiser Ferdinand I., mit dem Verlöbniskränzchen, und dessen Schwager Ludwig von Ungarn sah er wohl sicher in Wien. Vom damals neunjährigen Ludwig gibt es eine Vorstudie.

Im ganzen soll das Bild, das gewiß dem Programm des Kaisers folgte, eine Phase der habsburgischen Hausmachtpolitik festhalten. Dem Schutz der »Heiligen Sippe« – auf der Rückseite der Tafel –

empfiehlt sich der Kaiser mit seiner Familie. Es ist daher nur eine Fortsetzung dieses Gedankens, wenn der Wiener Humanist und kaiserliche Historiograph Johannes Cuspinian, der am Zustandekommen der Verlobung beteiligt war, später, als die Tafel auf irgendeine Art in seinen Besitz gelangte, die Familie des Kaisers durch Inschriften als Mitglieder der Heiligen Sippe kennzeichnen ließ. Cuspinian selbst ließ sich damals ebenfalls mit seiner Familie nach dem Tode Maximilians I. von Strigel auf eine gleich große Tafel malen und als Mitglied der Heiligen Sippe auslegen (Privatbesitz).

Das kaiserliche Familienbild war zunächst nur auf die Macht des Hauses Österreich gemünzt. Durch die Hinzufügung der zweiten Tafel und der Beschriftungen durch Cuspinian wurde es auf eine sehr bezeichnende Art verändert. Es diente nämlich von nun an nicht mehr der Aufwertung des Kaisers, sondern der des Cuspinian. Durch die Eingliederung in die Heilige Sippe hatte der sich gewissermaßen zum Schwager des Kaisers erhoben. Bekanntlich hatte nach der Legende Maria zwei Schwestern, die eine, Maria Cleophas, wird mit Maria von Burgund, der ersten Frau des Kaisers, identifiziert, die zweite, Maria Salome, mit der Gattin Cuspinians. Damit stellte sich Cuspinian – freilich erst nach dem Tod des Kaisers – mit diesem auf ein Niveau und begab sich somit – wie bereits erwähnt – in ein Verwandtschaftsverhältnis zu ihm. Vielleicht soll damit die Verbundenheit mit seinem Herrn ausgedrückt werden, die innere Nähe, in der er zu ihm stand, vielleicht drücken sich darin aber auch das Selbstbewußtsein und die Überheblichkeit des modernen humanistisch Gebildeten aus.

So ist dieses Familienbild, das keineswegs zu den besten und freiesten Porträts Strigels gehört, ein Zeugnis für vielerlei Absichten, ein Sammelsurium von alten und neuen Ideen und Gedanken. Damit ist es ein interessantes historisches Dokument gedanklicher Kombinationen, durch die freilich das Kunstwerk einigermaßen überfrachtet wirkt. Im Gegensatz zu dieser Gekünsteltheit stehen die schönen einfachen satten Farben und die stille Festlichkeit, die über der erlauchten Versammlung vor dem weiten Landschaftshintergrund liegt.

Kaiser Maximilian I., der in seiner Persönlichkeit und in seinem Wirken die Anschauungsweise der schwindenden mittelalterlichen Welt durch modernes humanistisches Bildungsgut am Leben zu

erhalten und ihm eine neue Wendung zu geben suchte, beschäftigte außer dem altertümelnden Strigel auch jüngere Maler, die seine Ideen besser als dieser ins Bild setzen konnten. Der größte unter ihnen war der Nürnberger *Albrecht Dürer* (1471–1528). Dürer gehörte der außerordentlich begabten Generation der siebziger Jahre dieses Jahrhunderts an, die auf allen Gebieten und in ganz Europa Großes leistete: Michelangelo (geb. 1475), Giorgione (geb. 1477), Cranach (geb. 1472), Kopernikus (1473) und andere. Das ist zugleich das Jahrzehnt, in dem Burgund seine Weltgeltung verlor (1477 Tod Karls des Kühnen) und damit auch die Führung in der Kunst endgültig an Italien abgeben mußte. Zwar reisten die deutschen Künstler immer noch in die Niederlande, um die ehrwürdigen und so vollkommenen Gemälde der alten Meister zu studieren, aber das neue Ziel war Italien. Auch Dürer weilte zweimal in Venedig. Seine ganze künstlerische Tätigkeit spiegelt den Kampf wider, die überkommene spätmittelalterliche Praxis sowie einen empirisch gewonnenen Naturalismus mit den Erfordernissen einer idealen wissenschaftlich gewonnenen, einem Gesetz unterworfenen Norm zu vereinen. Es ist ein Gegensatz, der auch eine Parallele im Widerstreit zwischen Linie und Körper findet, zwischen Fläche und Raum, zwischen Wesensgemäßem und Angelerntem. Um scheinbar nicht zu vereinbarende Auffassungsweisen verschmelzen zu können, bedurfte es wahrhaft gigantischer Anstrengungen, die immer wieder von neuem unternommen werden mußten. Diesen Kampf sieht man auch den Werken Dürers an. Denn gerade das unlösbar scheinende Unterfangen mobilisierte alle seine Kräfte. »Seine Kunstsachen sind wie ein Fest, das ein Unglückseliger anstellt«, urteilte der Romantiker Ludwig Tieck in höchst einfühlsamer Weise darüber. Dieser Satz trifft besonders augenscheinlich zu auf den *Allerheiligenaltar*. Er ist Abb. 28
signiert und 1511 datiert. Die Tafel ist erstaunlich klein für die komplizierte, groß angelegte Komposition. Sie wurde gemalt für die allen Heiligen gewidmete Kapelle des von Matthias Landauer gestifteten sogenannten Zwölfbruderhauses, einer wohltätigen Stiftung in Nürnberg. Die Darstellung geht auf die »Civitas Dei«, also die Gottesstaat-Vorstellung des Augustinus zurück. Hier wird aber bereits der Zustand nach dem Jüngsten Gericht gezeigt, in dem die irdische Gemeinschaft der Christen schon in die himmlische Gemeinschaft aufgenommen ist. Das Jüngste Gericht selbst

28 Albrecht Dürer, Allerheiligenaltar

ist im Tympanon des Rahmens verkörpert, der ebenfalls von Dürer entworfen worden war (das Original ist in Nürnberg). Dürer bewältigte dieses ikonographisch komplizierte Thema, indem er es einem System von Beziehungslinien und -ebenen unterwarf, das die Großartigkeit des Visionsgedankens einprägsam präsent werden läßt. Freilich nur für den genauen Betrachter, denn oberflächlich gesehen springen nur die Schönheit und Pracht der Farben, der Reichtum, die Vielfalt und Intensität der zeichnerischen Gestaltung ins Auge – ebenso wie der Gegensatz zwi-

schen der dichtgedrängten Menge im Himmel und der unsagbar stillen Erdenlandschaft tief unten. Der Betrachter muß die Anstrengung des Künstlers nachvollziehen, um dem Kunstwerk und seinem Konzept gerecht zu werden.
Die Tafel ist fast quadratisch, rechts und links fehlen je 6 cm zum Quadrat. Ergänzt man das Bild in der Vorstellung tatsächlich zum Quadrat und ebenso den oberen halbrunden Abschluß an den Seiten zum Kreis, so wird man erkennen, daß dieser Kreis ungefähr dem Quadrat eingeschrieben ist. Es ist also das im Himmel sich abspielende Ereignis in einen Kreis, räumlich gesehen in eine Kugel eingeschlossen gedacht. Die senkrechte Mittelachse des Kreises und der Kugel wird durch die Trinität angegeben. Auf der Querachse oder -ebene, die die obere und untere Hälfte scheidet, knien Maria und Johannes der Täufer. In den beiden unteren Bildzwickeln, die also außerhalb des Kreises beziehungsweise der Kugel zu denken sind und die den nicht bemalten oberen entsprechen, ist der Ausblick auf die Erde gegeben, auf eine Stadt und auf den Maler selbst. Man wird an gleichzeitige Himmelskarten erinnert, die in den Zwickeln zwischen Himmelskreis und Quadrat in ähnlicher Weise sei es einen Astronomen, dessen gedankliches Gebäude die Himmelskugel ist, sei es allegorische Figuren in Landschaften wiedergeben. Daß nun Dürer tatsächlich an eine Kugel dachte, zeigt die Anordnung der vorderen Gruppe, die die gesamte Menschheit, gegliedert in Stände, bedeuten soll. Links knien Papst, Kardinal, Ordensgeistliche und der Stifter des Altars, der alte Matthias Landauer mit Familie; rechts erblickt man die weltliche Hierarchie mit Kaiser, Königen, Fürsten, Ritter – der golden geharnischte Ritter ist der Schwiegersohn Landauers, Wilhelm Haller –, Bürger und Bauern. Die ganze Menschheit ist in einer flachen Kurve angeordnet. Räumlich gedacht entspricht die durch die Verbindung der Köpfe angegebene Kurve dem Äquator der Kugel, gesehen in perspektivischer Verkürzung. Dieser unteren Kugelhälfte, in der sich die »Civitas Terrena« befindet, entspricht eine obere, in der auf Kreisbahnen, ähnlich van Eycks »Anbetung des Lammes«, die Heiligen des Alten und Neuen Bundes heranziehen. Links hinter den Nothelferinnen Barbara, Katharina, Dorothea und Agnes wohl die hl. Ursula mit den 10.000 Jungfrauen, die Märtyrerpalmen in Händen. Rechts, angeführt von König David und Moses, Ver-

treter des Alten Testaments. Darüber schweben und kreisen die Cherubim und Seraphim und verlieren sich in immer fernere Sphären bis in die Unendlichkeit. Das Halbrund des oberen Bildabschlusses korrespondiert nicht nur mit der in flacher Kurve am »Äquator« gereihten Menschheit, es schließt auch den obersten Kreis der Engelsscharen ab und suggeriert überhaupt die Kugelform, das Himmelsgewölbe, die alles umschließende Weltkugel. Auch noch an anderer Stelle wird die Kugelform in großartiger, diesmal auf der Beobachtung fußender Weise angedeutet. Die Meeresbucht, über der die Vision des Malers wie in einer Glaskugel schwebt, läßt an der Horizontlinie die Wölbung des Erdenrunds ahnen.
So ist diese der Anbetung der Dreieinigkeit und allen Heiligen gewidmete Altartafel nicht nur ein Bekenntnis zum weltumfassenden Konzept des christlichen Glaubens, sondern zudem seine Einordnung in die neuen Erkenntnisse wissenschaftlicher Forschung. Gerade zu Dürers Lebzeiten wurde der erste Globus erzeugt, die Erde also endgültig als Kugel und die Sonne als Mittelpunkt des Weltsystems erkannt, so wie der Maler die Dreieinigkeit als Mittelpunkt seines Weltenglobus ansieht. Damit aber das gedankliche Konzept das malerische nicht beeinträchtige und vor diesem augenfällig werde, beschnitt der Maler das Quadrat zum Rechteck; dadurch wird der Kreis, die Kugel nicht zur Gänze, sondern nur zum Teil offenbar. Gleichzeitig verliert dadurch das räumliche Element seine Aufdringlichkeit, und die notwendige Bezogenheit auf die Bildebene wird hergestellt.
Ist es nun weiter verwunderlich, daß Dürer als Seher dieser Vision und als jener, der imstande war, sie ins Bild zu bannen, sich selbst im feierlichen Gewand wie nach dem Ende aller Zeiten allein auf dem Gipfel eines Berges darstellt, vor sich eine Tafel, die in weithin bis in Himmelshöhen sichtbaren Buchstaben seine Tat verkündet? Vergessen wir nicht, daß wenig früher (1509) Raffael in der Stanza della Segnatura die »Disputà« schuf, in der in einer dem »Allerheiligenbild« sehr verwandten Komposition über das göttliche Mysterium gehandelt wird. Das »Allerheiligenbild« als »Disputà« des Nordens – darüber könnte man noch sehr weitläufige Betrachtungen anstellen.
Vom neuen Selbstbewußtsein, das nun nach den italienischen auch den deutschen Künstlern zugewachsen war, zeugt auch ein anderes

29 Albrecht Dürer, Marter der 10.000 Christen

Bild Dürers, nämlich die *Marter der 10.000 Christen* (1508). Auch hier zeigt sich der Maler in voller Größe mitten im Bild, in den Händen einen gespaltenen Stab mit einem großen Blatt, wie ein Bote, das ihn in lateinischer Sprache als den Schöpfer dieses Bildes ausweist. Der Maler wird von einem Mann in Gelehrtentracht begleitet; man hat ihn als den Humanisten Konrad Celtis identifiziert, der zum Nürnberger Freundeskreis Dürers gehörte. Die beiden wandeln gemessenen Schrittes, in ernste Betrachtungen vertieft, durch ein grausam blutiges Gemetzel, das die wilde Felslandschaft mit Lärm und Geschrei erfüllt. Die beiden Freunde gehen hindurch, als wäre das Ganze nicht Wirklichkeit, sondern nur ein Gesprächsthema, ebenso wie Vergil und Dante durch das Inferno wandern. Dabei könnte es nicht grausiger zugehen. Auf hohem Roß, im riesigen Turban, reitet der König von Persien, Abb. 29

Sapor, heran, er läßt den Bischof von Seleukia mit hundert anderen Bischöfen und vielen Christen hinrichten. Dieses Martyrium spielte sich tatsächlich im Jahre 343 ab. Der Bischof geht am Ende eines Zuges, der sich an Dürer vorbei hinauf um einen Felsen windet, auf seiner anderen Seite wieder zum Vorschein kommt und vor einem tiefen Abgrund haltmacht. Von diesem Abgrund werden die einzelnen Gefangenen hinuntergestürzt und überdies noch erschlagen und erstochen. Ganz im Vordergrund, zu Füßen des Königs und seiner grausamen Strafvollzieher, findet ein besonders schreckliches Massaker statt. In der Gruppe der Opfer steht ein Mann mit Dornenkrone, eine Christusfigur, der mit verzweifelt gerungenen Händen dem Blutbad zusieht. Neben ihm sind bereits zwei Kreuze aufgerichtet, an denen zwei Hingerichtete hängen; ein drittes Kreuz liegt noch auf dem Boden. Die Anspielung auf die Kreuzigung Christi ist ganz offenbar. Das kleine Kind mit dem Hund, das an der Hand eines feuerrot gekleideten Mannes aus der Truppe Sapors vergnügt an dem Ereignis teilnimmt, ruft einem gotische Kreuzigungstafeln vor Augen. Auch auf diesen sitzt manchmal zu Füßen des Kreuzes ein Kind und spielt arglos mit einem Hund – als extremer Gegensatz zu allem übrigen Geschehen, und daher Ansatzpunkt für viele damals geläufige Überlegungen über die Verkehrtheiten der Welt.

Die Aufgabe, eine solche Figurenfülle auf einer keineswegs sehr großen Fläche unterzubringen – den Auftrag dazu hatte der Maler von Kurfürst Friedrich dem Weisen von Sachsen erhalten –, war nicht leicht zu erfüllen. Obwohl die Massen gegliedert und komponiert sind, entsteht der Eindruck eines spätgotischen altertümlichen Gewühls im unübersichtlichen Raum. Das um so mehr, als auch die Farbigkeit durch die starke Betonung der Lokalfarben nicht vereinheitlichend, sondern eher zersplitternd wirkt. Es fehlt ganz die Tonigkeit der Farben, die Dürer auf seinen beiden Venedigreisen kennengelernt und auch fallweise angewendet hat. Der Grund hiefür liegt wohl darin, daß die alten religiösen Themen auch einem eher altertümlichen Stil zuneigten. Auf der anderen Seite war Dürer durch sein großes graphisches Können, durch die gestalterische Kraft, mit der er das geringste Detail bis zum letzten Stein und dürren Ast formte, besonders befähigt, dem Thema die nötige Intensität zu verleihen. Denn hier soll ja

etwas ausgesagt werden. Das Massenmartyrium geschieht in der Nachfolge, der »Imitatio Christi« nach Thomas von Kempen, worin sich die Anschauungen einer neuen Frömmigkeit, der »Devotio Moderna«, widerspiegeln. Daher auch der bildliche Hinweis auf die Kreuzigung Christi. Die Heilssehnsucht des Spätmittelalters war groß, der Kult des leidenden Heilands, seiner Mutter und die Verehrung der Heiligen und ihrer Reliquien weit verbreitet. Auch der Auftraggeber des Bildes, Friedrich der Weise (1463–1526), Kurfürst von Sachsen, 1500 Generalstatthalter Kaiser Maximilians I. und Leiter des in Nürnberg tagenden Reichsregiments, besaß eine berühmte Reliquiensammlung, darunter Gebeine von den »10.000 Rittern«; durch die Fürbitte der Märtyrer hoffte man der göttlichen Gnade teilhaftig zu werden. Daher stammte wohl das Interesse des Kurfürsten für das spezielle Thema (das Dürer schon früher einmal auf einem Holzschnitt behandelt hatte). Der Altar war übrigens allen Heiligen geweiht; Dürer hat also zwei Bilder um dasselbe Thema gemalt.
Nicht ganz verständlich ist freilich die Gegenwart des Konrad Celtis, es wäre denn, sie ließe sich aus folgendem Umstand erklären: 1508, das Jahr der Entstehung des Bildes, ist zugleich auch das Todesjahr des Celtis. Vielleicht wollten ihn der Maler oder auch der Kurfürst auf diese Weise der Fürbitte der heiligen Märtyrer im Jenseits empfehlen. So ist dieses Bild vor allem ein religiöses Instrument, das zur persönlichen Andacht dienen sollte.
In der religiösen Bildthematik der Zeit spielte die Madonna eine hervorragende Rolle. So wie bei dem von Dürer über alles geschätzten Giovanni Bellini findet man auch bei ihm zahlreiche Madonnendarstellungen. Abgesehen vom graphischen Werk, etwa dem »Marienleben«, gibt es zahlreiche Gemälde mit Einzeldarstellungen. Die Wiener Galerie besitzt zwei davon.
Das erste Bild, die *Madonna mit dem Kind an der Brust,* aus dem Abb. 30
Jahr 1503, auf dessen Rückseite ein Gebet, wohl von Dürer selbst geschrieben, steht, wirkt in der Zartheit der Farben wie eine aquarellierte Federzeichnung. Es ist sehr klein (24 × 18 cm), also kleiner als die berühmten Holzschnittfolgen des Meisters und wohl für den privatesten Andachtsgebrauch bestimmt, vielleicht nicht einmal als Bild, das man an die Wand hängt, gedacht. Das zeichnerische Element, die krause Linienführung, der spätgotische Charakter sind stark ausgeprägt. Es wirkt sehr intim, voller Zärt-

30 Albrecht Dürer, Madonna mit dem Kind an der Brust

lichkeit und Spontaneität – wie in einem Gefühlsaufschwang für eine geliebte Person gemalt.

Abb. 31 Verglichen damit ist die *Madonna mit der Birnenschnitte* von 1512 von italienischer Monumentalität. Vor allem die starke Kontrapostbewegung des Kindes erinnert an Figuren Raffaels. Die plastische Form ist ungemein ausgeprägt. Der Körper des Kindes hat fast das Lastende und Schwere, das Mühsame der Bewegung von Gestalten Michelangelos. Gerade an dieser Bewegungsstudie war dem Maler offenbar viel gelegen. Er hatte sie im Laufe der Jahre aus einer Zeichnung entwickelt, die er 1506, also während seines zweiten Aufenthaltes in Venedig, für das »Rosenkranzfest« entworfen hatte. Die raumgreifende Bewegung des Kindes bringt es von der Mutter fort, fast scheint es nach vorne abzugleiten. Dadurch wird aber auch die innere Verbin-

31 Albrecht Dürer, Madonna mit der Birnenschnitte

dung zwischen Mutter und Kind stark beeinträchtigt. So wirkt auch der Gesichtsausdruck der Madonna mit den niedergeschlagenen Augen eher reserviert und kühl, in gehaltener Andacht vor dem Kind, das sie auf ihren Händen darbietet. Der dunkle Hintergrund verleiht dem prachtvollen Kopf der Madonna mit dem warmgoldenen Schleier im Gegensatz zu dem kalten Blau des Kleides Monumentalität, die aber freilich durch die Zeichnung, die graphische Intensität und Kleinformigkeit wieder aufgelöst wird. Dieses Bild zeigt die Möglichkeiten, die Dürer zur Verfügung stehen, um die große italienische Form zu erreichen. Es geht nicht ohne den wesentlichen Einsatz der Linie, die bei ihm auch die plastische Form zusammenhält und ihr Leben verleiht. Die gelassene Selbstverständlichkeit, mit der in der italienischen Malerei der Körper im Raum steht, durch Proportion und Perspektive dirigiert, konnte Dürer trotz intensiver theoretischer Studien nicht erreichen. Zu seinem Vorteil: denn gerade der selbstquälerische und erbarmungslose Kampf mit der Linie und gegen sie verleiht seinen Werken eine Intensität und Eindringlichkeit, wie sie italienische Werke nicht besitzen.

Dürer ist der erste deutsche Maler, in dessen Gesamtwerk dem Porträt das gleiche Gewicht zukommt wie dem religiösen Bild. In Deutschland war bis jetzt das selbständige Porträt nicht oft zu finden. In der Nachfolge der niederländischen Porträtmalerei hatte es wohl Bildnisse gegeben, wie sie Dürer etwa bei seinem Lehrer Wohlgemut sehen konnte. Aber das waren zaghafte, ängstliche Erzeugnisse ohne Sicherheit, die möglicherweise den Porträtierten ähnlich sahen, dafür aber jeglicher Persönlichkeit ermangelten. Nun aber wird sich der Mensch im selben Maß seiner selbst bewußt, in dem er sich durch Entdeckungsreisen der Erde, durch Wissenschaft und Forschung des Himmels und der Kräfte der Natur bewußt wird.

Abb. 32 Das Bildnis einer *Venezianerin* von 1505 stammt aus der Zeit des zweiten Venedig-Aufenthalts Dürers. Das Bild ist nicht ganz vollendet, wie man am Kleid sieht, und vielleicht handelt es sich auch nicht um eine Venezianerin, sondern um eine Mailänderin, wie die Tracht vermuten lassen könnte. Aber das ist wohl nicht so wichtig. Wichtig ist allein, wie Dürer hier das Besondere, Bewunderte der venezianischen Malerei verarbeitet und mit seiner eigenen Anschauung von Malerei und Porträtmalerei in Übereinstimmung bringt. Es ist ungemein reizvoll zu beobachten, wie über die feste zeichnerische Grundstruktur mit den physiognomisch unverkennbaren Eigenheiten Dürerscher Gesichtsbildungen das Fremdländische sein venezianisches goldenes Licht breitet und Haare, Haut und Kleid in einen gemeinsamen weichen Ton taucht, der durch den Gegensatz der kühlen, bläulich schimmernden Kette aus venezianischem Glas noch tiefer und sonorer klingt.

Dürer hat in diesem zauberhaften Frauenporträt wohl das venezianische Licht eingefangen, auch das Fremdartige im dunklen Blick der jungen Frau, das Einmalige einer Person, das den Maler gefangennahm in so kurzem Verweilen, daß er das Bild nicht einmal vollenden konnte. Dennoch ist es kein venezianisches Bild geworden; eher eines, das in vollendeter Weise dartut, wie der Nordländer das eigene Ich durch die fremde Umgebung hindurch

32 Albrecht Dürer, Bildnis einer Venezianerin

neu empfindet. Im selben Jahr malte übrigens der gleichaltrige Giorgione die »Laura« (siehe dort). Es waren wohl eher solche Bildnisse als die des älteren Bellini, die auf Dürer Eindruck machten. Übrigens ebenso wie umgekehrt die Kunst Dürers auf Giorgione eingewirkt hat.

Das *Bildnis eines jungen Mannes* von 1507 stammt gleichfalls noch aus der italienischen Zeit. Hier ist der Farbcharakter der »Morbidezza« der venezianischen Malerei noch näher als das Bildnis der Venezianerin. Es ist aber weniger ausdrucksstark als das Frauenbild. Die Rückseite der Tafel ist bemalt. Die alte Vettel mit dem Geldsack ist ein Symbol des Geizes, der »Avaritia«. Gleichzeitig aber ist sie auch ein Symbol der Vanitas. Deutsche und niederländische Porträts sind öfters mit diesem Hinweis auf die Vergänglichkeit alles Irdischen verbunden. Was diese Abb. 33

33 Albrecht Dürer, Bildnis eines jungen Mannes

Anspielung im besonderen Fall bedeuten soll – vielleicht ein Hinweis auf die Person des jungen Mannes –, konnte bis heute nicht geklärt werden.

Dürer beschäftigte sich in seiner Frühzeit und dann erst wieder in späteren Jahren mit dem Porträt. Eines der letzten ist das
Abb. 34 Porträt des Nürnberger Bürgers *Johann Kleberger* von 1526. Es ist ein seltsames Bild. Da auch der Porträtierte eine eigenartige Persönlichkeit gewesen sein muß, könnte man annehmen, daß dies in der Bildgestaltung seinen Niederschlag gefunden hat. Sein Name war ursprünglich Scheuenpflug, 1518 heiratete er eine Tochter des bekannten Humanisten Pirckheimer, eines Freundes von Dürer, verließ sie aber bald und ließ sich für immer in Lyon nieder, wo er sein großes Vermögen unter die Armen verteilt haben soll. Dem »Bon Allemand« wurde sogar eine Statue er-

34 Albrecht Dürer, Johann Kleberger

richtet. Kleberger (1486–1547) war damals vierzig Jahre alt. Auf dem Bild wirkt er jünger. Dürer hat ihn vermutlich noch während seines Nürnberger Aufenthaltes gezeichnet und später danach das Bild gemalt. Aus diesen Umständen ließe sich die Merkwürdigkeit des Bildes verstehen: als ein Erinnerungsbild an einen Abwesenden. Das wäre eine Erklärung für das Oszillieren innerhalb der Realitätsebenen. Ein kreisrunder Mauerausschnitt, in diesen hineingesetzt die Büste, das Ganze vor einem wie Marmor wirkenden grünbraunen Hintergrund mit der auf Kleberger bezogenen Inschrift. In den Ecken der Mauerplatte finden sich unten Wappen- und Helmzier Klebergers, oben das Sternzeichen des Löwen und das Monogramm Dürers. Der cäsarenartige Kopf mit den römischen Locken im Rund evoziert natürlich die Erinnerung an antike Porträtmedaillen oder Münzen. Das Ganze soll aber kein Relief

sein, sondern ist im Gegenteil ein Loch, in dem die Büste wie in einem Fenster in aller Dreidimensionalität sitzt. Verwandtes gibt es in der italienischen Kunst, so etwa die Prophetenmedaillons von Paolo Uccello in Sta. Maria del Fiore in Florenz oder das ebenso – freilich als Relief – komponierte Selbstporträt Mantegnas in S. Andrea in Mantua. Mantegna als der einzige italienische Meister, bei dem das graphische Element eine hervorragende Rolle spielte, war für Dürer ohnehin schon früher als Vermittler der Antike von großer Bedeutung gewesen. Nun ist aber die Büste Klebergers nicht steinfarben, sondern von lebendigem Inkarnat, die weitgeöffneten Augen blicken zwar starr, sind aber gleichzeitig von bohrender Fixiertheit, das Ganze beseelt von jener unheimlichen Lebendigkeit, die Wachsbossierungen auszeichnen.
Es gibt zwei Medaillen von Kleberger. Das könnte wie das Bild ein Hinweis auf einen bestimmten Anlaß, vielleicht seinen vierzigsten Geburtstag, geben, sich des auf immer Abwesenden zu erinnern. Vielleicht hat sogar Kleberger selbst den Auftrag zu seinem Porträt erteilt.
Dieses Bildnis beweist übrigens die Fähigkeit des Malers, schwierigen gedanklichen Überlegungen starken Ausdruck verleihen zu können, und erinnert darin an ein anderes – ebenfalls rundes – Porträt, das fast zur gleichen Zeit entstanden ist, nämlich das »Selbstbildnis im Konvexspiegel«, von dem eine Generation jüngeren Parmigianino (siehe dort). Zwischen beiden Werken besteht innere Verwandtschaft. Sie sind Erzeugnisse eines reifen und eines ganz jungen Künstlers, die beide das Ende der Hochrenaissance repräsentieren.
Außerhalb der Reihe bürgerlicher Porträts steht das Bildnis des
Abb. 35 *Kaisers Maximilian I.* Dürer hat es 1519, nach einer Kohlezeichnung (Wien, Graphische Sammlung Albertina) gemalt, die er 1518 auf dem Reichstag zu Augsburg vom Kaiser in der Pfalz hergestellt hatte. Dürer hat hier weniger das Individuum zu erfassen versucht, als vielmehr den Kaiser, die höchste weltliche Persönlichkeit auf Erden. Er machte es sich durchaus nicht leicht. Denn er zeigte ihn nicht im kaiserlichen Ornat, sondern in Pelzschaube und Barett, so wie jeder beliebige Edelmann auftreten konnte. Nur der Granatapfel in seiner Hand weist auf seine Würde: der Granatapfel, Vorbild des Reichsapfels, ist Sinnbild von Macht und Reichtum. Die lange ausführliche Inschrift sowie

35 Albrecht Dürer, Kaiser Maximilian I.

das Wappen mit Krone und der Kette des Ordens vom Goldenen Vließ verleihen dem Bild ebenfalls einen überindividuellen, über das Persönliche hinausgehenden Anstrich. Daß das Porträt in seiner Unmittelbarkeit dadurch nicht beeinträchtigt wurde, konnte nur einem Künstler von der Formsicherheit Dürers gelingen. Der Oberkörper des Kaisers bildet einen mächtigen, geschlossenen Sockel, abgestützt durch den quergelagerten Unterarm und die rechte Hand. Die obere Horizontale wird durch das breite Barett betont. Die lateinische Inschrift, deren Lettern mit antiker Präzision gesetzt sind, könnte nicht besser darüber komponiert sein. Die Farben – grüner Hintergrund, brauner Pelz, karminroter Mantel – ergeben einen prachtvollen und doch dezent vornehmen Akkord, der an venezianische Bilder erinnert. Trotz großer Form fehlt auch hier nicht die graphische Durcharbeitung im Detail.

Präzise wie die Inschrift ist auch die Plastik des Gesichts, keine Erhebung, keine Vertiefung wird übersehen. Trotz dieser eingehenden Erläuterung des Gesichts bleibt aber die Distanz gewahrt, das Bewußtsein des Gottesgnadentums, der Auserwähltheit wird spürbar. Wie kindlich und naiv wirkt dagegen das früher erwähnte Porträt des Kaisers von Strigel.

Der mit Dürer gleichaltrige *Lucas Cranach d. Ä.* (1472–1553) stammt aus Kronach in Franken, das nicht weit entfernt von Nürnberg liegt. Aus seiner Jugend ist nichts bekannt; als er zum erstenmal – und zwar in Wien – greifbar wird, ist er bereits eine ausgereifte Persönlichkeit, die Werke von erstaunlichster Originalität schafft. Ungefähr zwischen 1500 und 1504 befindet er sich im süddeutschen Raum und im Kreis der Wiener Humanisten. Das
Abb. 36 früheste datierte Bild ist der *Heilige Hieronymus* von 1502, und
Abb. 37 wohl noch etwas früher (1501) ist die *Kreuzigung Christi* (aus dem Wiener Schottenstift) zu datieren.

Diese beiden Bilder bringen etwas vollkommen Neues. Es scheint, als hätte der Maler in einem wilden Temperamentsausbruch die bisherige Formen- und Anschauungswelt wie ein Sturm durcheinandergeworfen und aufgewühlt und diesen Zustand äußerster Unruhe und Bewegtheit festgehalten. Wie bei einem Naturereignis die übermächtige Natur den Menschen einfach schluckt, so läßt auch der Maler Mensch und Natur ineinander übergehen. Der wild seinen Bart raufende Hieronymus ist Teil des Baumgestrüpps, sein nackter Oberkörper sieht aus wie ein Fels, das Lendentuch ist gekräuselt wie Wasserwirbel. Die kleine Christusfigur am Kruzifix scheint lebendig zu sein, das Tuch weht im Wind so wie beim blutig geschlagenen Gekreuzigten auf der »Kreuzigungstafel«. Mit schwarzen Wolken zieht das Unwetter über einem kaltblauen Frühlingshimmel auf, die Trauernden werden vom sausenden Sturm zu Boden gedrückt, die Reiter, unheimliche Wegelagerer, warten auf stampfenden Rossen, die vor den Kadavern kürzlich Hingerichteter zurückscheuen, an denen der Hund nagt. Das alles wirkt wie ein Spuk, hervorgesprengt aus der wilden Felslandschaft. Mensch und Natur treffen einander in derselben Farbigkeit, die sich von Braun zu Rot steigert oder von Grün zu Blau abfällt.

Diese große, alles umfassende Einheit von Natur und Mensch, Form wie Farbe umgreifend, erzeugt eine einzigartige Stimmung,

36 Lucas Cranach d. Ä., Hl. Hieronymus

einen Gefühlsaufruhr, der aus den dargestellten Szenen allein, die ja an sich nichts Neues sind, kaum erklärt werden können. Dürer hatte in seiner Jugend in der Holzschnittfolge der »Apokalypse des Johannes« einen ähnlichen Überschwang der Formen und des Gefühls gezeigt. Das Thema war dabei der Formgebung durchaus kongenial. Auch in der bayrischen Malerei, etwa bei Jan Pollak, gibt es verwandte Anklänge. Trotzdem ist Cranachs Kunst in der Einheitlichkeit der Durchgestaltung etwas nie Dagewesenes. Die erstarrten Formen der Spätgotik werden aufgelöst und neu belebt. Eine neue Natursicht wird eingeleitet, neue Gefühlswelten werden eröffnet. Diese Malerei repräsentiert die krisenhafte Zeit um 1500 besser als jene Dürers. Man sieht ihr an, daß um jeden Preis eine Änderung gewollt wird. Es ist der Überdruß an der spätmittelalterlichen Gesellschaftsform, das Unglaubhaft-Werden

37 Lucas Cranach d. Ä., Kreuzigung Christi

der religiösen Tradition, die eine Kehrtwendung zu den Anfängen, den Urformen zur Folge haben. Man will neu beginnen. Darum die Hinwendung zum Urchristentum, zur Bibel und gleichzeitig damit die Unabwendbarkeit der Reformation. Auch das Interesse an der Antike, ihre Übernahme aus Italien, ist eine Rückbesinnung auf Werte vergangener Größe, auch wenn es nicht die des eigenen Landes sind.
Daß Cranach die geistigen Strömungen der Zeit geläufig waren, beweist seine Bekanntschaft mit den Wiener Humanisten. So malte er etwa die Porträts des berühmten Historiographen Cuspinian und von dessen Frau (Winterthur), und auch das Bild des *Büßenden Hieronymus* scheint von dem Gelehrten in Auftrag gegeben worden zu sein. Auf dem Baum zur Linken sitzen ein Papagei und eine Eule, Symbole der Planeten Sonne und Saturn –

des sanguinischen und melancholischen Temperaments. Auch auf den Bildnissen des Cuspinian und seiner Gattin sind diese Vogelsymbole den beiden zugeordnet.
Die wenigen Werke Cranachs aus seiner kurzen Wiener Zeit waren so revolutionär und trafen eine bestimmte Gemütslage so gut, daß sie Schule machten. Er selbst ist der erste Meister der sogenannten Donauschule. Von Wien zieht er nach Wittenberg an den sächsischen Hof. Dort macht er eine vollkommene Wandlung durch, so als hätte er sein hohes Alter und damit die Unmöglichkeit vorausgeahnt, bis an sein Ende eine Sturm- und Drangkunst zu produzieren (siehe weiter unten). Die Kunst der Donauschule jedoch wird weiterentwickelt und zu einem Höhepunkt gesteigert durch *Albrecht Altdorfer* aus Regensburg (1480 bis 1538). Eines seiner berühmtesten Werke, das große Polyptychon im Stift Sankt Florian in Oberösterreich, wurde 1518 vollendet. Die *Grablegung* und *Auferstehung Christi* bildeten die Abb. 38
Predellentafeln.
Auf beiden Bildern ist derselbe Schauplatz dargestellt, die Höhle, in der Christus begraben wird. Wie durch ein Tor blickt man aus der Höhle auf die Landschaft, die wie in einem Rahmen erscheint: ein lichtgrünes Flußtal mit einem hohen beschneiten Bergstock dahinter; der Wind treibt weiße Wolken über den eisblauen Himmel. Christus wird ins Grab gesenkt. Er ist in grotesker Verkürzung wiedergegeben, wie aus dem Hohlspiegel gesehen, die Füße riesig, der Kopf ganz klein. Das heißt, daß sich der Maler Gedanken gemacht hat über den Raum, die Entfernung, die Perspektive. So steht auch knapp neben dem großen klagenden Paar, Maria und Johannes im Vordergrund, ein zweites kleines weit hinten. Die Entfernung, die Raumtiefe wird einem schockartig zu Bewußtsein gebracht. Auch daß die Komposition übereck angelegt ist, weitet den Bildraum. Das Grab steht schräg mit einer Ecke nach vorn, ebenso die Sockel, auf denen sich die Figuren befinden. Der Beziehungspunkt dazu in der Ferne ist der Berg. Der Maler erfaßt die Ferne, den Raum nicht mathematisch durch perspektivische Konstruktion wie Dürer, sondern empirisch, wie es die Gotik getan hat. Das genügt aber nicht, es fließt noch ein gemüthaftes Element mit ein, eine Steigerung durch Kontraste, die die Raumtiefe zu einem unmittelbaren Erlebnis werden lassen, die Stimmung der besonderen Situation betonend.

38 Albrecht Altdorfer, Grablegung und Auferstehung Christi

Noch tiefer ist die Gemütserregung in der *Auferstehung Christi.* Auch hier ist der Schauplatz die Grabeshöhle. Aber wie sehr hat sich die Stimmung verwandelt. Die Szene wird zum Schauplatz eines unerhörten Wunders, das auch die Natur in das Außerordentliche miteinbezieht. Der vom Tode Auferstandene im weißen, vom Sturm geblähten Bahrtuch, scheint durch seine sonnengleiche Gloriole den nächtlichen Himmel mit seinem schweren Gewölk in Brand zu setzen. Der Widerschein leuchtet flackernd ins Innere der Höhle. Die entsetzten Grabwächter kauern am Boden – ungefüge, häßliche Gestalten, über die das Licht hinzuckt und die die blendende, nach oben weisende Erscheinung Christi in ihrem dumpfen Dasein nicht ertragen können. Sie sind ebenso Produkte der Natur, der Erde, wie die flechtenbehangene Fichte,

39 Albrecht Altdorfer, Geburt Christi

die Berge und Felsen, eher Gestaltungen als Gestalten. Aber gerade die Bewegtheit der Konturen und Formen, die Rücksichtslosigkeit, die sie zu häßlichen Gebilden, wunderlichen Gewächsen werden läßt, erfüllt die Erde mit derselben Erregung, die den Himmel gleichsam aufbrechen läßt. Trotz seiner geringen Dimensionen reicht dieses Bild an eine andere großartige Vision des Auferstehenden, nämlich an die des Matthias Grünewald heran.
Bei Altdorfer muß die ganze Natur herhalten, um seinen Darstellungen das geistige Volumen zu verleihen, das er ihnen zuteilt. In der »Alexanderschlacht« (Alte Pinakothek, München) wird der ganze Kosmos, Himmel und Erde, Mond und Sonne, Nacht und Tag, aufgeboten, um die Bedeutung des Ereignisses zu würdigen. Bei der kleinen *Geburt Christi* ist es die geheimnisvolle Nacht Abb. 39

40 Wolf Huber, Kreuzes- oder Erlösungsallegorie

mit feurigem Tagesanbruch am Horizont, fahlen Lichtern da und dort und regenbogenfarbenen Engelskreisen hoch am schwarzen Himmel, die auf das Außerordentliche der Geburt Christi hinweisen. Das ist mehr als die italienische »Notte«. Die Haltung der Natur gegenüber ist bei Altdorfer zum erstenmal der unsrigen verwandt. So wie die Natur die Bedeutung der dargestellten Ereignisse hebt und steigert, verleihen ihr eben diese Ereignisse umgekehrt wieder einen neuen Gefühlsgehalt. Die Natur ist ohne den Menschen tot, sie lebt und wird so begriffen erst durch seine Anteilnahme, erst indem er sich in ihr spiegelt und wiederfindet.

Der dritte der großen Donauschulmeister ist *Wolf Huber* (um 1485–1553) aus Feldkirch, der einen großen Teil seines Lebens

41 Wolf Huber, Jakob Ziegler

in Passau zubrachte. Er ist weniger poetisch als Altdorfer, auch gröber und derber in der Bildung seiner Figuren. Seine schönen Landschaftszeichnungen, die man teilweise sogar lokalisieren kann, sind großzügig, sparsam und weniger romantisch als die Altdorfers. Auch der Einfluß Italiens ist deutlicher. Wie bei Altdorfer mäßigt sich jedoch der Gefühlsüberschwang, das Rücksichtslose, das den früheren Arbeiten anhaftet, und wird allmählich reflektiv.

Die *Kreuzes- oder Erlösungsallegorie,* die die Aufrichtung der Abb. 40
ehernen Schlange als symbolische Parallelstelle des Alten Bundes zur Kreuzigung zeigt, sowie Petrus und Johannes, die kundtun, daß durch den Kreuzestod der Lahme geheilt und die Menschheit gerettet wurde, hat Wolfgang I. Graf von Salm, Fürstbischof von

Passau, Sohn des Türkenhelden Niclas (er regierte 1540–1555), in Auftrag gegeben, der im Vordergrund als Stifter kniet und dessen Hofmaler Huber war.
Eindrucksvoll und fesselnd an der ziemlich großen Tafel ist nicht das bunte Menschengewühl mit den Aposteln, ihrer Gefangensetzung, Moses mit den Gesetzestafeln und der ganzen, an eine Predigt gemahnenden Thematik, sondern die hinter der dämmergrauen Stadt Jerusalem und ihrem Tempel sich hinziehende Landschaft. Das ist keine natürliche Landschaft, also ein Landschaftsausschnitt, sondern vielmehr der Inbegriff der Landschaft. Wir sehen die sich krümmende Erdkugel zwischen Tag und Nacht eingespannt, überwölbt von einem immensen Himmelsbogen. Darin segelt Gottvater auf einer gläsernen Weltkugel.
Diese kosmische Landschaft, die der Allgemeingültigkeit des dargestellten Geschehens entspricht, finden wir auch in dem *Porträt*
Abb. 41 *des Geographen und Astronomen Jakob Ziegler* (1470–1549), der, Schüler des Konrad Celtis in Wien (1541–1543), zuletzt am Hof des schon erwähnten Fürstbischofs von Passau, Graf Salm, lebte. Auch hinter Ziegler öffnet sich ein solches Bild der Welt. Wie ein Gletscher ragt der durchsichtige weiße Kopf des alten Mannes in den hohen eisblauen Himmel. Es ist das Weltbild des Humanisten, das sich in der Weite dieser – Tag und Nacht umspannenden – Landschaft widerspiegelt.
Verwandt mit den Bildern der Donauschule im Stimmungsgehalt
Abb. 42 ist die *Vanitas* des vom Oberrhein stammenden, in Straßburg und Breisgau ansässigen *Hans Baldung Grien* (1484–1545). Er kommt also aus der gleichen Gegend wie Grünewald, gehört aber zur etwas späteren Generation Altdorfers und Hubers. Um 1504 war er Geselle bei Dürer in Nürnberg und ist auch sichtlich besonders in der Graphik von ihm beeinflußt. Das Reizvolle und das Auffallende des Vanitasbildes liegen in seinen Widersprüchen und Gegensätzen. Im finsteren Nadelwald, vor einem uralten, vermoderten, mit Schwämmen und Flechten bewachsenen Baum – einer richtigen Altdorferkulisse –, steht auf dem dunklen feuchten Waldboden eine schöne nackte Frau, bleich wie eine Marmorstatue. Ihre rötlichen Haare reichen bis zu den Knien, sie streicht sie aus dem Gesicht und blickt in den Spiegel. Wie eine heidnische Göttin steht sie da, venusgleich in ausgewogener Haltung mit Stand- und Spielbein, in wohlgerundeter Körperlichkeit, wie ihre

42 Hans Baldung Grien, Vanitas

antiken Vorbilder. Ihr zu Füßen kniet ein Kind, eine Art Erosknabe, der den herabhängenden Schleier spielerisch über das Gesicht zieht. Vor ihm liegt ein Spielzeug, ein Steckenpferd, das Zeichen der »Infantia«. Infantia ist aber nicht nur die Kindheit, sie steht auch für das, was wir kindisch, infantil und unbesonnen nennen. Das Kind, das wie durch einen Schleier seine Zukunft erblickt, was aus ihm werden wird, der erwachsene Mensch nämlich, ist aber gleichzeitig schon bedroht von seiner unabwendbaren ferneren Zukunft, dem Alter, verkörpert durch die alte häßliche Frau mit vergilbter brauner Haut und zottigen Haaren. Wild stürzt sie nach vor und schiebt der Schönen den Spiegel vors Gesicht, damit sie wie in einem Zauberspiegel ihre Zukunft erblicken möge: den Tod. Schon steht er hinter ihr, kein Knochenmann, sondern ein abscheulicher Kadaver mit herunterhängenden Hautfetzen, das Stundenglas triumphierend über dem Kopf der selbstvergessenen Schönen hochhaltend. Die Alte – das Alter – sucht vergeblich den Tod abzuwehren. Schon ergreift er den Schleier der Jungen, bald ist ihre Stunde abgelaufen, und der Apfel, den sie vielleicht wie einst Venus von Paris als Preis der Schönheit empfing oder als Eva vom Baum der Erkenntnis pflückte, rollt auf dem Boden fort.

Allegorien der Vanitas, der Vergänglichkeit alles irdischen Tuns, waren in der deutschen Renaissance ein häufiges und populäres Thema. Besonders berühmt war der »Totentanz«, eine Holzschnittfolge von Hans Holbein d. J. Auch Dürers »Männliches Porträt mit der Vanitas« und Furtenagels »Doppelporträt« gehören hierher. Der Vanitasgedanke ist ein Rückgriff aufs Mittelalter. Ohne Zweifel kannte Baldung die Figur des »Herrn der Welt« vom Straßburger Münster aus dem 13. Jahrhundert. Lachend steht er dort, ein vornehmer Herr, seine Rückseite aber ist verfault und zerfressen von Schlangen und Kröten, ein Kadaver. Die Totentanzbilder der Spätgotik beleuchten aber auch noch eine andere Seite der »Vanitas«. Nämlich die, daß angesichts des Todes alle gleich sind, Reiche wie Arme, Schöne und Häßliche, Junge und Alte, Bauer und Edelmann. Darin ist ein sozialer Aspekt enthalten, der von Anfang an in der deutschen Reformation von großer Bedeutung war.

Wenn auch unser Bild keinen speziellen Hinweis auf eine solche Spannung gibt, so doch wohl auf die allgemeine Stimmung einer Zeit im Umbruch. Wie jede im Wandel befindliche Epoche ist sie voller Kontraste, voller Hoffnungen, aber auch voller Ängste. Nichts konnte diese Situation besser wiedergeben als eben das alte vertraute Bild der »Vanitas«. Baldung sieht sie als antikes Schönheitsbild, ganz Gegenwart und Daseinsfreude, um so beängstigender wirkt die unabwendbare Todesverfallenheit.

Ungefähr um die Zeit, als der junge Cranach die ersten Werke eines neuen Stils schuf, den man dann als Donauschule bezeichnete, und als Dürer zum zweitenmal in Venedig war und für die deutschen Kaufleute das »Rosenkranzfest« malte (und übrigens auch die schon erwähnte »Venezianerin«), um eben diese Zeit erfuhr in Venedig durch Giorgio da Castelfranco, genannt *Giorgione* (1477–1510), die Malerei eine höchst bedeutsame Ver-

43 Giorgione, Laura

wandlung. Venedig wird dadurch mit einem Schlag über seine regionale Bedeutung hinaus zu einem Kunstzentrum Italiens, gleichberechtigt neben Rom und Florenz.

Das Bildnis einer jungen Frau vor einem Lorbeerzweig – deshalb *Laura* genannt (lauro = Lorbeer) – aus dem Jahr 1506 verkörpert die neue Anschauungsweise. Die alte Inschrift auf der Rückseite des Bildes, die es nebenbei zu den wenigen gesicherten Werken Giorgiones macht – »1506. adj. primo zugno fo fatto questo da mà de maistro zorzi da chastel fra (ncho) cholega de maistro vizenzo chaena ad istanzia de mis gia[cmo] ...« (Dies wurde vollendet am 1. Juni 1506 von der Hand des Meisters Giorgio da Castelfranco, Kollegen des Meisters Vincenzo Catena, im Auftrag des Herrn Giacomo) –, bezeichnet Giorgione als Kollegen des Catena; *Catena* aber stand noch ganz unter dem übermächtigen Einfluß des alten Abb. 43

44 Catena, Männerporträt

Abb. 44 Bellini, wie sein schönes *Männerporträt* zeigt, obwohl es schon aus dem zweiten Jahrzehnt des Jahrhunderts stammt. Ebenso aufschlußreich ist es, das schon oben erwähnte »Porträt einer Frau mit Spiegel« von Giovanni Bellini selbst mit der »Laura« zu vergleichen und sich dabei bewußt zu werden, daß auch dieses Bild lange nach dem Tod Giorgiones (1515) gemalt wurde.

Malerei ist neben ständiger Verwandlung schon vorhandener Formen und Inhalte gleichzeitig immer auch ständige Anschauung und Umsetzung der Wirklichkeit. Als besonders erfolgreiches Mittel, der Wirklichkeit habhaft zu werden, hatte sich die Perspektive erwiesen. Sie spannte die Bildform in ein abstraktes geometrisches Netz von Linien, die dem Bild scheinbare Tiefe verschuf, den Figuren Raum, Körper und Standfestigkeit und so allem seine »Richtigkeit« gab. Dieser intellektuellen Vorgangs-

45 Giorgione, Knabe mit dem Pfeil

weise stellt Giorgione eine Erfahrung gegenüber, die eine wohlbekannte Beobachtung verwertet: daß nämlich die Luft, die den Raum erfüllt und zwischen den Körpern liegt, eine Dichte besitzt und daher optisch merkbar ist, desto deutlicher, je weiter der Gegenstand entfernt ist. Schon Leonardo – der sich übrigens um 1500 in Venedig aufhielt – hatte diese Beobachtung gemacht. Seine Figuren sind daher wie von einem Nebel umfangen, der die Konturen der Formen weich und unscharf macht. Tiefe des Raumes wird suggeriert, indem der Hintergrund in der Atmosphäre, die den Raum erfüllt, verschwimmt und undeutlich wird. In Leonardos Bildern zehrt aber die Luft nicht nur die Form, sondern auch die Farbe auf, so daß ein merkwürdig unwirklicher graugrüner Gesamtton dominiert. Giorgione – dessen *Knabe mit dem Pfeil* übrigens deutlich die Kenntnis von Werken Leonardos Abb. 45

verrät – treibt diese neugewonnene Erkenntnis nicht wie Leonardo bis aufs Äußerste, nämlich Farbfeindliche. Für ihn hat die Atmosphäre etwas Verbindendes. Die Farben verlieren durch sie nicht an Eigenwert, aber sie werden miteinander verwandt, indem die eine Farbe zur anderen überleitet und in Beziehung gesetzt wird und indem weiche, unzeichnerische Konturen scharfe Trennungen aufheben.

So wächst die »Laura« aus einem dunkelbraunen Hintergrund heraus, bräunliche Haut, braune Haare und Augen, gerahmt vom abermals braunen Pelz. Selbst die beiden Kontrastakzente, die dem Bild erst Farbe und Leben verleihen, der grüne Lorbeer und der rote Mantel, sind über das Braun miteinander verwandt. Denn das Grün enthält viele gelbbraune Töne und Lichter; und das Rot, durch die gleichen dunklen Schatten modelliert wie der Pelz oder der Kopf, ist nur die konsequente Steigerung der Töne, die in der Farbe der Haut enthalten sind. Von größter Subtilität und Einsicht in die Beziehung von Farben zueinander ist das Weiß des Schleiers: Am Kopf ist es nur durch feine vibrierende Linien angedeutet, windet sich dann aus dem Dunkel immer lichter werdend hervor und ist nicht nur Kontrast zum Dunkelschattigen, sondern hellster Tonwert überhaupt, der alle anderen Farben in ihrer Einzelqualität zum Aufleuchten bringt.

In diesem kleinen Bild, das kaum größer ist als die Porträts der Spätgotik, sind bereits alle Elemente enthalten, die die venezianische Malerei bis ins 18. Jahrhundert vor anderen auszeichnet. Im übrigen handelt es sich hier nicht um ein herkömmliches Porträt. Die Überlieferung besagt, daß die junge Frau Petrarcas Laura darstellen soll. Man war dabei vom Wortspiel »lauro« – Laura ausgegangen. Lauro – der Lorbeer ist die symbolische Pflanze des Dichters, und so hieß auch die Geliebte Petrarcas. Die Absicht kann aber auch eine ganz andere gewesen sein. In der venezianischen Malerei wurde nämlich der Lorbeer als Symbol für Liebes- und Ehepaare verwendet. Er stand für Treue und Keuschheit. Vielleicht spielt hier auch die antike Fabel von Apoll und Daphne herein. Daphne wird ja in einen Lorbeerbaum verwandelt, um der Verfolgung Apolls zu entgehen. Wie immer nun die wirkliche Absicht gewesen sein mag, wir kennen sie nicht. Aber gerade das Unbestimmte und nur Geahnte macht die Poesie des Bildes aus und eben diese Poesie, das Außergewöhnliche des In-

46 Giorgione, Die Drei Philosophen

halts schafft einen neuen, bis jetzt unbekannten Wert. Die neue Form des Malerischen mit seiner undeutlichen Begrenzung entspricht ganz außerordentlich dem Verschleierten, dem Unausgesprochenen des Bildthemas. Wie den Quellen zu entnehmen ist, war man übrigens schon bald nach Giorgiones Tod über die Bedeutung gerade seiner berühmtesten Bilder im unklaren.
Dazu gehören auch die *Drei Philosophen.* Schon 1525 wurde das Bild von Marcanton Michiel, einem venezianischen Sammler und Freund Giorgiones, als »Drei Philosophen in einer Landschaft« bezeichnet. Bis heute ist man sich über die wahre Bedeutung des Bildes nicht einig. Die Männer, ein Jüngling, ein Mann mittleren Alters und ein Greis, sind durch astronomische Geräte eher als »Astronomen und Geometer« oder »Mathematiker« gekennzeichnet, wie sie auch in Inventaren des 17. Jahrhunderts genannt Abb. 46

werden. Sie stehen in gedankenvoller Betrachtung auf einem Felsplateau, das sich in eine tiefverschattete Felsenhöhle fortsetzt. Zwischen Felsen und Bäumen öffnet sich eine Landschaft, über der eben die Sonne in einem gelben und violettblauen Himmel aufgeht.
Da die Begriffe Philosophie und Astronomie nicht streng getrennt waren und ineinander übergingen, sind Deutungen wie solche, daß es sich um drei Entwicklungsphasen des Aristotelismus oder um Regiomontanus, Ptolemäus und Aristoteles handle, begreiflich. Eine andere Deutung wiederum geht von der Beobachtung aus, daß eine Gruppe von drei Männern verschiedenen Alters, von denen einer von dunkler Hautfarbe ist – wie auf unserem Bild der mit dem Turban – in der Kunst in der Regel die Heiligen Drei Könige bedeutet; in unserem Fall die drei Könige, die in Erwartung des Sternes sind, der die Geburt Christi ankündigt. Dazu kommt noch ein anderer Hinweis. In der Höhle wachsen ein Feigenbäumchen und Efeu. Beide Pflanzen sind, speziell in der venezianischen Malerei, immer wieder Darstellungen der Geburt Christi beigegeben. Die drei Könige werden auch die Weisen aus dem Morgenland genannt – die Weisen aber sind das gleiche wie Philosophen. Damit ist wieder ein gewisser Zusammenhang mit den anderen Deutungen gegeben. Das Ungewöhnliche der Bildthematik, die nicht dem herkömmlichen Kanon folgt, setzt eine besondere Art von Auftraggeber voraus. Und tatsächlich wird das Werk Giorgiones von einem kulturellen Milieu bestimmt, das mit dem üblichen, noch mittelalterlichen Zunft- und Werkstattbetrieb, an den seine älteren Malerkollegen gebunden waren, nicht zu vergleichen ist. Venedig war im 16. Jahrhundert das aktivste kulturelle Zentrum Europas, nicht zuletzt durch die überragende Rolle, die die Buchdruckerkunst hier spielte. Giorgione verkehrte in einem Zirkel von Intellektuellen, Literaten und Philosophen, von denen er nicht nur Aufträge empfing, sondern auch Anregungen zu seinen Bildern. Die bedeutendste und für ihn besonders einflußreiche Persönlichkeit dieses Kreises – der übrigens auch zum Hofstaat der Caterina Cornaro, der ehemaligen Königin von Zypern, gehörte – war der Dichter Pietro Bembo. Giorgione malte gerade die arkadischen Stimmungen und Landschaften, die Bembo in seiner Liebesliteratur besang. Dadurch erhielt seine Malerei ein neues gefühlsbetontes Element. Der

poetische Gehalt seiner Bilder wurde besonders durch Naturphänomene wie Sonnenaufgänge, Gewitter, poetische Szenerien und durch die Einheit von Licht und Farbigkeit vermehrt.
Wie bei der »Laura«, wenn auch differenzierter im Aufbau, entwickeln sich bei den »Philosophen« aus einem grün-braunen Gesamtton die bestimmenden Farbtöne Gelb, Blau-Violett und schließlich das beherrschende Rot. Sie bestimmen die Figuren und wiederholen sich echogleich im Himmel. Die ganze Szene ist eine ungebrochene Einheit von Ton, Farbe, Licht und Stimmung.
Wir sagten schon, daß genau zur gleichen Zeit im Norden die Malerei der Donauschule mit ihren großartigen Landschaftsvisionen entstand. Dieses Phänomen hatte andere Voraussetzungen als das venezianische Landschaftsbild, das bei Giovanni Bellini seinen Anfang nahm; aber beide berühren einander, denn an beiden ist die Kunst Dürers nicht unbemerkt vorübergegangen.
Die Verwandlungen, die Giorgiones Werk für die zeitgenössische Malerei brachte, sind nicht bloße Variationen, sondern etwas ganz Neues. Er war, was man heute einen engagierten Maler nennen würde, einer, der die geistigen Strömungen seiner Zeit aufgriff. Die kurze Lebensspanne, die zehn Jahre seiner Schaffenszeit, stellten sich wie ein Zwischenglied – als Übergang von einem Bezirk in einen anderen, vom Spätmittelalter in die Klassik dar. Übergänge bedeuten Entschlüsse, und jeder Entschluß erfordert Anstrengung. Man sieht sie den Bildern Giorgiones an. Ihnen haftet etwas auffallend Vorsichtiges, Tastendes, Zögerndes an, nicht zufällig hat der Maler sie öfters während der Arbeit verändert und übermalt oder überhaupt nicht vollendet. Es ist eine sensible und anfällige Kunst. Dennoch ist die vollbrachte Leistung so bedeutend, daß es einer so mächtigen Persönlichkeit wie Tizian bedurfte, um sie während eines langen Lebens nach allen Richtungen und Möglichkeiten, die in ihr beschlossen lagen, auszuschöpfen.
Trotz der kurzen Lebensdauer Giorgiones fand sein Werk größte Beachtung. Es ist daher nicht weiter erstaunlich, daß es eine Menge »giorgionesker« Bilder gibt, deren Autoren noch immer nicht feststehen, und daß darüber hinaus viele große Maler seine Schüler waren. Der bedeutendste Nachfolger, der der venezianischen Malerei auf lange Zeit ihre überragende Stellung sicherte, war Tizian. Aber auch andere – wie *Pordenone* (um 1484–1539)

47 Sebastiano del Piombo, Knabe mit Helm

und *Sebastiano del Piombo* (1484/85–1547) – standen in engem Kontakt mit Giorgione. Der Letztgenannte soll sogar unfertige Bilder des Meisters fertiggestellt haben, wie etwa auch die »Drei Philosophen«. Wie nahe er an Giorgione herankommt, zeigt das
Abb. 47 Bild eines Pagen, der sogenannte *Knabe mit dem Helm,* das als Frühwerk Sebastianos gilt. Sein späterer Stil wird freilich nach seiner Übersiedlung nach Rom von Raffael und Michelangelo
Abb. 48 geprägt, wie das Bildnis des *Kardinals Rodolfo Pio* zeigt. Ihrem Einfluß – im schlechten und im guten Sinn – konnte sich kein Maler des 16. Jahrhunderts entziehen.

Dabei ist es gar nicht so einfach, vor allem Raffaels (1483–1530) einmalige Bedeutung klarzulegen. Wie alle vollkommenen Leistungen wirken gerade die besten seiner Werke problemlos in ihrer Vollkommenheit, so daß es gar nicht so leicht ist, ihre

48 Sebastiano del Piombo, Kardinal Rodolfo Pio

Qualität zu begründen. Das gilt auch für eine der schönsten Madonnendarstellungen *Raffaels,* die *Madonna im Grünen.* Wie Abb. 49
die Datierung am Ausschnitt des Kleides besagt, ist sie 1506 entstanden, schon in Florenz, wo der junge Maler aus Urbino seit zwei Jahren tätig war. Das Thema beschäftigte ihn, denn zwei andere berühmte Madonnenbilder desselben Typus (in Florenz und in Paris) malte er um die gleiche Zeit. Es handelt sich dabei um die Madonna in ganzer Figur in der Landschaft. Die Erfindung stammt von Leonardo, seine »Felsgrotten-Madonna« ist die erste Komposition dieser Art in der italienischen Malerei. Daß Raffael sie gesehen haben muß, zeigt der kniende kleine Johannes, der eine auffallend ähnliche Haltung einnimmt wie der von Leonardo. Der überwältigende Eindruck, den Leonardo auf den jungen Raffael gemacht haben muß, beweist aber nicht nur diese

49 Raffael, Madonna im Grünen

Einzelheit. So ähnelt etwa die Haltung der Madonna mit dem vorgestreckten Fuß und den ebenso vorgestreckten Armen ganz ungemein der von Leonardos »Anna Selbdritt« (Paris, Louvre). Raffael freilich hat aus dieser kompositionellen Idee, die ihm möglicherweise aus einem Karton bekannt war, ein absolut vollendetes Formgebilde gemacht. Die drei Figuren, Maria und die zwei Kinder, sind einfach, aber monumental, wie eine Pyramide aufgebaut. Auch ihre Räumlichkeit ist genau angegeben, der Grundriß angedeutet durch die Position der beiden Kinder, die im Winkel zueinander stehen. Denn die Fußspitze der Madonna, diejenige des Jesuskindes und Knie und Fuß des kleinen Johannes sind die Eckpunkte eines perspektivisch verkürzten Dreiecks, vorderer Teil der Pyramidenbasis, dessen Seiten von den dunkelgrün wuchernden Pflanzen und Blättern des Vordergrunds begrenzt werden. Das Kreuz, das Johannes dem Jesuskind so ahnungsvoll hinhält, deutet die vordere Kante der Pyramide an und läßt sich rechts leicht bis zur vorderen Basisecke unten und zur Pyramidenspitze, dem Kopf Marias, fortsetzen. Doch erhält diese Komposition ihre Standfestigkeit und Dreidimensionalität nicht allein durch ihr geometrisch-abstraktes Grundgerüst. Schwere und Körperlichkeit bezieht sie erst aus der sorgfältigen, gleichmäßigen Licht- und Schattenmodellierung der Körper, die ihrerseits wieder – eben um Raum zu geben für die plastische Durchbildung – wesentlich breiter und kräftiger gebaut sind als es bisher als schön galt. Aber auch hier hat Raffael von Leonardo gelernt. Er hat sich dessen »Sfumato« zu eigen gemacht, er läßt die Dichte der Luft sichtbar werden, die Konturen werden weich, die Körper noch plastischer. Der Erfolg wäre freilich nicht so groß, läge nicht das Gerüst einer vollkommen sicheren und durchdachten Zeichnung darunter. Selbstverständlich beherrscht Raffael die Anatomie des menschlichen Körpers bis ins kleinste Detail. Seine große Kunst ist es aber, wie er das Detail zur großen Form zusammenfaßt, zum vereinfachten Umriß. Die fast kreisrunde Kontur des Madonnenkopfes, die großen Rundungen der Schultern, des Mantels, das alles trägt wieder zur Suggestion des Körperhaften bei. Darüber hinaus bewirkt die den Eindruck des Dreidimensionalen so fördernde Zeichnung noch etwas – und das ist in dieser Bewußtheit wieder etwas Neues: sie bindet die dreidimensionale Form in die zweidimensionale Bildebene. Bis jetzt war man, und ganz besonders in Florenz, darauf bedacht gewesen, die Gesetze von Raum und Körper zu erfassen und mathematisch richtig mit Hilfe von Perspektive, von Licht und Schatten im Bild wiederzugeben. Damit hatte man genug zu tun. Die Beziehung zur Bildfläche ergab sich als Projektion von Raum und Körper gewissermaßen von selbst. Nun aber wird diese Bildebene als wesentlicher Faktor bewußt gemacht. Der Linienfluß, der die Umrisse der Madonna und des kleinen Johannes bildet, soll nicht nur als Körperbegrenzung verstanden werden: er ist mit seinen Aus- und Einbuchtungen einbezogen in die zeichnerische Gestaltung der Landschaft. Die Zeichnung der Landschaft, wie die Erdbuckel in der Wiese etwa, antwortet auf die Umrißkonturen der Figuren; Kopf und Schultern der Madonna setzen den Umriß der Bergrücken im Hintergrund fort und steigern sie, in der Fläche gesehen, zu einem

Höhepunkt. Vor allem aber ist der Dreiecksaufbau, der der Komposition so sehr Körper und Monumentalität verleiht, gleichzeitig durch die eindringliche stereometrische Form ganz besonders dazu geeignet, die Bindung an die Fläche bewußt zu machen. Hinter dem allen steht ein Willensakt, merkbare Überlegung, es ist kein zufälliges Ergebnis.

In der Farbstellung erinnert Raffael an seinen engeren Landsmann Perugino, in dessen Atelier er vor seinem Florentiner Aufenthalt gearbeitet hatte. Die farblichen Differenzierungen sind gering. Das traditionelle ikonographisch festgelegte Rot-Blau des Gewandes der Madonna findet in dem warmen bräunlichen Grün der umgebenden Landschaft und den lichten Kinderkörpern weniger einen Gegensatz als eine Übereinstimmung, eine Konsonanz. Die Farben sollen nicht ablenken, sie sollen das Gesamtkonzept nicht beeinträchtigen, sondern die Einheit von drei- und zweidimensionaler Form in ihrem Gleichgewicht bewahren helfen. Auch die Glätte der Malerei, welche die Faktur fast unsichtbar macht, und auch die gleichmäßige Lichtverteilung verfolgen denselben Zweck.

Ein Bild, das so bedacht und überlegt gemalt ist wie die »Madonna im Grünen«, von derartig harmonischem Gleichmaß in allen seinen Teilen, gerät leicht in Gefahr, kalt und ausdruckslos zu wirken. Und tatsächlich findet auch der heutige Betrachter, den Harmonie und Gleichgewicht mißtrauisch machen, nur schwer Zugang zur Kunst Raffaels. Dennoch sollte dies gerade bei unserem Bild möglich sein. Denn so erstaunlich das auch erscheinen mag bei einem Gebilde, in dem die rein formalen Gegebenheiten dominieren, so ist es doch gerade ein Element des Ausdrucks, das dem Bild erst zu seiner Vollkommenheit verhilft: Wir meinen den Ausdruck des Madonnengesichts. Die vollkommen ebenmäßigen Züge, die noch an die Heiligen Peruginos erinnern, werden durch ein Lächeln belebt, wie wir es bisher nur von den Frauen Leonardos kennen. Dort charakterisiert es einen undurchsichtigen geheimnisvollen Zustand der Seele, ähnlich dem Lächeln griechisch-archaischer Götterstatuen. Bei Raffael aber wird es zum nachdenklichen, in Betrachtung versunkenen Lächeln eines Menschen. Dieses schöne, stille, menschliche Lächeln ist von so überwältigender Natürlichkeit, daß es jede von der Strenge der Form verursachte Spannung löst.

Das ist die Leistung Raffaels, wie man sie an diesem Bild ablesen kann: absolute, kalkulierte Perfektion der Form, die aber – und das ist fast ein Widerspruch – von gelassenster Natürlichkeit und Menschlichkeit durchdrungen ist.
Jedes Wissen ist Erinnern, und jede neue Schöpfung der Kunst ist Verwandlung von schon Dagewesenem. Bei ständiger Konfrontation mit der Wirklichkeit kann Verwandlung Neues bringen. Die Leistung eines Künstlers mißt man am Umfang und an der Qualität des Neuen, das sein Werk erbracht hat. In diesem Sinn gehört Raffael zu den ganz großen Verwandlern.
Zu Anfang des 16. Jahrhunderts arbeiteten gleichzeitig Leonardo, Raffael und Michelangelo in Florenz. Kein Florentiner Künstler konnte sich dem Einfluß dieser überragenden Persönlichkeiten entziehen. Wenn auch einige frühe Werke des malenden Dominikanermönchs *Fra Bartolomeo della Porta* (1475–1517) auf den jugendlichen Raffael einigen Eindruck gemacht hatten, so stehen die späteren Bilder Fra Bartolomeos doch bereits ganz unter dem Einfluß des größeren Künstlers, nämlich Raffaels. Deutlich zeigt sich diese Hinwendung an so monumentalen Figuren wie dem Josef auf der *Darbringung im Tempel* von 1516. Der Maler hatte Abb. 50
das Altarbild für die Noviziatkapelle in seinem Kloster S. Marco in Florenz gemalt, und wie die Inschrift besagt (»Orate pro pictore olim sacelli minus novitio«), fordert er die Brüder auf, für ihn, den einstigen Novizen, zu beten. Dem Ordensgeistlichen fällt es leicht, in seinem Bild innere Beziehungen herzustellen. Moses mit den Gesetzestafeln im Hintergrund symbolisiert das Zeitalter des »sub lege« befindlichen Alten Testaments, das nun übergeht in die Epoche des »sub gratia« stehenden Neuen Testaments, klar gemacht durch das gnadenspendende segnende Jesuskind.
Fra Bartolomeo ist aber nicht nur Raffaels Einfluß unterlegen, sondern auch dem Leonardos. Die Gesichter seiner Menschen sind modelliert durch die grauen Schatten, die wir von Leonardo kennen. Das gilt freilich nicht für die ganzen Figuren, deren Farbigkeit kaum durch ein Sfumato gemildert wird. Übrigens war Fra Bartolomeo 1508 in Venedig. So wie er als Vertreter des Florentiner Stils auf die venezianische Malerei einwirkte, so konnte er sich andererseits nicht vollständig dem Einfluß der venezianischen Farbigkeit entziehen.
Noch viel stärker aber wird der jüngere *Andrea del Sarto* (1486

50 Fra Bartolomeo della Porta, Darbringung im Tempel

bis 1530) von seinen übermächtigen Zeitgenossen beeindruckt. Die Auseinandersetzung mit ihnen bringt eine beunruhigende Spannung in seine Bilder. Es ist die Spannung, die entsteht, wenn, wie
Abb. 51 in der *Pietà,* zwei einander widersprechende Haltungen aufeinanderstoßen: wenn der heroischen Geste Michelangelos durch die seelischen Brechungen Leonardos die Kraft entzogen wird. Die mächtige Gestalt der Maria, die wie eine der Sibyllen Michelangelos aussieht, wird durch den grauen Schleier des Sfumato geschwächt, das schmerzvolle Gesicht schattig durchhöhlt. Die Engelsgesichter – auch sie Reminiszenzen an die Jünglinge Michelangelos – sind von morbider Schönheit. Diesem Schwanken

51 Andrea del Sarto, Pietà

zwischen Pathos und Gefühl gibt der tote Christus eine entscheidende Richtung. Er ist, verglichen mit seiner Mutter Maria, proportional auffallend kleiner. Nun bringt die Thematik der »Pietà« eine große formale Schwierigkeit mit sich, die nicht ohne weiteres zu bewältigen war. Das ikonographische Muster sieht das Bild eines erwachsenen Mannes vor, der von einer Frau wie ein Kind auf dem Schoß gehalten wird. Dieser Vorgang ist ebenso wie in Wirklichkeit auch im Bild nur schwer durchführbar. Sarto half sich damit, daß er das Muster abwandelte und den toten Körper Christi nicht auf den Schoß der Madonna, sondern vor sie hinlegte. Das weiße Leichentuch ist optisch die Fortsetzung des Gewandes der Maria und läßt daher die nicht ganz orthodoxe Auffassung weniger erkennen. Der Maler hilft sich aber – scheinbar – auch dadurch, daß er den Körper Christi – der übrigens mit dem zurückfallenden Kopf und den angezogenen Knien seinem

klassischen Vorbild, Michelangelos »Pietà« im Petersdom (1499), nachempfunden ist – proportional verkleinert. Damit ist er der querrechteckigen Komposition ohne weiteres einzufügen. Andrea del Sarto war aber ein zu begabter Künstler und wie alle Florentiner ein viel zu guter Zeichner, als daß es ihm unmöglich gewesen wäre, einen Christus von proportional richtigen Maßen in seiner Komposition unterzubringen. Daher muß wohl die Verkleinerung Christi einen anderen Grund gehabt haben. Offenbar hatte er die eine oder die andere mittelalterliche Pietà, Beispiele nordischer Kunst, gesehen, auf denen Christus mit Absicht wesentlich kleiner dargestellt ist als die Madonna. Hinter dieser Auffassung steckte die Absicht, den toten Christus mit dem im Schoß der Mutter schlafenden Christkind, das seinerseits an den künftigen Opfertod erinnern soll, gleichzusetzen. Wenn der Maler diese Art der mittelalterlichen frommen Betrachtung in sein Bild aufnahm, so bezweckte er wohl eine ähnliche Betrachtungsweise. Dem Beschauer sollte ebenso der von Anfang an vorherbestimmte Leidensweg Christi präsent sein. Dem Gefühlsaufwand, den diese Art der Anschauung erforderte, kommen die Gestaltungsprinzipien Leonardos entgegen, die ja auf Ausdruck und Beseelung abzielten. Damit werden wir aber in einem Werk, das noch vor 1520 entstanden ist, einer Tendenz gewahr, die den formalen und inhaltlichen Prinzipien der Renaissance mit ihrem Streben nach absoluter harmonischer Konsonanz widerspricht. Demgemäß ist daher auch die Farbigkeit dieses Bildes uneinheitlich, laut, kalt, ausdrucksstark und von einer gebrochenen morbiden Schönheit, wie die Gesichter der Engel und des toten Christus.
Während in Florenz der künstlerische Höhepunkt der Renaissance überschritten wird, das ruhige Gleichgewicht zwischen technischer Fähigkeit und künstlerischer Gestaltungskraft allmählich in einen Zustand der Spannung und des einseitigen Übergewichts übergeht, erreicht die venezianische Malerei eben erst ihren Kulminationspunkt. Hier kommt nun das von langer Hand Vorbereitete durch Tizian zu voller Entfaltung. Neue Gestaltungselemente treten in den Vordergrund, die von nun an die venezianische Malerei vor jeder anderen auszeichnen werden: Es sind die Elemente der Farbe und des Lichts. Warum gerade in Venedig die Farbe so sehr das Primat vor dem »disegno« hatte – im Gegensatz zu Florenz und Rom – geht wohl auf mehrere Ursachen

zurück, ohne daß eine von ihnen als die entscheidende angegeben werden könnte. Eine der Ursachen liegt wohl, wie das bereits in der Malerei Giorgiones offenkundig wurde, im Einfluß von Leonardos Luftmalerei, dem Sfumato. Eine andere darin, daß schon in der Kunst Giovanni Bellinis das Licht, das nicht nur die Körper modelliert, sondern auch die Farben aufleuchten läßt und ihre Schönheit »ins Licht rückt«, zum hervorragenden Kunstmittel wurde. Vielleicht liegt aber die Hauptursache, wie oft behauptet wird, in der jahrhundertelangen Gewöhnung der Venezianer an die leuchtende Farbigkeit der Mosaiken, die sich so unterscheiden von Farbe und Art der Freskenmalerei, die es ja in Venedig – zum Unterschied von anderen Städten Italiens – kaum gab. Der venezianische Farbensinn wäre demnach ein byzantinisches Erbe, das durch Modifikationen nicht nur erhalten geblieben ist, sondern – soweit es die Haltung zur Farbe angeht – sogar eine Weiterentwicklung gefunden hat.

Vielleicht aber faßt man die Bedeutung, die der Farbe im Werk *Tizians* zukommt, am ehesten, wenn man annimmt, daß er der Farbe eine neue Wertigkeit verleihen wollte, abgelöst von der Form und verselbständigt. Das gelang ihm dadurch, daß er den malerischen Vorgang, die Technik, durch den Pinselstrich sichtbar machte. Dadurch bekam am Ende von Tizians langem Leben (1489/90–1576) die malerische Faktur einen solchen Eigenwert, daß sich schließlich die fest begrenzte zeichnerische Körperform auflöste, unter ihr verschwand, sich sozusagen entmaterialisierte.

Davon merkt man freilich in den Frühwerken – wie etwa der *Zigeunermadonna* – noch nichts. Daß man sie einmal dem Giorgione Abb. 52
zuschreiben konnte, ist ein Beweis dafür, daß Tizians Anfangswerke den späten Bildern Giorgiones zum Verwechseln ähnlich waren. In manchen Fällen hat man sich bis heute noch nicht entscheiden können. Sicher ist nur das eine – daß in keinem der frühen Bilder Tizians wesentliche Merkmale des Quattrocento zu finden sind. Tizian gehörte bereits ganz ins 16. Jahrhundert, in die Hochrenaissance. So ist zwar der Typus der »Zigeunermadonna« ganz deutlich Giorgiones »Laura« verwandt, auch die farbliche Tonalität des Bildes kommt von dort her, gleich der Landschaft mit den blauen Bergen (die übrigens während der Arbeit leicht abgeändert wurden) und der elegisch träumerischen Stimmung; auch geht die Komposition auf ein noch älteres Vorbild zurück, auf

52 Tizian, Zigeunermadonna

eine Madonna von Giovanni Bellini (Mailand, Brera) nämlich. Aber trotz dieser Abhängigkeit von der Tradition besitzt dieses Bild Eigenschaften, die völlig im Gegensatz dazu stehen. Das sind etwa die Schwere, Körperlichkeit und Standfestigkeit der Figuren, die letztere besonders deutlich in der kontrapostischen Stellung des Kindes. Ebenso wird die Räumlichkeit durch den um den Arm der Madonna nach allen Richtungen gefalteten Mantel betont, aber auch durch den Schatten, der der ganzen Gruppe räumliche Rundung gibt. Verglichen mit den edlen, jedoch zaghaft erscheinenden Gestalten in Giorgiones Bildern, ist diese Madonna des ungefähr zwanzig- bis zweiundzwanzigjährigen Tizian von nahezu majestätischer Monumentalität, obwohl der Maler zu diesem Zeitpunkt noch kein einziges Werk Michelangelos im Original gesehen hatte.

Wenn auch die Farbigkeit die Palette Giorgiones verrät, so kann man doch schon ein gewisses Eigenleben der malerischen Struktur

53 Tizian, Kirschenmadonna

feststellen, wie etwa an dem braun-goldenen Umschlag des Mantels um die Hand der Maria.

Wenig später ist die sogenannte *Kirschenmadonna* entstanden (ca. 1515/1518). Um die gleiche Zeit hat Tizian eines seiner Meisterwerke geschaffen, das nachhaltigen Einfluß auf die Zukunft hatte, die »Assunta« in der Frari-Kirche in Venedig nämlich. Etwas von der Kraft und Dynamik dieses Werkes spüren wir auch in der »Kirschenmadonna«, die von der »Zigeunermadonna« bereits weit entfernt ist. Der allgemeine Aufbau des Bildes, die Dreieckskomposition, ist freilich noch der gleiche, höchstens noch entschiedener, breiter gelagert und durch die Heiligen Josef und Zacharias noch symmetriebetonter. Übrigens sind – wie man aus einer Restaurierung des 19. Jahrhunderts weiß – diese beiden Heiligen vom Maler nachträglich in einem zweiten Arbeitsgang hinzukomponiert worden. Die Ruhe der klassischen Komposition wird aber durch die heftige Bewegung des heraneilenden Kindes

Abb. 53

unterbrochen, das der Mutter Erdbeeren hinhält. Ebenso stürzt von der anderen Seite der kleine Johannes herbei. Er bringt Kirschen und das Schriftband mit der Inschrift: »Ecce Agnus Dei«. Kirschen und Erdbeeren sind Marien- und Passionssymbole. Maria neigt sich ihrem Kind zu, und auch die beiden Heiligen – der eine im Profil, der andere en face gesehen – nehmen deutlichen Anteil an der Szene. Eine heftige innere und äußere Bewegung hat die heiligen Personen erfaßt, aus dem verträumten passiven Nur-Vorhandensein giorgionesker Prägung, das nur einen allgemeinen Zustand ausgedrückt hatte, ist ein besonderes, individuelles Ereignis geworden. Auch die Farben sind heller, es ist lichter Tag, im Gegensatz zum beginnenden Dämmerlicht der »Zigeunermadonna«, so wie sich die dunkelhaarige Frau mit der bräunlichen Haut (daher der Name) in eine blonde, blauäugige mit weißem Teint verwandelt hat – ein Schönheitstyp, der von nun an die venezianische Malerei beherrschen wird. Ebenso hat die Differenzierung der Einzelform und der Farbigkeit zugenommen. Anders als das noch wenig gegliederte Kleid der »Zigeunermadonna« ist das der »Kirschenmadonna« in reiche fließende Falten gelegt. Die leuchtende Farbigkeit, das Rosa und lichte Blau, der dunkelrote, golddurchwirkte Vorhang, die Farbe der Haut, noch hervorgehoben durch die dunklen verschatteten Männer, vermittelt ein Gefühl von strahlendem Lebendigsein, von Reichtum und beherrschter Kraft.

Um gewisse grundlegende Merkmale zu kennzeichnen, für die aber genaue Definitionen fehlen, werden in der Geschichte der Malerei immer wieder die Begriffe »Naturalismus« und »Realismus« angewendet. Sie sind nie absolut, sondern immer nur relativ, in Relation zu einer bestimmten Situation zu gebrauchen. Das heißt, daß sie immer wieder etwas anderes bedeuten, immer wieder eine neue Nuance haben. So entwickelt ohne Zweifel Giorgione, verglichen mit seinen Vorläufern, etwas, was man einen Naturalismus nennen kann. Davon hebt sich wiederum deutlich das Werk des jungen Tizian mit realistischen Zügen ab, ein Vorgang also, der vom Allgemeinen zum Besonderen führt und einen Prozeß der Spezialisierung nach sich zieht, der die Menschen Tizians zu Persönlichkeiten und Individualitäten werden läßt, aber auch das Handwerk des Malers selbst in außerordentlichem Maße ergreift.

54 Tizian, Violante

Aus dem Ende des zweiten Jahrzehnts des 16. Jahrhunderts stammen zwei Porträts, ein männliches und ein weibliches, die *Violante* Abb. 54
und der sogenannte »Arzt Parma«. Die Bezeichnung »Violante«, abgeleitet von dem Veilchen, der Viola, im Ausschnitt des Kleides, ist eine Erfindung des 19. Jahrhunderts. Richtiger und besser charakterisierend ist wohl die Bezeichnung, die in den alten Inventaren steht: »La bella gatta = die schöne Katze«. Vermutlich handelt es sich um das Porträt einer berühmten Kurtisane. Von den Porträts schöner Frauen, die Tizian gemalt hat, ist dies das früheste. Es enthält, wenn auch noch nicht voll entwickelt, schon alle Eigenschaften, die Tizians Porträts und speziell solche von Frauen auszeichnen wird. Zunächst gibt es einen Typus mit den der Mode entsprechenden gebleichten Haaren, den dazu kontrastierenden dunklen Augen, dem großflächigen Gesicht und der

breiten fülligen Figur wieder. Es ist ja auch kaum möglich, beim Abbilden weiblicher Schönheiten nicht dem von der Mode geforderten Typus zu verfallen. Dennoch gelingt es dem Maler, darüber hinaus die Person zu kennzeichnen und ihr Individualität zu verleihen. Die Augen sind weit geöffnet und schauen den Betrachter herausfordernd über die Schulter an, so daß eine deutliche Kommunikation mit dem Beschauer zustande kommt – man wird angesprochen. Auffallend ist, daß die Haltung des Körpers seitenverkehrt diejenige der Mona Lisa wiederholt. Doch wird durch den Blick die leichte Drehung des Kopfes verstärkt. Das macht das Bild so unmittelbar und lebendig.

Großen Wert legte der Maler darauf, die Schönheit des Modells zur Geltung zu bringen. Der dunkle Hintergrund hebt ganz besonders die blonde Haarpracht und die ausgesuchte Farbigkeit des Kleides hervor; der bräunliche Ärmel steht in Konkordanz zu den warmen Tönen der Hand und des Haares, das Blau des Kleides gibt den nötigen steigernden Gegensatz. Die Freude am malerischen Handwerk zeigen vor allem die Durcharbeitung des Haares sowie die Struktur des Ärmels, der ganz vorne im Bild ist, so daß man ihn genau sehen kann.

Obwohl das Porträt in den ältesten vorhandenen Inventaren immer Tizian zugeschrieben worden war, traute man es später eine Zeitlang dem Palma Vecchio zu. Tatsächlich hat es auch eine gewisse typenmäßige Ähnlichkeit mit den Frauenköpfen (siehe diese) dieses Malers. Das beweist aber nichts anderes, als daß Tizian mehr als andere, weniger große Maler lernen wollte und deshalb von gleichzeitigen Malern Anregungen aufnahm und sie in den Stock seiner Erfahrungen aufnahm. Palma Vecchio selbst ist niemals ein Frauenporträt von solcher geistiger Qualität gelungen. Tizian hat mit diesem Bildnis einen Frauentypus von so großer Eindringlichkeit geschaffen, daß er sogar von Rubens übernommen wurde.

Ein anderes berühmtes und seit je besonders beliebtes Bild dieser Periode (um 1520) hat ebenfalls lange Zweifel wegen seiner Abb. 55 Authentizität hervorgerufen. Es ist der *Bravo*. Hier schwankten die Zuschreibungen im wesentlichen zwischen Tizian und Giorgione; ein verständlicher Vorgang, obwohl das Bild bereits 1528, also kurz nach seiner Entstehung in Venedig und zu Lebzeiten Tizians diesem zugeschrieben wurde. Auch van Dyck sah das Gemälde

55 Tizian, Bravo

und zeichnete es in seinem venezianischen Skizzenbuch ab. Daraus ebenso wie aus der Röntgenaufnahme ist zu ersehen, daß der rechte Kopf ursprünglich im Profil angelegt war und erst in einer späteren Phase in die jetzige Position gebracht wurde. Übrigens war das dargestellte Thema schon 1528 unbekannt, und erst 1648 bemühte sich der Kunstschriftsteller Ridolfi um seine Deutung. Seiner Meinung nach stellt es eine Szene aus der römischen Geschichte dar, den Angriff des Militärtribunen Claudius Lucius auf Coelius Plotus nämlich. Das muß nicht unbedingt stimmen, und die ebenfalls aus dem 17. Jahrhundert stammende Benennung »Ein Bravo« entspricht zumindest unserem Dafürhalten nach viel mehr dem geheimnisvoll Bedrohlichen dieser Szene, die es dem Betrachter freiläßt, sich seine Geschichte selbst dazu zu erfinden. Das schwer Deutbare der Szene war ja auch offenbar einer der

Gründe, an Giorgione als den Schöpfer zu denken. Die differenziertere Einsicht des heutigen Beschauers vermißt jedoch den lyrisch-träumerischen Ton, der alle Bilder Giorgiones auszeichnet. Denn diese nächtliche Szene einer Gewalttat, eines kurz bevorstehenden Mordes, ist mit einer Kraft und Vehemenz gezeichnet, wie es wohl nur einem Tizian, niemals aber einem Giorgione gelingen konnte. Die Dramatik des Augenblicks ist ganz dicht. Der Mörder stürzt aus dem Dunkel hervor, blutrot leuchtet der wild gekräuselte Ärmel, der dunkel blitzende Harnisch bedeutet Gewalt. Jäh dreht sich der Überfallene um – das Gesicht, Unheil ahnend, und der so friedlich-festliche Kranz aus Weinlaub erstrahlen plötzlich grell im Licht. Beide Männer greifen blitzschnell nach dem Degen. Einen Atemzug lang herrscht steinerne Bewegungslosigkeit. Gerade dieser kurze einzige Moment der Ruhe zwischen zwei Bewegungsabläufen ist herausgegriffen und ins Licht gehoben. Noch ist alles unentschieden, aber in derselben Sekunde schon sind die Entschlüsse gefaßt. Das ganz Besondere dieser inhaltsschweren Sekunde des Einhaltens ist, daß sie die Realität wiedergibt – den Moment der Ruhe zwischen zwei Handlungen, das ruhende Pendel zwischen den Ausschlägen – und daß sie gleichzeitig dem von der Antike übernommenen künstlerischen Prinzip entspricht, in der Bewegung das Moment der Ruhe darzustellen. Neben dem die Phantasie und das Gefühl ansprechenden Undurchsichtigen der Szene, der düster aufblitzenden Farbigkeit, ist es also der Begriff der Zeit, der in einer in der Malerei bisher nie geübten Weise künstlerisch gestaltet und zum Bewußtsein gebracht wird. Das ist es wohl, was diesem Bild ein solches Leben und eine solche Anziehungskraft und Eindringlichkeit verleiht.

Aus der gleichen frühen Zeit, wohl noch vor 1520, stammt das
Abb. 56 halbfigurige Porträt des sogenannten *Arztes Parma*. Die Benennung geht auf das 17. Jahrhundert zurück, sie ist unsicher, aber dennoch bezeichnend. Bis jetzt gab es in der italienischen Malerei noch kein Porträt, das so nüchtern und ohne Umschweife das Wesen eines bestimmten Menschen anschaulich gemacht hatte. Der Blick wird, ohne abgelenkt zu werden, auf das Gesicht konzentriert. Der neutrale Hintergrund, die dunkle schwere Amtstoga sind nur Folie für den Kopf. Auch die Hand, der einzige lichte Fleck, trägt nichts zur Charakterisierung des Mannes bei, denn sie hält die Stola – Teil der venezianischen Tracht für Würden-

56 Tizian, Der Arzt Parma

träger – in einer Art fest, wie sie schon seit dem 15. Jahrhundert typisch ist für die Porträthaltung hoher venezianischer Beamter. Der Kopf jedoch auf dem kurzen gedrungenen Hals hat nichts Typisches und Allgemeines. Graue, unordentlich abstehende Haare, ein kantiges, großflächiges Gesicht, eine kühne Nase, ein entschlossener Mund und ein kritisch prüfender Blick unter gerunzelten Brauen – es ist das Bild eines unverbindlichen Mannes, der mit Nachdruck sein Ziel im Auge behält. Ein Arzt oder ein Gelehrter könnte tatsächlich so aussehen.
Keine Reminiszenz an Giorgione ist mehr vorhanden. Die unbestimmt träumerische Haltung der früheren Bildnisse, die über den Dargestellten nicht viel aussagten, ist aufgegeben. Hier ist alles bestimmt und konkret, bestrebt, das Äußerste an Charakteristik zu geben, das eben eine bestimmte kulturelle Epoche an

künstlerischer Aussage erlaubt. Daß Tizian sich bei diesem Bild verständlicherweise nicht ganz leicht getan hat – er wollte ja von einem bestimmten Porträttypus loskommen – beweist die etwas trockene, vorsichtige, gewissermaßen überlegende Malerei, die wir später bei ihm nicht mehr finden.

Die große Begabung Tizians für das Porträt wird hier schon erkennbar, er hat den Blick für das Individuelle eines bestimmten Menschen. Seine spezifische Malweise verhilft ihm zu adäquater Umsetzung in die künstlerische Form. Sie erlaubt es, Körper und Raum durch Licht-, Schatten- und Farbeffekte überleitend zu verbinden und nicht so wie Raffael durch die Zeichnung voneinander abzusetzen, zu trennen. Die Betonung liegt auf den hellen, dunklen oder farbigen Flächen, so ergibt sich sozusagen aus der Technik heraus die Möglichkeit, wichtige Bildteile – wie etwa einen Kopf – als Ganzes hervorzuheben und damit spontan eine Konzentration auf das Wesentliche herbeizuführen. Das ist eine der Voraussetzungen, durch welche Tizian wohl zum besten Porträtisten seiner Zeit werden konnte.

Der Naturalismus Giorgiones hinterließ tiefe Wirkung nicht nur beim jungen Tizian. Die gesamte venezianische Malerei des frühen 16. Jahrhunderts stand unter seinem Eindruck. Daß sich aber jeder einzelne unter den Malern etwas anderes aus der neuen Anschauungsweise herausgreifen konnte, ist ein Beweis für die Vielfalt der Anwendungsmöglichkeiten, die in ihr beschlossen lagen. Sie forderte dazu auf, alle Aspekte der Natur darzustellen in einer Weise, wie das bisher noch in keiner der großen Malerschulen Italiens der Fall gewesen war.

Dementsprechend waren die Impulse, die von Giorgiones Kunst ausgingen, auch bei den Malern der venezianischen Provinzen übermächtig: Cariani, Licinio, Palma Vecchio aus Bergamo, Savoldo und Moretto aus Brescia, die beiden Dossi aus Ferrara – sie alle sind Giorgione grundlegend verpflichtet. Es ist reizvoll zu sehen, was sie, jeder für sich, von ihm gewonnen und wie sie es verwandelt haben. *Palma Vecchio* (um 1480–1528) zum Beispiel
Abb. 57 setzt sich in dem *Bad der Diana* (um 1525) mit zwei von Giorgione angeschlagenen Themen auseinander, die die Darstellung der Natur betreffen: mit der Landschaft und dem nackten Menschen. Auch der junge Tizian beschäftigt sich zu dieser Zeit mit diesen Problemen; Palma, obwohl ein Stern von geringerer Größe als

57 Palma Vecchio, Bad der Diana

Tizian, gelingt es immerhin, eigene Betrachtungsweisen zu entwickeln.
Die Szene zeigt Diana, die entdeckt, daß eine ihrer Nymphen, Callisto, von Jupiter schwanger ist. Das ist ein Verstoß gegen das Gebot der Keuschheit, dem die Mondgöttin und ihre Gefährtinnen unterliegen. Die Szene ist aber nur ein Vorwand, um weibliche Aktfiguren, schöne Körper in allen möglichen »natürlichen« Stellungen zu zeigen. Freilich heißt das nicht, daß sie wirklich nach der Natur gemalt oder gezeichnet sind. Sie gehen fast alle auf antike Vorlagen, Plastiken, Wandmalereien und Zeichnungen danach zurück. So ist die Callisto ein Abbild der berühmten Venus Kallipygos (Neapel), die schöne Rückenfigur stammt von der berühmten antiken Gruppe der drei Grazien, und die liegende Diana erinnert an eine der Nereiden, die, auf Meergöttern gelagert, auf römischen Sarkophagen oder Wandmalereien durch die Wellen ziehen. Wohl steht hinter dieser Figur auch die berühmte in der Landschaft »Liegende Venus« des Giorgione (Dresden, Galerie), aber auch diese hat eben ihre antiken Ahnen. Für Künstler der Renaissance sind Schönheit und Natürlichkeit des menschlichen

58 Palma Vecchio, Santa Conversazione

Körpers zunächst nur durch das Vorbild der Antike hindurch erfaßbar, also durch ein Vorbild der Kunst, nicht der Natur.
Die Nymphen befinden sich in einer räumlich schön aufgebauten Landschaft, die links den Blick in die Ferne freigibt, rechts Einblick in den nahen Wald gewährt. Diese Art des Bildaufbaus werden wir später in niederländischen Landschaften wiederfinden. Auch sie wird entwickelt aus den giorgionesken Landschaftsdarstellungen; sie ist jedoch weiträumiger und den Figuren gleichwertig in ihrer Bedeutung. Auch ist das träumerisch-wehmütige Sonnenuntergangslicht dem hellen sonnigen Tag gewichen, ebenso wie die geheimnisvoll verschlüsselten leisen Szenen der robusten lauten Wirklichkeit Platz gemacht haben.
Freilich ist die Wirklichkeit ungewöhnlich schön – mit glänzenden Kleidern und leuchtenden Haaren – so wie sie etwa die *Santa*
Abb. 58 *Conversazione* zeigt. Die Kraft und raumbeherrschende Sicherheit der Figuren machen dieses Bild zu einer der prächtigsten Kompositionen Palmas und sichern ihm einen besonderen Platz in der venezianischen Malerei. Von solchen Werken her wird verständlich, daß man ihm die »Violante« zuschreiben konnte, nicht

59 Moretto, Hl. Justina

jedoch von seinen – wenn auch reizvollen – Frauenbildnissen her, die der »Violante« qualitätsmäßig weit unterlegen sind.
Auch die Maler aus Brescia widerstanden dem Zauber der venezianischen Malerei nicht, obwohl sie wie die Bergamasken viel näher zu Mailand lagen und daher auch von der lombardischen Malerei ihre ersten Eindrücke empfingen. Beide Städte gehörten aber politisch zur Republik Venedig, woraus sich der starke Einfluß venezianischer Kunst unter anderem erklären läßt. Durch die Verschmelzung verschiedenartiger Neigungen und Sehgewohnheiten konnte es dabei zu Ergebnissen kommen wie zu *Morettos* (um 1498–1554) wunderbarem Altarbild der *Heiligen Justina* Abb. 59
(um 1530).
Die heilige Märtyrerin, Patronin von Padua, steht in raffaelischer Größe und Statuarik vor einer dämmerigen Berglandschaft, aus

deren Tälern das Einhorn, Symbol der Jungfräulichkeit, heruntergestiegen zu sein scheint, um sich der schönen Heiligen zu Füßen zu legen. Von weichen, grauen Schatten modelliert, neigt sie den Kopf dem anbetenden Kavalier zu; ihr Auge begegnet in sanfter Melancholie seinem innigen Aufblick. Selten ist in der Malerei das religiöse Thema – die Heilige mit dem Bildnis des Altarstifters – so leicht zum Bild einer menschlichen Beziehung umzudeuten, als stumme Zwiesprache zwischen Frau und Mann in der Einsamkeit der Natur. Diese Zweischichtigkeit und Doppeldeutigkeit entspricht den verschiedenen künstlerischen Einflußbereichen: die lombardische körperhafte Malerei eines Foppa, monumentalisiert unter dem Eindruck der statuarischen Gestalten Raffaels, wird geheimnisvoll verklärt durch die Poesie venezianischer Malerei.

Eine ganz andere und höchst eigenwillige Persönlichkeit war *Lorenzo Lotto* (Venedig um 1480 – Loreto 1556). Unruhiger Gemütsart, wurde er von einem Ort zum anderen getrieben; zwischen Venedig, Rom, Bergamo, wieder Venedig und den Marken spielen sich sein Leben und seine Kunst ab. Sie ist ebenso vielfältig wie die Städte, in denen er malte.

Vom Anfang seiner Laufbahn, noch in Venedig, stammt eines
Abb. 60 seiner schönsten Porträts, der *Jüngling vor weißem Vorhang* (um 1508). Schon in diesem frühen Bild zeigt sich die Eigenart des Malers. Ganz im Gegensatz zu seinen gleichaltrigen Kollegen in Venedig verfällt Lotto in seiner Jugend der starken Ausstrahlungskraft Giorgiones überhaupt nicht. Viel eher greift er auf das Vorbild des alten Giovanni Bellini zurück, dessen Männerporträts ebenso aufgebaut sind. Auch das schöne sonnige Licht, das das Gesicht und die rotblonden Haare aufleuchten läßt und im Streiflicht das weiße Muster des gleichfarbigen Brokatvorhangs hervorholt, hat Lotto an den Bildern des alten Malers gesehen. Er übernimmt jedoch davon nicht die in sich ruhende Gelassenheit und Serenität, die Bellinis Gestalten auszeichnet, sie aber auch vom Betrachter distanziert und eine eigene abgeschlossene Bildwelt schafft. Lottos junger Mann tritt auf uns zu, er will etwas sagen, und alle Bildelemente bekräftigen diesen Wunsch. Eine verborgene Unruhe bewegt die glatte Oberfläche. Der Vorhang hängt nicht senkrecht, sondern schräg, so als würde er vom Wind bewegt. Tiefe Falten verleihen ihm Körper und räumliche Tiefe.

60 Lorenzo Lotto, Jüngling vor weißem Vorhang

Die grüne Bordüre, sehr vornehm im farblichen Kontrast zu Weiß, läßt in der subtilen, aber betonten Linienführung an deutsche Graphik der Zeit denken. In der Tat kann man hier und dort im Frühwerk Lottos Dürers Einfluß erkennen. Es ist wohl das Ausdruckhafte einer durchgebildeten Linie, die Lotto ins Konzept paßt. Der scharfe, bewegt geführte, grüne Rand hat die Aufgabe, das Porträt des jungen Mannes in seiner besonderen Eigenart hervorzuheben, zu unterstreichen. Unauffällig, wie von ungefähr, folgt sie in einigem Abstand der Umrißlinie von Barett und Gesicht. So ist der Vorhang nicht nur Hintergrund, sondern Teil des Hauptthemas des Bildes, welches das Gesicht des Mannes, eingeschlossen vom schwarzen Barett und der schwarzen Amtstracht, bildet. Es ist ein schönes, ausdrucksvolles Gesicht mit kräftiger Nase und forschenden graublauen Augen, die den Beschauer unter leicht zusammengezogenen Brauen grübelnd, fast mißtrauisch anblicken. Der Mund ist leicht geöffnet, ein Zeichen konzentrierter Aufmerksamkeit. Es ist, als wollte der junge Mann etwas sagen, fast hört man ihn, so groß ist seine Unmittelbarkeit, so stark das Gefühl seiner Gegenwart. Es gibt kein anderes Porträt von solcher Wirklichkeitsnähe aus dieser Zeit. Aber das, was er sagen will, hört man nicht, und so wird ein Zeichen gegeben: Neben dem Vorhang leuchtet aus dem Dunkel ein brennendes Öllämpchen. Sein schwaches Licht kann das unergründliche Dunkel nicht erhellen. Nun soll dieses Licht im Finstern gewiß etwas aussagen, denn auf alten Bildern ist nichts bedeutungslos. So kann es das Licht der Wissenschaft bedeuten, des Geistes, das Sinnbild des Lebens, dessen Flamme sich desto schneller verzehrt, je höher sie brennt; es kann aber auch den Tod bedeuten, dann ist es das Licht der Seele. Sollte dieses Porträt einen nicht mehr Lebenden darstellen? Bis jetzt ist es nicht gelungen, den Sinn dieser geheimnisvollen Lampe zu enträtseln. Sicher ist nur, daß der Maler über den jungen Mann etwas Bestimmtes erzählen wollte, daß die Dringlichkeit, mit der sich dieser mitteilen will, mit der er sozusagen aus dem Bild hervortritt und wirklich werden will, sehr stark spürbar ist. Fast alle Porträts Lottos vermitteln diesen Drang nach Mitteilung, nach realer Manifestation, aber fast immer ist das, was sie mitteilen wollen, für uns Heutige enigmatisch, bleibt unausgesprochen und unaufgelöst. Hierin ist er Giorgione verwandt. Er ist es nicht in seinem Bestreben und in seiner Fähigkeit, den Betrachter unmittelbar anzusprechen.

Abb. 61 Ganz deutlich wird das beim *Mann mit der Tierpranke*, dem Dreiviertelporträt eines vornehmen Kavaliers. Er steht nicht aufrecht, sondern stützt sich mit dem einen Arm auf den Tisch und neigt sich gleichzeitig etwas nach vor. Diese gewissermaßen legere, leicht gebückte Haltung wirkt sehr unmittelbar und lebendig, verstärkt noch durch den fragenden, Verständnis fordernden Blick des Mannes und durch seine Gestik. Die eine Hand liegt auf der Brust wie zum Zeichen der Verehrung, er bietet sich gewissermaßen seinem Gegenüber an; in der anderen Hand zeigt er die goldene Tierpranke – oder will er sie seinem Gegenüber zum Geschenk machen? Die Bedeutung ist unklar, vielleicht ist es ein Amulett, ein Schmuckstück apotropäischen Charakters. Das Bild ist wesentlich später entstanden als der »Jüngling« (um 1526/27),

61 Lorenzo Lotto, Mann mit der Tierpranke

auch der Stil des Malers hat sich sehr geändert, der Einfluß Giorgiones wird nicht nur im Rätselhaften der Darstellung, sondern auch in der dunklen Tonigkeit der Farben merkbar. Dennoch wäre der Kontrast zwischen dem dunklen Rot des Vorhangs und dem Türkis des hervorblitzenden Seidenfutters bei Giorgione nicht vorstellbar. Es ist ein Kontrast zwischen gebrochenen Tönen, der dem Unbekannten gut ansteht. Im übrigen trug das Bild einmal den Namen des Correggio. Die Blässe des Gesichts, das kaum merkbare Lächeln, die unergründlichen Augen erinnern an Leonardo, der ja auch die Figuren Correggios geprägt hat. So enthüllt die unrichtige Zuschreibung richtige Zusammenhänge, auch, daß das gleiche Leonardo-Lächeln die Züge von Giorgiones »Knaben mit dem Pfeil« belebt.

62 Lorenzo Lotto, Bildnis eines Mannes in drei Ansichten

Ebenso originell und voll der ungelösten Fragen ist das Bildnis
Abb. 62 eines *Mannes in drei Ansichten* aus den Jahren 1530/1535. Der rotbärtige Mann mit den schwarzen Locken hält in der Hand eine Schachtel mit Ringen, weshalb er für einen Goldschmied gehalten wurde. Es gibt aber auch die Version, wonach es ein Selbstbildnis des Malers darstellt. Dann hätte er sich mit Hilfe von Spiegeln gemalt, was durchaus möglich wäre. Auch andere Maler, wie etwa Savoldo (Paris, Louvre), haben sich zur gleichen Zeit dieses Spiel mit der Raum- und Körperillusion erlaubt und sich selbst von mehreren Seiten im Spiegel porträtiert. Die Idee, die dahinter steckte, geht auf eine alte Streitfrage zurück, auf die nämlich, welche Kunstgattung vorzuziehen sei, die Malerei oder die Bildhauerei. Die Bildhauer nahmen das Primat für sich in Anspruch, weil ihre Werke dreidimensional seien und daher der Natur näher kämen als die nur zweidimensionale Malerei. Lotto löste das Dilemma, indem er das Modell in seine drei Hauptansichten zerlegte und wie eine Statue von allen Seiten sichtbar machte, wobei ihm zudem der Vorteil der Malerei, die Farbe also, zur Verfügung stand. Dieses Spiel mit Illusion und Wirklichkeit enthüllt die Absichten des Malers, denn offenbar war es eines seiner

Hauptanliegen, seine Bilder dem Betrachter so nahe zu bringen, ihn darin fast einzubeziehen, daß die Grenze zwischen Darstellung und realer Umwelt verwischt wird. Nimmt aber das Scheinbare einen höheren Grad von Wirklichkeit an, als ihm seiner Natur gemäß zukommt, so entsteht eine Art Verfremdung, ein Schock – und damit ein neuartiges Moment des Interesses, ein neuer Kontakt.

Der »Mann in drei Ansichten« stammt aus der Kunstsammlung König Karls I. von England. Dort sah van Dyck das Bild und nahm es sich offenbar zum Vorbild, als er den König in genau der gleichen Art von drei Seiten porträtierte (London, National Gallery). Dies hatte aber einen Grund. Der Bildhauer Lorenzo Bernini mußte nach diesen drei Ansichten eine Büste des Königs herstellen. So haben die Vorstellungen, die Lotto zu seinem Bild inspirierten, mehr als hundert Jahre später dreidimensionale Gestalt angenommen und sind insofern zu greifbarer Wirklichkeit geworden.

Die Intensität, die Lottos Porträts auszeichnet, findet man in anderer Weise auch in seinen Kompositionen. Die schöne *Madonna mit Kind und den Heiligen Katharina und Jakobus* mag Abb. 63
zunächst an ähnliche Kompositionen des Palma Vecchio erinnern. Sie unterscheidet sich aber davon sehr bald durch die weitaus größere innere Spannung, eine innere Unruhe, die von dem dunkel verschatteten Gesicht der Madonna und dem prachtvollen, kalten Blau ihres Gewandes ausgeht, das sich so sehr abhebt von den warmen reichen Tönen der Umgebung und dem Licht eines Sommertages. Erst die fernen Berge übernehmen dieses Blau wieder und verwandeln es in die verschwimmende Bläue der fernen sonnenbeschienenen Voralpenlandschaft, in die schon Bellini seine Heiligen stellte.

Die Eigenart der venezianischen Malerei übte einen solchen Zauber aus, daß sie nach allen Seiten über die Grenzen der Republik Venedig hinauswirkte. So wird auch die Malerei der Emilia, besonders die von Ferrara, von ihr berührt. In den Bildern des *Dosso Dossi* (1478/80–1542) ist sie von besonderem Reiz, wenn sie durch das Medium von Raffaels Gestaltungsprinzipien gebrochen wird. Das gilt etwa für das auch sonst bemerkenswerte Bild *Jupiter, Merkur und die Tugend,* das zwischen 1525 und 1530 entstanden ist. Abb. 64
Sowohl die Komposition als Ganzes als auch die

63 Lorenzo Lotto, Madonna mit Kind und Heiligen

einzelnen Figuren – vor allen anderen Merkur – lassen die körperhafte, raumgreifende, präzise gezeichnete Kunst Raffaels anklingen und darüber hinaus ein antikes Vorbild annehmen. Die sehr bestimmte Statuarik wird durch rauschende Farbenpracht und durch Lichteffekte zwischen aufsteigendem Tag und in Schatten versinkender Nacht in einer Weise dichterisch zum Leben erweckt, die in direkter Beziehung zu der merkwürdigen Geschichte steht, die man hier erzählt bekommt.
Nach der Überlieferung geht sie auf den hellenistischen Schriftsteller Lukian zurück; man hat aber wohl recht, wenn man vermutet, daß sie nur in der Manier des im Humanismus beliebten Schriftstellers geschrieben ist, in Wirklichkeit aber den berühmten Humanisten, Theoretiker und Architekten Leone Battista Alberti zum Urheber hat. Die Fabel erinnert übrigens tatsächlich an den Stil Lukians, sie entspricht seiner Art, den Götterhimmel zu vermenschlichen und zu ironisieren: Die von Fortuna verfolgte

64 Dosso Dossi, Jupiter, Merkur und die Tugend

Tugend bittet, beim Göttervater vorgelassen zu werden, um Schutz und Hilfe von ihm zu erflehen. Aber Merkur läßt sie nicht vor und heißt sie schweigen – Jupiter male eben Schmetterlinge und wolle dabei nicht gestört werden. Nun ist es sehr unwahrscheinlich, daß diese Fabel nicht über das Gesagte hinaus noch eine oder mehrere andere Bedeutungen hätte. Zu auffallend ist schon auf den ersten Blick die Identifizierung von Jupiter und Maler. Das Bild läßt mehrere Deutungen zu, die aber doch nur verschiedene Aspekte einer einzigen, in reizvoller Verschlüsselung wiedergegebenen Situation sind. Man kann die Figuren der Szene etwa folgendermaßen deuten: Der Künstler, begriffen in Ausübung seiner »Virtus«, wird von »Fortuna«, dem blinden Geschick, dem Gegenpol der Virtus, bedroht. Dabei muß man wissen, daß nach humanistischer Ansicht mit »Virtus« nicht die Tugend im christlichen Sinn gemeint ist, sondern die besondere Fähigkeit – die Begabung des Künstlers oder des Gelehrten und

ihre Umsetzung und Ausübung. Der Künstler wäre also in zwei Erscheinungsformen gegeben, als Maler und als die seine momentane Situation charakterisierende, verfolgte »Virtus«, personifiziert durch die kniende Jungfrau. Merkur seinerseits spielt seit der Antike die Rolle des Beschützers der Wissenschaften und der Künste. Die so gekennzeichnete Situation des Malers muß nicht unbedingt als seine persönliche gedeutet werden, es kann auch eine Anspielung auf die generelle Lage der Malerei sein. Denn die Malerei war zu Beginn des 16. Jahrhunderts in ihrer Besonderheit als Kunst noch keineswegs anerkannt. Sie gehörte ja nicht zu den alten vornehmen »Artes Liberales«. Obwohl die Maler gerade in Italien gefördert und anerkannt wurden, war ihre gesellschaftliche Stellung doch nicht eindeutig festgelegt, wenn sie auch in weit größerem Maß als zum Beispiel im Norden (siehe Gossaert) Achtung genossen. Daher könnte die Szene, die Dosso so kompliziert verschlüsselt – wenn auch nicht ohne Witz – wiedergibt, eine Anspielung auf allgemeine, die Maler beleidigende Verhältnisse sein. Da sich die Szene aber über den Wolken im Himmel abspielt, wäre auch eine astronomisch-astrologische Auslegung möglich. Die Astrologie nahm im Bewußtsein der Menschen des 15. und 16. Jahrhunderts eine hervorragende Stellung ein. Gerade in Ferrara gibt es dafür ein berühmtes künstlerisches Zeugnis, die Fresken von Francesco del Cossa im Palazzo Schifanoia nämlich (1469), in denen das höfische Leben im Ablauf der Monate und der sie regierenden Gestirne dargestellt ist. Man könnte also Jupiter und Merkur als die beiden gleichnamigen Planeten auffassen und die weibliche Gestalt als das Sternbild der »Jungfrau« (Virgo), das dem Merkur als sein »Taghaus« zugeordnet ist. Nach mittelalterlichem Glauben sind unter den »Kindern« des Planeten Merkur, also den unter seinem Zeichen Geborenen, auch Maler und Bildhauer. Bedeutsam ist weiters, daß die »Jungfrau« gleichbedeutend war mit Dike, der Göttin der Gerechtigkeit.
Man kann aber noch weitergehen und diesem allgemein astrologischen Aspekt eine besondere Seite abgewinnen. Bis in die Antike zurückzuverfolgen ist die Meinung, daß der schöpferische Künstler gleichzusetzen sei mit Gott, dem Schöpfer. Wie Prometheus im Mythos die von ihm geschaffenen Menschen durch den Schmetterling, das Bild der Seele, belebt, so ist Jupiter demnach im Schöpfungsakt begriffen, wenn er Schmetterlinge malt. Man

könnte nun in Jupiter die Personifikation des Malers sehen, und das Ganze als ein gemaltes Horoskop Dossos auffassen. Dabei stünden die Planeten Jupiter und Merkur in Konjunktion zum Sternbild der Jungfrau. Verfolgt man diesen Gedankengang weiter, so stellt sich heraus, daß tatsächlich zweimal solche Konjunktionen im Leben Dossos vorkamen, nämlich 1489 und 1529. Das würde heißen, daß 1489 tatsächlich sein Geburtsjahr war, wie man bis jetzt nur vermutet hat. Das Jahr 1529 könnte aber als das Entstehungsjahr des Bildes angesehen werden – ein kunsthistorisch durchaus mögliches Datum –, ein Jahr, in dem der Maler offenbar in einer bedrohlichen Lage war. Merkur als angestammter Protektor jedoch stand ihm zur Seite. Diese Situation ist im Bild festgehalten.

Welche dieser Auslegungen nun stimmt, ist nicht so wichtig, bezeichnend ist, daß sie alle möglich sind und ganz dem geistigen Milieu um die Familie d'Este entsprachen, von der nicht nur Dosso Dossi, sondern auch Ariost oder Tasso etwa gefördert wurden.

Der begabteste Maler der Emilia der ersten Hälfte des 16. Jahrhunderts ist Antonio Allegri, bekannter unter dem Namen seiner Geburtsstadt *Correggio* (1489–1534). Steht man vor den beiden Bildern der Galerie, *Io* und *Ganymed*, Bilder aus der besten und reifsten Zeit des Malers, so wird man sich mit Staunen bewußt, wie reich diese Zeit an bedeutenden Malern war, die den schon bestehenden üppigen Vorrat an bereits gelungenen künstlerischen Lösungen immer noch differenzieren und in Neues verwandeln konnten. Seine Jugend wird begleitet von den Werken seiner engeren Landsleute, Francesco del Cossa nämlich und Francesco Francia – Meister des Übergangs, von altertümlicher lyrisch-sentimentalischer Schönheit und Gehaltenheit. Bewußt aber lernt er von Mantegna, von der unnachgiebig rechnerischen Überlegtheit seiner figürlichen und räumlichen Vorstellungswelt. Die perspektivisch verkürzten, von unten gesehenen Figuren des Deckengemäldes der Camera degli Sposi (1478/1484) in Mantua beeindruckten den jungen Maler als etwas, das er noch nie gesehen hatte, zutiefst. Es sind daher auch gerade die Deckenmalereien und mächtigen, raumgreifenden Kompositionen seiner großen Zeitgenossen Raffael und Michelangelo, die perspektivischen Verkürzungen des menschlichen Körpers von virtuoser, fast brutaler Kühnheit, die Correggio zu seinen größten Leistungen – den Malereien in den Kuppeln der Kirchen zu Parma – anspornten. Am schönsten aber sind seine Leinwandbilder. Darin wird der Einfluß seines Meisters spürbar, der Correggio erst die Mittel verschaffte, seine besondere Eigenart voll zum Ausdruck zu bringen. Wir meinen Leonardo da Vinci. Correggio lernt von dem älteren Meister das Kunstmittel des Sfumato. Aber nahezu besessen ist er von dem rätselhaften Lächeln der Frauengesichter Leonardos. Diese beiden Charakteristika der Kunst Leonardos dienten Correggio, sein künstlerisches Gesamtkonzept vollends zu verwirklichen.

Abb. 66 Die beiden Bilder *Die Entführung des Ganymed* und *Io in der*
Abb. 65 *Umarmung des Jupiter* gehörten ursprünglich zu einer Serie von vier Bildern, wovon die beiden anderen – »Leda« und »Danae« – sich heute in Rom beziehungsweise in Berlin befinden. Sie waren von Herzog Federico Gonzaga anläßlich der Krönung Kaiser Karls V. in Bologna (1530) bestellt, aber erst später (1531/32) fertiggestellt worden. Auf dem Umweg über den Hof Philipps II. in Madrid kamen die vier Gemälde in den Besitz seines Neffen Kaiser Rudolf II. zuerst nach Prag (1603) und zwei von ihnen nach Wien.

Der Zyklus stellt die »Amori di Giove« dar, die Liebschaften des Jupiter. Diese Thematik aus der meist nach Ovid erzählten antiken Mythologie interessierte die gebildete Gesellschaft der Hochrenaissance, daher wurde sie öfters und gern dargestellt. Die heidnisch-erotische Szene, der nackte weibliche Körper, war etwas für den gehobenen Geschmack, für die private Sphäre der fürstlichen Kunstkenner und Sammler. Wie man schon früher in Tizian den kongenialen Maler solcher Szenen gefunden hatte, so war Correggio ganz besonders begabt, die Natur dieser Szenen auch ihrem tieferen Gehalt nach augenscheinlich und erlebbar zu machen und auszuloten. Das ungewöhnlich hohe und schmale Format der beiden Wiener Bilder »Io« und »Ganymed« (die beiden anderen Gemälde sind breitformatig), das sich aus der Absicht ergab, einen Raum von bestimmten Ausmaßen zu schmükken, stellte für den Künstler keinerlei Schwierigkeit dar. Er nützte es sogar für seine Absichten aus.

Die Nymphe Io war die Tochter des Flußgottes Inachus. Ihre Herkunft aus dem feuchten Element wird durch Quelle und Urne

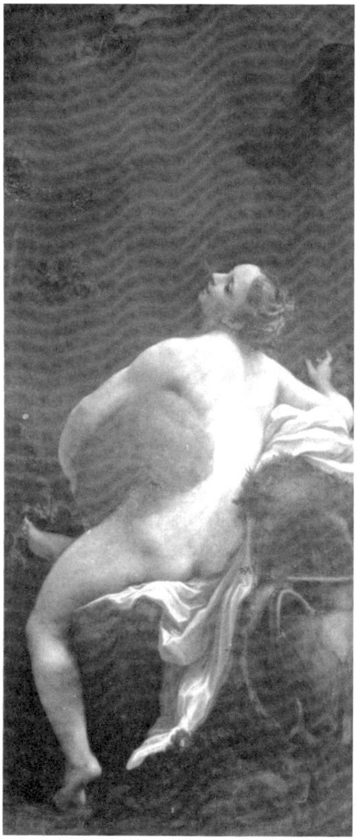

65 Correggio, Io

66 Correggio, Ganymed

angedeutet, eine Reminiszenz an antike Darstellungen, denn antike Flußgötter wurden gewöhnlich an einer Urne lehnend dargestellt, aus der der Flußquell entspringt. Jupiter nun sah die schöne Nymphe, verliebte sich augenblicklich in sie und gab sich ihr als größter aller Götter zu erkennen. Sie floh aber vor ihm durch die hohen schattigen Wälder, unter Weiden und Buchen vorbei, wie Ovid es beschreibt. Da ließ Jupiter einen dunklen Nebel aufsteigen – auch er dem Element des Wasser entsprungen –, holte die darin verirrte Nymphe ein und umarmte sie. Dies ist der Moment, den Correggio festhält. Verborgen von grauen Nebelschwaden, umfaßt Jupiter die Nymphe, nur Kopf und Hand des Gottes sind zu erahnen. In einer unbeschreiblich graziösen, ermatteten Haltung sinkt Io zurück, von grauen Halbschatten und gedämpften Lichtern umspielt. Die schlanke gestreckte zurückgelehnte Haltung mit dem angezogenen Bein, dem schmalen engen Bildausschnitt angepaßt, der gleichzeitig die Einsamkeit und Abgeschlossenheit der Begegnung suggeriert, läßt fast übersehen, daß gerade diese Position schon früher von zwei anderen großen Künstlern vielfältig abgewandelt wurde: von Michelangelo an den Jünglingsfiguren der Sixtinischen Decke und von Raffaels Grazien in der Farnesina. Wie sehr aber hat sich die schwere, harte, mächtige Körperlichkeit der göttlichen Figuren ins Leichte, Weiche, Anschmiegsame, sinnlich Ansprechende gewandelt. Die graue Luftmalerei, von Leonardo erlernt, läßt die ungemein sicher gezeichneten Konturen der Gestalt weich verschwimmen. Und das Lächeln der Frauengesichter Leonardos, dort noch fremdartig, streng und geheimnisvoll, öffnet die Lippen in dem schönen Gesicht mit der kindlich runden Stirn hinschmelzend in sinnlichem Entzücken. Kein anderer Maler außer Correggio, auch nicht Tizian, war imstande, die formale Strenge höchster Klassik mit einer aus tiefer Empfindung geborenen Sensualität zu beleben und zu verlebendigen, gleichsam in eine neue Wirklichkeit zu transformieren. Es ist wie die Fabel des Ovid, in der in einer Metamorphose die verschiedenen Bereiche der Natur einander durchdringen und gegenseitig verwandeln.

Ein weiteres Element des breitgefächerten künstlerischen Vermögens Correggios prägt den *Ganymed.* Es sind die Erfahrungen, die er bei der Ausmalung der Kirchenkuppeln in Parma gesammelt hatte. Auf einem der Zwickel der Domkuppel mit dem heiligen Bernhard schwebt ein Engel, den der Künstler noch einmal als Ganymed verwendet hat. Schon die perspektivisch meisterhaft getroffene Ansicht von unten allein ergibt zusammen mit den gleitenden Lichtern und Schatten den Eindruck des Hinaufschwebens – auch ohne die anderen Bildelemente, die diese Illusion noch verstärken.

Ganymed war, wie Ovid erzählt, ein phrygischer Hirt, dessen Schönheit Jupiter so beeindruckte, daß er ihn selbst in Gestalt eines Adlers, des königlichen Vogels, der Jupiter immer begleitete, seiner Herde entriß und in den Olymp holte. Dort hatte Ganymed von nun an das Amt des göttlichen Mundschenks zu versehen.

Wie im Bilde der »Io« stellt Correggio auch hier den ausschlaggebenden Moment der Tat dar – den des Raubes, des Abhebens von der Erde. Von einem Berggipfel wird er in die Lüfte entführt, noch ist er gar nicht hoch über dem Boden, der bellende Hund könnte ihn fast noch erreichen, und er könnte den aufragenden Baumstrunk wohl noch mit den ausgestreckten Beinen berühren. Aber gleich dahinter stürzt es schwindelnd hinab zu den grünblauen Hängen des Apennin, die zum fernen Meer hinabstreichen. Und ist der entführte Jüngling auch im Vordergrund der Erde noch ganz nah, so schwebt er doch gleichzeitig schon über dem Abgrund. So hält er sich fest an dem riesigen schwarzen Vogel, der wie ein Wappentier mit ausgebreiteten Schwingen aufwärts steigt in die unermeßliche Bläue des Himmels, und wendet nur den Kopf und dreht die Augen zurück so weit er kann, zu einem letzten Gruß an die Erde.
Könnte man die »Io«-Szene als dem Element des Wassers zugeordnet denken, so ist der »Ganymed« ein Sinnbild der Luft. Dort überzieht die graue Feuchte des Nebels die quellenreiche Erde, hier ist alles voller blaugrün-durchsichtig klarer Luft. Sogar das rötliche Kleid des Ganymed wird durch das Blau in ein luftig-lichtes Violett gewandelt, wehend nach oben im Aufwind. Der herbstliche goldgelbe Baum steigt hinein in die blaue Luft, ein letztes schönes Treffen zwischen Luft und Erde. Die beiden Bilder – bewegte und bemerkenswert unstatische Kompositionen ohne feste Basis – weisen hinaus über die bisher geltenden Regeln, die Elemente eines Bildes ausgewogen und gleichgewichtig zu komponieren. Correggio ist damit einer der ersten, der auf seine Weise einen stilistischen Umsturz einleitet.
Zur gleichen Zeit, als die italienische Malerei eine Höhe der Entwicklung und einen Reichtum an Entfaltungsmöglichkeiten erreicht hatte durch Künstler, die nahezu derselben Generation angehörten – wie Giorgione, Tizian, Raffael, Michelangelo, Correggio etwa –, verlor die niederländische Malerei, im 15. Jahrhundert als unübertroffen und als vornehmste Malerei Europas angesehen, an Bedeutung. Sie war eine höfische Malerei gewesen, in ihren schönsten Auswirkungen gebunden an den vornehmsten Hof Europas, an Burgund, der – wie bereits erwähnt – mit dem Tod Karls des Kühnen seine Eigenständigkeit verloren hatte. Burgund kam durch die Heirat Maximilians I. mit der Erbin

Maria von Burgund an das Haus Habsburg. Unter dem Nachfolger Maximilians I., seinem Enkel Karl V., wurde es zum – freilich sehr eigenständigen – Teil eines riesigen Weltreichs. Während es nun den ober- und mittelitalienischen Herzogtümern und Stadtstaaten gelungen war, auch in der Kunst ein der neuen Zeit gemäßes, an der Antike geläutertes, neues Menschenbild zu schaffen, das trotz heroischen Gehabens durchaus in der Wirklichkeit verankert war, verloren die niederländischen Künstler zunächst die Orientierung. Neue Herrschaftsverhältnisse und vor allem die beginnenden religiösen Unruhen mit tiefgehenden geistigen Erschütterungen begleiteten den Übergang der spätmittelalterlichen Kunst zu der der Neuzeit. Die künstlerische Bewältigung der neuen Wirklichkeit ist schwer, Form und Inhalt sind nicht mehr adäquat. Die schwierige Lage der Künstler wird in ihren Werken deutlich, und das um so mehr, als es nach wie vor sehr starke künstlerische Kapazitäten gab, die den Zwiespalt ihrer Situation, ihre Anstrengungen und Bemühungen sehr qualitätvoll umsetzen konnten. Dazu trug bei, daß die Maltechnik, die seit den Brüdern van Eyck zum Ruhm der niederländischen Malerei beigetragen hatte, nach wie vor gekonnt, ausgeübt und sogar verfeinert wurde. Man kann sich daher gerade bei der Betrachtung der besten niederländischen Bilder dieser Epoche eines widersprüchlichen Eindrucks nicht erwehren. So zum Beispiel vor dem berühmten, um 1520 entstandenen Bild des *hl. Lukas, die*
Abb. 67 *Madonna malend* von *Jan Gossaert,* genannt Mabuse (da er aus Maubeuge stammte, um 1478–ca. 1533). Er gehört zur Generation von Giorgione, Tizian, Raffael, Dürer und hatte sich, wie die meisten südniederländischen Maler, in Antwerpen (1503) niedergelassen – auch das ein Zeichen der gewandelten neuen Umstände, denn früher waren ja Brügge und Gent die Kunstzentren gewesen. Antwerpen war durch seinen Hafen mit der ganzen Welt in Verbindung, Umschlagplatz für die Erzeugnisse der Kunst und Einfallstor für Einflüsse aus allen Ländern.

Der heilige Evangelist Lukas, Arzt und Maler, war der Schutzheilige der Maler und ihrer Zunft. Nach der »Legenda Aurea« soll ihm die Madonna erschienen sein. Und während er sie malte, soll sie ihm viele geheime Dinge aus ihrem Leben, die sich deshalb nur im Lukas-Evangelium finden, enthüllt haben. Diese Lukasbilder dienten über das Augenfällige hinaus dazu, die

67 Jan Gossaert, Hl. Lukas, die Madonna malend

Stellung des Malers in der Gesellschaft – wie überhaupt seinen Rang innerhalb der Künste – zu bekräftigen, seine allmähliche Emanzipation, sein wachsendes Selbstbewußtsein augenfällig zu machen. Deshalb trägt auch der hl. Lukas manchmal die Züge des Malers. Zwischen diesem Bild und Dossos Gemälde des malenden Jupiter besteht in der Thematik eine innere Verwandtschaft, die beim Italiener freilich ohne religiöse Wurzeln ist und in humanistischer Verkleidung erscheint.
Die niederländischen Lukasdarstellungen dieser Art sind übrigens die Vorläufer aller späteren Bilder von Malerateliers. Der Maler hat die doppeldeutige Situation mit großer Kraft und Intensität zeichnerisch wie malerisch augenscheinlich gemacht. Das Bild ist zum Bersten voll mit gestalteter Form; um es in eine feste Gliederung zu bringen, teilte es der Maler durch zwei Arkaden in zwei

Hälften. In der linken Hälfte befindet sich in einer Wolke, von Engeln gestützt, die Erscheinung der Maria, vor der rechten Arkade kniet der Maler-Evangelist in seinem Betstuhl und zeichnet die Vision. Ein Engel führt ihm als himmlische Inspiration die Hand. Die auffallende Zweiteilung der Komposition ist keine Erfindung Gossaerts. Er muß sie auf seiner Italienreise (1508/09) oder in italienischen Stichen gesehen haben. Sie wird immer wieder in der italienischen Frührenaissance bei Darstellungen der »Verkündigung an Maria« angewendet. In diesem Fall kniet der Verkündigungsengel auf der linken Seite, Maria steht rechts. Eine auffallend ähnliche Doppelbogen-Komposition findet sich auf einer Verkündigungstafel von Francesco del Cossa (Galerie, Dresden). Der Maler hatte sie in den siebziger Jahren des 15. Jahrhunderts in Bologna für die Kirche dell'Osservanza gemalt. Es ist nicht auszuschließen, daß Gossaert dieser Altar auf seiner Reise, die über Verona nach Florenz und Rom führte und zwangsläufig Bologna berühren mußte, auffiel. Nicht die zeitgenössische italienische Malerei beeinflußte den Maler, sondern eine viel frühere, bereits altmodische, die ihm gefühlsmäßig aber näher stand und verständlicher war. Dazu kommt natürlich auch, daß die Hauptwerke dieser Epoche – wie Raffaels Stanzen und Michelangelos Sixtinische Decke – während Gossaerts Italienreise erst im Entstehen waren. Auch die Art der schweren, voluminösen Faltenbildungen an den Gewändern von Engel und Maria, charakteristisch für die ferraresische Malerei, mag ihn angesprochen haben. Schließlich kannte er sie nicht nur aus der eigenen niederländischen Tradition des 15. Jahrhunderts, sondern auch in einer bisher nicht erreichten Vollendung aus den graphischen Blättern seines Zeitgenossen Dürer. Auch sonst haben offenkundig graphische Vorlagen ihre Wirkung auf ihn ausgeübt. Der reiche dekorative Schmuck der Pilaster und Bögen geht wohl auf Vorlagen aus dem Kreis des Mantegna zurück.

An der »Lukas-Tafel« fällt auf, daß der Maler von den architektonischen Elementen nicht den Gebrauch machte, den man üblicherweise von seiner Zeit erwarten sollte: er benützt sie nicht, um räumliche Illusion herzustellen. Die beiden Arkadentore lassen nicht, wie dies sonst üblich ist, Durchblicke in die Ferne frei, sie sind nicht offen, sondern gewissermaßen verstopft, geschlossen; das eine durch die Wolke mit Maria, das andere durch einen

Tempietto, auf dem eine Figur des Moses thront. Damit ist der Raum auf eine seichte, luftlose Vordergrundsbühne zusammengepreßt, in der sich in gedrängter Fülle alles abspielt. Die wohl beabsichtigte Folge davon ist, daß die Plastizität, die Dreidimensionalität der Figuren in der Enge besonders stark zur Geltung kommt, sie haben fast keinen Platz. Das ist eine recht gewaltsame Art, Körperlichkeit zur Wirkung zu bringen, sie entspringt wohl der Neigung, es den zeitgenössischen italienischen Meistern der Hochrenaissance gleichzutun, denen die Darstellung des Körpers nach seinen drei Dimensionen freilich ein bereits gelöstes und bis zur Virtuosität beherrschtes Anliegen war. Diese Art von Wirklichkeit wollte Gossaert, wie man an seinen Aktdarstellungen (siehe auch die »Madonna mit Kind«) noch viel besser sehen kann, um jeden Preis und Grad der Anstrengung erreichen. Wie aber sollte ein solches Unterfangen gelingen, wenn mit altertümlichen Mitteln gearbeitet wurde, wie die Komposition, die zeichnerische Form, die hervorragende, aber ganz traditionelle Malweise zeigen? Wohl machen sie die Stärke des Bildes aus, doch sind sie wiederum dadurch, daß sie jedem einzelnen Detail dieselbe Kraft und Intensität verleihen, der großen angestrebten, vereinheitlichenden Form der Hochrenaissance abträglich. Diese Vereinheitlichung wird bis zu einem gewissen Grad nur in der Farbgebung erreicht. Sehr reizvoll steht die lichte, durchscheinende, manchmal changierende Farbigkeit der Gewänder, Haare, Engelsflügel vor dem grauen grisailleartigen Hintergrund. Die dadurch erreichte Farbkonkordanz kennt man von den Tapisserien, die zur gleichen Zeit nach Entwürfen von Malerkollegen Gossaerts – wie etwa Bernart von Orley oder Coecke van Alst – in den weltberühmten Wirkereien in Brüssel hergestellt wurden. Die Wirksamkeit dieser Wandbehänge beruht vor allem auf ihrer prachtvollen handwerklichen Ausführung, so wie auch die Bilder Gossaerts ganz besonders durch ihre malerische Durchführung fesseln, also durch eine handwerkliche Qualität. Sie verleiht einem im künstlerischen Konzept zwiespältigen Werk einen Adel, der sogar die Bilder zweitklassiger niederländischer Meister noch veredelt. Diese nicht erlöschende handwerkliche Kraft und Akribie ist eine dauerhafte Basis, die die niederländische Malerei durch Jahrhunderte nie ganz absinken läßt und aus der unter günstigen Bedingungen neue künstlerische Energien freiwerden konnten.

Wenn also den niederländischen Malern dieser Generation die neue, von den italienischen Künstlern geprägte Auffassung der Wirklichkeit im Grunde noch nicht verständlich war, eine Rezeption dieses trotzdem bewunderten Vorbildes daher nur oberflächlich sein konnte, so entsproß dieser Malerei, und zwar gerade, weil sie »unmodern« war, dennoch eine neue künstlerische Idee. Diese Idee hatte ebenfalls mit einem Aspekt der Wirklichkeit zu tun, der den italienischen Künstlern nebensächlich erschien. Er betrifft die Natur, die Landschaft, die bis jetzt nur Hintergrund, Bühne der eigentlichen, vom Menschen getragenen und allein bildwürdigen Szenen war.
Die niederländischen Maler hatten sich schon seit dem frühen 15. Jahrhundert mit der Schilderung der Landschaft abgegeben. In Miniaturen, Illustrationen zu Gebetbüchern oder in Altären, überall hatte die Landschaft einen Anteil, der unübersehbar auf die Stimmung des Bildes einwirkte, auch wenn sie nur im Hintergrund sichtbar war. Auch die italienischen Maler blieben davon nicht unberührt, da ja überhaupt die niederländische Malerei in Italien hoch angesehen war. Die poetischen, von einem warmen durchsichtigen Licht durchstrahlten Landschaften, in die Giovanni Bellini seine Heiligen setzte, sind trotz aller Andersartigkeit der niederländischen Malerei verpflichtet. Gerade diese spezifische Andersartigkeit ist schließlich der Beweis dafür, weshalb die Landschaftsmalerei als eigenes Genre im Norden und nicht im Süden entstehen mußte.
Zu Beginn des 16. Jahrhunderts hatte der damals schon siebzigjährige Giovanni Bellini einen großen Altar mit der »Taufe Christi« gemalt (Vicenza, Sta. Corona). Christus steht in der Mitte ganz vorne im Fluß Jordan, der Täufer daneben auf erhöhtem Ufer, auf der anderen Seite drei Engel. Der Fluß fließt in Windungen gegen den Bildhintergrund, die Ufer sind steil und hügelig, Berge schließen den Hintergrund ab.
Ein ähnliches Bildschema wiederholt Basaiti, Nachfolger des Bellini, 1515 in dem bereits erwähnten (siehe dort) Bild der »Berufung der Söhne des Zebedäus durch Christus zum Apostelamt«. Obwohl Basaiti den Standpunkt der Figuren so hoch wählt, daß der Blick weit ins Flußtal hinaufführt, weiter als bei Bellini, versperrt doch auch er schließlich im Hintergrund die Aussicht mit steilen Bergen. Damit wird der Blick des Betrachters wieder zurückgeworfen auf

68 Joachim Patinier, Taufe Christi

den Vordergrund, auf die Menschen, auf das Ereignis, das sich dort abspielt. Die großangelegte, schöne, ernste Landschaft ist zwar nicht Kulisse im alten Sinn, denn die Menschen stehen richtig darin, sie ist aber dennoch bezogen auf die Menschen und erhöht die Bedeutung des Geschehens.

Genau zur gleichen Zeit wie das Gemälde Basaitis, gerade zehn Jahre später als die »Taufe Christi« Bellinis, malte ein Nordländer dasselbe Thema: ein Schüler Gerard Davids, der Brabanter *Joachim Patinier* (um 1485–1524). 1515 war er von Brügge Abb. 68
und aus dem Einflußbereich Davids nach Antwerpen übersiedelt. Auch auf dem Bilde Patiniers steht Christus ganz vorne im Wasser des Jordan, neben ihm auf erhöhter Felsstufe hebt Johannes der Täufer die Hand zur Taufe. Der Fluß zieht lautlos, durchsichtig blau um einen hohen Felsen herum und verschwindet in der Ferne. Der große bizarre Felsenberg, Erinnerung an die felsigen Maasufer der Jugendlandschaft des Malers, ragt steinern und

mächtig wie eine verwitterte Kathedrale hinter Christus in den Himmel hinein. Vor dem dunklen Waldrand sieht man Johannes noch einmal. Er predigt dem Volk, fordert es zum Bereuen seiner Sünden auf und prophezeit das Erscheinen des Messias: »Der der nach mir kommen wird ist mächtiger als ich.« Er zeigt auf eine unbewegliche Figur, die in einiger Entfernung steht: es ist Christus. Er tritt am nächsten Tag in Erscheinung und läßt sich von Johannes taufen. Der Himmel öffnet sich, der heilige Geist schwebt als Taube herab, und eine Stimme sagt: »Du bist mein geliebter Sohn.«

In altertümlicher Weise wie auf gotischen Tafeln werden zwei zeitlich hintereinander liegende Ereignisse gleichzeitig dargestellt. Das will sagen, daß der Inhalt der Darstellung, der seine Bedeutung durch eine bestimmte Abfolge von Ereignissen erhält, für den Künstler ebenso wie für den zeitgenössischen Betrachter von besonderer Wichtigkeit war. Durch eine Einzelszene, also dem Gegenwartsmoment, war ihm nicht zu entsprechen, erst das Hintereinander, das nur in der Zeit erfolgen kann, wurde ihm gerecht. Wie die Zeit, die ohne Anfang und Ende ist, durch die zwei Szenen sinnfällig gemacht wird, so sollen auch der Raum, seine Größe und Unendlichkeit evoziert werden. Dies freilich ist nicht altertümlich. Es ist aber auch anders als die Landschaften Bellinis, denn die sind reale oder real-gemeinte, daher begrenzte Räume. Die Landschaft Patiniers aber ist weit und unbegrenzt, Hügel hinter Hügel, Berg auf Berg, bis in die blaue Ferne. Der Horizont liegt hoch, um die Weite und Größe der Welt in aller Eindringlichkeit, wie sie ein Vogel sieht, erleben zu lassen. Patinier hat das Bild vorne auf dem Felsen, auf dem der Täufer kniet, in schönen römischen Kapitalen signiert: »OPVS. IOACHIM. D. PATINIER.« Er tat das ganz selten. Aber auf dieses Werk war er stolz. Er wußte, daß vor ihm noch keiner ein Bild dieser Art gemalt hatte, ein Bild, in dem Zeit und Raum in der Bläue durchsichtiger Gewässer und unendlicher Ferne verschmolzen.

Was dann daraus wurde, wird bereits in dem kleinen Bild mit
Abb. 69 der *Marter der hl. Katharina* klar. Von hohem Standpunkt aus gesehen, rollt die Landschaft zu Füßen des Betrachters über Felsen, Wiesen und Wälder hinab zu einem breiten Fluß, der – wie die Schelde bei Antwerpen – im Meer mündet. Er bildet Häfen, gesichert von Festungen, Schiffe liegen darin, stechen in See, ver-

69 Joachim Patinier, Marter der hl. Katharina

lieren sich am Horizont. Ganz klein vor einem jener wunderbar gemalten Felsen, die alle Landschaften Patiniers und seiner Nachfolger kennzeichnen, mißlingt gerade der erste Versuch, die Heilige zu töten. Die Räder, auf denen sie, wie die »Legenda Aurea« und die »Acta Sanctorum« erzählen, nach dem Willen des Kaisers Maxentius gerädert werden soll, zerbrechen. Ein herabstürzender Engel zertrümmert sie mit dem Schwert. Aber da sie ja ihr Martyrium nun doch erleiden muß, wird ihr der Kopf abgeschlagen. Das spielt sich in einem Kreis interessierter Zuschauer ganz unten am Ufer ab, so klein, daß man die Szene fast übersieht. Auf dem Wasser ziehen die Kauffahrteischiffe ruhig ihre Bahn und nehmen keine Notiz davon. So soll es sein. Vor der immer größer aufbrechenden unbekannten Welt werden die Menschen immer kleiner, segelt Kolumbus nach Amerika, Vasco da Gama findet Indien, und Magellan umfährt den Erdball. Die Niederländer, auch sie Seefahrer, sind das einzige Volk, das in seiner Malerei ein Äquivalent schuf zur Kühnheit und Entdeckerlust jener Männer, für die die Ferne vom gleichen Zauber umfangen war wie die Phantasie der Künstler. Der erste unter ihnen war Joachim Patinier.

Bekanntlich waren im Verlauf andauernder religiöser Auseinandersetzungen die Niederlande 1572 in zwei Hälften zerfallen, in die katholische südliche und in die protestantische nördliche, die nach der größten Provinz schließlich den Namen Holland erhielt. Wie in der Folge die politische, soziale, religiöse und wirtschaftliche Entwicklung im Süden und Norden einen verschiedenen Verlauf nahm, so auch die künstlerische. Allerdings hatte sich schon vor dieser Trennung die Kunst der beiden Landeshälften unterschieden. Der Aufstieg der niederländischen Malerei hatte im Süden begonnen, in Gent und Brügge; er war eng verbunden mit dem als Kulturzentrum international bedeutenden burgundischen Hof. Diese Verbindung hielt auch an, als nach dem Tod Karls des Kühnen von Burgund durch die Heiratspolitik Maximilians I. von Habsburg die Niederlande an seinen Sohn und danach an seinen Enkel Karl V. fielen. Die Maler Gossaert und van Orley etwa waren Hofmaler der Statthalterinnen des Kaisers in den Niederlanden, von denen vor allem Margarete, die Schwester Maximilians, eine große Förderin der Künste war. Jede höfische Kunst ist aber traditionsgebunden, Wahrerin der Kontinuität. Das ist auch der Grund, weshalb sie unter Umständen zur Erstarrung oder zu Manierismen neigt.

Die nordniederländischen Maler jedoch waren nicht bestimmt vom Geschmack des Hofes. Die einheimische Aristokratie gehörte zum Kleinadel und orientierte sich nach den Städten. Die Bürger dieser Städte aber sahen meerwärts. Das Meer brachte ihnen Fruchtbarkeit und Reichtum, Wissenschaft aus fernen Ländern; es war aber auch ihr steter Feind, immer auf der Lauer, in die niederen, tiefer als der Meeresspiegel liegenden Lande einzubrechen. Die Bürger dieses Landstrichs sahen die Welt mit anderen Augen als ihre Landsleute im Süden. Noch viel mehr erst ihre Künstler. Man muß sich nur an die beiden Tafeln von Geertgen tot sint Jans erinnern, an die hölzernen, oft komischen, keineswegs schönen oder edlen, immer aber hellwachen Gesichter seiner Menschen, die ganz anders aussahen als die vornehmen Gestalten eines Rogier van der Weyden oder Memling mit ihrem immer wie leicht abwesend wirkenden Gesichtsausdruck.

Der Unterschied zwischen flämischer und holländischer Malerei wird mit der Zeit immer merkbarer. Offenkundig wird das, wenn
Abb. 70 wir etwa Gossaerts »Lukasbild« mit der *Darbringung Christi* des

70 Jan van Scorel, Darbringung Christi im Tempel

freilich jüngeren *Jan van Scorel* (1495–1562) vergleichen, beides verwandte Bilder insofern, als die Szenen sich in einem reichen italianisierenden Kirchenraum abspielen. Scorel hatte in seiner Jugend eine sechs Jahre dauernde Reise gemacht. Er reiste über Österreich – wo er in Obervellach in Kärnten (1520) einen Altar malte – und Venedig ins Heilige Land und kehrte wieder nach Italien zurück. Sein Landsmann aus Utrecht, Papst Hadrian VI., ernannte ihn, als Nachfolger Raffaels, zum Konservator des Belvedere in Rom. Die »Darbringung« (1525–1530), freilich etwas etwas später entstanden als Gossaerts »Lukasbild«, zeigt den großen Unterschied in der Verarbeitung der italienischen Eindrücke, ebenso aber eine auffallende Eigenständigkeit. Gossaerts Figuren drängen sich auf einer engen Raumbühne. Scorels Kirchenraum – Bramantes Modell der Peterskirche in Rom war

Vorbild dazu – erstreckt sich in perspektivischer Verkürzung in die Tiefe. Die Akteure haben Platz darin, sie können sich frei bewegen. Scorel hat seine italienische Lektion gelernt. Während Gossaert die Gewänder seiner Heiligen in spätgotischer Manier kleinteilig in Falten legt, nimmt sich Scorel darin Mantegna zum Vorbild und erreicht damit zwar eine hagere, dennoch aber nicht zu übersehende Körperlichkeit. Das strahlende Licht und die leuchtend warme Farbigkeit hat er wohl in Venedig gesehen, vielleicht bei Palma Vecchio. Wiederum im Gegensatz zu Gossaert hat Scorels Bild einen Zug ins Große, der ein Wuchern der Details nicht verträgt. Auch sind die Gesichter groß, grob geformt, keineswegs schön und nicht zu vergleichen mit den sorgfältig durchgearbeiteten blassen, verfeinerten Gesichtern auf dem flämischen Bild. Von nun an wird die holländische Malerei immer den bürgerlichen oder bäuerlichen Menschen zeigen, auch in der Porträtmalerei.

Nur wenige Jahre jünger ist der Schüler Scorels, der Haarlemer *Maerten van Heemskerck* (1498–1574). Auch er absolvierte einen längeren Aufenthalt in Rom. Wie sich seine römischen Erfahrungen an Hand der Vorbilder Michelangelo und Raffael und Dosso, aber auch der römischen Antike auf die absonderlichste Weise durch sein holländisches Naturell brachen, zeigen zwei Tafeln, ehemals Flügel eines Triptychons, mit großfigurigen Szenen aus der antiken Sagenwelt, wie sie aus Homers »Odyssee« und »Ilias« überliefert ist (um 1536, das Mittelstück befindet sich in Prag):
Abb. 71 *Vulkan,* der Gott des Feuers, der Schmiede und des Kunsthandwerks, ist der Held der Szenen. Er spannt ein goldenes Netz über *Venus,* seine Gemahlin, und *Mars,* die er beim Ehebruch ertappt hat. Merkur macht die Götter des Olymps darauf aufmerksam, die in das berühmte »homerische Gelächter« ausbrechen. Die zweite Tafel zeigt Thetis, die Tochter des Meergottes Nereus und ehemalige Pflegemutter des Vulkan, wie sie eben einen Schild bewundert, den sie samt Rüstung bei Vulkan für ihren Sohn Achilles bestellt hatte, um ihn, den großen griechischen Helden, gegen die Gefahren des Krieges gegen Troja zu schützen. Auf dem Mittelbild ist Venus in der Schmiede des Vulkan zu sehen. Welchem Zweck dieser merkwürdige »Altar« diente, ist nicht bekannt. Da er das Kunsthandwerk, die Kunstschmiede und Goldschmiedkunst hervorhebt, war er vielleicht so etwas wie ein »Altar«, ein Zei-

71 Maerten van Heemskerck, Vulkan, Venus und Mars

chen der Schmiedezunft, dessen Auftraggeber ein humanistisch Gebildeter gewesen sein muß. In seiner Begeisterung über die klassische Bildung ließ er an Stelle der christlichen Schutzheiligen den heidnischen Gott treten. Nur auf der Rückseite der Tafeln waren in Grisaillemalerei die Tugenden dargestellt, von denen nur noch Reste erhalten sind. Ganz unter dem Eindruck der römischen Umgebung ist auch der »Triumphzug Silens« entstanden (um 1536/37).

Aber der Holländer gestaltet seine Vorbilder, die schweren, muskulösen, dennoch aber ideal-schönen Gestalten einer durch Raffael oder Michelangelo gesehenen Antike mit nüchternen Augen. Den

geistigen Gehalt dieser Kunst nachzuvollziehen, ist ihm nicht gegeben. Er sieht nur die reine Äußerlichkeit. Das fehlende geistige Verständnis veranlaßt den holländischen Maler, ganz in der äußeren Anschauung vollkommen sicherer Körperdarstellung sein Auslangen zu finden, so daß er letzten Endes nur noch die Körperlichkeit sieht. Die edlen Götterfiguren eines Raffael verwandeln sich in grobknochige, bäuerlich-häßliche Gestalten, die als antike Götter posieren. Das Ganze ist durch die flüssig malerisch vorgetragene Farbigkeit freilich nicht ohne sinnlichen Reiz und drängt sich auch viel näher an den Betrachter heran als die klassischen, immer Distanz wahrenden Vorbilder.
Das ungenierte Näherkommen, der derbe Zugriff – das sind gute Voraussetzungen für die Kunst des Porträtierens: man sieht es schon an den beiden Altarflügeln mit Stifterbildnissen (das Mittelstück, eine »Beweinung Christi«, befindet sich in Rotterdam), die auffallend unmittelbar und frei im Malerischen wie in der Sehweise sind. Wie groß die Ungebundenheit ist, wird unmittelbar deutlich in einem Vergleich mit den Porträts des wohl bedeutendsten Porträtisten dieser Epoche, mit *Hans Holbein d. J.* (1497 bis 1543). Er ist ein Zeitgenosse Heemskercks, wenn er diesen freilich auch weit überragt.
Der gebürtige Augsburger, zunächst Schüler seines Vaters Hans Holbein d. Ä., zog 1516 nach Basel, 1526 zum erstenmal nach London – Erasmus hatte ihn an Thomas Morus empfohlen –, kehrte wieder nach Basel zurück, um sich 1532, müde der Glaubensstreitigkeiten und der dadurch hervorgerufenen unsicheren Lage für die Kunst, endgültig in London niederzulassen und schließlich in die Dienste Heinrichs VIII. zu treten. Als Porträtist des englischen Hofes erwarb er seinen größten Ruhm, wobei man immer wieder vergißt, daß er sowohl in Basel als auch in London monumentale Wand- und Deckengemälde schuf. Leider ist von diesen fast nichts übriggeblieben. Auch die religiöse Malerei nimmt in seinem Schaffen nur einen kleinen Raum ein, die ja überdies im reformierten London für ihn keine Aufgabe mehr war. So drängte sich schließlich die ganze Intensität und Breite seiner künstlerischen Potenz im Porträt, in der Zeichnung und in der Graphik zusammen.
Dürer ist zwar der Generationsgenosse der italienischen Maler der Hochrenaissance, er schöpft jedoch seine künstlerische Kraft aus

der deutschen Spätgotik. Holbein ist nahezu eine Generation jünger, seine italienischen Generationsgenossen gehören schon einer nachklassischen Epoche an, er selbst aber ist der reinste und großartigste Vertreter der Hochrenaissance in deutschem Gebiet. Selbstverständlich war Holbein durch die hochentwickelte, auch noch im 16. Jahrhundert überaus bedeutende Malerei der Niederlande, vor allem Antwerpens, beeinflußt. Er war zweimal dort gewesen und ist wohl mit Quentin Massys in Berührung gekommen. Dennoch lieh ihm diese Kunst nicht das entscheidende Formelement. Dieses kam aus Italien, wo er vermutlich nie gewesen ist. Die nächsten Parallelen zu seiner Malerei finden sich in Oberitalien, vor allem in Brescia und Bergamo, etwa bei Moretto. Auch wenn man das »Bildnis eines jungen Mannes« (Inv. Nr. 907) von dem Bergamasken Andrea Previtali mit den Holbeinschen Bildnissen vergleicht, wird man sich kaum darüber wundern, daß dieses Porträt ursprünglich dem Holbein zugeschrieben wurde. Aber auch die frühen Bildnisse von Lorenzo Lotto zeigen eine erstaunliche Verwandtschaft in der Großflächigkeit der Form, der Brillanz und Glätte der Malerei und der Schärfe der Beobachtung.
Die Erklärung für dieses Phänomen liegt wohl letzten Endes darin, daß zur Zeit der Römer Augsburg – im Gegensatz zu Nürnberg – innerhalb des römischen Limes lag und daher wie in allen Gebieten, die römisch besetzt waren, von Anfang an ein weitaus offeneres Verhältnis und eine größere Bereitschaft zur Aufnahme der Kultur des Mittelmeerraumes bestanden. Die alte Handelsroute der Römer, die von Augsburg nach Trient und von da über Brescia und Bergamo nach Mailand führte, war neben anderen Alpenüberquerungen auch im 16. Jahrhundert noch immer von bestimmender Bedeutung. Die Fähigkeit Augsburger Künstler, ein Gefühl für die große Form italienischer Kunst zu entwickeln, macht die Fuggerkapelle in Augsburg augenscheinlich. Das Phänomen Hans Holbein, des größten deutschen Malers jener Zeit, ist wohl aus seinem Vermögen zu erklären, mit sozusagen angeborenem, unbewußt vorhandenem, romanischem Kunstverstand das aus dem Norden überlieferte und Erlernte in klassischem Sinne umzuwandeln und eine echte Synthese herzustellen.
Betrachten wir das *Bildnis des Dirk Tybis* von 1533: Wie die Inschriften auf Brief und Zettel besagen, handelt es sich um einen Kaufmann aus Duisburg, um diese Zeit in London ansässig. Er Abb. 72

72 Hans Holbein, Bildnis des Dirk Tybis

wird wohl zum Stahlhof, der von der Hanse gegründeten deutschen Handelsniederlassung in London, gehört haben. Holbein hatte unter seinen Kunden mehrere deutsche Kaufleute. Das Bildnis ist klar, bewußt und unnachgiebig streng aufgebaut. Der Mann sitzt frontal zum Beschauer, seine Arme sind breit ausladend abgewinkelt, die beiden auf dem Tisch liegenden Hände treffen sich auf der Mittelachse des Bildes, genau unter dem Gesicht. Die strenge Symmetrie wird nur dadurch etwas aufgelockert, daß die Hand, die den Brief hält, weiter vorne liegt als die andere, die zeigt. Durch diese Verschiebung entsteht eine leise Bewegung, sie gibt den Anstoß zu einer gewissen räumlichen Illusion, die von den herumliegenden Gegenständen unterstrichen wird. Diese Gegenstände – Schreibzeug, Siegellack, Petschaft und Briefe – liegen nämlich nicht einfach nebeneinander auf der grünen Tisch-

decke, wie es zunächst den Anschein hat, sondern sind aufs Unauffälligste in einem flachen Halbkreis angeordnet, dessen Mittelpunkt, der Daumen der briefhaltenden Hand, genau auf der Bildmittelachse liegt. Wie ein geöffneter Fächer in der Hand des Mannes, so liegen die Utensilien vor ihm. Sie führen nicht wie in niederländischen Bildern ein stillebenartiges Leben für sich, sondern sind abhängige Teile einer Gesamtheit, bezogen und konzentriert auf einen Mittelpunkt, der räumlich und geistig in den Händen und im Gesicht des Mannes, also in seiner Persönlichkeit liegt. Präzise und bis ins kleinste Detail formal richtig wird diese Konzentration durchgeführt, das kann an allen Teilen des Bildes nachgeprüft werden.
Eine Folge – oder Begleiterscheinung – dieses auf eine Mitte bezogenen Verhaltens ist die formale Vereinfachung. Zum Beispiel sind die Hände, als Umrisse gesehen, die Fortsetzung und der Abschluß der Ärmel; die Außenkanten des breiten schwarzen Kragens laufen jeweils parallel zur Innenkontur der Unterarme; die Außenkante des kleinen Pelzkragens wiederum ist parallel zum großen Kragen; der Brief in der Hand des Mannes setzt in seiner Längenerstreckung genau die Linie des Daumens fort, nach seiner Breitenerstreckung ist er eine Fortsetzung des rechten Armes und der zeigenden Hand. Besonders überlegt ist die Rolle des Briefes, der die erwähnten Funktionen nicht nur in seiner Projektion auf die zweidimensionale Bildfläche, sondern auch perspektivisch, also räumlich gesehen erfüllt. Außerordentlich ist auch die Vereinfachung des Gesichts. Wie die Senkrechte des Nasenrückens, die Waagrechten von Mund und Augenpartie oben und unten durch Halbkreise umschlossen und in ein Oval eingefügt sind, gleichsam aus geometrischen Formen entwickelt – das könnte nicht knapper sein und erinnert an die Figuren eines ganz Großen, an Piero della Francesca nämlich.
Die Vereinfachung der Gesamtform durch die Zusammenfassung gleichlautender Einzelformen ist Voraussetzung der Monumentalität, die das Bildnis des Tybis, wie viele andere Holbeins, trotz seiner geringen Ausmaße besitzt. Auch die Malweise trägt dazu bei, die zwar bis ins kleinste Detail genau, aber großen Flächen untergeordnet ist, die emailglatte und undurchdringliche Technik und die kühle Farbigkeit.
Man kann wohl kaum über ein Porträt urteilen, ohne auch über

Ähnlichkeit und Ausdruck zu sprechen. Bei Holbeins Porträts ist ein hoher Grad von Ähnlichkeit anzunehmen, wie man aus den zahlreichen vorbereitenden Porträtzeichnungen schließen kann. Der Ausdruck der Porträtierten wird durch die große monumentale Formgebung beeinflußt. Die Gesichter sind in sich geschlossen und verschlossen wie die Form, Distanz schaffend, aber immer aufs Schärfste konzentriert – auf das Gegenüber, auf einen Gedanken. Es ist, als hätte sich der gespannte, kühl abwägende, beobachtende Blick des Malers auf sein Gegenüber übertragen. Es ist gleichzeitig ein Blick von gelassenem Selbstbewußtsein, unverrückbar wie die geschlossene, monumentale Form, die über alle Nebensächlichkeiten hinweg ein Konzentrat der Persönlichkeit gibt.

Die Begabung zur großen, das Detail unterordnenden Form stellt Holbein auf die gleiche Stufe mit den besten italienischen Künstlern. Wie stark sein Formgefühl ist, zeigt sich in einem Porträt, das von seiner Bestimmung her den eigentlichen Neigungen des Meisters zuwiderlaufen mußte. Es ist das Bildnis der Königin
Abb. 73 *Jane Seymour* (1513–1537), der dritten Frau Heinrichs VIII. von England, der früh verstorbenen Mutter des 1536 geborenen Edward, ein höfisches Porträt also, bei dem alles – die Haltung, die Kleidung etwa – aus Gründen der Etikette und des Dekors vorgeschrieben war. Obwohl sich der Maler gezwungen sah, sich an die geringsten Details zu halten und in altertümlicher Weise, wohl um die Kostbarkeit der Kleidung und die Stellung der Person möglichst wirklichkeitsnah darzustellen, sogar Gold als Farbe verwendete, gelang ihm ein außerordentlich formstarkes Porträt. Allein die ineinandergelegten Hände der Königin sind ein Meisterwerk der Form.

Dieses um 1536 entstandene Porträt zwingt einem nahezu einen Vergleich auf, nämlich den mit einem Bildnisstück eines anderen bedeutenden deutschen Malers: Wir meinen das Bild von *Lukas*
Abb. 74 *Cranach,* auf dem er *Drei sächsische Prinzessinnen* porträtierte: Sibylle, Emilia und Sidonie von Sachsen, die Töchter Heinrichs des Frommen. Es ist ebenfalls ein Stück höfischer Malerei, das überdies um 1535 entstanden ist, also genau um die Zeit, als Holbein die englische Königin malte. Aber Holbein war damals neununddreißig, Cranach jedoch schon dreiundfünfzig; der eine befand sich also auf der Höhe seiner Kunst, der andere längst

73 Hans Holbein, Jane Seymour

schon über dem Zenit. Cranach hatte seine genialische Periode, die ihn einen neuen Stil schaffen ließ, der die Donauschule begründete, bereits hinter sich, als er sich 1505 in die Dienste der protestantischen sächsischen Fürsten nach Wittenberg begab. 1508 kommt auch Martin Luther dorthin, Wittenberg wird zum »deutschen Rom«. Luther übersetzt – eine unerhörte Tat – das Neue Testament ins Deutsche. Die von ihm eingeleiteten religiösen Umwälzungen führen zu wachsenden politischen und geistigen Konflikten. Sachsen wird protestantisch. Cranachs Gebieter, Kurfürst Johann Friedrich, wird von Kaiser Karl V. in der ersten großen kriegerischen Auseinandersetzung zwischen Katholiken und Protestanten besiegt. Im Zentrum dieses die Gemüter bewegenden Geschehens sitzt Cranach. Er malt die Führer der reformatorischen Bewegung, Luther und Melanchthon, er malt

74 Lukas Cranach, Drei sächsische Prinzessinnen

protestantische Altäre mit einer ganz ungewohnten neuen Ikonographie, er malt sogenannte Kabinettbilder mythologischen Inhalts, wie sie damals an den Höfen Mode waren, und er porträtiert seine Fürsten und ihre Familie. Und wenn er auch, wie jeder deutsche Maler, dem niederländischen Einfluß nicht immer ausweichen konnte, auch hie und da sogar italienische Reminiszenzen sehen läßt, so haben seine Bilder doch vor allem einen altertümlichen, engstens der Spätgotik verhafteten Charakter. Das ist um so merkwürdiger, als gerade er sich in seiner Jugend mit größter Vehemenz davon freigemacht hatte. Nun ist es freilich nicht so, als könnte man sich in der Datierung Cranachscher Bilder irren und sie für etwa um dreißig Jahre älter halten als sie sind. Aber ihr Liniengefüge, ihre Haltung zum Dreidimensionalen, ihre Farbigkeit evozieren Vergangenes und wollen es auch. Am deutlichsten wird das bei dem oben angeführten Vergleich. Man muß nur vergleichen, wie Holbein und wie Cranach Hände gemalt haben.

Das starke Gefühl für Linie und Form ist beim jüngeren Maler der natürlichen Gesamtform eingebaut und untergeordnet. Die

Hände der sächsischen Prinzessinnen sind präziöse, für sich bestehende Kunstformen, die ein eigenes Leben führen – gleichsam Mischgebilde also zwischen Tier und Pflanze. Sie rufen Hände in Erinnerung mit in höchster Erregung gespreizten Fingern, wurzelartig verzweigt, wie sie Grünewald, freilich zwanzig Jahre früher, gemalt hatte. Damals entsprach das einer echten Gefühlshaltung, nun aber ist es ein Historismus. Ähnlich ist es mit den Porträts als solchen. Die Gesichter der drei Prinzessinnen sind einander so ähnlich, daß man sie auf den ersten Blick gar nicht für wirkliche Porträts hält. Die typischen Züge überwiegen die individuellen – und mehr noch, der Typus ist zur Maske erstarrt. Das rätselhafte Lächeln im glatten nackten Gesicht haben wir ebenfalls schon gesehen, etwa bei Strigel (siehe dort), auch hier zwanzig Jahre früher. Diese Figuren haben etwas Puppenhaftes, etwas leblos Künstliches, das durch die reiche modische Kleidung mit dicken Ketten und Goldstickereien nur noch unterstrichen wird. Die rotgoldene Farbigkeit, die weiße Haut und der schwarze Hintergrund, der nicht die geringste Illusion von Räumlichkeit aufkommen läßt, ergeben einen harten und lauten Effekt, der weitab von jeder Natürlichkeit ist. Es ist ein kalkulierter Effekt, dessen Wirkung nicht ausbleibt, zumal das Formelhafte und Künstliche, zum Zeichen Vereinfachte erst zu wahrer und eindrucksvoller Geltung gebracht und veredelt wird durch die unerhört subtile Malweise und höchstes Formgefühl.

Cranachs Rückwendung zu der bereits überwundenen Stilform der Spätgotik ist wohl nur aus dem alles bewegenden geistigen Umschwung zu verstehen, in dessen Zentrum er lebte und dessen Einfluß er sich nicht entziehen konnte. Die Reformbewegung hatte eine neue, gereinigte Religiosität zum Ziel, die »wahre« Religiosität, wie sie in vergangenen Zeiten herrschte. Daher kommt es zu einer Abkehr vom Kanon der Renaissance, der ja »welsch« und daher katholisch ist, und zu einer Wiederaufnahme des althergebrachten »nationalen«, des »gotischen« Stils.

Diese Verlagerung der Werte und der Wertschätzung, die ihren Ursprung in außerkünstlerischen Erwägungen haben, spiegelt sich im Kunstwerk selbst wider: die späten Bilder Cranachs sind von eigentümlicher Gefühlskälte.

Es konnte nicht ausbleiben, daß diese Art von regional beschränkter Malerei durch einen umfangreichen Werkstattbetrieb zur

Wiederholung gleicher Bildthemen gedrängt wurde und daß die malerische Produktion bald in eine Manier verfiel. Was unter den Händen des bedeutenden Meisters wohl zum Zeichen einer bestimmten geistigen Haltung wurde, zum Zeichen aber von hohem künstlerischem Rang, gerann bei seinen Ateliergenossen mit der Zeit zur leeren Formel von oft nicht höherem Rang als dem der Volkskunst. Dennoch waren Bilder Cranachscher Herkunft so gefragt, daß sich heute noch in jeder größeren Galerie Werke von seiner Hand oder zumindestens aus seiner Werkstatt finden. Das hängt wohl nicht nur damit zusammen, daß sie bildliche Vertreter reformatorischer Gesinnung waren, sondern auch damit, daß sie einem bestimmten internationalen Zeitgeschmack, der gerade die Formelhaftigkeit und kalte Sinnlichkeit ohne Gefühlsanteil schätzte, entsprachen.

Wie anders schaut die Kunst dieser Zeit in den großen italienischen Zentren aus. Der Reisende, der mit der Erinnerung an die Bilder eines Cranach oder Holbein aus dem Norden nach Venedig kam, konnte sich beim Anblick eines Gemäldes von Tizian gewiß zunächst gar nicht zurechtfinden, so verschieden ist die Auffassung des Menschenbildes. Wie altertümlich erscheinen dagegen sogar die Porträts Holbeins, obwohl um die gleiche Zeit entstanden wie etwa das »Mädchen im Pelz« (um 1535/36 nämlich). Und wie groß ist auch der Unterschied zu dem rund zwanzig Jahre früher entstandenen Porträt des »Arztes Parma«. In der Zwischenzeit hatte der Maler die Freiheit der klassischen Form gefunden. Wohl etwas später als Raffael und Michelangelo, so wie eben in Venedig die Entwicklung überhaupt langsamer verlief als in Florenz. Dafür aber ist seine klassische Form reicher, vielschichtiger und sublimierter als die seiner großen Zeitgenossen – durch die Besonderheit und Bedeutung, die er der Farbe und dem Malerischen zuteilte. Damit wurde er dem Wesen der Malerei gerechter als die großen Florentiner und Römer. Der Ruf Tizians, der ihn als den größten Maler Italiens gelten ließ, war darum gerechtfertigt.

Abb. 75 Das *Mädchen im Pelz* kann immer noch als ein Werk der Hochrenaissance gelten. Gerade verglichen mit dem »Arzt Parma«, der trotz großer Qualität die Anstrengung fühlen läßt, letzte Bindungen zu lösen, werden in diesem Mädchenbildnis die Befreiung und die gewonnene Freiheit des schöpferischen Ingeniums offenbar. Die Selbstverständlichkeit der geschlossenen ruhigen Form, in der

75 Tizian, Mädchen im Pelz

sich Bewegung und Gegenbewegung, Senkrechte, Waagrechte und Diagonale, Licht und Dunkel, Illusion des körperhaft Räumlichen und Wirklichkeit der Bildebene, bestimmte Klarheit der Formen und fließende Unbekümmertheit farbig entrückter Atmosphäre im Gleichgewicht halten, ist so groß, daß es schwerfällt, ihre Ursachen zu nennen und ihre überragende Qualität zu begründen.
Aber trotz aller Merkmale der Hochrenaissance, der klassischen Ausgewogenheit und Objektivität, fallen an diesem Bild doch gewisse Eigenheiten auf, die ein neues näheres Verhältnis zur Wirklichkeit ankündigen. Als Objekt solcher Bestrebungen ist ein Bildnis besser geeignet als eine große Komposition, die, komplizierter und strenger festgelegt in Inhalt und Form, unvoreingenommene Anschauungsweisen erschwert. Der Mensch jedoch, mit

seinen Besonderheiten als Gegenüber, erleichtert eine individuelle, subjektive Betrachtungsweise.
Das Modell zu diesem Porträt ist unbekannt, es ist jedoch dieselbe junge Frau, die Tizian noch zweimal gemalt hat. Wir kennen sie als »La Bella« (Florenz, Palazzo Pitti) in einem prachtvollen blauen Kleid, und als die sogenannte »Venus von Urbino« (Florenz, Uffizien) als Aktfigur. Der Herzog von Urbino, Francesco Maria della Rovere, besaß diese beiden Bilder. Wer immer nun die junge Frau war, auffallend ist, daß sie dreimal gemalt wurde, und zwar jedesmal anders. Überraschenderweise sollte ursprünglich auch, wie die Röntgenaufnahme zeigt, auf unserem Bild das Modell bekleidet sein, ähnlich wie die »Bella«. Dann aber änderte der Künstler sein Konzept und »entkleidete« sein Modell. Dadurch wurde die junge Frau in mehrfacher Weise lebensnäher und realer, als sie es angekleidet in herkömmlicher Porträtauffassung gewesen wäre. Sie soll ja keine Göttin darstellen, deren Nacktheit für die Entdecker der Antike selbstverständlich war. Sie ist eine wirkliche Person mit naiv-neugierigem Blick, in einer intimen Situation, die durch das Gefühl der Sinnlichkeit, die Pelz und nackte Haut aufkommen lassen, noch gesteigert wird. Die venezianische Malerei mit ihrer weichen, warmen Farbigkeit wird dem Assoziativen solcher Kombinationen gerechter als jede andere Malerei. Es ist darum auch kein Zufall, daß schon ein anderer venezianischer Maler, nämlich Giorgione, Tizians Lehrer, viel früher dasselbe sinnlich reizvolle Motiv gemalt hat. Die »Laura« (siehe dort) trägt ebenfalls einen Pelz um die nackten Schultern. Freilich ist hier noch alles klein, verhalten, allegorisch verträumt, dennoch aber ist bereits der Anfang gemacht zu subtiler malerischer Erfassung der Wirklichkeit. Die letzte und extremste Ausformung dieses Themas bringt ein anderer großer Maler: und zwar Rubens in seinem »Pelzchen« (siehe dort). Hier ist alles brutale Gegenwärtigkeit und unverhüllte Vitalität. Dazwischen steht Tizians »Mädchen im Pelz«, frei und natürlich und dennoch gehalten und distanziert wie eine griechische Plastik klassischer Zeit.
Wie groß die Fähigkeit Tizians war, nicht nur die Ähnlichkeit eines Menschen abzubilden, sondern vor allem dessen Persönlichkeit, zeigen die Porträts – es sind mehr als achtzig –, die des Meisters Ruf, der größte Porträtist seiner Epoche gewesen zu sein,

76 Tizian, Kurfürst Johann Friedrich von Sachsen

rechtfertigen. Es gelingt ihm, den Reiz einer schönen Frau ins Bild umzusetzen und ebenso in souveräner Weise Charakter, Ansehen und Bedeutung des Mannes darzustellen. Darum ist er auch bevorzugter Maler von Fürsten und der einzige Maler Kaiser Karls V.; das künstlerische Genie des einen ist die vollkommene Entsprechung zur politischen Größe und Weisheit des anderen.
Der Kaiser gab dem Maler auch den Auftrag, seinen politischen Gegner und das Haupt der Reformierten, *Kurfürst Johann Friedrich von Sachsen,* zu malen. Karl V. hatte ihn in der Schlacht von Mühlberg (1549) besiegt und in Augsburg gefangengesetzt. Tizian wurde an den kaiserlichen Hof nach Augsburg gerufen, um den illustren Gefangenen in seinem keineswegs strengen Gewahrsam zu porträtieren. Abb. 76

Aus einem breiten, schweren Kegel, mächtig wie ein dunklen Berg, steigt der kurze kugelförmige Kopf, halslos, gedrungen, der Blick mißtrauisch, die Unterlippe unter der kurzen Nase trotzig, hochmütig vorgeschoben. Auf der weiten, bis zu den Knien fallenden Dunkelheit des Gewandes liegen die weißen Hände mit den dicken Fingern wie Schaufeln – Eckpunkte eines nach der einen Seite absinkenden, auf der einen Ecke stehenden Dreiecks, dessen obere Spitze der Kopf ist. So kommt in die anscheinend so ruhige, stabile, bis zu den geometrischen Grundformen vereinfachte Masse ein unmerkliches, andeutungsweises Gleiten, das etwas Beunruhigendes an sich hat.
Die Kraft der künstlerischen Begabung und wohl auch die Besonderheit venezianischer Farb- und Lichtmalerei, die die Zeichnung, also die präzisierte Form vernachlässigte, waren die Ursache dafür, daß Tizian die längste Zeit von der von Florenz und Rom ausgehenden neuen Entwicklung der Kunst unbeeinflußt blieb. Nun aber, schon ein Fünfziger, vielleicht in einer Phase der schöpferischen Schwäche, begannen ihn die neuen Ideen zu interessieren und er versuchte sich selbst darin. Das hatte schon vor seiner Reise nach Rom angefangen, wohin er erst 1545/46 – übrigens zum ersten Mal – reiste. Dort konnte er mit einem Mal die überwältigenden Werke der beiden Meister der Hochrenaissance mit eigenen Augen sehen: die Decke der Sixtinischen Kapelle und das Jüngste Gericht, die Neue Sakristei mit den Medicigräbern Michelangelos und Raffaels Stanzen und Loggien im Vatikan, der schon seit dem Jahr 1520 tot war. Es war auch das Ende der klassischen Kunst. Länger als fünfzehn bis zwanzig Jahre konnte eine Formensprache nicht aufrechterhalten werden, die auf ungestörtes Gleichgewicht und harmonische Ruhe, auf klar überschaubares Ineinanderwirken von Körper und Raum, auf ein ideales Menschenbild bedacht war. Aus der Ruhe selbst mußte die Unruhe entstehen. Die Vollkommenheit dieser Vorstellungswelt erlaubte keine Verbesserung, nur ihre Nachahmung oder ihre Auflösung. Diese Vorgangsweisen, zunächst von jungen toskanischen Künstlern – noch aus dem Umkreis Raffaels – unternommen, waren rein intellektualistisch, vom vorhandenen klassischen Formenkanon ausgehend, ohne Rückorientierung an der Natur. Doch war die Reichhaltigkeit dieser klassischen Welt so groß und gestattete so viele Möglichkeiten, ihre »Manier« auszu-

77 Parmigianino, Selbstporträt im Konvexspiegel

deuten, daß das ganze übrige nichtitalienische Europa aus all den vielfältigen Manierismen der zweiten Hälfte des 16. Jahrhunderts noch immer die Größe und Idealität der ehemaligen klassischen Kunst herauslesen konnte.

Unsere Galerie enthält ein Werk aus den Anfängen des Manierismus, wie man sich angewöhnt hat, die Epoche zwischen Hochrenaissance und Barock zu nennen. Es ist das das *Selbstporträt im* Abb. 77
Konvexspiegel (1523/24) des jungen *Parmigianino* (1503–1540). Parmigianino war Schüler und Mitarbeiter des Correggio (siehe dort) in Parma. Das Selbstbildnis ist klein und rund, nicht anders, als es noch die Quattrocento-Bildnisse zu sein pflegten. In jeder anderen Hinsicht aber führt es, wenn auch sozusagen in witziger, experimentierender Form, Fragwürdigkeit vor. Das Bild ist auf eine konvexe Holztafel gemalt, um noch mehr die Illusion des runden, konvexen Spiegels hervorzurufen. Was den zwanzigjährigen Maler hier interessiert, ist die optische Verzerrung: der Vordergrund ist übergroß – er legt die Hand ganz nahe an den Spiegel –, gegen den Hintergrund zu wird alles rasant kleiner,

78 Parmigianino, Malatesta Baglione

man siehts an Kopf und Tür, Senkrechte und Waagrechte stürzen und biegen sich, es gibt keinen rechten Winkel mehr, aber auch keine plane Ebene, das Gesicht des jungen Mannes ist, gleichsam der konvexen Kugelkalotte folgend, übermäßig gewölbt. Dieses Spiel mit der Perspektive, mit den Beziehungen von Raum und Körper, erschüttert die Grundpfeiler der Renaissancemalerei. Es ist ein willkürliches, die Gesetze der Wirklichkeit mißachtendes Denken, ja, ein In-Frage-Stellen der Gültigkeit dieser Gesetze und ihrer uneingeschränkten Berechtigung. Man kann den Raum eben auch anders sehen, so wie der Zerrspiegel ihn zeigt. Außerdem hat diese verzerrte, verfremdete Welt ihren eigenen phantastischen Reiz. Wie etwa im Bildnis des sogenannten Condottiere
Abb. 78 *Malatesta Baglione* (um 1520/1530). Übrigens wird hier deutlich, wie sehr sich die manieristischen Stileigenheiten für die Bildnis-

kunst eignen. Jedes Porträt wird erst lebendig durch den Ausdruck, den ihm der Maler zu geben weiß. Das mächtige Bildnis des Baglione – die Bezeichnung ist übrigens nicht sicher – erhält seine unerhörte Spannung aus Extremen. Der Mann steht ganz vorne, beängstigend knapp vor dem Betrachter, sichtbar bis zu den Knien, fast tritt er aus dem Bild heraus. Die Hände ineinandergelegt, schwer und reglos, den Blick verschleiert, wird in der statuarischen Ruhe die Möglichkeit eines plötzlichen Ausbruchs fühlbar. Dieses Gefühl vermittelt vor allem der hinter ihm in die Tiefe stürzende Raum. Man faßt ihn zunächst gar nicht auf. Aber auf einmal wird einem mit leichtem Erschrecken bewußt, daß die Tür in der Rückwand, flankiert von zwei Hellebarden, viel weiter entfernt, ist, als man zunächst glaubt. Das ist der Pflasterung des Bodens abzulesen. Es ist, als stünde der Mann vor einem Abgrund, die unerwartete Tiefe des Raums läßt einen schwindelnd zurücktreten. Unwillkürlich wittert man Gefahr. Gegensätzliches herrscht auch im Malerischen. Die Farben sind vornehm gedämpft, braun und grau, noch ins Sfumato getaucht, das der Schüler von seinem Lehrer Correggio übernommen hatte. Unter dieser weichen, träumerischen Verhüllung aber steckt die härteste, schärfste, kälteste Formgebung – ausgeklügelt bis ins letzte Detail. Aus dem Spannungsverhältnis all dieser Komponenten entstand eines der packendsten Porträts des Jahrhunderts.

Im *Bogenschnitzenden Amor* ist die Raumillusion völlig ausgeschaltet. Der geflügelte Amorknabe steht in voller Lebensgröße mit dem Rücken zum Beschauer, den einen Fuß auf zwei Bücher gestützt, die als Stufen dienen, und schnitzt vornübergebeugt mit einem großen Messer an seinem Bogen, aus schwarzen Augen herausfordernd über die Schulter blickend. Er steht auf einer seichten Bühne, sozusagen auf einem Sockel, wie eine Statue, und tatsächlich hat ihn der Maler auch ganz als Plastik aufgefaßt. Das Bildfeld ist hoch und schmal, der Hintergrund schwarz, ohne räumliche Tiefe, so daß der Blick, von nichts abgelenkt, ausschließlich auf den Körper gerichtet ist. Der ephebenhafte, fast weibliche Körper reckt und bewegt sich nach allen Richtungen, so daß heftige Licht- und Schatteneffekte entstehen, der Umriß ist offen, die Konturen sind kurvig ondulierend, alles, um die rundplastische Form zu betonen. Wie outriert und gewaltsam jedoch diese Absicht dargelegt ist, merkt man erst bei einem Vergleich mit

Abb. 79

79 Parmigianino, Bogenschnitzender Amor

Correggios »Io« oder »Ganymed«. Bei aller Verwandtschaft im Typus und in der Bewegung – Parmigianinos Bild ist auch nur wenige Jahre später entstanden (ca. 1532/1534) als Correggios Werk – wird dennoch der Unterschied zwischen den beiden Generationen deutlich. Der einen, die noch in der klassischen Vorstellungswelt mit ihrem fraglosen, sich bedingenden Zusammenspiel von Raum und Körper lebt und in der Bindung der dreidimensionalen Vorstellung an die zweidimensionale Bildebene, mit ihrer den lauten Effekt meidenden Harmonie von Farbe, Licht und Schatten und der anderen, jüngeren, die gleichsam mit Absicht die Bildebene durch das einseitige Hervorheben des Körperhaften sprengt. Sicher wurde Parmigianino in diesem Vorgehen bestärkt durch das Vorbild Michelangelos, dessen Jünglinge von der Sixtinischen Decke ebenfalls plastische Werke demonstrieren. Doch abgesehen davon, daß sie Teile eines übergeordneten Konzepts sind, unterscheiden sie sich von seinen Gestalten durch ihren schweren, gequälten Ernst. Parmigianinos »Cupido« jedoch ist frivol. Er stellt seinen Körper in aufreizender Weise dar, die blühende Farbigkeit, die goldenen Locken, das kokette blaugrün schillernde Flügelpaar, viel zu klein, um ihn tragen zu können – das alles will eine erotische Wirkung erzielen. Und in der Tat ist ja auch das Thema des Bildes eindeutig. Die beiden entzückenden Putten, ein Mädchen und ein Knabe, die halben Leibes zwischen den Beinen Cupidos sichtbar werden, streiten aus einem ganz besonderen Grund. Vasari, der Florentiner Maler und Künstlerbiograph, beschreibt dieses Bild in der Biographie Parmigianinos und führt unter anderem dazu aus: (1568) »... der Knabe will lockend das Mädchen zwingen, mit einem Finger den Gott der Liebe zu berühren. Dieses aber wehrt sich weinend, weil es sich am Feuer der Liebe zu verbrennen fürchtet.« Der Besitzer und Auftraggeber des Bildes war ein Freund des Malers, ein Cavaliere Baiardo aus Parma. Die dargestellte Szene geht wohl auf eine hellenistische Quelle zurück, so wie das ganze Werk gleichsam den Geist des Hellenismus atmet. Es ist die gleiche Mischung von Glattem, Schönem und erotisch Anzüglichem, gepaart mit großem handwerklichen Können und ästhetischem Geschmack, das Zusammenwirken von berechnendem Formalismus und einem auf den Betrachter spekulierenden Realismus in bestimmten Bereichen, welche einst auch die hellenistische als eine nachklassische Kunst kennzeichnete. Wie beliebt diese Kunst gerade in den gehobenen Kreisen war, zeigt der Umstand, daß Kaiser Rudolf II. den »Bogenschnitzenden Amor«, der sich damals in Spanien befand, gekauft hat und ihn überdies kopieren ließ. Sogar von Rubens existiert eine Kopie davon. Bilder dieser Art wurden zum Vorbild für die gegen Ende des Jahrhunderts entstehende Malerei am Hofe Rudolfs II.

Man hat sich angewöhnt, den Manierismus als eine Antithese zur klassischen Kunst der Hochrenaissance anzusehen, und tatsächlich ist er dies auch im Endergebnis. In ihrer Arbeit jedoch gingen die ersten italienischen Manieristen nicht antithetisch vor – im Gegenteil, sie beriefen sich auf die Werke ihrer Vorgänger. Diese Rückbeziehung war freilich rein formal. Einzelne spezielle stilistische Eigenheiten eines Künstlers wurden aus dem Gesamtkonzept her-

80 Bronzino, Hl. Familie mit Anna und Josef

ausgenommen und gewissermaßen dialektisch ad absurdum geführt. Ein schönes Beispiel dafür ist die *Heilige Familie mit Anna und Josef*, die die Signatur *Bronzino Fiorentino* (1503–1573) trägt. Bronzino stammte aus Florenz, von wo der neue Stil seinen Ausgang genommen hatte, war Schüler des Pontormo und natürlich auch an Michelangelo orientiert.

Abb. 80

Die Komposition dieses Bildes ist sehr ausgeglichen, um eine leicht bewegte Mittelachse aufgebaut, also noch ganz im Sinne der Hochrenaissance. Alles andere aber führt weg davon. Die Figuren sind überlebensgroß, die Hauptpersonen – vor allem Maria und der kleine Jesus – von einer solchen marmornen Blässe der Haut, die Modellierung von einer solchen glatten, gemeißelten Härte, daß man Marmorstatuen vor sich zu haben meint. Unnatürlich sind auch die messingfarbenen Locken, die grünen Augen, das

Violettrosa und kalte Blau des Kleides, die Wiesen, die unter einem bleischweren lastenden Gewitterhimmel scharf grün aufleuchten. Vom pathetischen Gewicht michelangelesker Heroen der Sixtinischen Decke, ihrer Skulpturenhaftigkeit, die aber stets belebt ist von einem Sturm innerer Bewegung, hat sich Bronzino nur eine Komponente – die Statuenhaftigkeit – herausgenommen und diese dann abermals in die ihr innewohnenden möglichen Eigenschaften zergliedert: Härte, Kälte, äußerste Plastizität, die bis zu geometrischen Grundformen reicht. Bemerkenswert sind der eiförmige Kopf der Madonna und der fast kugelförmige des Jesuskindes. Weiters die Kompaktheit und Gedrängtheit der plastischen Formen, die so wenig Raum zwischen sich lassen, daß ihre Position unklar bleibt. Denn die Personen stecken hinter einer nicht recht verständlichen steinernen Geländestufe, auf der die beiden Kinder sitzen, hinter der auch das eine Bein des kleinen Johannes verschwindet, alles drangvoll zusammengepreßt, wodurch aus allen fünf Personen ein kompaktes Stück Skulptur (gleichsam ohne Hinterseite) wird. Die Farbigkeit ist die von Halbedelsteinen, der Hintergrund nach vorne bezogen, ohne räumliche Illusion, so daß das Ganze an florentinische Halbedelsteinmosaiken oder an Pietra-dura-Werke erinnert. Es gleicht ihnen an Härte, Glätte und kalter Schönfarbigkeit. Auch die unerhörte Beherrschung und Präzision der Zeichnung, die kein Detail unausgeführt läßt – man beachte die Hände oder den Schleier Mariens –, tragen bei zur harten Schönheit des Werkes, das seine ästhetische Qualität gerade aus seiner Naturferne bezieht.

In der Hochrenaissance waren die Heiligen so etwas wie höherstehende Menschen oder Heroen, und sogar zu den Giganten Michelangelos konnte man eine gefühlsmäßige Beziehung herstellen. Vor dem Bild Bronzinos jedoch, das vielleicht als Hausaltar diente, könnte wohl kaum das Gefühl von Andacht oder gehobener Stimmung aufkommen. Die blendend schöne Madonna ist eher eine verkleidete Venus, der kleine Jesus ein Amorknabe. Auf ihn sind alle Blicke gerichtet, er ist thematisch das Zentrum, und sein graugrüner Blick ist der unkindliche Blick eines müden, sich seiner Schönheit bewußten und von allen bewunderten Sprößlings aus altem, vornehmem Haus. Wahrscheinlich stammt die Tafel aus dem Besitz der Medici, Großherzöge von Florenz, für die Bronzino mehrfach tätig war. Ohne Zweifel entsprach sie dem

Geschmack der höfischen Florentiner Gesellschaft durch ihre handwerkliche Vollendung und ihr kalte – freilich an Künstlichkeit streifende –, blendende Vollkommenheit.
Wie sehr die manieristische Kunst dem aristokratischen Lebensstil entsprach, bezeugt die Entstehung der Schule von Fontainebleau unter König Franz I. von Frankreich. Sie wurde von nach Frankreich ausgewanderten italienischen Malern – wie etwa Rosso Fiorentino, Primaticcio und anderen – begründet. Einer unter ihnen war Niccolò dell'Abate (1509–1572) aus dem zwischen Parma und Ferrara gelegenen Modena und daher von den Hauptmalern dieser Städte – von Parmigianino also und von Dosso Dossi – beeinflußt. An Dossi erinnert vor allem die phantastisch dunkel leuchtende Farbigkeit des »Kavaliers mit Papagei und Granatapfel« (um 1550). Das Schönste an diesem Bild von dekorativem großflächigem Effekt – Niccolò dell'Abate hatte noch in Bologna zahlreiche Freskenaufträge ausgeführt – ist der Papagei. Nicht nur durch das leuchtende Rot seines Federkleides; als einziges naturalistisch empfundenes Objekt in einer sonst sehr naturfremd aufgefaßten Umgebung zieht er den Blick ganz besonders auf sich. Dieser Naturalismus geht wohl auf niederländischen Einfluß zurück, wird aber hier in der Absicht eingesetzt, einen unerwarteten Effekt zu erzeugen, wie es der Manierismus liebte.
Wirft man nun noch einmal einen Blick auf Tizians Porträt des »Kurfürsten von Sachsen«, so können wir nun tatsächlich einige Elemente erkennen, die es früher in der Malerei Tizians nicht gegeben hat und die wohl aus der Auseinandersetzung des Malers mit dem Manierismus herrühren: so die für Tizian relativ harte Plastizität, die, verglichen mit seinen früheren Bildern, geringere Betonung des Atmosphärisch-Malerischen und die leicht fallende Diagonalbewegung. Diese neuen Momente konnten die Kunst Tizians jedoch nicht grundlegend verändern, sie dienten nur einer Vertiefung der Struktur seiner Malerei und brachten eine gewisse Auflockerung der vom klassischen Kanon geforderten geschlossenen Form und damit – alles in allem – eine Bereicherung, gehört doch gerade dieses Bildnis zu den schönsten des Meisters.
Ebenfalls aus dem fünften Jahrzehnt, nämlich von 1543, stammt
Abb. 81 die große Komposition des *Ecce Homo.* Eine dichtgedrängte Menschenmenge brandet die Stiegen einer Treppe heran, auf deren oberem Absatz der zum Tode verurteilte Christus vor einem

81 Tizian, Ecce Homo

prunkvollen Palast steht und von Pilatus den Hohenpriestern und dem Volk gezeigt wird. »Ecce Homo«: Die Farbskala und die malerische Durchführung sind prachtvoll; dunkle satte Rotschattierungen vor einem düsteren blauwolkigen Himmel, in den Hellebarden, eine im Wind flatternde Fahne und die aufgeregt emporgeworfenen Arme des Volkes hineinragen. Der dunklen, schattig verhangenen Menge gegenüber steht Pilatus, im Gegensatz dazu in lichtes Blau gekleidet. Und mitten in der Menge erblickt man ein Mädchen in strahlend weißem Kleid. Es hellt die Dunkelheit gleichsam auf und trennt die Gruppen der Stehenden von den Gehenden. So sehr zieht es den Blick auf sich, daß man in ihm Lavinia, die kleine Tochter Tizians, vermutete. Wohl mit Absicht hat der Maler gerade in diesem Bild, in dem Christus zum Kreuzestod verurteilt wird, in die Menschenmenge einige Porträts eingefügt. So trägt Pilatus etwa die Züge des Pietro Aretino, ein Freund Tizians und ein ebenso geistvoller wie von allen wegen seiner bösen Zunge gefürchteter Publizist. Zu Pferde sehen wir einen Hauptfeind der Christenheit, Sultan Suleiman den Großen, während der Ritter neben ihm Alfonso d'Avalos ähnelt, der den siegreichen Tunisfeldzug Karls V. gegen die Türken befehligt hatte. Der dicke Kahlköpfige im prunkvollen roten Dogenmantel mit dem Hermelinkragen stellt vermutlich den Dogen Pietro Lando dar, der 1540 einen Friedensvertrag zwischen Venedig und Suleiman dem Großen geschlossen hatte. Der bärtige Mann daneben hat eine gewisse Ähnlichkeit mit dem Maler selbst, eher aber ist er wohl mit Giovanni d'Anna, einem flämischen Kaufmann, der in Venedig lebte, zu identifizieren, der das Bild in Auftrag gab. Der Doppeladler auf dem Schild soll möglicherweise darauf anspielen, daß Giovanni d'Annas Vater von Kaiser Ferdinand I. geadelt wurde. So hat Tizian die Menge, die »Kreuziget ihn« rief, mit dem Erzfeind der Christenheit, also den Türken, gleichgesetzt, darüber hinaus aber die Bezwinger dieses Feindes – den Kaiser nämlich, also das Haus Habsburg, und die Republik Venedig – als Schützer der Christenheit verherrlicht. Da die türkische Bedrohung für die Mittelmeerländer bis zum Sieg von Lepanto (1571) gefährlich aktuell war, könnte man diesem Bild fast eine politische – wohl vom Auftraggeber verlangte – Absicht zuschreiben, die freilich durch die große Kunst Tizians weitgehend ins allgemein Gültige gehoben wurde.

Kommen wir noch einmal auf die Komposition selbst zurück. Zunächst denkt man an ein früheres, sehr berühmtes Werk des Malers, an den »Tempelgang Mariae« (Venedig, Accademia di Belle Arti). Die Komposition ist sehr ähnlich. Auf der einen Seite die Zuschauer, auf der anderen die hohe Treppe, die Maria hinansteigt, oben der Hohepriester. Doch herrscht kein Gedränge, vielmehr zieht dort eine geordnete Prozession zum Tempel, alles ist großräumig, festlich und übersichtlich. Der große Atem dieses Bildes fehlt dem »Ecce Homo«. Die Dramatik des Geschehens entwickelt sich aus dem Tizian sonst fremden, Platzangst erzeugenden Gedränge. Tatsächlich scheint sich Tizian seine Bildidee von einem Vorbild geholt zu haben, das man nicht erwarten würde: Dürers Holzschnitt »Ecce Homo« aus der Folge der »Großen Passion«. Ganz ähnlich steht auch dort die Gruppe um Christus auf dem Treppenpodest einem dicht gedrängten, unübersichtlichen Menschengewühl zu Füßen der Treppe gegenüber. Mitten darunter ein beleibter Mann, ein Hohepriester, den wir bei Tizian als Dogen wiederfinden. Und wie bei diesem ragen auch bei Dürer die Lanzen und Hellebarden in den Himmel. Sogar der auf den

Stufen sitzende Knabe wurde von Tizian übernommen und in einen schreienden Knaben mit Hund verwandelt.
Dürers Stiche und Holzschnitte waren natürlich in Venedig bekannt und verbreitet. Weshalb aber Tizian einen solchen als Anregung für seine Komposition benützte, kann man nur vermuten. Der Einfluß manieristischer Gestaltungsprinzipien in Venedig, durch den Aufenthalt der Florentiner Vertreter dieses Stils (nämlich Giorgio Vasari, Francesco Salviati und anderer) besonders untermauert, konnte auch an Tizian nicht unbemerkt vorübergehen. Das um so weniger, als seine Schaffenskraft gerade in seinem fünften Lebensjahr, also zwischen 1540 und 1550, nicht so fraglos und überzeugend »funktionierte« wie vordem und manchmal eine gewisse Ermattung erkennen läßt. Dadurch war er also Anregungen eher aufgeschlossen. Aber auch trotz vorübergehender Schwäche konnte Tizian niemals zum bloßen Nachahmer herabsinken. Als er demnach den Auftrag zum »Ecce Homo« bekam, einem Bildthema, das der italienischen Malerei übrigens in dieser Form nicht sehr geläufig war – man malte eher den »Schmerzensmann« –, ließ sich der Maler vom Vorbild eines nordischen Künstlers inspirieren. Überdies kam dieses spätgotische Muster manieristischen Gestaltungsprinzipien sehr nahe. Daß Tizian das Vorbild ins Monumentale transponierte, ist selbstverständlich und ergibt sich aus dem Auftrag sowie aus dem Willen des Renaissancemeisters, auch eine religiöse Szene dieser Art ins Heroische zu überhöhen.
Zu Füßen der Treppe lehnt ein Knappe, auf den Schild mit dem kaiserlichen Doppeladler gestützt. Wahrscheinlich ist damit der Knecht des Pilatus gemeint, der sich zum Christentum bekehrt hatte. Seine merkwürdig gekrümmte Haltung erscheint erst dann natürlich und als Unteransicht klar, wenn man sich vorstellt, daß das Gemälde sehr hoch gehangen haben muß. Auch die Perspektive der Stiegen wird erst dann verständlich, wenn man den Standpunkt des Betrachters tief annimmt. Trotz dieser gewissermaßen praktischen Überlegungen ist die Figur des Wappenträgers doch wohl von den gewagt verkürzten Leibern auf Michelangelos »Jüngstem Gericht« inspiriert. Vielleicht hätte Tizian ohne ihre Kenntnis dem Knappen eine andere Stellung gegeben.
Alles in allem ist trotz des ohne Zweifel komplizierten Schaffensvorganges ein höchst beeindruckendes Werk entstanden, das vor

82 Paris Bordone, Liebesallegorie

allem durch die Meisterschaft im Malerischen ganz zur Schöpfung Tizians wurde, dadurch, daß sie alle fremden Einflüsse dem eigenen Wesen anglich.

Die jüngeren venezianischen Maler jedoch, obwohl in ihrer Kunst alle von Tizian bestimmt, konnten dennoch aus der modernen Betrachtungsweise der Dinge viel mehr machen. So zum Beispiel *Paris Bordone* (1500–1571), aus dem Venedig nahen Treviso stammend, aber in Venedig ansässig. Er gehörte zur selben Generation wie Bronzino und Parmigianino und war nicht mehr als zehn Jahre jünger als Tizian. Die von den Mittelitalienern übernommene, große plastische, bewegte Form mit den schweren übergroßen Proportionen fällt ihm ganz leicht. Die beiden halb-
Abb. 82 figurigen *Liebesallegorien* – Venus und Mars, von einem Genius bekränzt, und eine Venus mit Mars, der dem Cupido den Bogen wegnimmt – sind sozusagen die venezianischen, freilich noch immer zutiefst dem Tizian verpflichteten Versionen des florentinischen Manierismus. Besonders reizvoll ist die Art, wie Bordone venezianische malerische Faktur umwandelt, indem er die Farben in Flecke zerlegt und dadurch ein Schillern und Changieren zustande bringt, das, den knittrigen Falten des Stoffes folgend,

83 Tintoretto, Die Königin von Saba vor Salomon

eine unruhige, zittrige, ganz unnatürliche, aber kostbar wirkende Oberfläche erzeugt. Dieselbe Wirkung haben die goldgelben, kunstvoll gelockten, von Perlenschnüren durchflochtenen Haare. Auch die auffallenden roten Flecken auf der weißen Haut sind eine Auswirkung dieser Absicht, die Farbe nicht zu mischen, sondern nebeneinander zu setzen, einen unruhigen, flackernden Eindruck zu erzeugen, wozu das Gleißen des Harnisches in besonderem Maße beiträgt. Die ferne smaragdene Landschaft erhöht die verzauberte Poesie dieser Bilder, die trotz allem immer noch eine tizianisch-venezianische ist.

So hat der Manierismus auch hier, in diesem besonderen Fall, das Neue aus jenem Element heraus entwickelt, das für die venezianische Malerei ausschlaggebend ist, aus der Farbe nämlich.

Um die gleiche Zeit, da Tizian sich mit der mittelitalienischen Malerei auseinandersetzte, wuchs bereits die nächste Malergeneration in Venedig heran, der die neue Problematik nicht neu war.

Der junge *Tintoretto* (1518–1594), Venedigs bedeutendster Maler in der zweiten Hälfte des 16. Jahrhunderts, malte in den späten vierziger Jahren, also nicht viel später, als Tizians »Ecco Homo« entstand, eine Anzahl »Cassoni« – Truhenbilder mit Szenen aus dem Alten Testament. Eines davon, die *Königin von Saba vor Salomon,* ist gerade im Zusammenhang mit dem »Ecce Homo« erwähnenswert. Freilich ist es etwas gewagt, die beiden Bilder zu vergleichen, die nach Größe und Bedeutung so verschieden sind. Aber vielleicht gerade deshalb, weil eine Cassone-Malerei nichts anderes als eine Möbelmalerei war, konnte es der junge Maler riskieren, seine Ideen ungehemmt von der Bedeutung des Auftrags zu entwickeln und sie schnell und flüssig auf die Bretter zu pinseln. Die Komposition ähnelt dem »Ecce Homo« – mit dem erhöhten Stufenthron und den Menschengruppen

Abb. 83

davor und daneben – einigermaßen. Der Maler mußte jedoch auf die langgestreckte Dimension der Tafel Bedacht nehmen. Dies fiel ihm aber keineswegs schwer, im Gegenteil, die Breite des Formats gestattete es ihm, die erste Gruppe von einer zweiten, die die Geschenke bringt, und von einer dritten, die sie aus dem Schiff ausladet, durch weite Raumgassen zu trennen. Die Weiträumigkeit wird durch die luftige Säulenhalle und durch den Blick auf den weiten Horizont des offenen Meeres bewußt gemacht. Wie in Strömen fließt der Raum in die Tiefe, die Menschen sind gleichsam nur Ufer und Inseln, die seinen Lauf markieren. Die Zweidimensionalität der Bildebene wird mißachtet, der Illusion der Tiefe geopfert. Gemessen an diesen, das Gleichgewicht zerstörenden Kräften, die freilich für die Zukunft bestimmend wurden, ist das »Ecce Homo« des betagten Tizian noch immer ein Werk ausgeglichenster Klassik.

Während Dichte, Intensität und gestalterischer Reichtum der italienischen Hochrenaissancemalerei von sich aus allen Späteren unendlich viele Möglichkeiten zu weiteren Kombinationen formaler und malerischer Art boten, hatte die deutsche Malerei mit dem Tod jener Maler, die um und nach 1500 geboren waren, also eine Generation nach Dürer, stark an Bedeutung eingebüßt. Da waren etwa die Nürnberger Georg Pencz (1500–1550) und Barthel Beham (1505–1540), der Augsburger *Christoph Amberger* (1500–1561), der Münchner Hans Muelich (1516–1573) und der Niederösterreicher Jakob Seisenegger (1505–1567). Sie hatten, wie die in unserer Galerie vorhandenen Porträts zeigen, mit Hilfe der italienischen Hochrenaissancemalerei durchaus ihre Lektion gelernt, das Format der Bilder ist größer geworden, die Haltung der Porträtierten freier, selbstbewußter und die Relation zum
Abb. 84 Raum sicherer (siehe Amberger, *Christoph Baumgartner,* 1543; Beham, »Bildnis eines Schiedsrichters und seiner Frau mit Papagei«, 1529, und andere). Doch hatte, wie gesagt, die deutsche Malerei um 1570 ihre Kraft verloren, wofür mehrere Gründe verantwortlich waren. Zunächst einmal reichte offenbar die künstlerische Kapazität ihrer Maler nicht aus, um dem Bild des freischaffenden Künstleringeniums, wie es die italienische Renaissance hervorgebracht hatte, auf die Dauer genügen zu können. Der deutsche Maler konnte die handwerkliche Bindung an das Zunft- und Werkstattwesen nie völlig ablegen. Das kam freilich dem

84 Christoph Amberger, Christoph Baumgartner

Kunsthandwerk zugute, so etwa der Goldschmiedekunst, die keinerlei Beeinträchtigung erfuhr, sondern vielmehr von höchster Qualität war, gesucht und geschätzt von allen europäischen Fürstenhöfen.

Die Religionszwistigkeiten hatten zudem ein Nachlassen an Aufträgen zur Folge, zumal die reformierte Kirche ausgesprochen bilderfeindlich eingestellt war, was dazu führte, daß Bildaufträge der althergebrachten religiösen Thematik weitgehend ausblieben. Überdies hatte sich allmählich die Gesellschaftsstruktur gewandelt. Nach dem Tode Karls V. und seit dem Augsburger Religionsfrieden, 1555, erstarkte die Macht des Fürstentums, und das Bürgertum, bisher Hauptauftraggeber der Künstler, verlor an Bedeutung. Die Fürstenhöfe jedoch waren unzufrieden mit dem

im eigenen Land Gebotenen und vergaben ihre Aufträge an die besseren italienischen und niederländischen Künstler.
Die niederländische Malerei mit ihren großen Begabungen hatte trotz der wachsenden Unruhe und Bedrohung des Friedens – hervorgerufen durch die Auswirkungen der Reformation und die sich zuspitzende politische Situation – keineswegs an Fruchtbarkeit und Originalität verloren, auch die Aufträge fehlten nicht. Schon im 15. Jahrhundert war es zu einem ständigen Fluktuieren der Künstler zwischen dem Süden und Norden des Landes gekommen. Nun, in den ersten vier Dezennien des 16. Jahrhunderts, bildete sich eine Tendenz nach dem Süden hin heraus, vor allem nach Brabant, Brüssel, Löwen und ganz besonders nach Antwerpen, das zu dieser Zeit zu den lebhaftesten und reichsten Handelsstädten Europas gehörte. Demgemäß war seine Anziehungskraft auch als Umschlagplatz und Markt für Kunstwerke groß. Überdies wurde der Künstler im südlichen katholischen Teil des Landes weit mehr geachtet und geehrt als im Norden. Erst nach der Abspaltung der Nordniederlande und dem Fall Antwerpens kehrte sich die Lage um, und die Künstler zogen nach dem Norden.
Zunächst aber entstanden gerade im Süden die interessantesten und originellsten wegweisenden Werke. Derselben Altersklasse wie die oben angeführten Meister des italienischen Manierismus Bronzino, Parmigianino und Bordone gehören *Jan de Hemessen* (um 1500–1563) und *Pieter Aertsen* (1508–1575) an. Hemessen stammt aus Brabant, arbeitete bis 1550 in Antwerpen und übersiedelte dann nach Haarlem. In den Bildern dieses Malers wird besonders deutlich, wie sehr sich die niederländischen Maler dieser Generation anstrengen mußten, um die eigene malerische Tradition mit der vollkommen neuen, aber bewunderten Anschauungsweise, die die italienische Malerei brachte, in Einklang zu bringen. Das gilt für die Form ebenso wie für den Inhalt. Hemessens Vorbilder sind zunächst Quentin Massys (1466–1530), der erste bedeutende Antwerpener Maler, und Jan Gossaert. Massys hatte neben den üblichen religiösen Bildern (siehe »Hieronymus«) und Altären bereits Themen wie den berühmten »Geldwechsler mit seiner Frau« (Louvre, Paris) oder die »Steuereinnehmer« und anderes gemalt. Diese waren aber nicht als Genreszenen gedacht, als die man sie heute ansieht – diesen Begriff gab es damals gar

85 Jan de Hemessen, Berufung des Matthäus

nicht –, sondern Bilder lehrhaften Inhalts, religiöse Reflexionen über die Sündhaftigkeit des Menschen. Sie stammen vor allem aus der Predigtliteratur. Das ganze durch die Glaubensspaltung hervorgerufene aufgeregte Wesen, aber auch die Unsicherheit in Glaubenssachen spiegeln sich darin wider. Massys, der zum Freundeskreis des Erasmus von Rotterdam gehörte, sah in diesen Themen vor allem das Exemplarische, auch spielte der alte Vanitasgedanke herein. Hemessen jedoch geht in dieser Richtung weiter und stellt richtige Reflexionen und Gleichnisse dar. So wie zum Beispiel in der *Berufung des Zöllners Matthäus zum Apostelamt durch Christus*, 1537. Man muß wissen, daß Zöllner und Geldeinnehmer ein von allen verachtetes Gewerbe repräsentierten, weil sie für die Römer die Steuer eintrieben. Sie wurden als unrein angesehen, wie die Heiden. Gerade deshalb aber befaßte sich Christus mit ihnen. Levi, der Zöllner, der spätere Apostel und Evangelist Matthäus, wurde nun, in späteren Jahr- Abb. 85

hunderten, zum Patron der Steuereinnehmer, Geldwechsler und Bankiers. Sein Attribut ist daher die Geldbörse. Man begreift, daß diese Szene gerade in den reichen, handeltreibenden und Geldgeschäfte abwickelnden Niederlanden geläufig und ein bekanntes Gleichnis war. Im Bild nun befindet sich vorne der Zöllner mit seinen Gehilfen, die ins Geschäft des Rechnens und Zählens vertieft sind. Eine junge Frau versucht Matthäus mit lockenden Gebärden von der Aufforderung des dahinter stehenden Christus, ihm nachzufolgen, abzuhalten. In dieser oberen Zone, in der sich Christus befindet, sind die Köpfe zweier Personen zu sehen, die nicht zum eigentlichen Thema gehören: Der eines weinenden, das Gesicht verzerrenden und die Hände ringenden Mannes und der einer alten Frau, die auf Christus zeigt. Diese beiden stehen für die Gemeinde, für die betroffene Menschheit, der durch das vorgebrachte Gleichnis die eigene Sündhaftigkeit bewußt wird, die sie bereut und gleichzeitig dem Beschauer des Bildes dessen Sinn auslegt und auch ihn zur Bekehrung auffordert. Die Kirche im Hintergrund vermittelt denselben Gedanken. Die innere Erregung, die der Christ beim Innewerden seiner Unzulänglichkeit empfinden soll und die sich im grimassenhaft verzogenen Gesicht des Mannes widerspiegelt – auch dieses bei Massys schon vorgebildet – erfaßt die formale Gestaltung des Bildes.

Es ist ein Halbfigurenbild, wie wir es schon bei Bordone sahen. Diese Art von Bildern rückt die Dargestellten besonders nahe und unmittelbar an den Beschauer heran, so als säßen sie vor ihm. Hemessen hat diesen Effekt noch dadurch verstärkt, daß er die unübersichtlich verschränkten Personen ganz besonders plastisch gestaltet und, wo er nur konnte, perspektivische Verkürzungen anbrachte: die Gesichter, die Hände mit den aufgeregt gespreizten Fingern sind fast durchwegs in Untersichten oder Aufsichten gegeben. Die übertriebene Plastizität sollte eine entsprechende, perspektivisch in die Tiefe führende Räumlichkeit erwarten lassen. Das ist aber nicht so; Raumtiefe und Entfernung lassen sich nur aus dem unmittelbar ohne Übergang an den Vordergrund anschließenden, weit entfernten, nur durch eine Lücke sichtbaren Hintergrund erschließen. Wie ein Schock soll durch das unmittelbare Nebeneinander die räumliche Weite erlebt werden. Ähnliche Absichten konnte man etwa in den Bildern des Parmigianino

feststellen (»Malatesta Baglione«, »Selbstporträt«), freilich in überzeugenderer und eleganterer Form vorgetragen. Hemessen hat vermutlich die Werke der italienischen Malerei kaum aus eigener Anschauung gekannt und ihre Problematik – die outrierte und kompliziert bewegte Körperhaftigkeit der Formen – wohl nur durch die verhältnismäßig großen Aktbilder des Gossaert kennengelernt. Eigenartigerweise besitzen Hemessens Bilder, die durch die Härte und Genauigkeit der plastischen Form und durch die glatte Kühle der Farben zunächst abweisend und kalt wirken, dennoch einen gewissen lyrischen Reiz, der aus einer weit entfernten, aber dennoch fühlbaren Verwandtschaft mit den Bildern Leonardos herrührt. Der Vermittler hiefür war wieder Quentin Massys, dessen Werke ihrerseits schon den Einfluß Leonardos und seiner Schüler merken lassen.
Hemessen ist, wie schon gesagt, einer der Maler, an deren Werken man genau die Mühe ablesen kann, die es einem niederländischen Maler des 16. Jahrhunderts kosten mußte, durch die Kraft und besondere Geistigkeit der eigenständigen Kunst hindurch zur angestrebten idealen Schönheit und Freiheit italienischer Kunstauffassung zu gelangen. Denn gerade Schönheit und Idealität waren nie die starke Seite der niederländischen Kunst. Viel näher liegen ihr die realen Seiten des Lebens und damit das Unedle und das Häßliche. Das bedeutet freilich nicht, daß sie deshalb unreflektiert wäre, ganz im Gegenteil. Besonders bildet sich diese Art der Betrachtungsweise bei den Holländern aus.
Pieter Aertsen (1508–1575) war gebürtiger Amsterdamer, verbrachte aber den größten Teil seines Lebens in Antwerpen. Von seinen zahlreichen religiösen Bildern und Altären sind nicht mehr viele erhalten, der Bildersturm von 1566 hat hier verheerend gewirkt. Daher ist er uns vor allem von seiner anderen Seite bekannt, als Maler des prosaischen täglichen Lebens nämlich. Im Gegensatz zu einem seiner Vorläufer in dieser Art des Genres, Jan van Amstel, sind die Figuren auf Aertsens Bilder größer, bedeutender und bisweilen sogar monumental, ihr neuer Inhalt ist daher besonders erstaunlich und auffallend. Verglichen mit den Werken Hemessens, die ihm ebenfalls vor Augen standen, eignet ihnen aber mehr eine ruhige, klassische Monumentalität. Aertsen malt Bauernszenen wie zum Beispiel das »Bauernfest« (1550) oder – Anfang der sechziger Jahre – die großen halbfigu-

86 Pieter Aertsen, Marktbauern

Abb. 86 rigen *Marktbauern.* Entkleidet man in Gedanken die beiden großen, das Bildfeld von oben bis unten ausfüllenden Figuren des Bauern und seiner Frau ihrer bäuerlichen Aufmachung, so tritt auf einmal das erstaunlich Edle und Freie ihrer Haltung hervor. Der Mann sitzt in leichter Kontrapostbewegung, breit und sicher die Arme um den Korb gelegt, die Frau steht aufgerichtet dahinter, das Gesicht dem Betrachter zugewandt, den linken Arm hoch erhoben. Die beiden könnten Götter sein. Es sind aber brabantische Bauern, die Vögel und Hühner, Eier und Butter anbieten. Im Hintergrund, in einem Ausschnitt, wie wir ihn schon bei Hemessen sahen, kommt auch bereits die Hausfrau mit der Magd heran, um auf dem Markt ihre Einkäufe zu besorgen. Wenn auch das Realistische, Sachbezogene der Szene durch die Gestaltungsweise italienischer Kunst veredelt wird, so stehen doch das Nahe und das Besondere im Vordergrund und sollen zuerst gesehen

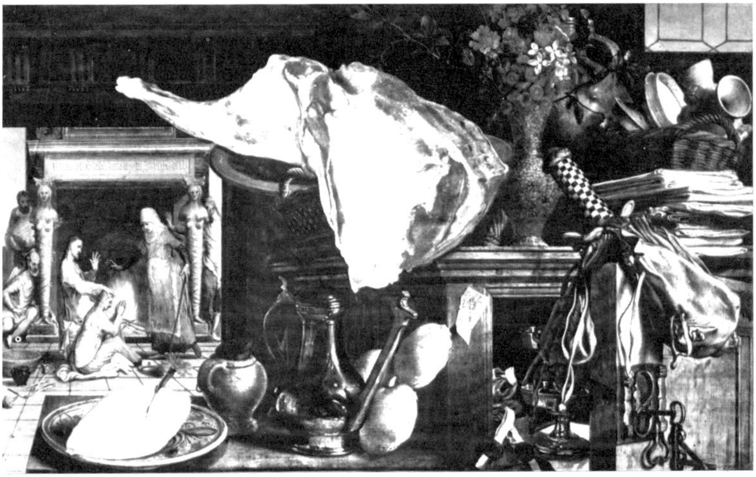

87 Pieter Aertsen, Stilleben

werden. Es erfreut den Betrachter vor allem, wie der Maler in Lebensgröße, natürlich und malerisch hervorragend etwa die Vögel, das Federwerk in Farbe und Faktur zum Greifen echt wiedergeben konnte. Es erfreut ihn zu Recht, denn dem Künstler ist hier etwas ganz Neues gelungen. Das alte Behagen des Niederländers an der Darstellung der toten Dinge, dem er früher immer nur nebenbei nachgeben durfte, erfährt nun gewissermaßen seine Sanktionierung.

Viel deutlicher wird dies noch an dem *Stilleben* von 1552. Drängend und stoßend, die Bildfläche fast sprengend, stürzen und quellen die unbelebten Dinge nach vorne: Krüge, Büchsen, Körbe, Geldbeutel, Leintücher, Blumen. Aus dem geöffneten Schrank, dessen Tür mit den Schlüsseln fast wie ein trompe l'œil wirkt, blitzen Kelche hervor, daneben liegen Brot und Butter, und alles wird gekrönt von einem riesigen Schinken als Mittel- und Hauptstück. Brutal, fast bedrohlich in seiner Fleischlichkeit leuchtet er hellrot vor dem dunklen Grund auf und unterdrückt die stilleren Gegenstände des Alltags. Wie absichtlich öffnet sich zwischen ihm und dem Butterteller die Wand und läßt hinter dem dunklen Türrahmen eine weit entfernte Szene erstrahlen: Christus und seine Apostel im Gespräch mit den Schwestern Maria und Martha.

Abb. 87

Auf dem Kaminsims steht: »Maria heeft wtuercoren dat beste deel«, das heißt: Maria hat das beste Teil erwählt. Und links unten, auf den Bodenfliesen, ist auch gleich jene Stelle aus dem Lukasevangelium »Luk. 10« angegeben, wo das Gleichnis erzählt wird. Es ist jenes Gleichnis, in dem das beschauliche, auf das Wort Gottes und auf die Bedürfnisse der Seele gerichtete Leben dem tätigen, auf das Diesseitige ausgerichteten, vorgezogen wird. Und da Martha eben für Christus, ihren Gast, ein Mahl bereitet, ist hier der Vorwand gegeben, Küchengeräte und Speisenvorräte zu zeigen. Ihre Opulenz, ihre Großmächtigkeit und aufdringliche Vordergründigkeit lassen erkennen, daß das symbolische Band zum biblischen Gleichnis nur sehr schwach ist, gerade aber durch den Kontrast der Gegenüberstellung in Form und Inhalt das Besondere grell vor Augen führt. Und tatsächlich hat es diese unverhüllte und ausschließliche Darstellung von leblosen Dingen vorher nicht gegeben – oder, um genauer zu sein, seit mehr als tausend Jahren nicht mehr gegeben, wenn man nicht gar auf die ägyptischen Darstellungen von Opfergaben zurückgreifen will. Und das ist doch beinahe so etwas wie ein neuer Anfang. Aber eben nur beinahe. Denn seit dem 1. Jahrhundert v. Chr. sind Zeugnisse antiker Stillebenmalerei erhalten, und es ist als sicher anzunehmen, daß es sie auch schon früher gegeben hat. Es ist ja weiter nicht erstaunlich, daß in der griechisch-römischen Antike auch das Stilleben erfunden wurde: schließlich sind damals die Grundlagen europäischer Kultur und Geistigkeit und ihre künstlerischen Möglichkeiten bis ins Detail festgelegt worden. Man nannte diese Bilder Rhopographien = Darstellungen geringer Gegenstände, im Unterschied zur großen Malerei der Historien und Mythologien, in denen der Mensch im Mittelpunkt stand. Diese wertende Einteilung finden wir in der klassischen Malerei der Renaissance wieder, in dem Augenblick, in dem wiederum die Darstellungen minderer, lebloser Gegenstände, aber auch solche des einfachen Volkes und des täglichen Lebens an sich entstehen – eine zweite Bildgattung, die der idealen Welt der Götter und Heroren die reale des niedrigen, aber bunten und reichhaltigen Lebens gegenüberstellt.

Der Humanist Hadrianus Junius vergleicht Aertsen mit eben jenem griechischen Maler, der diese »cose piccole« gemalt hat, mit Piraikos nämlich, dessen Werke von Plinius sehr bewundert

und deren Kenntnis dem 16. Jahrhundert wohl durch ihn überliefert worden waren. Zur gleichen Zeit taucht diese Art der Genremalerei auch bei Jacopo Bassano und seinen Söhnen in Venedig auf. Die malerische Qualität der Stilleben Aertsens – und zwar besonders der einzelnen Gegenstände – ebenso wie Gravität und Bedeutungsschwere, die sie auszeichnet – sind jedoch den stillebenhaften Partien der Bilder Bassanos weit überlegen. Das beruht, wie schon einmal gesagt, auf der Fähigkeit der Niederländer, die prosaischen Erscheinungen der Welt, die aber gerade das Gefühl des Häuslichen, des Nahen vermitteln, also das Gemüt ansprechen, ganz unauffällig zum Kunstwerk zu überhöhen.
Wie beliebt die Art dieser Malerei war – das Wichtignehmen der Behaglichkeiten des täglichen Lebens: wie Essen und Trinken –, beweist der Umstand, daß auch eine jüngere Generation, und wir meinen hier Joachim Bueckelaer (1530–1573), der Neffe des Aertsen, in dieser Manier fortfahren konnte. Er unterscheidet sich von seinem Onkel hauptsächlich dadurch, daß das Reale bei ihm kein Gleichnis wird, daß er also vordergründiger ist und den Mut hat, das Sinnhafte beziehungslos nur mehr als solches darzustellen.
Der berühmteste Maler Antwerpens um die Mitte des Jahrhunderts aber war *Frans Floris* (geb. zwischen 1516–1520, gestorben 1570), ein Zeitgenosse Tintorettos. Sehr charakteristisch für seine Kunst ist das *Jüngste Gericht*, 1565 datiert und signiert. Auf Abb. 88
einer senkrechten Steinplatte, gehalten von einem Propheten, sind aus dem »Buch der Weisheit«, Kap. 6, zwei Verse zitiert, die auf das Jüngste Gericht Bezug nehmen. Es ist nicht leicht zu verstehen, weshalb der Maler dieses Bildes so berühmt war, weshalb ihm aus allen Teilen des Landes Schüler zuliefen, so daß er einen Werkstattbetrieb in einem Umfang aufrecht erhalten konnte, wie man ihn erst wieder bei Rubens antreffen wird. Das, was seine Zeitgenossen so faszinierte, war sein für Antwerpen moderner Stil, der sehr überlegt nach der italienischen Malerei orientiert war. Verglichen mit der Kunst seiner niederländischen Zeitgenossen sahen seine Bilder beinahe wie Schöpfungen eines italienischen Malers aus. Man versteht, was ihn in Italien, wo er von 1541 bis 1547 lebte, besonders beeindruckt hatte. Es ist zunächst die Malerei Michelangelos. Er hatte in Rom das 1541 fertiggestellte

88 Frans Floris, Das Jüngste Gericht

»Jüngste Gericht« in der Sixtinischen Kapelle gesehen. Die Erinnerung daran konnte er – wie so viele andere Maler auch – nie mehr vergessen. Der Eindruck muß überwältigend gewesen sein. Die kopfüber stürzenden, verrenkten nackten Körper auf unserem Bild, die Verdammten der Hölle, erinnern immer noch an Michelangelos Kolossalgemälde, obwohl Floris es vor fast zwanzig Jahren gesehen hatte. Das gleiche gilt für die Farbigkeit. Das Steinerne, das wenig Farbige, das des Bildhauers Michelangelo malerisches Werk kennzeichnet, übernahm Floris ebenfalls. Auch er legte, wie sein Vorbild, größten Wert auf die Plastik der Formen und vernachlässigte die Farbe, um die dreidimensionale Form reiner zu erhalten. Aber auch Tintorettos Einfluß ist spürbar, am faßbarsten in der Art, wie die räumlichen Verhältnisse wiedergegeben sind. Freilich ist Tintoretto hierin nicht so unklar wie Floris. Denn die Raumvorstellungen des »Jüngsten Gerichts« sind kaum nachvollziehbar, es fehlt die Kontinuität. Der Vordergrund steht unmittelbar, ohne Übergänge, neben dem Hinter-

grund, und wieder anders ist die Relation zu den Erscheinungen des Himmels, wo Christus, über den Wolken zwischen den Evangelistensymbolen auf dem Regenbogen sitzend, von Engeln, Aposteln und Propheten umgeben, Gericht hält. Dennoch findet sich bei Tintoretto eng Verwandtes. Auch er läßt in seinen Kompositionen – wir werden noch darauf zurückkommen –, einer übersteigerten Perspektive folgend, den Raum rasant von vorne in den Hintergrund schnellen, so daß der nahe Vordergrund neben dem weit entfernten Hintergrund unmittelbar nebeneinander aufgefaßt wird. Und auch bei ihm gibt es die unmittelbare Nachbarschaft von hellen und dunklen Zonen. Durch diesen Kunstgriff erhält die Szene starke dramatische Effekte, die den Grad der Realität jedoch nicht steigern, sondern eher das Gegenteil bewirken – ein Umkippen ins Unwirkliche. Während aber eben diese räumlichen und die Hell-Dunkel-Effekte in den Bildern Tintorettos durch das malerische und farbige Element und durch die der italienischen Kunst niemals mangelnde Neigung zur idealen Schönheit zu einer Einheit zusammenwachsen, gelangte Floris zu ganz anderen Ergebnissen. Seiner niederländischen Natur gemäß haftete er viel mehr an der Realität. Alles, was darüber hinausging, in Richtung einer Übersteigerung der Wirklichkeit und auf eine ideale Vorstellungs- und Formenwelt zu, konnte nur durch einen Willensakt erreicht werden und führte zur Verkrampfung. Dennoch bewahrte den Maler ein starkes künstlerisches Temperament davor, zum bloßen Nachahmer zu werden. Der Kampf, den er gewissermaßen gegen seine eigene Natur führte, war unerbittlich, ja gewaltsam und ohne Kompromisse. Seine wahren künstlerischen Fähigkeiten kamen rein zum Vorschein, wenn er den Ehrgeiz, in italienischer Manier zu malen, beiseite ließ und seinem angeborenen Talent – dem Blick für die Wirklichkeit – nachgab und Porträts malte (»Bildnis eines Knaben«).
Die Begabung und die Lust des Niederländers, die Dinge der Umwelt ohne Beschönigung wiederzugeben, kommt im Porträt rein zum Ausdruck. Einer der hervorragendsten und die Zukunft bestimmenden Porträtmaler war *Antonis Mor* (um 1517–1576/77), ein Zeitgenosse des Floris. Mor hatte mit ihm, außer daß er derselben Generation angehörte, aber noch anderes gemeinsam. Auch seine Kunst war in maßgeblicher Weise von der italienischen Ma-

lerei beeinflußt. Während Floris jedoch an der Bewältigung des italienischen Vorbildes zerbrach, gelang es Mor, sich davon das zu nehmen, was seiner Begabung entgegenkam und mit ihr vereinbar war. Das konnte ihm umso leichter gelingen, als seine Ansprüche im Gegensatz zu Floris überhaupt bescheidener waren. Er befaßte sich fast ausschließlich mit der Porträtmalerei, während die großen figuralen Kompositionen des Floris mit all ihrer vielseitigen Problematik natürlich ungleich schwieriger zu bewältigen waren.

Mor war holländischer Abkunft, stammte aus Utrecht und lernte bei Jan van Scorel. Aber schon seit 1547 lebte er in Antwerpen, später in Brüssel und arbeitete für Antoine Perrenot de Granvella, den Bischof von Arras. Er reiste viel, lernte vermutlich 1548 in Augsburg auf dem Reichstag Tizian kennen, arbeitete an den Höfen von Portugal und Spanien, wurde Hofmaler König Philipps II. von Spanien und reiste mit ihm nach England zur Hochzeit mit Maria Tudor. Später Maler der spanischen Hofgesellschaft in Brüssel, stieg er überhaupt zum Porträtisten politisch bedeutsamer Persönlichkeiten auf. Gerade die in den Freiheitskampf gegen Spanien verstrickten Niederlande boten ihm hier reiches »Material«. Hier konnte er eine bislang im Norden unbekannte Porträtauffassung entwickeln, die den vornehmen Auftraggebern gemäß war. Eines seiner ersten Bildnisse ist das
Abb. 89 *Porträt* seines Gebieters, *des Bischofs von Arras* (1549). Dieser große Herr (1517–1586), Sohn von Nicolas Perrenot de Granvella, dem Kanzler Karls V., gebürtig aus Besançon, Student in Padua und Löwen, seit 1540 Bischof von Arras, spielte eine große und wichtige Rolle in der habsburgischen Politik. Als Gesandter Karls V. vermittelte er die Hochzeit von dessen Sohn Philipp II. mit Maria von England, dann wurde er Premierminister der Statthalterin der Niederlande, Margarete von Parma. Später war er führend beteiligt an der Gründung der Heiligen Liga zwischen Spanien, Venedig und dem Papst gegen die Türken, die 1571 zum Sieg von Lepanto führte. Zwischen 1570 und 1575 Vizekönig von Neapel, war er bis zu seinem Tod in diplomatischer Mission tätig.

Mor malte dieses Bildnis, gleich nachdem er in den Dienst des Kardinals getreten war. Und obwohl es eines seiner frühesten höfischen Porträts ist, wird schon hier deutlich, worauf es ihm

89 Antonis Mor, Kardinal Granvella

ankam: auf subtilste Malkultur und größtmögliche Ähnlichkeit, die nicht idealisiert, aber überhöht wird durch Haltung und Positur des Dargestellten. Denn auch ohne den abschätzenden und hochmütigen Gesichtsausdruck Granvellas wüßte man, daß ein vornehmer Herr vor einem steht. Das kommt daher, daß der Maler das Bildnis nicht in Brusthöhe enden ließ, sondern einen größeren Bildausschnitt wählte, der es fast zum Kniestück macht. Dadurch entsteht der Eindruck, als blicke der Dargestellte – den Kopf im oberen Bildviertel – auf den Beschauer herunter. Das »Herunterschauen« aber ist Sache des Höhergestellten, oder desjenigen, der sich eine solche Position anmaßt. Dazu kommt das Schwarz der Kleidung, das den geistlichen Stand hervorhebt, zudem aber die Farbe der spanischen Hoftracht war. Der dunkle Hintergrund, nur ein wenig abgehoben von Haar und Kleidung,

90 Antonis Mor, Königin Anna von Spanien

bedeutet ebenfalls vornehme Zurückhaltung, die allein Gesicht und Hände ins Licht zu rücken gestattete.
Die Eigenart, nicht nur auf Porträtähnlichkeit auszugehen, sondern auch den besonderen Stand und die geistige Haltung des Dargestellten herauszuarbeiten, hatte Mor den Porträts Tizians abgeschaut. Vergleicht man etwa das Bild Granvellas mit Tizians »Bildnis des Benedetto Varcchi«, so wird einem die ähnliche Auffassung in beiden Werken sofort klar. Was jedoch die Porträts von Mor für die spätere höfische Porträtmalerei – für die niederländische und vor allem für die spanische – zum Vorbild werden ließ, war das spezifisch niederländische Element. Es gewährleistete eine nüchterne, unverklärte Wiedergabe der Ähnlichkeit und gestattete es, individuell identifizierbar präzise Details

wiederzugeben, eine Tischuhr, Schmuck und anderes etwa. Das aber war gerade für die Hofporträts interessant, die zwischen den europäischen Höfen, besonders zahlreich zwischen Madrid und Wien, speziell im Verlauf von Heiratsprojekten ausgetauscht wurden. Und noch heute ist es möglich, berühmte Schmuckstücke an Hand der Porträts zu identifizieren.

Ein schönes Beispiel der von Mor geschaffenen höfischen Porträts ist das Bildnis der *Königin Anna von Spanien.* Sie war die Tochter Abb. 90 Kaiser Maximilians II. Aus politischen Gründen wurde die Einundzwanzigjährige zur vierten Frau Philipps II. von Spanien, ihres Onkels, bestimmt. 1570 reiste sie von Wien nach Madrid, bei der Gelegenheit saß sie dem Maler. Erst später kam das Bild nach Wien. In diesem Bildnis sind bereits sämtliche Züge des höfischen Porträts ausgebildet, die bis ins 19. Jahrhundert Geltung behalten sollten. Wie die Porträtkunst Mors von der Tizians gelenkt wurde, so wirkte auch sie wiederum wegweisend für andere Maler, vor allem für solche aus ihrem direkten Einflußbereich – nämlich auf die spanische Porträtmalerei eines Sanchez Coëllo und Pantoja. In den Porträts dieser Maler trat das Individuelle allmählich hinter den Typus eines Standes zurück. Je mehr aber das Typenmäßige hervortrat, desto starrer und schematischer wurden die Bildnisse. Erst ein Künstler von der Kapazität eines Velázquez konnte sie aus ihrer nahezu gespenstischen Erstarrung befreien.

Gerade in diesem Zusammenhang ist es interessant, einen anderen Porträtmaler anzuführen, und zwar keinen Niederländer oder Spanier, sondern einen Italiener, *Giovanni Battista Moroni* (ca. 1523–1578) aus Bergamo, ungefähr gleich alt wie Mor. Er stammt aus der Schule des Moretto von Brescia. Das Stifterbildnis auf Morettos »Heiliger Justina« (siehe dort) ist ein Beispiel für dessen Fähigkeiten als Porträtist. Moroni aber ist nahezu ausschließlich Porträtmaler. Ebenso wie Brescia auf halbem Weg zwischen Venedig und Mailand liegt, liegen die Quellen seiner Malerei nicht nur in Venedig, sondern auch im lombardischen Bereich. Aus diesen Grundlagen entstehen neue Möglichkeiten, die der Porträtmalerei günstig sind.

Das *Bildnis eines Bildhauers* von Moroni – nach der Überliefe- Abb. 91 rung soll es den Bildhauer Alessandro Vittoria darstellen – ist wenig später entstanden als der »Granvella«. Die weiche atmo-

91 G. B. Moroni, Bildnis eines Bildhauers

sphärische Malerei, der schöne, über die Schulter gedrehte Kopf – das alles ist nicht denkbar ohne venezianische Schulung. Die kühle Tonigkeit des Bildes jedoch, der Grau-Schwarz-Weiß-Effekt, der die plastische Form so gut herausbringt, der bestimmte, unverschleierte, direkt auf den Betrachter gerichtete Blick, die bestimmte Haltung, ebenso der Griff, der den antiken Torso fest umfaßt, das alles sind Merkmale, die einem nüchtern-realistischen Aspekt dienen. Venezianische Poesie und Mailänder Realismus ergaben eine Mischung, die gerade für die Erfassung einer Persönlichkeit im Porträt, ihres physischen und geistigen Bildes, die besten Grundlagen bot.

Abb. 92 Das *Bildnis eines Herrn,* ebenfalls von Moroni, aber etwas später zu datieren als der »Bildhauer«, macht dies vielleicht noch deutlicher. Eines ist hervorzuheben: Der Niederländer Mor, Diener

92 G. B. Moroni, Bildnis eines Herrn

des höchsten Standes, schuf den für lange Zeit gültigen Typus des höfischen Porträts. Seine glatte, präzise, distanzierte Malerei war ihm wesentliches Mittel hiezu. Moroni aber war nicht der Porträtist von Königen, sondern der von Bürgern und Edelleuten. Hier mußte das Individuum nicht hinter dem Stand zurücktreten, im Gegenteil, der Dargestellte wird trotz unbestreitbarer gelassener Vornehmheit der Auffassung nie zum Typus, sondern ist eben jedesmal ein besonderer, unverwechselbarer Mensch. Das macht die Porträts Moroni so lebendig und in ihrer zurückhaltenden, aber schönen tonigen Farbigkeit so ansprechend. Der Realismus dieser Porträts entspricht dem Realismus einer wohlwollenden Menschlichkeit.
Daß gerade um und nach Mitte des 16. Jahrhunderts die Darstellung des Menschen ein Hauptthema war und daß es so viele

Möglichkeiten des Menschenbildes gab, lag unter anderem wohl daran, daß man in der Übergangszeit zwischen Renaissance und Barock mehr denn je nach einem neuen Verständnis der Welt und des Menschen, nach einem neuen Bewußtsein seiner selbst gesucht hat. Sehr große Künstler, die keineswegs nur Porträtisten waren, konnten daher gerade auch hier Außerordentliches leisten. Es ist lehrreich, nach Moronis Bildnissen, eines der schönsten Abb. 93 Porträts Tizians, das Bildnis des *Jacopo Strada,* genauer zu betrachten. Das Porträt stammt aus den Jahren 1566/67, Tizian war damals schon hochbetagt. Dennoch gelang es ihm, ein Bildnis zu schaffen, das von seinen früheren in der allgemeinen Auffassung völlig abwich. Ebenso wie Moronis »Bildhauer« hält auch »Strada« eine antike Statuette schräg vor sich in den Händen und zeigt sie einem außerhalb des Bildes Stehenden. Aber während der »Bildhauer« vollkommen aufrecht steht, den Beschauer über die Schulter fixiert und ihn gewissermaßen fragt, was er von der Statuette in seinen Händen halte, beugt sich Jacopo Strada lebhaft vor – der Pelzkragen um seine Schulter nimmt dabei dieselbe Neigung an wie die Statuette –, dreht den Oberkörper nach vorne, schaut aber dabei nicht den Bildbetrachter an, sondern eine andere im Bild oder im realen Raum gedachte Person. Gerade dieses Vermeiden einer direkten Kommunikation mit dem Gegenüber macht den Porträtierten zu einem ebensolchen Schauobjekt wie die gezeigte Statue. Tatsächlich ist dieser Mann auch der Betrachtung wert in seinem prachtvollen Gewand mit den roten Seidenärmeln, dem üppigen Pelz, der vielfach geschlungenen Goldkette, dem blitzenden Degen, den Goldmünzen vor sich und den Büchern über sich auf einer Holzbrüstung, die wohl zur Täfelung eines Studios gehört, dessen senkrechte Wandgliederung die lebhaften Diagonalbewegungen wieder in eine stabile Ordnung einschreiben.

So aufrecht und geradlinig Blick und Ausdruck des »Bildhauers« sind, so hintergründig erscheint das Wesen des Strada, sein verschatteter und abwägender Blick, der sein Gegenüber blitzschnell als einen möglichen Käufer des Kunstgegenstandes einschätzt, den er anbietet. Und tatsächlich ist dieser Strada auch eine bemerkenswerte Persönlichkeit gewesen. Gebürtiger Mantuaner (geb. ca. 1515), sehr gebildet, Besitzer einer berühmten Bibliothek, Liebhaber der Kunst und der Wissenschaft, war er selbst Architekt,

93 Tizian, Jacopo Strada

Kunsthändler, Agent und Abenteurer, Fürstendiener, erst in den Diensten Herzog Albrechts V. von Bayern, Mitbegründer des Münchener »Antiquarium«, seit 1556 in kaiserlichen Diensten, erst in Wien, dann in Prag, sowohl bei Kaiser Ferdinand I., als auch bei Maximilian II. und Rudolf II., unentbehrlich als »Antiquarius«, Kunstexperte und Ankäufer von Kunstgegenständen. Er lieferte auch Zeichnungen zu Kriegsmaschinen, daher sein Titel »comes bellicus«, wie es auf der Kartusche rechts oben heißt, die freilich erst im 17. Jahrhundert, vielleicht auf Betreiben seines Sohnes Ottavio, der ebenfalls in kaiserlichen Diensten stand, hinzugefügt wurde. Strada war aber gleichzeitig ein harter und skrupelloser, ja gewissenloser Geschäftsmann. Das ging so weit, daß er um seines Vorteiles willen seine Tochter an Kaiser Rudolf II. verkuppelte. Auch Tizian weiß in einem Brief Nachträgliches über seine Geschäftspraktiken zu berichten, die dem Maler sogar Schaden brachten. Das Schillernde, Unruhige dieses ohne Zweifel begabten, intelligenten und gebildeten Mannes, der aber ohne moralische Hemmungen allein nur auf die Mehrung seines Ansehens und seines Reichtums bedacht war, vermochte Tizian in die adäquate Form zu bringen. Alles ist in Bewegung, scheint labil, unvorhergesehen an dem Bildnis dieses Mannes – und alles ist prächtig und teuer, fast protzig. Seine tiefsten Absichten treten, wenn auch kaschiert durch Samt und Seide, für den Betrachter klar vor Augen: für ihn ist alles käuflich.

Einem jüngeren Maler als Tizian, wie etwa dem um eine Generation jüngeren Moroni, wäre es wohl kaum gelungen, diesem nicht gerade sympathischen Charakter ein so schönes und vornehmes Bildnis zu widmen. Es wären ihm vor allem nicht die hohe Malkunst zur Verfügung gestanden, die gerade den Altersstil Tizians kennzeichnet, der offene, großzügige Pinselstrich und die wunderbare warme Farbigkeit mit ihren rotgoldenen Tönen, Mittel also, die einem Bild von vornherein ein nobles Ansehen geben. Und er hätte wohl auch nicht die an sich positiven Fähigkeiten des Mannes diskret und dennoch deutlich, weil formal augenfällig, »umschrieben«, wie es Tizian mit den Münzen, der Statuette, den Büchern tat; er wäre einfacher und direkter verfahren, unpathetischer und bürgerlicher, ähnlich wie es das schon erwähnte »Bildnis eines Herrn« zeigt, das ungefähr um die gleiche Zeit entstand wie der »Strada«. Tizian stammte eben noch aus einer Epoche, in der ein Baldassare Castiglione im »Cortegiano« das vornehme, gebildete, ausgewogene und humane Idealbild des Edelmannes geschaffen hatte, das lange Zeit hindurch seine Gültigkeit behielt und für Tizian auch im Falle Strada bestimmend und richtungweisend war. Noch immer war ja der Stand eines Menschen maßgebend für sein Abbild, und alles Individuelle und Besondere wurde vor allem durch Attribute, wie Bücher oder anderes, gekennzeichnet, nicht aber durch die psychologische Erfassung und Kennzeichnung der Persönlichkeit des Porträtierten. Daß Tizian dennoch gleichzeitig Allgemeines und Besonderes, Ideal und Realität, Vornehmheit und Schurkerei ausdrücken konnte, lag vor allem an der für sein Oeuvre ungewöhnlichen labil-bewegten Komposition. Es ist eine Komposition, die man merkwürdigerweise schon fünfzehn Jahre zuvor in einem Porträt

des eigenwilligen Lotto findet (»Mann mit Armbrust«, Rom), die aber gleichzeitig den modernen – die geschlossene, ausgewogene Form auflösenden – Tendenzen manieristischer Kunstauffassung entsprach, Tizian vielleicht bekannt war und für die Bildidee des »Strada« verwertbar erschien.
Wie die moderne Porträtkunst in Venedig aussah, macht uns einer ihrer berühmtesten Vertreter klar, nämlich *Jacopo Tintoretto* (1518–1594). Er war der phantasievollste Geist, der aus der manieristischen Malkultur Venedigs hervorgegangen war beziehungsweise sie überhaupt erst schuf und der damit von vornherein in einem Gegensatz zum noch immer alles dominierenden Tizian stand: Denn dieser und sein Werk waren es gewesen, die trotz mannigfaltiger Infiltration das Eindringen des römisch-florentinischen Manierismus weitgehend verhindert oder erschwert hatten: Um so interessanter ist daher eine Erscheinung wie Tintoretto und die Metamorphose der venezianischen Malerei, die ihm gelungen ist.
Das Porträt eines *Weißbärtigen Mannes,* um 1570 gemalt, also ungefähr aus der gleichen Zeit wie das Bildnis des Strada stammend, ist typisch für Tintorettos Porträtauffassung. Aus der Schwärze des Hintergrunds, in die kaum unterscheidbar das dunkle Gewand des Mannes eingeht, leuchten nur Kopf und Hand hervor. Auf diese, vor allem aber auf den Kopf ist das Licht wie aus einem Scheinwerfer konzentriert, alles andere wird zurückgenommen. Auch die Farbe spielt kaum eine Rolle, sie erschöpft sich in der Abschattierung der Dunkelheiten und in der eher einfachen, kräftigen Färbung des Gesichts. Der Unterschied zu Tizians Porträtmalerei, aber auch zu der anderer Maler, sogar zu der von Generationsgenossen wie Moroni, könnte nicht größer sein. Hat Tizian gleichmäßig alle Teile des Bildes ihrer Wertigkeit gemäß zu Wort kommen lassen und sie ebenso gleichmäßig in eine einheitliche Atmosphäre von Licht erfüllter Farbigkeit gehüllt, so ist dies bei Tintoretto ganz anders. Er setzt das Licht gezielt – in einer, verglichen mit Tizian, fast rohen Weise – ein, um etwas aus der Finsternis heraus zu beleuchten. Dadurch wird ein hoher dramatischer Effekt erzielt. Gleichzeitig bringt aber diese starke Licht-Dunkel-Kontrastierung eine Vereinfachung mit sich, so wie eben jedes starke dramatische Moment naturgemäß vermittelnde Zwischentöne vermissen läßt. Die allgemeine Schwärze schluckt

Abb. 94

94 Tintoretto, Weißbärtiger Mann

jeden räumlichen Hinweis, und die Modellierung des Kopfes geschieht ebenfalls durch starke, dunkle Schatten. Dem entspricht, daß die Zeichnung von Kopf, Augen und Ohr, ebenso wie der gesamte Umriß, kräftig und bestimmt ist. Das malerische Element, wie wir es von Tizian kennen, großzügig und dennoch subtil und voller flächiger Übergänge, fehlt, Haare, Bart und Gesicht sind in trockenen, bewegten, kurvigen Strichen gemalt. Das Ergebnis dieser gestalterischen Mittel ist eine stärkere Unmittelbarkeit des Dargestellten. Nicht im Sinne eines Naturalismus, wie wir das bei Moroni sahen. Es ist fast das Gegenteil davon, eine Art Expressionismus nämlich, freilich kein Expressionismus im modernen Sinn, der charakteristische Merkmale des Porträtierten in übersteigerter, psychologisierender Form zur Geltung bringt, sondern einer, der das allgemeine Bild einer Gruppe, eines Standes in dramatisch übersteigerter Form wiedergibt, ohne dabei die jeweilige Porträtähnlichkeit einem übergeordneten Gedanken zu opfern. Der weißbärtige Herr, seiner Gewandung nach ein hoher Vertreter des venezianischen Beamtenstandes – Tintoretto war der Maler des hohen und höchsten Beamtenstandes der Republik Venedig –, zeigt die robusten, fast bäuerlichen Gesichtszüge eines hartköpfigen, berechnenden alten Mannes, die weder veredelt noch gedanklich überhöht oder interpretiert sind. Erst spätere Porträts, vor allem das Selbstbildnis des Malers, zeigen das Bestreben, die Persönlichkeit als solche in ihrer besonderen Eigenheit zu erfassen.

Tintorettos Bildnisse kennzeichnen den Ausbruch aus der Ausgewogenheit des Menschenbildes der Renaissance und den Beginn einer Betrachtungsweise, die betont einseitig das schöne Bild auflösen will und erschreckende Finsternis einbrechen läßt, die nur wie in einem Gewitter durch Blitze erhellt wird und nicht so sehr das ästhetische Bewußtsein befriedigt als Gefühlsbewegungen auslöst.

Viel deutlicher noch ist diese neue Haltung der Welt gegenüber den großen Kompositionen des Malers abzulesen. Auch hier wird die geänderte Situation aus dem Vergleich mit den Werken Tizians deutlich erkennbar. Das Bemerkenswerte daran ist, daß Tizian trotz gelegentlicher Übernahmen manieristischer Erfindungen immer noch fähig war, mit seinen Mitteln Neues herauszuholen.

Zwei hervorragende Werke zeigen die Wandlungsfähigkeit in der Spätzeit seines Lebens.

Das eine ist *Diana und Callisto* (um 1568), ein Bild, das zu einer Abb. 95
Gruppe von Werken gehört, den sogenannten »Amori«, Götterliebschaften, wie sie Tizian für König Philipp II. von Spanien gemalt hat, beziehungsweise in diesem Fall für dessen Cousin Kaiser Maximilian II. Nach Ovids »Metamorphosen« wird hier die Geschichte von der Jagdgöttin Diana erzählt, die an einer ihrer Nymphen, Callisto, feststellen muß, daß sie das Gebot der Keuschheit übertreten hat. Obwohl der oberste der olympischen Götter, Jupiter selbst, sie verführt hat, wird sie von Diana bestraft und in einen Bären verwandelt, der dann als Sternbild an den Himmel entrückt wird. Die in der Renaissance so beliebten mythologischen Themen der Antike, speziell in der Fassung von Ovids

95 Tizian, Diana und Callisto

»Metamorphosen«, haben einen immensen Gehalt an Naturgefühl. Die Gottheiten sind eng in die Natur verwoben, und die »Verwandlungen« sind solche in Erscheinungen der Natur, in Tiere, Pflanzen und Gewässer. Tizian hat schon in seiner frühen Zeit in seinen Gemälden der Landschaft eine bestimmende Rolle eingeräumt, es ist gerade sie, die seine Bilder so poetisch macht. Jetzt, in seinen späten Jahren, bildet sie mit der figuralen Szene eine vollkommene Einheit. Die hohe, strafende Göttin mit ihren Nymphen, golden schimmernd unter dem improvisierten, von den Zweigen herabhängenden, purpurnen Brokatbaldachin, scheint eben aus der Dämmerung des Waldes hervorgetreten zu sein. An einem Bach, vor einem Springbrunnen mit goldglänzender Schale, darüber eine Statue unter aufglänzenden Wasserfontänen, hell und dunkel vor düster blauem Meer und dem Gewitterhimmel mit weißen Wolkentürmen, vollzieht die Göttin ihren Zauberspruch an der zu ihren Füßen liegenden Callisto. In den Wolken, von der untergehenden Sonne rötlich beschienen, erscheint der Regenbogen, das Zeichen des Olympiers. Die großartige Naturvision, in der Himmel, Wasser und Wald, die Kräfte der Natur und ihre Verwandlungen eins sind, konnte nicht eindringlicher zur Anschauung gebracht werden als durch die Kunst eines Malers, dem sich das heraufbeschworene Bild als reine Farbvision, als eine Einheit von Übergängen, von kühlen und warmen, kalten und glühenden Farbtönen zeigte. Es stellt sich nicht mehr die Frage nach räumlichem Aufbau, perspektivischem Gerüst oder ähnlichem, denn Raum, plastische Form und Komposition sind durch ihre farbige Durchdringung zu einer Gesamtimpression von unerhörter dichterischer Pracht zusammengefaßt, in der alle anderen kompositionellen Werte unwichtig scheinen.

Nicht viel später, um 1570, ist das Bild *Nymphe und Schäfer* entstanden. Unter einem, gegen den Abendhimmel ganz dunklen, Baum lagert eine nackte Frau auf einem Leopardenfell. Daneben sitzt ein Hirte, der eben seine Flöte abgesetzt hat. In der Ferne weiden die Schafe, weiter vorne springt ein Ziegenbock an einem Baumstrunk hoch und reißt Blätter von einem Ast. Eine Idylle ohne jeden besonderen Inhalt, doch voll eines lyrischen Naturgefühls, das die weit zurückliegenden Werke Giorgiones heraufbeschwört. Tatsächlich ist auch die liegende Figur nach einem Stich von Campagnola konzipiert, der seinerseits wieder auf ein Vorbild Giorgiones zurückgeht. Tizian erinnert sich im hohen Alter an seine frühe Jugend. Die Reminiszenzen sind aber keine bloßen Wiederholungen. Die große Einfachheit und die Ruhe giorgionesker Bildgedanken sind wie nichts anderes dazu geeignet, die letzten Vorhaben einer malerischen Entwicklung zur Vollendung zu bringen. Wie schon das Bild »Diana und Callisto« klargemacht hat, versucht Tizian plastische Form, räumliche Entfaltung, Farbe und Licht zur Einheit zu bringen. Dieses Ziel ist leichter zu erreichen, wenn es wenige und großangelegte Einzelformen gibt. Vielteiligkeit erschwert ein Vereinheitlichungsverfahren. Die Vereinheitlichung wird durch Vereinfachung begünstigt. Daher ist das einfache Bildsujet für den Zweck sehr geeignet.

Abb. 96

96 Tizian, Nymphe und Schäfer

Bezeichnend scheint auch, daß die Thematik so undeutlich ist, daß man bis heute nicht weiß, ob damit »Venus und Anchises« oder »Daphnis und Chloe« gemeint sind oder sonst eine Szene aus der Antike. Der alte Titel »Nymphe und Schäfer« gibt in seiner Ungenauigkeit der Phantasie weiten Spielraum, da keine literarische Bindung besteht, mehr noch – er führt zurück in eine Anfangs- und Ursituation: Mann und Frau in der Unberührtheit der Natur, als Teil der Natur.

Das Mittel, eine solche umfassende Idee, nämlich die des Lebens selbst, zu gestalten, gibt die Farbe. Weit mehr als bei »Diana und Callisto« sind alle Formen in einen dämmrigen, da und dort aufleuchtenden Ton getaucht. Es gibt keine festen Konturen, die Zeichnung der Gesichter ist nur kursorisch, das Gewand des Hirten besteht aus wenigen großen Pinselstrichen, die Landschaft nur

97 Tintoretto, Susanna im Bade

aus einem Geflimmer, aus farbigen Andeutungen, die Formen nur ahnen lassen. Die Sonne ist schon hinter dem Horizont verschwunden, nächtliche Schatten greifen aus der Finsternis des Waldes und zehren langsam alle Farben auf.
Sind es in den früheren Bildern Tizians Farbe und Licht, die sie zum Leben bringen, so sehen wir hier den Versuch, Farbe und Dunkelheit – zwei sich völlig widersprechende Elemente – einander beeinflussen zu lassen. Die Farbskala ist daher nicht groß, um so größer aber sind Geschlossenheit und Einheitlichkeit der Bildteile und damit die Kraft der Aussage, die das Ungebändigte eines frühen Schöpfungstages der Natur – gemildert durch die Poesie der Musik – besitzt.
Wieder reizt es einen, dieses Hauptwerk aus dem Oeuvre Tizians mit einem Hauptwerk des jungen Tintoretto zu vergleichen. Es ist das die *Susanna im Bade*, ein Bild, das insofern gewisse äußere Abb. 97
Verwandtschaft mit der »Nymphe« hat, weil es ungefähr die gleichen Ausmaße besitzt, und weil überdies das Hauptthema der

Komposition eine nackte Frau in der Landschaft ist. Das Bildthema stammt allerdings nicht aus der Mythologie, sondern aus dem Alten Testament und wurde symbolhaft mit dem Begriff der Keuschheit gleichgesetzt.

Tintoretto hat dieses Bild übrigens früher gemalt als Tizian seine »Nymphe« oder »Diana und Callisto«, und zwar um die Mitte der fünfziger Jahre. Da aber Tizian schon in den fünfziger Jahren damit begonnen hatte, seine Kompositionen mehr und mehr in Farbe und Licht aufzulösen und in dieser Weise so lange folgerichtig fortfuhr, bis auf diesem Weg kaum mehr neue Entwicklungen zu erreichen waren, ist es wohl gestattet, die »Susanna«, die ja bereits alle Charakteristika der Malweise Tintorettos zeigt, mit einem Alterswerk Tizians zu konfrontieren.

Das Ergebnis eines solchen Vergleichs ist überraschend: zwei Welten stehen einander gegenüber, und dennoch ist die eine ohne die andere nicht denkbar. Abgeschirmt durch eine Rosenhecke, am Rande eines Bassins sitzt Susanna, trocknet sich einen Fuß ab und schaut versunken in einen Spiegel, der an der Hecke lehnt. Der Körper der jungen Frau, mächtig und extrem in seiner Haltung, ähnlich den Jünglingen Michelangelos an der Decke der Sixtina und wie diese ihre Körperlichkeit bewußt darbietend, wird sie von einem scharfen Lichtstrahl getroffen, der die weiße Haut hell aufleuchten läßt. Die Halbschatten, die über den Körper gleiten, modellieren ihn nicht, sondern durchschneiden ihn vielmehr und verleihen ihm ein merkwürdiges fremdartiges künstliches Leben, ähnlich Baumschatten, die über einer besonnten Lichtung spielen. Der helle Körper, das weiße Tuch, die stillebenartig arrangierten Toilettegegenstände sind von tiefster lichtloser Dunkelheit, von Baum, Wasser und Hecke umfangen, vor der die bewegte kurvenreiche Linie des Rückens wie eine Naturform, wie ein Hügel vor einem Wald, steht. Trotz des monumentalen Körpers, trotz der scharfen Lichteffekte besitzt diese schattige Szene den Reiz der Intimität und der Zurückgezogenheit. Dieser Eindruck wird plötzlich gestört, sobald wir den alten, rot gekleideten Mann entdecken, der, hinter der Hecke verborgen, ganz vorne wie ein Tier auf dem Boden liegt und die Szene heimlich beobachtet. Ein zweiter Schock wird einem versetzt, bemerkt man, wie sich die Hecke in unwahrscheinlich schneller Perspektive nach rückwärts zu verjüngt und daß hinter ihr ein zweiter Mann heranschleicht, klein wie in weiter Ferne und doch nah, weil die Hecke ja nicht lang ist. Er steht an der Schwelle zwischen Licht und Dunkel wie an eine offene Tür gelehnt, die den Ausblick in einen wunderschönen Garten mit Hecken und Bäumen, Brunnen und Gittern öffnet. Wie das Unheil tritt der Alte leise aus dem besonnten Bereich in die intime Dunkelheit. Über dem kleinen schönen, goldbezopften Kopf der nichtsahnenden, in ihren Anblick versunkenen Susanna sitzt auf einem Ast eine schwarzweiße Elster. Es ist der Vogel der Verleumdung und der bösen Nachrede. Noch bevor das heimliche Treiben der alten Männer offenkundig wird, ist sie schon da – als böse Vorahnung, mitten in der stillen Abgeschiedenheit der Szene.

Wohl kein anderer Maler zuvor oder nachher hat diese Szene je wieder so eindringlich geschildert. Das kommt daher, weil der vorangehende Moment gezeigt wird, die Ruhe vor dem Sturm, der sich erst ankündigt. Die Wahl gerade dieses Augenblicks macht die Spannung fühlbar, die der Maler dann außerdem mit den ihm entsprechend scheinenden malerischen Mitteln darstellte. Die Anwendung einer bühnenartigen Beleuchtung, die den Hauptakteur grell hervorhebt und alles andere ins Dunkel senkt, die Verzerrung der Perspektive, die den Raum wie durch ein verkehrt gehaltenes Fernrohr gesehen erscheinen läßt, also Nahes weit entfernt, ruft ein Gefühl der Erregung hervor. Nicht seelische Harmonie, formales Gleichgewicht und Natürlichkeit werden angestrebt, wie das Tizian – noch in seinen späten Werken ein Renaissancekünstler – getan hat, sondern Einseitigkeit und Übergewicht nach einer Seite zu, dramatische Exaltation und eine Art von kostbar glitzernder Künstlichkeit. Tintorettos Werk ist, gehalten an das des Tizian, effektvoller, aber damit auch gröber und manchmal in seiner Wirkung sogar primitiv. Dennoch konnte aus dem Gleichmaß nur Ungleichmaß, aus einem alles durchdringenden Kolorismus keine Steigerung, sondern nur noch eine Brechung, eine Zerlegung, die Verfolgung nur einer bestimmten Komponente erfolgen. Was auf diesem Weg alles herauszuholen war, zeigt das Hauptwerk Tintorettos in der Scuola di San Rocco in Venedig. Aber auch die *Geißelung Christi* unserer Galerie läßt Abb. 98
deutlich die Weiterentwicklung der Idee erkennen: Auflösung, ja Verzicht auf die Raumillusion, Unterdrückung der Farbigkeit zugunsten eines Hell-Dunkels, Auflösung der Körperlichkeit, die

98 Tintoretto, Geißelung Christi

zum Schluß nur noch aus Lichtern besteht, die das Dunkel akzentuieren und erst recht fühlbar machen. Tizian war der aristokratischeste unter den Malern Venedigs, seine Malerei war ganz heroische Sinnlichkeit, seine Welt von Göttern bewohnt. Tintoretto ist der Maler des reichen Bürger-Beamtentums und der religiösen Bruderschaften, seine Welt ist vergeistigt, verinnerlicht und in den meisten Werken von tiefer und leidenschaftlicher Religiosität erfüllt.

Jacopo Bassano (1517/18–1592) war Tintorettos Zeitgenosse. Doch stammte er aus der Provinz, vom venezianischen Festland, aus dem ländlichen Bassano, wo er, trotz ständiger Verbindung zur Kapitale Venedig, zeit seines Lebens blieb. Vielleicht war es gerade dieser Umstand, der es ihm ermöglichte, fernab von den

99 Jacopo Bassano, Die Anbetung der Könige

großen, den Ton angebenden Meistern zu einer eigenen Anschauung der Welt zu gelangen.

Die *Anbetung der Könige* ist eines seiner schönsten Werke, entstanden um 1559/60, ein Werk der vollen Reife. Von seinen anderen Bildern unterscheidet es sich durch eine auffallende Eleganz der Linienführung, die die überlangen, schlanken Figuren auszeichnet und daran erinnert, daß wohl Parmigianino, einer der Hauptmeister des Manierismus – durch die sehr verbreiteten Stiche nach seinen Bildern bekannt – Bassano eine Zeitlang etwas bedeutet haben muß. Doch hat der venezianische Maler die langen schwingenden, bewegten Formen in ganz neuartiger Weise benützt. Denn so elegant die Linienführung als solche ist, so auffallend unelegant ist die Bewegung gerade der Hauptfiguren: Die Abb. 99

Madonna klappt in einem langen spitzen Winkel nach vorne, der schwarze König, ihr formales Gegenüber, knickt ebenfalls steif aus den Hüften nach vorne, und gar der alte König liegt in der unwürdigsten Weise auf allen vieren, das Hinterteil dem Beschauer hingereckt, um das Jesuskind genau betrachten zu können, parallel zum Pferd mit dem schönen schlanken Kopf und dem dicken Hinterteil. Gerade die Haltung des Königs wird für Bassano und seine ganze spätere Werkstatt fast so bezeichnend wie eine Signatur. Freilich sind es dann nicht Könige, die so knien, sondern meist Landleute, Leute aus dem Volk. Diese tölpische Haltung erscheint uns als Schlüssel für die wahre Haltung Bassanos. Denn ebenso wie er – gleich seinen Söhnen Francesco und Leandro – die bäuerliche Landschaft und das Landleben in einer vorher nie dagewesenen Weise in die venezianische Malerei einführte – freilich gebunden an den übergeordneten Ablauf der Monate und Gestirne –, bringt er auch in seine übrigen Darstellungen einen natürlichen und frischen, unintellektuellen und ungesuchten Realismus, den man einen bäuerlichen Realismus nennen möchte.

Auf unserem Bild hat die Verschmelzung von Stilisierung und Realismus einen unerwarteten Effekt zur Folge, der fast expressionistische Wirkungen erzielt und verständlich macht, weshalb dieses Bild einmal El Greco zugeschrieben werden konnte.

Doch der große Reiz des Gemäldes wäre nicht erklärt ohne Erwähnung seiner besonderen Farbigkeit. Die Farbwahl ist auffallend kühl. Über einer fast an Lotto erinnernden fernen Landschaft hängt ein schwerer graublauer Himmel. Kronen und goldene Gefäße setzen dem Ganzen kostbare Lichter auf. Auch früher, als das Krapprot der Gewänder der Maria und des Mohrenkönigs noch nicht so verblaßt war wie heute und mit dem grünen Kleid des knienden Königs einen kräftigeren Farbakkord ergeben haben muß, war der Gesamtton dennoch ein vornehm kühler, unter dem gedämpften Licht eines bewölkten Himmels in silbrige Halbschatten getaucht.

Wie groß das koloristische Können venezianischer Maler war, wie vielfältig die Facetten dieses Kolorismus und wie sie es mit seiner Hilfe vermochten, die Mode der Zeit, den Manierismus, immer wieder für sich ungültig zu erklären, beweist auch das Werk des letzten großen venezianischen Malers des Cinquecento, des Paolo Caliari, genannt *Veronese* (1528–1584). Er stammt eben-

100 Veronese, Christus und die Blutflüssige

falls vom venezianischen Festland, aus Verona, übersiedelte aber um 1551 nach Venedig. Er ist um zehn Jahre jünger als Tintoretto und Bassano. Die Bekanntschaft mit dem Manierismus machte er noch in jungen Jahren in Verona, wo dessen römische und emilianische Ausformung heimisch war. Vielleicht rührt von dorther eine sehr wesentliche Eigenheit Veroneses, die ihn von den anderen Venezianern unterschied und seinen Werken einen hohen Grad von Klassizität verlieh. Sie wird uns bei Betrachtung eines Bildes auffallen, das am besten alle Merkmale seiner Kunst zeigt, nämlich *Christus und die Blutflüssige* von 1565/1570. (Die Dar- Abb. 100
stellung könnte sich übrigens auch auf die »Heilung des Jünglings von Nain« beziehen.)

Die Szene spielt sich auf einer Treppe ab, die offenkundig zu einer mächtigen Säulenarchitektur hinaufführt. Christus steht mit seinen Jüngern auf dem obersten Absatz und blickt auf die Kniende mit ihrer Begleitung hinunter. Auf den untersten – bereits unsichtbaren – Treppenstufen befindet sich eine dritte Gruppe, nur noch halben Leibs sichtbar, die Krüppel und Kranken, die auf Heilung warten, darunter auch der zum Leben erweckte Jüngling von Nain. Wir hatten es schon einmal mit einer ähnlichen Komposition zu tun – und zwar bei Tizians »Ecce Homo« von 1543. Auch dort steht Christus auf einer Treppe, und die Menge bewegt sich zu ihm hinauf. Die Perspektive ist jedoch eine andere. Auch Tizian läßt den Betrachter zwar hinaufblicken zur Hauptfigur, Christus eben, aber er ist so weit entfernt angenommen, daß er die Szene zur Gänze übersehen und auch noch die Stiegen überblicken kann, die nach rückwärts perspektivisch zusammenlaufen. Veronese aber nimmt den Betrachter so nahe der Szene an, daß er nur einen Ausschnitt von ihr zu sehen bekommt und Gebäude und Treppe so knapp vor ihm aufsteigen, daß er nur die vordersten Bauteile, ohne den untersten Sockel, sieht, weshalb auch die unten Stehenden nur zur Hälfte sichtbar werden. Um so höher und mächtiger scheint aber auf diese Art das Gebäude aufzuragen, und um so näher und eindringlicher rollt das Geschehen ab. Es kommen einem die riesigen Gemälde Veroneses in den Sinn, in denen er lebensgroße Gastmähler mit einer Unzahl von Teilnehmern in prächtigen Säulenhallen vor lichtem blauem Himmel schildert, oder Palladios Villa Maser, die Veronese zur Gänze ausmalte, indem er Wände und Decken mit Landschaften, Allegorien, Götter- und Genreszenen bedeckte. Immer spielt die Architektur, eine von Palladio geprägte Architektur, eine hervorstechende Rolle, und immer wieder ist die Komposition so angelegt, daß der Beschauer einerseits ganz nahe an die Szene heran-, ja hineingebracht wird und daß andererseits eine Art von Bühnenperspektive angewandt wird, die durch Annahme verschiedener Blickpunkte eine Tiefenräumlichkeit vortäuscht, die den Gemälden luftige Weite und Festlichkeit verleiht. Man fühlt sich an Palladios Teatro Olimpico mit seinen verblüffenden szenischen Perspektiven und die lichtdurchflutete Weiträumigkeit seiner Galerien vor fingiertem Himmel erinnert. Kein anderer Maler des 16. Jahrhunderts erreichte diese festliche, unendlich erscheinende Weiträumigkeit.

Das führt uns zu einem zweiten wesentlichen Kennzeichen seiner Malerei, zur Farbigkeit. Im Gegensatz zu den braungoldenen Tönen Tizians und zur Hell-Dunkel-Malerei Tintorettos ist die Veroneses licht und hell. Die Farben, vor allem seiner reifen

Werke, sind strahlendes Lichtblau und Orangegelb, Blond und Lichtrot, die Schatten sind transparent, durchsichtig und leicht, niemals opak und schwer. Und diese strahlenden Farben werden in einer ganz besonderen Weise angewendet. Anders als Tizian, der in seinen Bildern eine Gesamttonalität anstrebt, in der sich strenge Abgrenzungen und Konturen auflösen – weshalb man ihn einen schlechten Zeichner nannte –, und anders als Tintoretto, der die Bestimmtheit der Form in erregtem Wechsel von Hell und Dunkel untergehen ließ, ordnete Veronese jeder Form ihre Farbe zu. Darum erscheint es uns auf den ersten Blick, als hätte Veronese seinen Bildern genau und mit Bedacht Zeichnungen unterlegt, so als wären sie scharf vorgezeichnet. Das ist aber nicht so. Er hat seine Figuren und Formen nur klar und präzise durch die Farbe und durch durchsichtige weiche Halbschatten voneinander getrennt. Die Plastizität und Festigkeit seiner Formen ist nicht aufdringlich und dennoch vorhanden, ohne die Zweidimensionalität der Bildfläche zu sprengen.

Wie Veronese die Wirklichkeit umformt und wie er sich dadurch von seinen Zeitgenossen bereits weit entfernt, macht ein Vergleich zwischen Tizians »Strada« und Veroneses *Judith mit dem Haupt des Holofernes* sofort augenfällig. Abb. 101 Tizian war, als er das Bild 1566/67 malte, schon fast achtzig Jahre alt, Veronese – die »Judith« ist wenig später, um 1570 entstanden – ungefähr zweiundvierzig, also halb so alt wie Tizian. Wohl nicht zufällig nimmt die »Judith« die gleiche Haltung ein wie Jacopo Strada, ein Umstand, der einen Vergleich der Auffassungen herausfordert, obwohl nicht vergessen werden darf, daß der »Strada« eine Porträtaufnahme darstellt und die »Judith« eine dramatische Episode aus dem Alten Testament. Man wird sogleich auf die wesentlichen Unterschiede aufmerksam. Jacopo Strada wirkt im Vergleich zu der schönen Frau trotz der raumgreifenden Bewegung relativ unplastisch und ruhig. Judith hingegen, von mächtiger Körperlichkeit, durch den dunklen Hintergrund hervorgehoben, durch Halbschatten modelliert, wirkt außerordentlich plastisch und stark bewegt. Nicht zufällig flattert der Schleier noch. Die beruhigende Einheitlichkeit in der Farbigkeit Tizians steht einem Nebeneinander von Farben gegenüber, die das helle Inkarnat schmückend umgeben. Aus Vornehmheit und Intensität des Gehalts wird lebhaftes, ausgreifendes Verhalten. Und wurde die bewegte Haltung

101 Veronese, Judith mit dem Haupt des Holofernes

Stradas durch die ordnenden Vertikalen des Hintergrunds wieder zur Ruhe und Statik gebracht, so bleibt die »Judith«, durch keine Bildelemente stabilisiert, in heftiger Bewegung.
Unter den großen venezianischen Malern weist Veronese am deutlichsten in die Zukunft, vor allem ins 18. Jahrhundert, und doch ist andererseits gerade er ein Sinnbild für die Schönheit und Pracht der venezianischen Malkunst des 16. Jahrhunderts. Er verbindet sich am leichtesten mit der Gesamtkunst, vor allem mit der Architektur, was die von ihm ausgestatteten Paläste und Kirchen beweisen. Aus dem Kolorismus venezianischer Malerei, der Licht und Atmosphäre durchdrang und vereinigte, fand er als einziger den Weg zu einer Klassik, die Farbe und plastische Form gleichermaßen gelten ließ. Vielleicht ist seine klare Kunst gerade deshalb

so beglückend und wird aus diesem Grund mehr als die Malerei des zweifelsohne größeren Tizian als Inbegriff der venezianischen Renaissance angesehen – obwohl bereits in einer Übergangsphase begriffen, ebenso wie seinerzeit die späte Kunst Memlings als die eines Vertreters einer vergangenen Epoche angesehen wurde.

Innerhalb der italienischen Malerei übertrafen die Venezianer in der zweiten Hälfte des 16. Jahrhunderts die anderen italienischen Maler, auch die aus den großen Kunstzentren Florenz und Rom, bei weitem. Denn dort waren bereits Epigonen am Werk, die ihre großen Vorbilder, Raffael und Michelangelo, so lange auswerteten, bis diese endlich nichts mehr hergaben und gewissermaßen ein neuer Anfang kommen mußte. Venedig aber war in seiner Entwicklung immer etwas langsamer gewesen. Seine großen Talente kamen daher auch später zu voller Entfaltung. Die Ideale der Renaissance hatten in Venedig längeres Leben.

Ähnlich vollzogen sich auch nördlich der Alpen Umschichtungen. Die große Zeit der deutschen Malerei ist um die Jahrhundertmitte vorbei, als die Generation nach Dürer, die um 1500 Geborenen, starb. Die Zeit war der Malerei nicht günstig, große kirchliche Aufträge fehlten, und die Thematik protestantischer Bildaufträge ist unsinnlich, abstrakt, Illustration von Glaubensmeinungen. Nur die graphischen Künste entfalteten sich lebhaft in Flugblättern und Holzschnittbilderbogen, deren Thematik für die breite Masse bestimmt war und Fragen der politischen und religiösen Moral und sozialer Zustände behandelte. Diese Blätter deutscher Kleinmeister fanden auch außerhalb Deutschlands, besonders aber in den Niederlanden, dichteste Verbreitung.

Die niederländische Malerei war trotz der jahrzehntelangen schweren politischen und religiösen Belastung des Landes unter der spanischen Herrschaft voll Kraft. Freilich konnte sie sich dem starken Einfluß der bewunderten italienischen Kunst nicht entziehen. Und wenn sie auch deren Ideal harmonischer Schönheit nicht erreichen konnte, wesensgemäß also romanischer Geistigkeit und Grazie ermangelte, so behielt sie daneben doch starke Originalität und unverwechselbare Eigenart. Es scheint freilich manchmal, als wäre das ohne Zweifel befruchtende italienische Vorbild bisweilen auch wieder ein Hemmnis für die völlige Entfaltung der eigenen Kräfte und Möglichkeiten gewesen. Es bedurfte mehr als nur einer starken Begabung, um die eigene

Wahrheit zu finden und endlich das Trauma der italienischen Kunst abzuschütteln. Die außerordentliche Persönlichkeit *Pieter Bruegels d. Ä.* brachte diese notwendigen Voraussetzungen mit. Das malerische Hauptwerk dieses Mannes (1525/1530–1569) – der übrigens ein Generationsgenosse Veroneses war – entstand in dem kurzen Zeitraum von rund zehn Jahren. Seine Heimat war Nordbrabant, die Provinz, in der auch Hieronymus Bosch zu Hause gewesen war, sein Leben aber verbrachte er in Antwerpen und Brüssel. Wie die meisten niederländischen Maler absolvierte auch er die obligate Italienreise und kam dabei bis Rom und Neapel.
Bruegel galt lange Zeit hindurch als unbedeutender Maler. Besonders im 19. Jahrhundert, das die ideale Malerei der Hochrenaissance über alles schätzte, galt er nur als derber, manchmal auch als komischer Bauernmaler. Erst mit dem 20. Jahrhundert setzte das Verständnis für seine Kunst ein. Heute gehören seine Bilder im Kunsthistorischen Museum – es besitzt ja die meisten seiner Werke – zu den berühmtesten der Galerie. Seine derzeitige Popularität ist wohl vor allem daraus zu erklären, daß unsere heutige geistige Situation Parallelen zu der Bruegels aufweist und daher einen affektiven Zugang zu seinem Werk eröffnet.
Es fällt auf, daß die meisten Bilder Bruegels, vor allem die Hauptwerke, fast immer die gleiche Größe haben. Nur wenige sind kleiner. Die große Anzahl gleichdimensionierter Bilder (dazu sind auch die in anderen Sammlungen zu rechnen) ist ungewöhnlich. So etwas kommt wohl bei zusammengehörigen Serien vor, wie etwa bei Jahreszeiten- oder Monatsdarstellungen, nicht aber bei sonst unterschiedlichen, nicht zusammengehörigen Themen. Es wäre denkbar – ohne daß es zu beweisen ist –, daß Bruegel mit Hilfe der gleichen Ausmaße auf einen einheitlichen und gemeinsamen Grundgedanken hinweisen wollte. Dies würde freilich eine Haltung voraussetzen, bei der die Reflexion – also die intellektuelle Betrachtung der Welt – mindestens genauso intensiv wäre wie die Anschauung – also ihre physische Betrachtung. Liefert eine solche doppelte Betrachtungsweise die Grundlage der Umsetzung einer gegebenen Realität ins Bild, so wäre dies immerhin eine der möglichen Erklärungen für die ungewöhnlichen Bildschöpfungen Bruegels, die ebenso tief bedeutungsvolle Geschichten und Meinungen darstellen wie unerhört subtile und reichhaltige, an der Natur orientierte Werke der Malerei.

Betrachten wir daraufhin die beiden früheren Bilder Bruegels, die die Wiener Galerie besitzt, nämlich »Fasching und Fasten« (1559) und die »Kinderspiele« (1560). Beide Bilder weisen die gleichen Eigentümlichkeiten auf: von erhöhtem Standpunkt aus sieht man in die Straßen einer mittelalterlichen Stadt, die sich weit in die Bildtiefe ziehen, zu einem hochgelegenen Horizont hinauf, der nur einen schmalen Streifen Himmel freiläßt. Der hohe Augenpunkt, die Folge einer übersteigerten Perspektive, die den Schauplatz – wie eine Bühne, die ja zum Zuschauer hin abfällt – nicht waagrecht, sondern hochgeklappt erscheinen läßt, erinnert noch an gotische Bilder. Hier aber steckt anderes dahinter, denn zur gleichen Zeit wie Bruegel zeichnet und malt der Perspektivespezialist Vredeman de Vries (1527–1606) in Antwerpen seine phantastischen Architekturszenerien, die sich auch durch ein überbetontes Raumgefühl und auf den Horizont zuschießende Arkadenhallen und Säulengänge auszeichnen. Es ist die gleiche Verzerrung und Überbetonung des räumlichen Faktors, wie wir sie auch von Tintoretto her kennen und wie sie etwa an den Gartenlauben der »Susanna im Bade« so augenscheinlich wurden.
Bruegel nun benützt die gleichzeitig altertümliche und moderne Raumperspektive dazu, um eine möglichst tiefe Bühne für seine Szenerien zu erhalten und um darauf möglichst viel menschliches Treiben unterbringen zu können. Tatsächlich wimmelt es auf beiden Bildern von zahllosen Menschen, die in scheinbarer Unordnung wie aufgescheuchte Ameisen voller Geschäftigkeit gleichzeitig nach allen Richtungen streben. So viele es aber auch sein mögen: keine Figur oder Figurengruppe überschneidet oder verdeckt die andere, jede hat noch so viel Platz um sich, daß sie von den anderen isoliert ist. Gerade das läßt die zahllosen Figuren besonders regellos und ungeordnet erscheinen. Hier eine Komposition herauszufinden, wäre schwer. Dennoch gibt es gewisse Gliederungen, wie zum Beispiel bei den *Kinderspielen*: Die breite Abb. 102
Straße, die bildeinwärts bis zur Kirche läuft, beginnt schon in der linken vorderen Ecke – abgegrenzt durch das Haus und den Zaun – und setzt sich zwischen zwei Häuserzeilen fort. Auf dieser Straße, die im Vordergrund im Licht liegt, dann im Schatten der Häuser, spielt sich alles Wesentliche ab. Bei genauem Hinsehen erkennt man, daß die einzelnen Personen und Personengruppen, ganz unauffällig in Reihen den perspektivischen Fluchtlinien fol-

102 Pieter Bruegel d. Ä., Kinderspiele

gend, auf den Endpunkt – die Kirche – zu angeordnet sind. Ein weiteres ordnendes Element bringt der breite, lange Balken, der von der rechten unteren Bildecke ausgeht. In seiner Fortsetzung bildet er zusammen mit dem Haus und dem Zaun auf der linken Seite ein gleichseitiges Dreieck, dessen obere Spitze in dem Holzvorbau mit dem Kleeblattbogen liegt, in dem ein Kind einen Besen auf der Fingerspitze balanciert. Auch entlang dieser Dreiecksseiten sind die Figurengruppen scheinbar ungezwungen und locker angeordnet. Der strenge Zug der Hauptstraße wird durch eine Querstraße unterbrochen, die aus der Stadt in die ländliche Umgebung führt.
Diese Stadt wird ausschließlich von Kindern bevölkert. Von vorne bis zum Horizont hin tummeln sie sich, besetzen die Häuser und die öffentlichen Gebäude, ergreifen die Herrschaft. Einzeln und in Gruppen, in tödlich-tiefem Ernst, wie von einem unsichtbaren Triebwerk in Bewegung gehalten, verfolgen sie ihre bizarren Ziele: laufend, springend, turnend, stelzengehend, kopfstehend,

fechtend, maskiert, Kreisel und Reifen vor sich hertreibend. Das heißt – sie spielen. Und was diese Gesellschaft noch unheimlicher und fremdartiger erscheinen läßt, ist, daß sie nicht wirklich aus Kindern besteht, sondern aus freudlosen, kleingeratenen Erwachsenen, die ungeschlacht, halslos und knickebeinig sind, mit Löchern anstelle der Augen in den runden, dumpfen Gesichtern.
Es gibt wohl wenige Bilder mit einer so auffallend merkwürdigen Thematik, und tatsächlich ist Bruegel auch der einzige, der dieses Sujet je im Bild dargestellt hat. Das Nebeneinander der Spielhandlungen – es sind insgesamt 84 – suggeriert sofort das Hintereinander einer Aufzählung, und wirklich stammt das Thema der »Kinderspiele« auch aus der Literatur. Bruegel oder sein unbekannter Auftraggeber werden es wohl am ehesten aus dem 22. Kapitel des grotesken Romans von François Rabelais, »Gargantua und Pantagruel«, gekannt haben, der von derben Schwänken, Satiren, Anspielungen, Gleichnissen und Allegorien überquillt und trotz Einsicht in die gefährlichen Polaritäten des Lebens voll überschäumender Sinnesfreude und unmäßigen Gelächters ist. Nicht so das Bruegelsche Bild, dem die heitere Note völlig fehlt. Viel eher will es aussagen, daß diese krause Kinderwelt mit ihrem sinnlosen Getümmel ein getreues Abbild der großen Welt ist und daß eben das Treiben unserer Welt nichts anderes darstellt als leeres Kinderspiel. Man würde Bruegel aber verkennen, wollte man dieses Bild – und viele seiner anderen – bloß als Allegorie mit moralisierender Tendenz ansehen, noch dazu als Allegorie, die nicht er erfunden hatte, deren Bedeutung vielmehr allgemein bekannt war. Er malte keine Verkörperungen von Begriffen, keine Abstraktionen, er vermeidet das »So-Wie«. Er will nicht von vornherein ein Sinnbild der Wirklichkeit geben, wie er es zum Beispiel in seinem graphischen Werk getan hat, hiebei allgemeinen Tendenzen und Aufträgen folgend. Der Vorgang ist ein anderer. In seinen Bildern, wie eben in den »Kinderspielen«, malt Bruegel, dem literarischen Vorbild folgend, wortwörtlich alle aufgezählten Spielszenen zusammen auf einem Platz, simultan erfaßbar. Dadurch erreicht er, trotz größter Wirklichkeitsnähe im einzelnen, in der Gesamtheit eine höchst unwirkliche und befremdliche Wirkung, um so mehr, als man, wie schon bemerkt, die einzelnen Szenen sehr genau ausnehmen kann und damit auch gefühlsmäßig einen höchst merkwürdigen Eindruck von der Gleich-

zeitigkeit sehr vieler – an einem Ort stattfindender – verrückt anmutender Handlungen gewinnt. Diese üblichen Verhältnissen widersprechende Situation, die dadurch noch unverständlicher wird, weil eine ganze Stadt wie von einer Seuche ergriffen erscheint, kommt uns so unglaubwürdig und so seltsam vor, daß sie eine sofortige Erklärung verlangt. Auch ohne das literarische Vorbild zu kennen, wird man durch die Eindringlichkeit des Bildes von selbst auf den Sinn der Sache gebracht.

Das Sprichwort, der Sinnspruch, die Redensart, der Moraltext wird in aller Eindringlichkeit so genau vorgelebt, daß sich umgekehrt – nur durchs reine Anschauen – der Sinnspruch, die Moral daraus ergibt. Dadurch gewinnt die Erkenntnis, die in der betreffenden Moral steckt, ungewöhnliche Wucht, sie wird zur tief erschreckenden Einsicht und Wahrheit.

Doch sind es nicht nur die formale Gestaltung und die scharfe Beobachtung, es ist ganz besonders die malerische Ausführung, die wesentlich zur starken Wirksamkeit der Bildidee beiträgt. Die Farbigkeit mutet zunächst, wie so vieles an diesem Bild, mittelalterlich an. Die bunten Lokalfarben, das starke Blau-Rot-Grün, entsprechen in ihrer Einfachheit zunächst den scheinbar simplen, plumpen, runden Formen und Umrissen von Menschen und Dingen, sie machen mit der Deutlichkeit von Bilderbuchillustrationen auf den Sachverhalt aufmerksam. Bei genauerem Zusehen jedoch entfaltet jede Einzelheit eine nie gesehene malerische Finesse, jeder Pinselstrich ist von schwungvoller Großzügigkeit. Die Durchsichtigkeit und die Transparenz der einzelnen Malschichten lassen die Farben aufleuchten und das Bild lebendig werden. Die Art, wie Bruegel etwa das an sich völlig uninteressante dürre, trockene Terrain malerisch belebt und aus seiner Undifferenziertheit heraushebt, sehen wir nur noch bei Rubens.

Die Simplizität der Farbgebung und die Differenziertheit der malerischen Durchführung stehen zueinander in einem ähnlichen Gegensatz wie die übrige Bildgestaltung mit ihrem Nebeneinander von Realitätsnähe und Realitätsferne. Wie dort steigern sich auch hier im Malerischen die Gegensätzlichkeiten und Widersprüchlichkeiten zu einer jeweils nie nachlassenden Wirkung, der Gesamteindruck der Bilder bleibt immer zweideutig und mehrschichtig. Auf die eine oder andere Weise haben alle Bilder Bruegels diesen Charakter.

103 Pieter Bruegel d. Ä., Fasching und Fasten

Der *Kampf zwischen Fasching und Fasten*, im Aufbau mit der wimmelnden Menge auf hinausgeklapptem Terrain den »Kinderspielen« eng verwandt, ist inhaltlich etwas anders gelagert. Ein Hauptthema beherrscht deutlich die Szene, der Gegensatz zweier Personifikationen nämlich: der Kampf – oder besser das Turnier – zwischen Fasten und Fastnacht. Die Verkörperung der Fastenzeit, eine hagere Alte auf einem Karren, der von einem Mönch und einer Nonne gezogen wird, hat in der Rechten eine Backschaufel mit zwei Heringen wie eine Lanze eingelegt und hält in der Linken die Rute des Leidens. Sie tritt gegen den beleibten Karneval an, der wie Bacchus auf einem Faß reitet und auf seine Lanze, einen Bratspieß, einen Schweinskopf und Geflügel gesteckt hat. Beiden schließt sich lärmendes, betriebsames Gefolge an: der Fastenzeit folgen Kinder mit hölzernen Klappern, die auf der Stirn das Aschenkreuz des Aschermittwochs tragen, das der Priester in der Kirche austeilt, der Fastnacht unheimlich Maskierte mit dem Abb. 103

»Rommelpott«, der Geige, laut scheppernden Trinkbechern und einem wandelnden gedeckten Tisch – eine Frau trägt ihn auf dem Kopf – mit Eiern und Waffeln. Während auf der einen Seite um einen Brunnen Fische – die Fastenspeise – zubereitet werden, bäckt auf der anderen eine Frau auf dem Feuer aus großen Eiern Waffeln. Die Fastenzeit hat aber noch anderes Gefolge: Bürger und Bürgerinnen, die aus der Kirche kommen und Krüppeln, Bettlern und Blinden Almosen reichen. Auch beschenken sie eine Frau, die ihr neben sich gegen einen Stuhl gelehntes krankes Kind herzeigt. Unter einem weißen Tuch liegt eine reglose Gestalt. Weiter hinten führt eine zerlumpte Frau in einem sargartigen Karren einen Toten herbei. Und da zu den Werken der Barmherzigkeit auch das Begraben der Toten gehört, wird wohl auch sie bei den mildtätigen Seelen um diesen Dienst bitten.

Auf der Seite der Fastnacht jedoch ist vor dem Wirtshaus mit dem Schild »Zum blauen Schiff« lebhaftes Treiben im Gang. »Das blaue Schiff« bedeutete das Narrenschiff des Lebens. Die Gesellschaft »De blouwe Schuit« war eine Spottgilde und Karnevalsgesellschaft, von der man zum ersten Mal 1414 hörte. Vor dem Wirtshaus wird ein Fastnachtsspiel aufgeführt, die »Hochzeit von Mopsus und Nisa« oder »Die schmutzige Braut«, eine komisch-realistische Szene aus dem Leben der armen Leute. Weiter hinten führt man ein weiteres beliebtes Volksstück auf, nämlich »Orson und Valentin«, eine Romanze französischen Ursprungs über das Schicksal zweier im Walde ausgesetzter Brüder. Dazwischen und rundherum entfaltet sich ein heftiges Treiben von Spielenden, Tanzenden, von Krüppeln und Narren, von Kirchgängern und Musikanten. Ganz im Hintergrund wird eine Strohpuppe, das Sinnbild des Winters, verbrannt. Gewiß mit Absicht hat der Maler ungefähr in die Mitte des Bildes – auf einen freien Platz, der viel heller ist als die Umgebung, als würde er von einem unsichtbaren Scheinwerfer bestrahlt – zwei nach dem Hintergrund abmarschierende, vermummte Personen gestellt, denen ein Narr am hellichten Tag eine Fackel voranträgt. Wem fällt hier nicht die Geschichte von Diogenes ein, der am hellen Tag mit einer Laterne herumging und auf Befragen antwortete, er suche Menschen.

Ohne Zweifel liefert dieses Bild jedem Volkskundler viel Ma-

terial, ist es doch voll von Szenen und Gegenständen aus der flämischen Folklore.
Bruegel hat auch das Hauptmotiv dieses Bildes nicht erfunden. Die literarischen Quellen dazu reichen bis ins 13. Jahrhundert zurück, und auch zur Zeit des Malers gab es Volksstücke, die die Fastnachtsbräuche genau schilderten. Überdies kannte Bruegel sicher den Kupferstich nach Frans Hogenberg von 1558, der dasselbe Thema behandelte.
Aber wie auch sonst immer greift Bruegel auch hier weit über seine Quellen und Vorbilder, weit über den aktuellen Anlaß hinaus. Die Narren, mißgestaltet in ihren Larven und Vermummungen, sehen sich anderen Mißgestalten – solchen des Leidens und der Passion – gegenüber, Krüppeln, Bettlern und Blinden, sogar Toten. Der Unterschied ist nicht groß, und so mischt sich eben auch unter die ausgelassene Fastnachtsgesellschaft eine Gruppe armseliger Krüppel, als wären auch sie Maskierte. Und auf der anderen Seite, ganz nahe dem Toten in seinem Karren, treiben Kinder mit Lust und Schwung ihre Kreisel. Aus dem besonderen Anlaß ist ein allgemeines Bild der Menschheit geworden, wo Narrheit und Leiden miteinander einhergehen und oft das gleiche Gesicht tragen. Die zunächst symbolhaften Hauptfiguren des Bildes – die Personifikationen von Fasching und Fasten – ziehen zahllose Szenen reinster Wirklichkeit nach sich, die in ihrer Gesamtheit eine übergeordnete Idee verkörpern, die ihren Ausgang eben von zwei personifizierten Begriffen genommen hat. Wie bei den »Kinderspielen« findet sich auch hier die faszinierende, kaum faßbare Gleichsetzung von Symbol und Wirklichkeit, ist die Wirklichkeit so erschütternd eindringlich, daß sie nur mehr symbolhaft verallgemeinernd erfaßt werden kann.
Trotz der für uns unbezweifelbar düsteren Note, die in den Bildern Bruegels zu spüren ist, darf doch auch ein anderer Aspekt nicht außer acht gelassen werden. Es ist überliefert, daß Bruegel mit seinem Freund gern aufs Land hinauszog und das Leben der Bauern und ihre Bräuche mit großem Vergnügen angesehen hat, ja sogar manchmal in Verkleidung sich unter das Volk mischte. Auch hat man seine Bilder lange Zeit hindurch nur für komisch gehalten und darüber gelacht. Auch dieser Aspekt scheint berechtigt. Jede Satire hat zwei Seiten: Die Form des Komischen, Grotesken gewährt die Narrenfreiheit, um Ernstes, Unangeneh-

mes, oft Unerwünschtes an den Mann zu bringen, ebenso wie der Hofnarr sich Bemerkungen erlauben konnte, die kein anderer machen durfte. Man kann auch Goya und Daumier komisch finden, und über Wilhelm Busch lacht man heute noch. Bruegel liegt auf der Linie des »Narrenschiffs« von Sebastian Brant, des »Lobs der Narrheit« von Erasmus von Rotterdam oder des Volksbuches vom »Till Eulenspiegel«. Seine geistige Haltung ist die seiner literarischen Vorgänger. Doch ist er der erste, der sie nicht nur in die leichtere anspruchslose Form eines graphischen Blattes brachte, sondern daraus Gemälde schuf – also außerordentlich anspruchsvolle, komplexe Gebilde von hohem künstlerischen Eigenwert, die das komische Element zumindest für uns Heutige schwer erkennbar werden lassen. Wir sind ja wohl überhaupt mehr geneigt, die ernsthaften Seiten zu sehen.

Die Vorliebe Bruegels oder seiner Auftraggeber für Themen, die bisher höchstens in kleinem, billigem Format behandelt worden waren, weil sie vorwiegend literarisch verwertbar schienen, keinesfalls in großem Maßstab mit dem Anspruch auf Kunst, brachte ihn auf ein altes Thema, das bislang nur in der Buchmalerei oder
Abb. 104 in der Graphik vorkam – auf den *Turmbau von Babel* nämlich. Er malte ihn 1563 sogar zweimal (das andere Bild befindet sich im Boymans Museum, Rotterdam).

Rein formal gesehen ist hier zum ersten Mal bei Bruegel der Einfluß italienischer Renaissancekompositionen festzustellen. Die ungeheure kegelförmige Moles des Turms ragt symmetrisch in der Mitte des Bildes auf. Ebenso zentral hat Raffael seinerzeit die »Madonna im Grünen« als klassische Komposition der Hochrenaissance aufgebaut. Und gerade ein solcher Aufbau gewährleistet am vollkommensten die Monumentalität der Form. Eben darum hat sie Bruegel angewandt, denn nichts konnte Mächtigkeit, Größe, Schwere, Bedeutsamkeit und auch Vollkommenheit besser veranschaulichen als eben diese Kompositionsform. Eigenschaften der genannten Art aber werden vom babylonischen Turm erwartet, denn wie die »Genesis« erzählt, sollte er ja bis in den Himmel reichen und den Erbauern zum ewigen Denkmal werden. Sogar Gott fühlte sich dadurch bedroht und ließ ihn deshalb einstürzen und verwirrte die bis dahin gemeinsame Sprache der Menschen, um ihre Kühnheit und ihren Hochmut zu brechen.

In einer weiten Ebene ragt der Turm – der alte Götterberg des

104 Pieter Bruegel d. Ä., Der Turmbau von Babel

Volkes – am Rande der Stadt Babylon empor. Ihre Häuser, es sind flämische Häuser, verschwinden in ihrer Winzigkeit fast vor diesem Koloß. Auch die Mauer, die, einem römischen Aquädukt gleichend, die Stadt umzieht, scheint nicht größer als ein Gartenzaun, obwohl sie doch zu den sieben Weltwundern der Antike gehörte und Bruegel sie deshalb wohl nicht unerwähnt lassen wollte. Der Turm schiebt sich vor in das dunkelblaue Wasser des Euphrat, der sich breit und buchtenreich wie das Meer ausbreitet. Schiffe liegen an der vorgebauten Hafenlände, wie sie wohl an der Schelde vor Antwerpen gelegen haben. Das Hafengebäude ist auf beiden Seiten befestigt. Auf der einen Seite durch ein schweres Kastell, das dem Castel Nuovo in Neapel recht ähnlich sieht, welches der Maler ja schon einmal gemalt hatte. Und dennoch – wie überaus klein und filigran nimmt es sich zu Füßen des Turmriesen aus. Auf der anderen Seite steht ein Rundturm. Einer Brücke gleich überspannt er einen Kanal, der – durch niedrige Mauerbögen hindurch – in das finstere Innere des Turms eindringt. Es entsteht die schaurige Vorstellung, der Turm könnte

zum Teil über Wasser gebaut sein und wäre von schwarzen, lichtlosen Grotten unterhöhlt.
Auf der anderen Seite des Brückenturms führt eine steile Rampe über hohe Bögen zum ersten Absatz des Turms empor. Hier wird ein Tor errichtet, daneben biegt die Rampe steil nach aufwärts. Da erst wird uns bewußt, daß wir auf gewachsenem natürlichem Fels stehen. Er türmt sich jäh empor, verschwindet im Bauwerk und drängt weiter oben nochmals mit Schroffen und Abstürzen ans Licht. Es überkommt uns der Gedanke, der Turm könnte innen steinern, auf und um einen Felsen gebaut sein, um den er sich spiralig aufsteigend in sieben Stufen windet. Die Neigung der Stufenrampen verstärkt den Eindruck, daß der Turm schief ist, was auch dadurch erhärtet wird, daß er auf einer Seite, dort, wo der Fels heraustritt, noch unfertig ist. Die andere Seite aber, die steilere, die hell im Licht steht, ist schon fast vollendet. Die Fassaden gliedern die Stockwerke ganz mittelalterlich mit ihren hohen Bögen, Doppelfenstern und Zahnschnittleisten. Die hohen schlanken Halbsäulen jedoch zwischen den Wandelementen rufen italienische Renaissancefassaden in Erinnerung oder gar die Fassade des Kolosseums in Rom. Gerade diese evoziert der Maler auch an einer anderen Stelle, dort, wo der Turm sein Inneres sehen läßt, wo der rohe Ziegelbau sich bis zur höchsten, von Wolken umzogenen Spitze öffnet. Da hatte der Maler das zerrissene, zerbrochene, zur Mitte abstürzende, zellenartige Mauergefüge des Kolosseums vor Augen – eines anderen, tatsächlich bestehenden Kolosses der antiken Welt. Während aber die Stiegen und Ränge dieses Bauwerks von der Peripherie aus auf eine Mitte zueilen, läßt Bruegel sie von einer Mitte ausgehend radial nach außen laufen. Die Umsetzung dieser antiken Bauschöpfung in ein ganz neues Gebilde ist von außerordentlicher Großartigkeit und Vorstellungskraft. Nicht minder großartig ist die Idee, durch die Umstülpung des Inneren nach außen ein Sinnvolles in etwas offenkundig Sinnloses, Nicht-zu-Ergründendes zu verwandeln. Denn wohin sollen alle diese unendlichen Treppenläufe zwischen Mauern, durch unzählige Bogen hindurch führen? Nichtsdestoweniger sind Hunderte von Menschen von unten bis zur äußersten obersten Spitze, winzig und geschäftig wie die Ameisen, rastlos damit beschäftigt, mit allen Mitteln – Maschinen, Kränen, Schiffen, Flößen, Wagen und Pferden – das Monstrum zu vollenden.

Der Bauherr, der große König Nimrod, erscheint zur Inspektion, angetan wie der König im Märchen mit Hermelin, Krone und Szepter. Ein paar Steinmetze werfen sich ihm zu Füßen, die anderen aber lassen nicht von der Arbeit ab, keine Minute darf verloren werden, die Vollendung des Werkes ist schon abzusehen.

Keiner aber merkt, daß sich bereits die Katastrophe, der Untergang ankündigt. Ein dunkler Schatten fällt über das Land, das Wasser dringt immer tiefer in den Turm ein und unterspült seine Grundfesten, der Fels scheint zu wachsen, die Mauern auseinanderzusprengen, aufzureißen und das Innere wie eine klaffende rote Wunde bloßzulegen, aus der die höchste Spitze knöchern wie ein Skelett herausragt. Ohne den Zusammenbruch des Turms tatsächlich darzustellen, läßt Bruegel den Untergang bereits im aufbauenden Werden, das Ende bereits am Beginn ahnen.

Immer schon galt der babylonische Turmbau als Symbol der Größe, aber auch als das der Vermessenheit und des Hochmuts des Menschen und schließlich als das seiner hoffnungslosen Hinfälligkeit und Verlorenheit. Bruegels Bild bedeutet aber mehr als nur ein Symbol, als eine abgebrauchte literarische Phrase. Es bedeutet erlebte Wirklichkeit, phantastische Realität, die von solcher Allgemeingültigkeit in der Darstellung ist, daß sie damit zum Symbol entrückt wird. Gerade aber der hohe Realitätsanteil – also das dem Symbolischen Entgegengesetzte – macht dieses Bild zu einem der größten und reichsten Kunstwerke der Malerei überhaupt.

Wie kaum einem anderen Maler war es Bruegel gegeben, Konventionen auszuweichen und gebräuchliche, immer wieder gemalte Bildthemen so zu gestalten, als wäre er ihr Erfinder. Das gilt auch für die *Kreuztragung Christi* von 1564. Die Kreuztragung war Abb. 105
ein beliebtes Thema und wurde gerade in der niederländischen Malerei schon vor Bruegel oft gemalt. So etwa auch von Pieter Aertsen. Seine Bilder (z. B. Antwerpen, Königliches Museum) sind in ihrer Auffassung der Bruegels recht ähnlich. Auch dort zieht eine große Menschenmenge nach Golgatha, und auch dort finden wir Christus klein und unauffällig inmitten der Menschenmenge. Wie sehr unterscheidet sich dennoch wieder Bruegels Bild davon.

Von der fernen Stadt her, unter lichtem Himmel, treibt das Volk, erst einzeln, dann in immer größerer Anzahl, erst klein, dann

105 Pieter Bruegel d. Ä., Kreuztragung Christi

immer größer werdend, in einem großen Kreisbogen um die Achse eines bizarren Felsens nach vorne, laufend, springend, zu Fuß und zu Pferd, und verliert sich dabei wieder kleiner und immer schneller, dem Kreise folgend, auf einen Hügel hinauf, wo es unwiderstehlich von einem kreisrunden Platz angezogen wird, gleich Eisenstäubchen von einem Magneten. Dort stehen bereits zwei Kreuze. Es ist der Hinrichtungsort, über dem blauschweres drohendes Gewölk aufzieht. Der ganze Hügel ist rundum mit Galgen und Radstangen besteckt, auf denen wartend die Raben sitzen. Während aber die Leute laufen, um ja einen guten Platz zu ergattern, ist unter denen, die eben dort oben ein Schauspiel abgeben sollen, eine Stockung eingetreten. Die beiden totenbleichen Schächer und Mitangeklagten Christi sind auf ihrem Armensünderkarren stecken geblieben und werden mit größter Mühe durch eine Furt gezogen. Hinter ihnen schleppt Christus, klein und unscheinbar, das Kreuz und bricht darunter zusammen. Da packt einer der Knechte den Simon von Kyrene, damit er das Kreuz tragen helfe. Es entspinnt sich ein Streit, weil die Frau des Simon ihn unter großem Gekeife zurückhält. Und gerade diese Szene ist die auffälligste im ganzen Zug. Die Leute bleiben stehen und warten, wie der Zank ausgehen wird. Christus unterm Kreuz ist uninteressant für sie. Bruegel hat diese Volksszene sicher nicht erfunden. In die sehr beliebten Passionsspiele waren stets burleske Szenen eingestreut, die die Zuschauer zum Lachen brachten, ebenso wie in Shakespeares Dramen nie die Rüpelszenen fehlen. In Wahrheit ist ja dieser ganze Menschenhaufen nichts anderes als ein Abbild der rüpelhaften, dummen, stumpfen, gierigen, herzlosen, bösen und häßlichen Menschheit. Der Maler hat sich die Mühe gemacht, jedem dieser unzähligen Gesichter, so klein sie auch sind, die Zeichen all ihrer Gemütsregungen, ihrer Schwächen und auch ihrer Laster aufzuprägen. Ausgenommen davon ist nur die Miliz, die ihren Auftrag ordnungsgemäß zu erfüllen hat, keine Bewegung zeigt und in ihren roten Uniformröcken Ordnung in die wirre Menge bringen soll.

Daß es sich aber um weit Bedeutsameres handelt als um einen Volksauflauf anläßlich irgendeiner Hinrichtung, sagt uns die edle feierliche Trauergruppe. Es ist die von Kreuzigungsszenen her bekannte Szene der trauernden Maria mit Johannes und Maria Magdalena. Wie aus einem gotischen Bild herausgenommen, hieratisch und monumental, dem grausigen Spektakel, aber auch dem gefallenen Gottessohn den Rücken zugewandt, sind sie die eigentlichen Repräsentanten der Passion Christi, sie zeigen die große Bedeutung dieses Geschehens, sie machen das Bild erst zu einem religiösen Bild und erwecken die mitleidende Frömmigkeit des Betrachters. Darum ist diese Gruppe auch im »gotischen« Stil gehalten – denn die Gotik galt in der zweiten Hälfte des 16. Jahrhunderts, zur Zeit der Glaubenskämpfe, für Katholiken wie für Protestanten als die Form, die allein wahre Frömmigkeit auszudrücken vermochte. Doch löst sich die erstarrte Trauer dieser Gruppe einer Kreuzwegstation in natürlichen, kreatürlichen Schmerz in den begleitenden Frauen und in den Menschen, die an der Radstange lehnen. Darunter befindet sich ein bärtiger Mann mit gefalteten Händen. Wohl mit Recht wird er für den Maler selbst gehalten. Neben der »offiziellen« Trauer der Madonna und ihrer Begleiter steht die private trauernde Anteilnahme des Malers und seiner Gefährten. Sie ist im Gegensatz zu der übrigen Volksmenge direkt auf den stürzenden Christus in der Ferne gerichtet. So ist dieses Bild nicht nur ein religiöses Andachtsbild im herkömmlichen Sinn, sondern stellt durch die Gegenwart des Künstlers auch dessen persönliche Meinung darüber dar, wie die Passionsszene – und alle Passionsszenen der Welt – von den Menschen tatsächlich erlebt und aufgefaßt wird. Die reflektive Haltung Bruegels wird hier, eben durch seine betrachtende Anwesenheit, noch viel mehr ausgesprochen als in seinen anderen Bildern. Dementsprechend wird auch die Zweigesichtigkeit, die seine Werke immer aufweisen, noch deutlicher als sonst. Die beiden Seiten sind aber etwas anders als sonst zu bewerten. Das symbolische Element wird ersetzt durch den althergebrachten und ikonographisch festgelegten Hinweis auf die Kreuzigung durch die trauernde Gruppe mit Maria. Die gesamte sonstige Menschenszenerie entspringt einer betont realistischen Anschauungsweise, die menschliche Beweggründe und den Ausdruck menschlichen Handels ohne Beschönigung darstellt.

Freilich darf nicht übersehen werden, daß auch Bruegel, dieser so selbständige Maler, Vorbilder verarbeitet hat. So findet sich gerade das Zentralstück der Tafel – der stürzende Christus und die beiden angstzitternden Schergen mit den Mönchen – auffallend ähnlich auf Boschs »Kreuztragung« (siehe diese). Der Realismus des späten 15. Jahrhunderts trägt oft Züge des Grotesken und im Falle des Hieronymus Bosch zusätzlich noch solche des Unheimlichen und Besessenen. Bruegel nun wandelt diese Übersteigerungen und Verzerrungen der Wirklichkeit durch die Einbildungskraft in solche, die auf der Beobachtung beruhen. Auch enthält die scharfe Beobachtung der Verhaltensweisen des Menschen durch ihre deutliche Chrakterisierung von selbst ein moralisches Element, ohne daß dies erst expressis verbis gesagt werden müßte. Sollte dem Bild aber dennoch – wie manches Mal angenommen wird – eine moralisierende Absicht zugrunde liegen, so löst sie sich sofort in eine empirisch beurteilende Betrachtung der Welt auf, wie sie dem humanistisch gebildeten Menschen des 16. Jahrhunderts zu eigen war. Der religiös anteilnehmende und gleichzeitig beobachtende Künstler Bruegel hat damit, wohl nicht unbeeindruckt durch die Auswirkungen der religiösen und politischen Umschichtungen in seiner Heimat, ein Bild der Welt entwickelt, wie es in einer solchen Vielschichtigkeit von keinem Maler bisher dargestellt worden war.

Im Jahr 1565 malte Bruegel sechs Tafeln, die die zwölf Monate darstellten, fünf davon sind erhalten. Alle waren einmal in kaiserlichem Besitz in Wien. Jetzt sind nur noch drei beisammen, die anderen beiden befinden sich in Museen in Prag (National-Galerie) beziehungsweise New York (Metropolitan Museum). Das soll deshalb erwähnt werden, weil die Bilder im Konzept eine Einheit bildeten und weil – als man sie noch zusammen sehen konnte – ihr Sinn viel leichter und schneller zu begreifen war als jetzt. Denn alle zusammen stellten den Ablauf des Jahres dar und gaben auf jeder einzelnen Tafel Bild und Bedeutung von zwei Monaten wieder. Da das brabantische Kalenderjahr zu jener Zeit mit Ostern begann, ist als die erste Tafel wohl diejenige anzusehen, welche die Monate März und April darzustellen hatte. Gerade diese ist aber verschollen. Die nächste wäre dann die sogenannte »Heuernte« (Prag), also die Monate Mai–Juni, ein lichtes, grünes, frühsommerliches Bild. Danach folgt die »Kornernte«, die Monate Juli und August (New York), strahlend in sommerlich heißem Gelb. In herbstlichem Braun schließt das Monatspaar September und Oktober an, *Die Heimkehr der Herde* Abb. 106
und danach, in frostgrauem Weiß, die *Jäger im Schnee*, November Abb. 107
und Dezember. Das letzte Bild, das den Beginn des Jahres symbolisiert, Jänner und Februar, von der feuchten Schwärze nachwinterlicher Erde, trägt den Titel *Düsterer Tag*. Allein die Abb. 108
farbliche Abstufung dieser Landschaften, die schon beim ersten Hinsehen den Wandel im Bild der Jahreszeiten charakterisiert, läßt das grandiose Konzept erkennen, das nichts weniger vorhat, als ein Bild der Natur an sich zu geben, gefaßt in den strengen, ewig von neuem abrollenden Kreislauf des Jahres. Der Anspruch auf Totalität, der in diesem Vorhaben liegt, wird, ohne dabei im mindesten an Größe zu verlieren, auf das Maß des Abbildbaren gebracht – durch das uralte, astronomisch-astrologische, ewig im Bewußtsein gegenwärtige System der Jahreseinteilung. Das Leben der Menschen in der Natur und mit ihr wird dadurch in zwangvolle Beziehung gesetzt zu den beherrschenden Gestirnen, zu Sonne und Mond, zum Ablauf der Monate und Jahreszeiten. Schon früh hatte sich die ausweglose Abhängigkeit des Menschen vom kosmischen Geschehen in Kalendern und Kalenderbildern

106 Pieter Bruegel d. Ä., Die Heimkehr der Herde

Ausdruck verschafft. Miniaturen von großer Schönheit und Eindringlichkeit – wie jene im »Stundenbuch« des Herzogs von Berry (um 1416) oder im hundert Jahre späteren »Breviarum Grimani« – bereiteten den Weg für Bruegel. Der Schritt jedoch von der kleinen Buchillustration zu den mächtigen Gemälden Bruegels ist so groß wie der von Ptolemäus zu Galilei. Erscheinen in diesen Bildchen am Himmel noch die monatlichen Sternbilder als Zeichen der schicksalshaften Abhängigkeit des Menschen und seiner Taten, so finden wir bei Bruegel nichts mehr davon. Dabei erscheinen zur gleichen Zeit, ja sogar noch später, im fortschrittlichen Italien, auf den sonst so realistischen Monatsbildern der Brüder Francesco und Leandro Bassano immer noch am Himmel die Zeichen des Zodiakus (siehe Sekundärgalerie). Bruegel hat sich von solchen – außer Abhängigkeit so doch auch Sicherheit und Ordnung bedeutenden – Beziehungen zu überirdischen bestimmenden Mächten zumindest im Bild losgemacht. Er ist gefangen von der überwältigenden Kraft des Diesseitigen und scheint allein aus ihm jede übergeordnete Idee zu entwickeln.

In allen fünf Monatsbildern – besonders ausgeprägt aber in den Wiener Bildern – gibt Bruegel von erhöhtem Standpunkt aus einen weiten Blick über das Land mit einem unnatürlich hohen Horizont. Auf diesem weiten Stück Erde stehen Formen nebeneinander, die nie in solcher Art gleichzeitig zusammen auftreten: Ebene und Gebirge, Fluß und Meer. Es sind aber die Grunderscheinungen, nach denen die Oberfläche der Erde gegliedert ist. Ihre Gleichzeitigkeit ist der Hinweis darauf, daß nicht eine bestimmte Landschaft, sondern immer mehr gemeint ist – eine Zusammenfassung aller Möglichkeiten, überindividuell, ein Allgemeinbegriff von Welt und Natur, soweit ihn der Maler sich verschaffen konnte. Wohl gibt es hie und da Reminiszenzen an Geschehenes – an die Brabanter Heimat, an die Reise über die Alpen nach Italien. Aber im ganzen sind diese Landschaften keine Abbilder, ebensowenig aber reine Phantasie, wie es ihre Vorläufer waren, so etwa die Landschaften von Patinier und Herri met de Bles, denn die Formationen im einzelnen sind ja durchaus möglich. Das Nebeneinanderstellen von Naturformen, die zwar als solche im einzelnen der Realität entsprechen, im Zusammenhang jedoch nicht, erzeugt beim Beschauer Staunen, ein Gefühl des Wandelbaren und Unrealen, wie es nur in Träumen vorkommt. Die Verflechtung von Wirklichem und Unwirklichem, ihre gegenseitige Abhängigkeit voneinander – sie kennzeichnet ja alle Werke Bruegels – bringt in den Landschaftsbildern einen besonders stark berührenden, epischen Zauber hervor. Das gilt für das Ganze, das Große wie für das Kleine.

Niemand vor und nach Bruegel konnte etwa so ausdrucksvoll und dennoch realistisch kahle Bäume wiedergeben, außer vielleicht die Maler des alten China. Überhaupt kann man nicht umhin, diese Bilder mit chinesischer Malerei zu vergleichen, was freilich nur als subjektives Vergnügen des Betrachters zu werten ist, ohne wissenschaftliche Begründung. Es gab jedenfalls niemanden, der imstande war, gleich Bruegel den Zustand nichtmenschlicher Lebewesen so mitfühlend nachzuempfinden. Obwohl seine Bäume nur Skelette von Bäumen sind und als solche eigentlich gleich untereinander sein sollten, unterscheiden sie sich dennoch ganz außerordentlich voneinander.

In der »Heimkehr der Herde« entreißt ihnen der Herbstwind die letzten dürren Blätter, sie ziehen sich zitternd und frierend zu-

107 Pieter Bruegel d. Ä., Die Jäger im Schnee

sammen und machen sich gleichsam kleiner, um den kommenden rauhen Stürmen weniger Angriffsfläche zu bieten. Die gleichen kahlen Bäume sehen im Winter ganz anders aus. Sie haben sich nun gegen die lebensfeindliche Kälte gerüstet, alle ihre Säfte aus jedem einzelnen Ast zurückgezogen und ragen starr und hart, wie aus Eisen, unbeweglich und schwarz, aus der weißen, lautlosen Schneedecke. Im Vorfrühling aber beginnen sie wieder zu leben. Die tote Schwärze weicht, die Stämme krümmen sich, die Säfte steigen und fließen in jede einzelne Spitze des sich tausendfältig verästelnden Gezweigs, das elastisch und feucht vor dem stürmischen Himmel schwankt.

Bruegel erfühlt das Leben der Natur aber nicht nur in den Bäumen, er sieht es ebenso in den Tieren und in den Menschen. In den Farben der Erde und des Herbstlaubs zieht die Herde vorüber und biegt ein in die entlaubte Dorfstraße. Aus der Landschaft entstandene kugelige Formen scheinen sie zu sein, dicht zusammengedrängt, schwer und langsam schlagen sie den Weg ins Dorf ein. Bruegel liebt es, Menschen wie Tiere von hinten zu zeigen, anonym, ohne Gesicht, ohne daß der Betrachter sie erkennen könnte. Diese Rückenansichten geben aber nicht nur die sehr heftige Illusion von tatsächlicher Räumlichkeit, sie errichten zudem durch die Abwendung vom Betrachter eine unsichtbare Barriere, hinter der ein ganz eigenes selbständiges Bildleben vor sich geht, das nichts mehr mit uns zu tun hat, das uns ausschließt. Aber noch etwas anderes geschieht: Die Anonymität der Wesen, Mensch oder Tier – meist ist es eine Gruppe, kaum je ein einzelner –, nimmt ihnen ihre Individualität, sie werden zum Bestandteil eines übergeordneten Ganzen. Die Rinder und ihre Hirten werden Teil der Herbstnatur, wie alles andere: wie die kahlen Bäume und die erste Krähe, das drohend aufziehende dunkle Gewölk, die Arbeiter im Weinberg und der Vogelsteller. Ähnlich verhält es sich auch im Winter. Müde und stumm stapfen Jäger und Hunde durch den Schnee, die schwarzen, toten Bäume entlang den Hügel hinunter ins Dorf. Mensch und Tier mit rundem Rücken und eingezogenem Hals. Kleid und Fell von derselben Farbigkeit, unterscheiden sie sich kaum voneinander. Bald werden sie unter den kugelrunden grauen Weiden hinter dem Abhang verschwunden sein. Die lautlose Eisesstarre des Winters kann durch das Zischen des Feuers nicht gebrochen werden. Vor dem Wirtshaus mit dem Schild des heiligen Eustachius, dem Jägerheiligen, sengen einige vermummte Gestalten ein Schwein über dem Feuer. Vielleicht hört man aus der Ferne ganz leise das Geschrei der Schlittschuhläufer – winzige Figürchen auf dem blaugrünen Eis der zugefrorenen Teiche. Eine Elster schießt durch die unbewegte Luft, auf den kahlen Ästen sitzen die schwarzen Krähen, ihr hölzernes Krächzen nimmt sich aus wie die Stimme eines zu Tode erstarrenden Lebens.

Besonders bedeutungsvoll und reich ist das Bild des Vorfrühlings, des »Düsteren Tages«: zumeist wird es weniger beachtet als die beiden anderen Landschaften, die allein schon durch die Farbigkeit mehr auffallen. Und dennoch ist auch das ein ungemein eindrucksvolles und reiches Bild. Obwohl ähnlich angelegt wie die beiden anderen Jahreszeitenbilder, bewegt sich diesmal die im Vordergrund tätige Menschengruppe nicht ins Bild hinein. Einige beschneiden die Bäume – eine aus den Kalenderbildern überlieferte Tätigkeit des Vorfrühlings, die anderen aber, ein Waffel essender Mann, eine Frau und ein kostümiertes Kind mit einer

108 Pieter Bruegel d. Ä., Der düstere Tag

Laterne, weisen bereits auf den Karneval hin. Auf jeden Fall wird damit ein Narrentreiben angedeutet, das nicht in unmittelbarem Zusammenhang mit der Natur steht wie das Beschneiden der Bäume. Dennoch kann man es als die überschäumende Unruhe des Faschings, der ja auch das Ende des Winters bedeutet, in Zusammenhang mit der Unruhe der erwachenden Natur sehen.

Es war schon die Rede von den prachtvollen Bäumen, deren Geäst wie feines Spitzenwerk vor den jagenden Wolken des Himmels hängt. Hier hat es bereits getaut, nur auf dem hohen Felsengebirge und auf der düsteren Burg liegt noch nasser Schnee. Das Dorf, wie ein Nest am Fuß des Hügels hingeduckt, ist schon schneefrei, die hohen Strohdächer aber sind noch feucht und dunkel, und durch die kahlen Baumkronen kann man in die Höfe sehen. Vor dem Wirtshaus machen sich ein paar Leute zu schaffen. Löst man den Blick jedoch von diesem gedämpften stillen Treiben und sieht man die Dorfstraße entlang, so erschrickt man. Hochwasser ist im Anzug. Der breite Fluß, an dem das Dorf liegt, brodelt wild und bösartig und leckt mit Schaumzungen über das Ufer. Schon stehen ein paar Gehöfte im Wasser, gegen die dunkle Festung am Fuß des Berges branden bedrohlich die Wellen. Am anderen Ufer aber, hinter der Biegung, wo der Fluß breiter und breiter wird, bevor er ins Meer mündet, bricht der Damm, und gischtend stürzt das schwarzgrüne Wasser ins tiefer gelegene Land. Schon stehen die Häuser bis zum Dach unter Wasser. In der schäumenden, hochgehenden, wilden Flut treiben Schiffe und schwanken hilflos im wütenden Sturm hin und her, kentern und gehen unter. Nur noch die Mastspitze ragt aus dem Wasser. Die Leute auf dem Hügel aber sehen nichts, sie arbeiten ruhig weiter, vergnügen sich in Faschingslaune, und aus dem Schornstein des Nachbarhauses steigt heimelig der Rauch. Der Gegensatz zwischen der gefährlichen, tobenden Natur und der bäuerlichen Idylle könnte nicht größer sein.

Man könnte nun annehmen, daß dieser Gegensatz insofern gegeben und daher absichtslos sei, als Bruegel mit der Gruppe im Vordergrund die Jahreszeit kennzeichnen wollte, da ja – wie schon erwähnt – das Bäumebeschneiden für eine ganz bestimmte Zeit steht, alles andere aber, was sich im Hintergrund abspielt, seine persönliche, aus der Beobachtung der Natur abgeleitete Darstellung der jahreszeitlichen Eigenheiten wäre. Diese Annahme wird wohl auch stimmen, aber nicht allein, da der emotionelle Gehalt des Bildes damit bei weitem nicht ausgeschöpft wäre. Aus dem Gegensatz und vor allem aus der Art, wie er vorgetragen wird, erwächst eine dramatische Spannung sondergleichen, die umso mehr packt, als sie noch nicht voll zum Ausbruch gekommen ist. Die Katastrophe ist noch weit entfernt bei kenternden Schiffen, bei Dammbruch und Ertrinkenden, bald aber wird sie brausend über das ahnungslose Dorf hereinbrechen. Offenkundiger als in den anderen Landschaftsbildern Bruegels tritt im »Düsteren Tag« das Befremdliche, Bedrohliche und Feindliche hervor, wie es eben der Auffassung des Malers von der alles überwältigenden Kraft der Natur, ihrer Unabänderlichkeit und Gesetzlichkeit entspricht. Auch der Mensch und sein Leben sind Teil der Natur wie das Tier und der Baum, und wie diese ist er sich seiner Abhängigkeit von den kosmischen Kräften nicht bewußt.

Übrigens hat Bruegel auch noch später in anderen Bildern seiner Gesamtschau von Natur und Leben Ausdruck gegeben. So in der

109 Pieter Bruegel d. Ä., Bekehrung des Paulus

Abb. 109 *Bekehrung des Paulus* (1567) und im »Seesturm«. Im einen Fall ist es das steile, aus der Meeresebene jäh bis in die Wolken aufgetürmte Felsengebirge des Libanon, durch das sich die Schar des Saulus im langen Zug auf dem Wege nach Damaskus müht. Hoch im Unwegsamen erfährt Saulus das Erlebnis seiner Bekehrung und stürzt vom Pferd, geblendet von dem Lichtstrahl aus den Wolken. Der schwere innere Weg der Bekehrung und der mühselige Aufstieg durch nackten, harten Fels in ungewisse, noch größere Höhen sind in ihrer Bedeutung gleichgesetzt. Doch ist der Mensch Saulus klein, abseits und isoliert inmitten der Umstehenden, die neugierig seinen Sturz betrachten und in ihrer grellen, auffallenden Kleidung viel wichtiger erscheinen – so der gelbe Reiter, der sein Pferd anhält. Auch in der »Kreuztragung« war das so. Die große Natur und die anonyme Masse erdrücken das Individuum mit seinem nur es allein auszeichnenden Erlebnis. Im Gegensatz dazu steht der stürzende Saulus-Paulus in der italienischen Malerei stets als herkulische, heldische Gestalt im Mittelpunkt. Bruegel

110 Pieter Bruegel d. Ä., Seesturm

jedoch sieht die Realität der Lebensumstände nicht heroisiert, deshalb aber um nichts weniger ins Bedeutende gehoben durch die lastende Größe der Natur und durch die Verständnislosigkeit der Menschheit, die den einzelnen einsam macht.

Der *Seesturm* erweist sich in noch stärkerem Maße als ein reines Bild ungebändigter Natur, in der der Mensch fast nicht mehr zu erkennen ist. Unter schwerem Regenhimmel stürzen hier die Sturmböen über die braungrüne See und wühlen sie tief auf. Über die schaumgekrönten, spritzenden Wasserberge und -täler quält sich eine Flotte von Schiffen mit geblähten Segeln. Wie von einem darüberhinzuckenden Blitz erhellt, leuchtet das Kielwasser des einen Schiffes smaragdgrün auf und läßt ein anderes sehen, das von einem ungeheuren Fisch verfolgt wird. Doch hat man ihm eine Tonne vorgeworfen und lenkt ihn damit von der Verfolgung ab. Am Horizont reißt das Gewölk auf, und wie eine Heilsbotschaft erscheint vor der plötzlichen Klarheit des Himmels eine Kirche.

Abb. 110

Uns Heutigen fällt es schwer, dieses Bild nicht ausschließlich nur als Darstellung eines Sturms auf hoher See zu sehen. Dennoch liegt ihm zunächst symbolhafte Bedeutung zugrunde. Schon zu Bruegels Zeiten galt der Walfisch, der mit einer vorgeworfenen Tonne spielt und dem Schiff dadurch das Entkommen ermöglicht, als das Bild des Menschen, der um nichtiger Dinge willen sein wahres Wohl versäumt. Auch war das Schiff immer schon Symbol der siegreichen Kirche, und möglicherweise soll das über der wilden See sicher und ruhig leuchtende Kirchengebäude auf eine solche Beziehung hindeuten.
Aus dieser vorgegebenen Thematik, die vielleicht auch Zeitereignisse apostrophieren sollte, schuf Bruegel eine grandiose Meereslandschaft. Es ist die erste dieses Ausmaßes und von dieser Ausschließlichkeit. In der Miniaturmalerei hatte man sich schon vorher hin und wieder in der Darstellung ruhiger Meeresansichten versucht, und Bruegel selbst hatte in früheren Jahren eine kleine Hafenansicht von Neapel gemalt. Niemals aber war das Meer allein Thema eines Bildes gewesen. Auch Bruegel fiel es nicht ganz leicht, seine ehrgeizige Absicht umzusetzen. Er behalf sich damit, daß er das Kompositionsschema seiner Landschaften auf die Wasserfläche übertrug: Der Wasser»hügel« links entspricht dem Vordergrundhügel seiner Landschaften, und der grell-grüne, als Kielwellen motivierte Keil im Wasser entspricht der in die Raumtiefe führenden scharfen Biegung des Flusses (wie zum Beispiel auf dem Herbstbild). Auf diese Art gliederte er die Wasserfläche und verlieh ihr Tiefe und Räumlichkeit. Die Schiffe treiben auf ihr verstreut und verloren dahin, die Menschen darauf sind im Verhältnis zur ungeheuren Weite so klein, daß man sie kaum ausnehmen kann.
Wie in allen seinen Bildern hat der Maler auch hier aus der engen Bedeutungshaftigkeit von Symbolen und Anspielungen, aus dem Besonderen das Übergeordnete, das Allgemeine entwickelt, aus dem Gleichnis die Wirklichkeit eines Sturms auf dem Meer, so wie umgekehrt der Betrachter erst aus der Größe der Wirklichkeit die wahre Bedeutung erfaßt.
Bruegel besaß die einzigartige Gabe, die in der Sprache in Gebrauch stehenden Rätsel, Symbole, Allegorien und Anspielungen, die das ganze Leben bedeutungsvoll durchwirkten, durch die Kraft seiner künstlerischen Imagination, durch sein visuelles Vorstel-

lungsvermögen nicht nur zu illustrieren, sondern sie vielmehr in ein Neues aufzulösen, sie in die Wirklichkeit von Natur und Leben über- und zurückzuführen. Damit wurde er zum ersten großen Landschaftsmaler. Daß durch seine Bilder immer noch die strenge Gebundenheit mittelalterlicher Weltanschauung wirkt, macht sie so großartig und unwiederholbar. Denn die Realität der Natur, die sie wiedergeben, soll ja nicht als deren leeres Abbild erscheinen. Man soll erkennen können, wie sehr das Leben des Menschen und die allumfassende Natur miteinander verwoben sind und daß auch die übermächtige Natur gerade durch die Abhängigkeit des Menschen von ihr doch auch von dessen Wirken in ihr nicht unberührt bleibt.

Man hat zu Recht bemerkt, daß der »Seesturm«, den man als das letzte bekannte Werk des Malers ansieht, unfertig wirkt. An vielen Stellen scheint die Untermalung durch die transparente Malschicht durch. Nun ist aber gerade die Maltechnik des Meisters dadurch charakterisiert, daß die Farbschichten lasierend in dünnen Schichten übereinander liegen. Der Farbeindruck wirkt dadurch besonders lebendig und leuchtend. Andererseits verbrauchen sich dünne Farbschichten mit der Zeit und werden durchsichtig. Man kann das an Bruegels Landschaftsbildern an vielen Stellen feststellen. Für den »Seesturm« liefert eine solche Annahme eine durchaus plausible Erklärung. Es ließe sich aber auch folgendes denken: Die Neuartigkeit des Bildkonzepts war auch für dessen Schöpfer so kühn, daß er vielleicht davor zurückschreckte, ein fertiges Bild daraus zu machen, und es bei einer Art Entwurf bewenden ließ. Man wird freilich nie ergründen, ob diese Mutmaßung stimmt.

Wenn Bruegel Menschen darstellt, so zeigt er sie bekanntlich in der Regel in Massen oder zumindest in Gruppen. Der einzelne kommt höchst selten vor. Diese seine Menschen sind in der Mehrzahl Bauern. Es gibt aber auch Soldaten, Mönche, Händler, Bettler und Krüppel, sehr selten Bürger oder gar Edelleute. Wie schon bemerkt, soll Bruegel gern aufs Land gegangen sein, das ja zu jenen Zeiten bald vor den Toren der Stadt hinter der Bannmeile begann, sich unter das Bauernvolk gemischt, an seinen Festen teilgenommen und sein bäuerliches Treiben mit großem Genuß beobachtet haben. So kam es schließlich, daß die einzigen großen Figurenkompositionen, die er malte, dem bäuerlichen Leben ge-

111 Pieter Bruegel d. Ä., Bauernhochzeit

widmet sind, seinen festlichen Anlässen, der »Kirmes« und der Abb. 111 *Hochzeit.* Das einzige Bild, in dem eine Figur allein das kompositionelle Hauptthema bildet, im »Vogeldieb« nämlich, zeigt auch einen Bauern.

Nun hat es zu Bruegels Zeiten längst schon Bauernbilder gegeben. In burgundischen Stundenbüchern des 15. Jahrhunderts wurde das Leben der Bauern innerhalb der Jahreszeiten wiedergegeben, und Pieter Aertsen, ein älterer Zeitgenosse Bruegels, hatte einen großen Teil seines Werkes diesem Themenkreis gewidmet. Den größten Einfluß scheinen jedoch die Bauernszenen auf Holzschnittbilderbogen deutscher Kleinmeister auf Bruegel gehabt zu haben. Für die breite Masse gedruckt, waren sie in den Niederlanden sehr verbreitet. Diese Blätter aus der Zeit um 1530–1550 stammen von Meistern aus der Nachfolge Dürers – wie den beiden Brüdern Beham und Pencz – und erinnern daran, daß schon Dürer sich hin und wieder mit Bauernszenen befaßt hatte. Wie immer behandelt Bruegel aber auch diese Thematik ganz neuartig – so als wäre er der erste, dem sie aufgefallen sei. Es ist auch bezeich-

nend, daß für die Bauernbilder des 17. Jahrhunderts nicht Aertsen, sondern Bruegel zum Vorbild wurde.
Das Hochzeitsfestessen spielt sich in einer Scheune ab, deren Rückwand aus gestapelten Strohgarben besteht. Die Festtafel, an beiden Seiten dicht von schmausenden Gästen besetzt, ist diagonal in den Bildraum gestellt und ruft dadurch das Gefühl von Weiträumigkeit hervor. Die beiden Speisenträger bewegen sich quer zur Längsachse des Tisches und verfestigen damit die Bildstruktur, indem sie den Längszug abriegeln. Wie großartig und straff und alles ihrem System unterordnend diese Komposition ist, kann man auf einen Blick ermessen, wenn man Aertsens »Bauernfest« von 1550 danebenstellt, das im Vergleich dazu ungeordnet und zufällig anmutet. Bruegel wendet hier wieder die Raumerschließung nach Diagonalen an, wie er es ähnlich schon in seinen Landschaften getan hatte. Das links unter der Diagonale sich ergebende leere Raumdreieck wird von der schönen Figur des Wirts und der des sitzenden Kindes ausgefüllt. Der Mann beugt sich über einen Korb mit Tonkrügen – ein herrliches Stilleben! – und gießt Bier aus einem großen Krug in einen kleineren. Vielleicht ist er der Bräutigam. Bezeichnenderweise ist es nämlich nicht möglich, diesen eindeutig zu identifizieren. Die Braut sitzt schweigend und mit verschämt niedergeschlagenem Blick allein unter der Brautkrone. Vielleicht ist aber auch der junge Mann, der die Teller austeilt, der Bräutigam. Der einzige Herr, in schwarzem Gewand mit umgeschnalltem Degen am Ende der Tafel, neben dem Mönch, ist wohl der Gutsherr, der zu Besuch gekommen ist. Oder sollte es vielleicht der Maler selbst sein?
Wie immer in Bruegels Bildern, befindet sich auch hier die Hauptperson, die Braut nämlich, im Hintergrund, und die Nebenakteure – wie Speisenträger, Musikanten und andere – sind es, die als erste durch Größe, monumentale Plumpheit und auffallende Farben ins Auge stechen. Denn eben diese Nebenpersonen – all die lebhaft und angeregt Essenden und Trinkenden, miteinander Schwätzenden, die Neugierigen unter der Tür, das einen Teller ausleckende Kind mit dem viel zu großen Barett –, sie sind ja die Hauptpersonen. Das ist das Noch-nicht-Dagewesene, das übrigens auch für das Werk Bruegels etwas Neues bringt: ein Bildgerüst, das in seiner Klarheit und Strenge dem »Letzten Abendmahl« eines italienischen Meisters, Tintorettos

112 Pieter Bruegel d. Ä., Bauernkirmes

nämlich, gleicht, wird von einer lustigen, ganz unheiligen Bauerngesellschaft bevölkert, wie sie zuvor in dieser Weise nie dargestellt worden ist. Das bedeutet die Säkularisierung einer vorhandenen Bildidee. Säkularisieren, verweltlichen – das hat Bruegel immer schon getan, indem er das Gleichnishafte, das Symbolische und Allegorische in die Wirklichkeit des Lebens und der Natur verwandelte, ohne daß dabei die Aussage an Allgemeingültigkeit verloren hätte.

Darum kann es durchaus sein, daß auch in diesen beiden so frisch, spontan und unbelastet von Reflexionen wirkenden Bauernbildern dennoch – wie manchmal angenommen wird – die Spur einer Moral steckt: die nämlich, daß Völlerei und Unmäßigkeit angeprangert werden sollten. Auch das Treiben auf der Dorf-
Abb. 112 straße auf dem *Kirmes*-Bild ist recht lebhaft. Zum grellen und aufreizend monotonen Rhythmus des Dudelsacks stampfen Bauer und Bäuerin ihren wilden Reigen, beginnt ein Streit zwischen Betrunkenen, drücken sich zwei schmatzende Küsse auf, und wieder andere verschwinden im dunklen Hausflur. Auch die Kin-

der tanzen und machen es den Alten nach. Von weitem aber sieht einer in Narrenkleidern zu.
Und dennoch verdeckt in diesen beiden Bildern, mehr als in allen anderen Werken Bruegels, eine neu entdeckte Realität weitgehend die tiefere Bedeutung. Das künstlerische Temperament, die formale Gestaltungskraft verbinden sich mit der Wirklichkeit bis ins letzte Detail, das oft gar nicht schön ist, durch die Art der Umsetzung aber dennoch größten Eindruck macht. Denn auch darauf muß hingewiesen werden: Bruegels Menschen sind keineswegs schön im Sinne des italienisch idealen Schönheitsprinzips. Man konnte dies immer schon feststellen, besonders deutlich wird das aber an diesen Bildern, in denen zum ersten Mal der Maßstab viel größer als bisher und alles viel näher herangerückt ist. Wir haben es eben mit Bauern zu tun, schwer gebauten Gesellen, grotesk in ihren ausfahrenden Bewegungen, mit knochigen Gesichtern, denen nur ganz einfache Gemütsregungen abzulesen sind. Dennoch erfahren sie durch die sich nie wiederholende Vielfalt und Art ihrer Bewegung, die Differenziertheit von Zeichnung, Farbgebung und malerischem Effekt eine andere Art von Schönheit: die Schönheit, die Tieren, Bäumen und Dingen eignen kann.
Es war immer schon die Stärke der niederländischen Malerei, die Dinge, die Blumen und Krüge und Äpfel, mit der gleichen Liebe und Genauigkeit wiederzugeben wie die Menschen. Bruegel aber geht noch weiter. Er gleicht die Menschen den Dingen und anderen Erscheinungen der Natur an. Für ihn ist der Mensch kein unverwechselbares Individuum, das im Mittelpunkt der Welt steht, so wie ihn die Renaissance sieht, für ihn ist er bloß Beispiel einer Gattung. Diese Gattung ist ihrerseits wieder nur unter- und nebengeordnetes Beispiel und Teil eines übergeordneten Naturganzen. Um nun, wie Bruegel es tat, die Gattung Mensch zeigen zu können, bot sich am besten der Bauernstand an. Er repräsentierte zur Zeit des Malers das Volk schlechthin, denn ein Proletariat im heutigen Sinn, das Arbeitervolk, gab es ja noch nicht. Also zeigte Bruegel die Gattung Mensch im Kleid des Bauern. Auch war der Landmann der Natur näher als jeder andere und ihr daher in seiner Gesichtslosigkeit und wohl auch Humilitas leichter ein- und unterzuordnen. Angesichts dieser Haltung fällt es um so mehr auf, daß Bruegel um die gleiche Zeit wie die beiden

113 Pieter Bruegel d. Ä., Der Vogeldieb

Bauernszenen (1568) ein Bild gemalt hat, in dem ein einziger
Abb. 113 Mensch im Mittelpunkt steht – der sogenannte *Vogeldieb.* Auch dieser stammt freilich wieder aus dem Volk.

Der Bauer kommt über eine flache wäßrige Wiese, in der ein paar Bauernhäuser stehen. Sie wird von einigen Bäumen gesäumt und nach vorne zu von einem stillen Gewässer begrenzt. In auffallendem Gegensatz zu den früheren Landschaften Bruegels ist dies nur ein bescheidener, aber sehr lebensecht wirkender kleiner Landschaftsausschnitt, ein Eckchen ganz unheroischer Brabanter Natur. Auch so etwas hatte es bisher noch nicht gegeben. Bisher wurde ja doch immer ein Ganzes, möglichst Umfassendes gezeigt. Dies hier ist etwas Besonderes, im Gesichtsfeld beschränkt und aus dem Ganzen und Allgemeinen herausgegriffen. Ein Produkt dieser neuen, auf das Individuelle und Besondere gerichteten Anschauungsweise ist nun auch die Einzelfigur des Bauern. Er ist nicht wie sonst als Spezies einer Gattung anzusehen, sondern ein ganz besonderer, unverwechselbarer Mensch, der in dem ihm zugehörigen Stück Land steht. Dazu kommt, daß seine Haltung höchst auffällig ist. Sie ist nämlich einem berühmten Vorbild nachempfunden – und zwar dem richtenden Christus aus dem »Jüngsten Gericht« Michelangelos in der Sixtinischen Kapelle. Auch er zeigt die gleiche wuchtige, schwungvolle, schraubenartig gedrehte Bewegung des Ausschreitens. Während aber der Weltenrichter den Arm in der Geste des Verdammens hebt, weist Bruegels Bauer mit dem einen Arm, den er in Gegenbewegung über die rechte Schulter hebt, mit ausgestrecktem Zeigefinger auf den Buben, der gerade im Baumgeäst ein Nest ausnimmt. Während er aber den Beschauer mit einfältig-selbstzufriedener Miene auf diese Untat aufmerksam macht, übersieht er ganz, daß er beim nächsten Schritt ins Wasser fallen wird. Der Gegensatz zwischen der unbäuerlichen italienisch-schönen Haltung des Mannes und dem Mißgeschick, das in Kürze die edle Pose ins Lächerliche verwandeln wird, ist so deutlich, daß man dahinter eine Absicht vermuten muß.

Bis jetzt konnte man immer bemerken, daß Bruegel das Gleichnis in seinen Bildern in Realität verwandelte, so daß man sie auch ohne das Doppelbödige einer untergelegten Bedeutung als Abbild der Wirklichkeit ansehen konnte. Das ist beim »Vogeldieb« nicht ganz so leicht. Tatsächlich war in den Niederlanden eine Redensart sehr verbreitet, die besagte: »Wer das Nest weiß, weiß es, aber wer es raubt, hat es«, was soviel heißen will wie: Gewinn zieht nur der tätige Mensch, woraus folgt, daß der Untätige das Nachsehen hat. Auf unserem Bild scheint es noch dazu so, als ob er auch noch den Schaden und den Spott hätte – wenn er nämlich ins Wasser fällt. Obwohl die »Moral« offenbar allgemein bekannt war, können wir ihren Sinn doch nicht befriedigend deuten. Sicher ist nur eins: Der freche Dieb kommt an sein Ziel, und der andere, der nichts Böses anstellt, der höchstens etwas weniger unternehmungslustig ist, kommt zu Schaden. Wenn wir auch den genauen Sinn des hier illustrierten Sprichworts nicht kennen, so kann man doch sagen, daß es sich um etwas im angegebenen Sinn handelt, so daß Bruegel hier also scheinbar einen Rückschritt getan hat. Denn aus dem »Sprichwörter«-Bild (Berlin, Dahlem), das er vor Jahren malte und in dem er, ähnlich wie bei den »Kinderspielen«, diesmal Sprichwörter dem Wortsinn folgend darstellte, griff er hier ein einziges heraus, um es zu isolieren, so wie er es ja schon in formaler Hinsicht bei dem Landschaftsausschnitt und bei der isolierten Figur des Bauern getan hatte. Das unübersehbare und extrem Sinnbildhafte trifft auf das ebenso unübersehbare extrem Natürliche, Abbildhafte des Landschaftsausschnitts. Das doppeldeutige Schwanken zwischen beiden hat aufgehört, es kommt zu einer harten und eindeutigen Konfrontation. In dieser Situation führt Bruegel die michelangeleske Haupt- und Zentralfigur in Verkleidung eines Bauern ein. Das bedeutet eine dritte Betrachtungsweise, die idealistische nämlich. Sie wird, wie schon bemerkt, nicht unverhüllt ausgesprochen, weil ja die Hauptperson nicht in klassischer Nacktheit dasteht, sondern nach wie vor aus dem Volke Bruegels kommt, nach wie vor also Teil seiner Welt ist. Der Umstand aber, daß dieser eine groß und allein in der Mitte steht und daß in ihm kein geringerer als Michelangelo zu Wort kommt, zeigt an, daß Bruegel – was er bisher nie getan hatte – die Aufmerksamkeit auf diesen Mann lenken wollte. Diese Figur, die ihren Ursprung in der idealen Welt italienischer Kunst hat, stellt sich als dritte Größe, als eine Art Katalysator, zwischen die beiden Anschauungsweisen der Welt, die im Bild aufeinandertreffen, die sinnbildhafte und die abbildhafte. Der Mensch ist im Mittelpunkt, in dem reflektierend beide Erlebnisweisen gleichzeitig möglich sind.

Während aber der Christus Michelangelos ein Triumphator ist, kann es sich der Satiriker und Zweifler Bruegel in seinem schwarzen Humor nicht versagen, denselben Menschen, dem er eine so bedeutende Stelle und Rolle zuteilt, einem lächerlichen Los auszusetzen und damit gleichsam seine Würde wieder zu zerstören. Das kommt nun einer Absage an das italienische Ideal menschlicher Würde und Schönheit gleich und bedeutet so viel wie die Säkularisierung einer, diesmal nicht religiösen, sondern der philosophischen Idee des Humanismus. Das bedeutet Ernüchterung und endgültige Profanierung des Menschenbilds, ebenso, wie durch die Landschaft nicht mehr die universale Idee des Kosmos hindurch wirkt, sie daher nur noch Abbild des nüchternen Alltags ist. Hier sind also die Grenzen Bruegelscher Kunst erreicht.

Sollte man in wenigen Worten zusammenfassen, worin die Leistung Bruegels besteht – ein kaum durchführbares Unterfangen –, so könnte man vielleicht sagen, daß sie zu einem wesentlichen Teil in der künstlerischen Auseinandersetzung zwischen zwei Anschauungsmöglichkeiten der Welt besteht: einer mittelalterlichen, in der die Schöpfung ein vom Zentrum aufgebautes einheitliches System bildet, die sinnbildlich und abstrakt von innen her begriffen werden kann und einer anderen, die – auf Erfahrung und Anschauung beruhend – die diesseitige Realität und Wirklichkeit sucht. Beide Anschauungsweisen lösen einander nicht ab, sondern bedingen einander, sich gegenseitig durchdringend. Eine ohne die andere kann nicht bestehen, eine bezieht die Stärke von der anderen. Daher wirkt Bruegel schon beim ersten Hinsehen gleichzeitig altertümlich und dennoch höchst originell und wirklichkeitsnah, und daher ist seine Kunst voll von Spannung und dramatischer Größe, ebenso aber voll des behaglichen und schwatzhaften Fabulierens und Zuschauens. Aus diesem Dazwischenstehen und nicht Eindeutigen ergibt sich auch seine Hinneigung zu satirischen Betrachtungen, zum Grotesk-Komischen. Die enge Verklammerung der beiden Anschauungsweisen ist auch die Ursache für Bruegels weitgehendes Desinteresse an italienischer Kunst, obwohl doch gerade sie das Jahrhundert beherrschte.
Diese Verklammerung trägt aber auch außerordentliche Früchte. Durch sie wird Bruegel zum Schöpfer des Landschaftsbildes, der die Natur zum großen Thema erhebt. Zudem ist er der erste, der den Bauernstand und sein Leben festhält. Beide Bildgattungen finden eine ungemein reiche, vielfältige Weiterentwicklung und Differenzierung in der flämischen und später mehr noch in der holländischen Malerei. Die Bedeutung von Bruegels Bildern für die niederländische Malerei ist mindestens so groß – wenn nicht größer – wie die des Rubens. In der künstlerischen Wertung sucht er innerhalb der europäischen Malerei seinesgleichen.
Man hat es sich angewöhnt, Bruegel als einen typischen Vertreter des Manierismus anzusprechen, also jener Epoche zwischen Hochrenaissance und Barock, die – ihrer langen Dauer entsprechend – in sich sehr unterschiedlich ist. Da dieser Begriff außerdem von der italienischen Kunst hergeleitet wird, ist er nur mit Vorbehalt auf die nichtitalienische Kunst anzuwenden, und schon gar nicht auf Erscheinungen wie Bruegel, der sich selten an der italienischen

Kunst orientierte. Man wird seinem Werk gerechter, wenn man es sozusagen als Gegenstück zur italienischen Hochrenaissance ansieht. Ist diese zu Anfang des Jahrhunderts zu datieren, so braucht die niederländische fast ein halbes Jahrhundert länger, um sich von der italienischen Kunst freizumachen und das Äußerste dessen zu erreichen, was nach den Möglichkeiten des 16. Jahrhunderts ihr Gemäßes herauszuholen war.

Wenn wir den Mailänder Maler *Giuseppe Arcimboldo* (1527 bis 1593) gleich nach Bruegel nennen, so nicht nur aus dem Grund, weil sie Generationsgenossen sind, sondern aus dem weiteren und interessanteren, daß Arcimboldo um die gleiche Zeit wie Bruegel seine Landschafts- oder Monatsserie, ebenfalls also Jahreszeiten, und darüber hinaus auch die Elemente malte. Freilich ging er dabei von einem ganz anderen Konzept aus. Bruegel entwickelte aus dem alten, symbolisch gefaßten Begriff des Monats, wie er sich noch im Mittelalter darstellte, die Naturlandschaft, Arcimboldo blieb im Symbolisch-Allegorischen stecken, weil gerade der diesem innewohnende Bedeutungsgehalt für seine besonderen Absichten verwertbar war. Die Bilder Arcimboldos sind demnach auch weniger Werke der bildnerischen als der literarischen Kunst. Es sind gemalte Metaphern und Gleichnisse und als solche ganz im Gegensatz zu Bruegel von äußerster Naturferne, auch wenn sie im Einzelnen, im Detail, im Realen zu haften scheinen. Es ist der ungewöhnliche Zusammenhang, in dem die einzelnen Realitäten verwendet werden, der von der Wirklichkeit wegführt.

Arcimboldo war seit 1562 Hofmaler und Porträtist am kaiserlichen Hof. Zunächst noch unter Kaiser Ferdinand I., dann und vor allem unter Maximilian II. und schließlich noch unter Ru-
Abb. 114 dolf II. Die beiden Darstellungen der Jahreszeiten, *Sommer* und »Winter«, wurden, wie aus Signatur und Datierung des Sommerbildes hervorgeht, 1563 gemalt. Obwohl noch zu Lebzeiten Ferdinands entstanden, sind sie bereits für seinen Sohn Maximilian II. gedacht. Das M auf dem Strohmantel des Winters weist darauf hin, und vielleicht auch der Umstand, daß Maximilian 1563 zum König von Böhmen und Ungarn gekrönt wurde. Die beiden anderen Jahreszeiten sind nicht erhalten, man kann jedoch von einer anderen Serie Arcimboldos darauf schließen, wie Frühling und Herbst ausgesehen haben müssen. Die beiden Elemente
Abb. 115 *Feuer* und »Wasser« wurden später – nämlich 1566 – gemalt, als

114 Giuseppe Arcimboldo, Sommer 115 Giuseppe Arcimboldo, Feuer

Maximilian bereits Kaiser war (seit 1564). Die »Erde«, ebenfalls ehemals in kaiserlichem Besitz, ist jetzt in Privatbesitz. Wie die »Luft« ausgesehen hat, kann man einer Fassung nach dem vermutlichen Arcimboldo-Vorbild entnehmen, das sich jetzt in der Wenner-Gren-Sammlung in Stockholm befindet.
Das Auffallende und Befremdliche an allen diesen Allegorien der vier Jahreszeiten und vier Elemente ist, daß sie die Form von Profilköpfen haben, die aus Bestandteilen komponiert sind, und – obwohl jedes für sich ein Ganzes – anspielen auf die Eigenschaften der Jahreszeiten beziehungsweise der Elemente. Je zwei dieser Köpfe sollten ein Paar bilden, sich also ansehen, und zwar: Frühling und Sommer und Herbst und Winter. Das gleiche gilt für die Elemente: Erde und Feuer bildeten ein Paar, ebenso Luft und Wasser. Darüber hinaus korrespondieren aber auch, dadurch, daß sie Paare bilden, da sie gleiche Eigenschaften haben, Frühling und Luft als heiß und feucht, Sommer und Feuer als heiß und trocken, Herbst und Erde als kalt und trocken und Winter und Wasser als kalt und feucht. Überdies sind die Paare auch als

männlich und weiblich charakterisiert. Der Sommer ist weiblich und besteht aus Ähren, Früchten und anderem. Der Winter ist männlich und ein verwitterter, von Baumschwämmen bewachsener Baumstrunk, um den sich Efeu – das Zeichen des Alters – rankt. Dementsprechend besteht der (weibliche) Frühling aus Blumen und der (männliche) Herbst aus Weintrauben und ähnlichem. Entsprechend sind die Elemente zusammengesetzt: Das männliche Feuer besteht aus einem brennenden Holz und Kerze, aus Lunte, Öllampe, Kanonenrohr, Pulvertasche, Feuerstein und Feuereisen. Die Kette mit dem Goldenen Vließ weist auf den Orden des Goldenen Vließes hin, dessen Träger der Kaiser war.

Das weibliche Wasser hingegen mit Perlenkette und Perlenohrgehänge besteht aus Meerestieren. Die Erde ist zusammengesetzt aus den vierfüßigen Tieren der Erde, wobei Löwe und Widder symbolisch abermals auf den Kaiser verweisen; die Luft dagegen aus Vögeln, wobei Pfau und Adler wiederum auf das Haus Österreich anspielen.

Die Erklärung für diese wunderlichen, mit Bedeutung überbeladenen Bilder ergibt sich aus der neuartigen originellen Anwendung alter Traditionen.

Seit dem Mittelalter, das seinerseits wieder auf antike Vorstellungen zurückging und gewohnt war, in analogen Zusammenhängen zu denken, entsprachen die vier Jahreszeiten den vier Elementen, den vier Temperamenten, den vier Himmelsrichtungen, den vier Evangelien und so weiter und so fort. Dargestellt werden sie durch einzelne Personifikationen, durch Tiere oder sonstige Erscheinungsformen.

Das sind die traditionellen Grundlagen zu Arcimboldos Bildern. Die genaue Auslegung seiner Kompositionen, die ein weiteres Umdenken alter Anschauungen voraussetzen, verdankt man jedoch einem Freund und Mitarbeiter des Malers, dem humanistisch versierten G. B. Fonteo, der in einem langen lateinischen, Kaiser Maximilian II. gewidmeten, Huldigungsgedicht die Bilder Arcimboldos erklärt, denn auch den Zeitgenossen war die Aussage dieser Gebilde nicht unmittelbar verständlich. Die Bilder sollten demnach Allegorien auf das kaiserliche Haus sein, kaiserliche Metamorphosen. So wie der Herr der Welt »Dominus Mundi« über das Reich der Welt herrscht, das aus den Elementen besteht und von den Jahreszeiten regiert wird, so herrscht auch der

Kaiser über sein Weltreich und über den einzelnen darin. Die gleiche Harmonie, die zwischen den Jahreszeiten und Elementen besteht – der »Sommer« unterhält sich mit dem »Feuer«, der »Winter« mit dem »Wasser« –, existiert folglich unter der Herrschaft des Hauses Österreich. So wie Elemente und Jahreszeiten gleichsam glücklich verheiratet sind, so soll auch die Heiratspolitik der Habsburger zur Gewinnung und Erhaltung des Friedens dienen.

Ebenso wie Jahreszeiten und Elemente auf den Kaiser anspielen, sind auch noch andere Hinweise auf ihn vorhanden. Man findet, wie schon erwähnt, im Bild des Feuers das Goldene Vließ, einen spezifisch habsburgischen Orden, übernommen aus der Verbindung mit dem Hause Burgund; oder die kriegerischen Aspekte des Feuers als Anspielung auf die Türkenkriege. Der »Winter« wiederum zeigt im Mantel über dem »M« für Maximilian das Emblem des Feuereisens, Teil also der Ordenskette des Goldenen Vließes. Da nach den Römern der Beginn des Jahres, »caput anni«, der Winter und da Maximilian der neue römische Kaiser ist, muß sein spezielles caput anni also der Winter sein.

Fonteo und Arcimboldo waren überdies Entwerfer von höfischen Festen und Theateraufführungen. Während der Festlichkeiten des Jahres 1571, von denen Fonteo berichtet – in diesem Jahr heiratete Erzherzog Karl von Steiermark, der Bruder von Maximilian I., Maria von Bayern, Elisabeth, die Tochter Maximilians II., Karl IX. von Frankreich, und Anna, ihre Schwester, Philipp II. von Spanien –, erschien Maximilian im Kostüm des »Winters«, während andere Teilnehmer die Masken weiterer Jahreszeiten und Elemente trugen, womit wiederum die Hochzeit der Elemente und Jahreszeiten dargestellt werden sollte und der Kaiser gleichsam als ihr Gebieter. Das kaiserliche Thema stand in den zahlreichen höfischen Festen des 16. Jahrhunderts an vorderster Stelle.

Die Malereien Arcimboldos enthalten gewiß noch andere als die aufgezeigten Anspielungen und Parallelen, die wohl noch nicht alle zur Gänze erfaßt sind, so etwa Hinweise auf die Temperamente und außer auf Maximilian möglicherweise auch noch solche auf andere Personen der kaiserlichen Familie. Ihre Fassung als Köpfe – die übrigens auf antike Kaisermünzen zurückgehen und auch auf die Darstellung der Jahreszeiten als Profilköpfe auf römischen Münzen – gibt jedoch das vielschichtige ikonographische Programm so konzentriert und simultan wieder, daß man sonst nur durch Worte und Kostüme darlegen konnte, daß man sie wohl als ein besonders gelungenes Ergebnis beziehungsreicher, vielleicht auch etwas verspielter manieristischer Gesinnung ansehen kann.

Fonteo und Arcimboldo selbst nannten diese Bilder »grilli« oder Chimären. Die mythische Chimära der Antike war ein Tier, dessen Vorderteil einem Löwen und dessen Hinterteil einem Drachen glich; und »grilli« nannte man antike Schmuckstücke, die aus menschlichen und tierischen Formen komponiert waren, ähnlich den Grotesken in der Malerei. Arcimboldo nun erfand eine neue Form von »grilli«, deren Doppelsinn und Hintersinnigkeit Kaiser Maximilian II. offenbar gefielen, denn er hatte die Bilder Arcimboldos in seinem Schlafzimmer hängen, wie sein Cousin Philipp II. von Spanien die Gemälde von Bosch. Er mag sie, abgesehen vom imperialen Programm, das ihnen zugrunde lag, als phantastische kunstvollen Grillen – im deutschen Sinn des Wortes verstanden – seines Hofmalers betrachtet haben. Er mag sich auch daran ergötzt haben, mit welch krauser und nahezu sinistrer Erfindungsgabe der Maler das Bild des Menschen – und sogar das des Kaisers, den er doch auf diese Weise verherrlichen wollte – erst aus heterogenen Teilen zusammensetzte, die aber jederzeit wieder in ihre Bestandteile – Dinge, Pflanzen, Tiere – auseinanderfallen und damit zeigen konnten, daß es das Individuum, die Persönlichkeit, in Wirklichkeit ja gar nicht gab. Gerade der große Realismus der einzelnen Bestandteile – alles Dinge und Gebilde der Natur – macht diese für den Betrachter besonders eindringlich und verleiht ihnen Macht über die Persönlichkeit des dahinter steckenden Menschen. Ein solches Gefühl konnte beim Lesen des Gedichtes von Fonteo nicht aufkommen, erst seine bildliche Verwirklichung ruft es hervor. Und erst diese brachte durch die Übersetzung in eine andere Materie, in ein anderes Material, eine schockierende – weil mit den Augen spontan erfaßbare – Unmittelbarkeit zustande, die vom Betrachter sofort und nicht erst auf dem Weg über komplizierte Erklärungen zu erfassen war. Das Schwanken der Anschauungsweisen macht es aber auch erklärlich, daß schon die Zeitgenossen Arcimboldos aus seinen Bildern nicht recht klug wurden und in ihnen nicht mehr

als nur Scherze sahen, die man in Wirtshäusern aufhängen sollte. Dem heutigen Betrachter seiner Werke ergeht es ähnlich, obwohl er aus der heutigen Situation heraus möglicherweise intuitiv ein besseres Verständnis zumindest für die befremdliche, fast schaurige Vorstellungsintensität des Malers hat, die dennoch gleichzeitig wiederum eine komische Seite besitzt – ähnlich einer Karikatur –, indem sie die verborgene Verwandtschaft aller Dinge, hier freilich im Sinn der Renaissance zeigt.
Arcimboldo hat seine Kaiser, erst Maximilian, dann dessen Sohn Rudolf II., Metamorphosen unterzogen, in der Art, wie sie Ovid erzählt, wenn seine Helden in Pflanzen oder Tiere verwandelt werden. Rudolf II. malte er als Vertumnus, den Gott der Jahreszeiten, zusammengesetzt aus Blumen und Früchten des Jahres (Skokloster, Schweden). Nach Ovid sind die Jahreszeiten erst im Silbernen Zeitalter entstanden. Im Goldenen Zeitalter herrscht also ewiger Frühling, in dem alles gleichzeitig blüht und gedeiht. Vertumnus, das heißt Rudolf II. und in ihm das Haus Habsburg, verkörpert hiemit das Goldene Zeitalter.
Arcimboldos Bilder fallen aus der sonstigen Entwicklung der Malerei stilistisch wie typenmäßig gänzlich heraus, da sie ja, wie schon gesagt, eigentlich keine Gemälde sind, sondern gemalte Metaphern, Symbole und Allegorien zu einem bestimmten Themenkomplex. Sie haben eher den Charakter von Fahnen und Wappen und könnten – gleich diesen – bei öffentlichen Veranstaltungen religiöser oder weltlicher Natur vorangetragen werden: im übertragenen und geistigen Sinn als Kennzeichen einer Epoche, die am Hofe Rudolfs II. in Prag in besonderer Dichte und Originalität zur Entfaltung kam. Die Zeit des Spätmanierismus, die gegen die Natur und gegen die klassische Form der Kunst gerichtet war und artifiziell erschien, brachte gerade dadurch – gleichsam durch eine Art von besessenem Raubbau an Vorhandenem, Gestaltetem – eine phantastisch blühende und schillernde Gegenkunst hervor. Das Erstaunliche daran ist, daß aus diesem gewissermaßen rücksichtslosen Auswerten von Vorhandenem keineswegs nur Nachahmung entstand, sondern ganz neue Kombinationen. Diese Form des Manierismus, die ihre Wurzeln im Florenz und im Rom der dreißiger Jahre hatte, fand zu voller später Entwicklung erst an den Kulturzentren nördlicher Höfe, vor allem am Kaiserhof Rudolfs II. Daraus erklärt sich auch, daß die kaiser-

116 Lukas van Valckenborch, Winter

lichen Sammlungen besonders reich an Kunstwerken aller Gattungen – nicht nur der Malerei – aus dieser Epoche sind.
Die Bilder Bruegels, von Rudolf II. und seinem Bruder Ernst, dem Statthalter der Niederlande, sehr geschätzt, wirken wie ein Auftakt dazu. Ein Zeitgenosse Bruegels war *Lukas van Valckenborch* (um 1535–1597). Auch Niederländer, in Antwerpen ansässig, war er während dessen kurzer Statthalterschaft in die Dienste von Erzherzog Matthias (1577–1582), eines Bruders von Rudolf II., getreten und ihm später in seine Residenz nach Linz gefolgt.
Seine »Jahreszeiten«-Bilder, zwischen 1585 und 1587 entstanden, zeigen deutlich ihre Herkunft von den Bruegelschen Monatsbildern. Freilich wirken sie dagegen nahezu wie Volkskunst, so vereinfacht, simplifiziert und bar jedes höheren, übergeordneten geistigen Gehalts, wie sie sind: auf die Erde heruntergeholt. Doch erzeugen gerade das Kalenderbildartige, die einfache, nicht sehr differenzierte Malweise und die starke Farbigkeit einen traulich-gemütvollen Klang, der weniger anspruchsvolle Kunden vielleicht sympathischer berührte als die intellektuelle und phantasievolle Herausforderung der Bruegelbilder. Valckenborchs Bilder haben nichts Geheimnisvolles, nicht die anonyme Menschheit

117 Lukas van Valckenborch, Landschaft mit Schmelzhütte

kommt in ihnen zu Wort, sondern bestimmte Menschengruppen, ja sogar bekannte Persönlichkeiten, auch nicht die Übermacht der Natur, sondern die Natur als Dienerin des Menschen, indem sie sich im Frühjahr der vornehmen Gesellschaft für Spiele und Feste anbietet, im Sommer und im Herbst den Bauern reiche Ernten hervorbringt und im *Winterbild*, bei anheimelndem Schnee- Abb. 116
treiben, das Vergnügen des Schlittenfahrens vermittelt. Auch soll sich der Beschauer nicht durchwegs an Phantasielandschaften erfreuen, sein Blick soll vielmehr auf Bekanntes treffen, wie etwa im Bild des »Frühlings« auf das Statthalterpalais in Brüssel, vor dem in reicher Parklandschaft ein Turnier stattfindet. So entstand die Vedute, wie etwa die Ansicht von Linz (Frankfurt, 1593), die Valckenborch im üblichen Bildschema mit hochgelegenem nahem Vordergrund, die entfernte Stadt mit den Salzkammergutbergen dahinter, darstellte. Oder er malte in eine phantastische Berglandschaft eine *Schmelzhütte*, genau bis ins Detail, so wie er sie wohl Abb. 117
in Österreich sehen konnte und wie er sie als Beweis des techni-

118 Lukas van Valckenborch, Fischer am Waldteich

schen und des naturwissenschaftlichen Interesses der Zeit für seinen Auftraggeber malen mußte.

Ebenso, wie die große Weltlandschaft Bruegelschen Stils bei Valckenborch an Monumentalität einbüßte, Vordergrund und Hintergrund weniger schroff auseinanderklafften, und man sich in Bekanntem und Vertrautem wiederfinden konnte, fand dieses Näherrücken seinen Ausdruck auch in einem neuen Landschaftstypus, der die Nähe, den Ausschnitt zum Vorwurf hatte. Valckenborchs *Fischer am Waldteich* (1590) versetzt den Betrachter mitten in einen dunklen blaugrünen Wald mit hohen Bäumen, zwischen denen eine kleine Lichtung und ein Teich zu sehen sind, an dem ein angelnder Herr sitzt. Der Landschaftsausschnitt ist nahe und begrenzt, das Fischen ist eine beschauliche Tätigkeit. Dennoch ist er ganz anders als Bruegels nüchterne Konzeption des Land-

Abb. 118

119 Gillis van Coninxloo, Waldinneres

schaftsausschnittes, wie er etwa im »Vogeldieb« zu sehen ist. Denn dieser Wald ist voller geheimnisvoller Schatten und Geschehnisse, einsam und entrückt wie die Zauberwälder Ariosts oder Shakespeares, in denen verirrte Prinzen ihren Weg suchen.

Noch phantastischer, versponnener und undurchdringlicher werden diese Bilder von Waldestiefen bei *Gillis van Coninxloo* (1544 bis 1606), einem etwas jüngeren Zeitgenossen und Landsmann des Valckenborch, der aus Glaubensgründen aus dem katholischen Antwerpen in das deutsche Frankenthal und dann nach Amsterdam geflüchtet war. Seine ungemein stimmungsvollen Bilder zeigen immer einen ähnlichen Aufbau. Riesige alte Eichen, Stämme und Äste, von einem Sonnenstrahl getroffen, braun aufleuchtend, rahmen das Bild wie ein Tor, dazwischen führt der Weg über Wurzeln und stille Wasser in die dunkelgrüne Waldestiefe – an ein, zwei Stellen öffnen sich Durchblicke auf entferntere, blaugrün aufstrahlende Lichtungen. Abb. 119

Wie nahe an die Natur herangerückt diese Bilder auch scheinen mögen, wie vertraut das Bild des Jägers ist, der mitunter durch diese Wälder streift, so sind diese Bilder eben doch keine realistischen Ansichten oder zufällige Landschaftsausschnitte. Sie sind gestaltet und geformt nach einem Vorbild, das weit in die venezianische Malerei, bis auf Giorgione, Domenico Campagnola und Tizian zurückreicht und das in Italien ansässige Niederländer nach Hause übermittelten. In der »Venus von Pardo« (Louvre, Paris) zum Beispiel hat Tizian die Waldlandschaft in der gleichen Weise durch zwei raumschaffende Ein- und Durchblicke gegliedert, die so typisch für Coninxloo und seine Nachfolger werden sollten. Die formende Kraft der großen, aus dem Figurenbild abgeleiteten, italienischen Komposition verleiht dem kleinteiligen, nahsichtigen niederländischen Naturbild das Besondere, Bedeutungsvolle, kunstvoll Verfremdete, das diese Landschaften emporhebt über sozusagen »natürliche« Landschaftsausschnitte. Die prägende Kraft des großen Kunstgebildes schafft dieser Bildgattung erst die Möglichkeit zum Überleben und gibt ihr eine Zukunft. Das reine Landschaftsbild, das damit geschaffen wurde, verdankt seine Entstehung nicht so sehr einem bewußteren Anschauen der Natur, sondern einer künstlerischen Idee, einem formenden Ordnungsprinzip.

Um die gleiche Zeit, als diese ersten reinen Landschaftsbilder entstanden, um etwa 1590 also, und von niederländischen Künstlern derselben Generation wie deren Schöpfer, entstand auch ein neuartiger Stil in der figuralen Komposition. *Bartholomäus Spranger* (1546–1611) aus Antwerpen kam – nach Aufenthalten in Paris, Lyon, Mailand und Parma – nach Rom, wo er von 1566 bis 1575 blieb und wohl die für seine Kunst wichtigsten Anregungen empfing, bevor er an den kaiserlichen Hof nach Wien (1575/76) ging und ab 1581 in Prag in die Dienste Kaiser Rudolfs II. trat.

Die formale Schulung Sprangers ist nicht schwer zu bestimmen. Ihn faszinierte das Figurenideal Correggios, vor allem aber das Parmigianinos – dessen langbeinige und langhalsige, geziert gedrehte und geschwungene Gestalten mit den kleinen Köpfen und den herausfordernden Blicken. Ebenso aber auch die bewegten Kompositionen des römischen Manieristen Federigo Zuccari und die kalte Statuarik des Giuseppe Cesari, genannt Cavaliere d'Arpino, die Spranger in seiner römischen Zeit hatte studieren können. Am nächsten stehen ihm aber wohl die wild und dennoch

graziös bewegten und verschlungenen Figurengruppen des südniederländischen Bildhauers Giovanni da Bologna, des Schülers von Benvenuto Cellini. Denn auch Sprangers Figuren nehmen ausgedacht komplizierte, oft kaum nachvollziehbare Positionen ein, die viel leichter dreidimensional plastisch vorstellbar sind, als zweidimensional malerisch. Auch suggeriert die betonte Plastizität Sprangerscher Leiber eine gewisse, nur sehr seichte Räumlichkeit. Der Raum hinter ihnen ist nur kursorisch angedeutet und meistens durch Säulen verstellt, durch Vorhänge verhängt, die nur unvermittelt einen plötzlichen Durchblick auf eine hell beleuchtete Ferne geben – ähnlich wie die Durchblicke bei Conninxloos Landschaften. Oft aber ist er überhaupt nur undurchdringlich schwarz, weil ja alle Aufmerksamkeit auf den Körper gelenkt werden soll, auf seine glatte, blaßgrünlich-rosa glänzende Oberfläche, das spärliche Gewand in schillernden Farben gebrochen und in ein flackerndes unnatürliches Licht getaucht – als sähe man in Grotten, die durch unvermutete Felsöffnungen da und dort einen Sonnenstrahl einlassen.
Erstaunlich ähnlich sind Sprangers Bilder in Bewegung, Farbigkeit und Licht den Werken seines nur um wenig älteren Zeitgenossen *Federigo Barocci* (1528–1615) aus Urbino. Auch Barocci geht von Correggios Sensualität und Schönformigkeit aus. Freilich sind seine Bilder fast durchwegs betont und überlegt religiösen Inhalts, der Verteidigung des wahren Glaubens, der Gegenreformation verbunden. Man kann allerdings auch in den Mienen von Sprangers Figuren eine ähnliche Verzückung entdecken wie in jenen der Heiligen von Barocci – bloß daß diese dadurch der Erde entrückt erscheinen, wohingegen die Verzückung der Sprangerschen Figuren meist erotischer Natur ist. Denn Spranger malt erotische Szenen oder Allegorien, die er dem der Renaissance geläufigen Repertoire antiker Mythologie entnimmt, das religiöse Bild dagegen kommt bei ihm äußerst selten vor. Den stärksten Antrieb aber bezog der Formenkanon des nordischen Spätmanierismus noch immer oder wieder von der dem Norden gemäßen Gotik. Schließlich war die Gotik im Nordwesten Europas entstanden. Trotz aller Bewunderung für die italienische Renaissance und aller Anstrengungen, sie sich anzueignen, blieb das gotische Formgefühl so verwurzelt, daß es bei geeigneter Gelegenheit wieder durchbrach. Eine solche Gelegenheit boten –

formal gesehen – die den gotischen verwandten, s-förmig geschwungenen Linienzüge manieristischer Formgebilde. In Italien waren sie um 1600 längst schon verschwunden, im Norden jedoch blieben sie deshalb viel länger am Leben, weil sie seiner angestammten Formensprache adäquat waren.

Die Serie von Szenen aus Ovids »Metamorphosen« – berühmte Liebespaare in enger Umschlingung – hat, über den erotischen Aspekt hinweg, wie auch andere Bilder ähnlichen Charakters, nicht nur den Sinn und Zweck, einem introvertierten Kaiser, der freilich ein raffinierter Kunstkenner und Kunstliebhaber war, eine Art von erotischem Ersatz zu bieten. Vielmehr hatten diese Bilder noch eine ganz andere Aussage zu vermitteln. Die Verbindung des weiblichen mit dem männlichen Element entsprach der alchimistischen Lehre von der »Conjunctio«, aus der die höchste Essenz entstehen sollte. Die entsprechende Thematik war für die rudolfinische Ikonographie und für die Interessen des Kaisers charakteristisch. Seine Neigungen gehörten nicht nur der Kunst, sondern auch der Naturwissenschaft und vor allem den damit eng verflochtenen Geheimwissenschaften, der Alchimie ebenso wie der Astrologie. In dieser Neigung stand Rudolf II. nicht allein da, sie wurde von seinen Zeitgenossen geteilt. Aber ebenso wie er die berühmtesten Wissenschaftler beschäftigte – wie etwa Tycho de Brahe und Kepler – so war auch seine Beschäftigung mit allen Gebieten der Natur und des Geistes von grübelndem Ernst, ja Besessenheit geprägt.

Es ist anzunehmen, daß Rudolf die Themen für seine Bilder weit-
Abb. 120 gehend selbst bestimmte. Allegorien wie etwa *Der Triumph der Weisheit über die Unwissenheit* sind gewiß im Auftrag des Kaisers und nach seinem Konzept entstanden: Minerva (oder Athene) als Göttin der Weisheit setzt hier den Fuß auf die besiegte, dunkelhäutige, nackte Unwissenheit mit den Eselsohren. Zu Füßen der Göttin drängen sich die sieben »Artes Liberales«, worunter die Astronomie deutlich auf sich aufmerksam macht. Auffallend ist die Anwesenheit einer achten Figur: der Personifikation der Malerei mit Palette und Pinsel. Sie gehörte ursprünglich nicht zu den freien Künsten und erreichte erst spät den gleichen Rang. Sie weist darauf hin, daß der Kunstbetrieb am Hofe Rudolfs den Charakter einer Akademie besaß, in der die Malerei und die übrigen Künste höchste Wertschätzung genossen und sozial dem-

120 Bartholomäus Spranger, Triumph der Weisheit

entsprechend eingestuft waren. So wurden Spranger und andere Hofkünstler zum Beispiel vom Kaiser geadelt. Rudolf legte auch fest, daß die Malerei nicht mehr wie bisher als Handwerk anzusehen sei, sondern sich ab nun Malkunst nennen durfte. Daher wurden die Maler auch aus dem Zunftverband und dem Zunftzwang entlassen.

Im Vordergrund des Bildes steht eine behelmte Frauenfigur mit einer Keule und eine weitere, die als Fama zu deuten ist, während die erstere wohl auf Herkules, den Tugendhelden und Schirmherrn der Künste, hinweist.

Kleine, fast miniaturhaft fein gemalte Bildchen – wie *Vulkan und* Abb. 122
Maja und *Herkules und Omphale* – sind von solch kunstvoller Abb. 121
Präzision und Virtuosität, daß man sie weniger als Bilder ansehen, sondern eher neben die hervorragenden Stücke des Kunsthand-

121 Bartholomäus Spranger,
Herkules und Omphale

122 Bartholomäus Spranger,
Vulkan und Maja

werks reihen möchte, die Rudolfs Hofkünstler hervorbrachten. Sie sind als Erzeugnisse einer besonders entwickelten Geschmackskultur anzusehen, weniger der hohen Kunst als Kabinettstücke, die für einen Kunstschrank gedacht waren und nicht für die Wand. Maja übrigens war eine altitalienische Frühlingsgöttin und die Frau des Vulkanus, des Feuergottes, der Schmiede und des Kunsthandwerks. Der Held Herkules war im Lauf seiner zahlreichen Abenteuer auch ein Jahr lang Sklave der lydischen Königin Omphale. Er verweichlichte dort so sehr, daß er schließlich Frauenarbeit leistete, wie etwa Spinnen. In der Ikonographie der Renaissance sind sowohl Herkules als auch Vulkan eng den Künsten verbunden.

Hans von Aachen (1552–1615) aus Köln und *Josef Heintz d. Ä.* aus Basel (1564–1609), Hofmaler Rudolfs, die den Stil Sprangers weiterführten, lieferten ähnliche mythologische Szenen in kleinem Format, die von besonderer Qualität sind. Auch bei diesen handelt es sich oft eher um Werke erlesenen Geschmacks, Maßstäbe hoher Kunst können hier, ähnlich wie beim Kunsthandwerk, weniger angelegt werden.

Beide Maler porträtierten auch den sonst sehr porträtscheuen Kaiser. Eines der Porträts – die voneinander abhängig sind und den gleichen Porträttypus vertreten – ist ebenfalls sehr klein, fast wie eine Miniatur.
Es ist übrigens selbstverständlich, daß die höfische Porträtmalerei allein schon aus dynastischen Gründen eine Rolle spielte. Man kann an den Bildnissen der zahlreichen Geschwister Kaiser Rudolfs II. nicht nur ihre Entwicklung, sondern auch die verschiedenen, gleichzeitig vorhandenen Stilrichtungen studieren. Matthias, der Bruder Rudolfs und sein Nachfolger auf dem Kaiserthron, ließ sich während seiner Jugend in den Niederlanden mehrmals von Lukas van Valckenborch malen. Valckenborch war nur nebenbei Porträtist, es gibt nur wenige Bildnisse von seiner Hand. Damit hängt es wohl auch zusammen, daß die Bildnisse des Matthias – das Kunsthistorische Museum besitzt gleich vier – nicht unbedingt in der Tradition des höfischen Bildnisses stehen. Diese geht auf Antonis Mor zurück, auf seine Glätte, seine Vornehmheit und auf sein Ziel, den Dargestellten vor allem als Repräsentanten seines Standes in der für diesen vorgeschriebenen Haltung wiederzugeben. In der Tradition Mors malen der Spanier *Sanchez* Abb. 123
Coëllo, ein Zeitgenosse Valckenborchs (um 1531/32–1588), und sein Nachfolger *Pantoja de la Cruz* (1553–1608). Coëllo hatte den Abb. 124
jungen Erzherzog Rudolf während dessen Aufenthalts in Madrid gemalt und wenig später seine Brüder Albert und Wenzel und ihren Cousin Don Carlos. Pantoja dagegen schuf das Bildnis Philipps III. von Spanien (1590/1592). Verglichen damit ist Valckenborchs Bildnis des *Matthias in blauer Hoftracht* (1579) Abb. 125
zwar lebendiger und frischer, gleichzeitig aber auch weniger vornehm und distanziert – das Bildnis eines jungen ländlichen Edelmanns, nicht aber das eines Erzherzogs. Es ist weitaus niederländischer, robuster und steht in der Tradition der bürgerlichen Porträtmalerei von Floris etwa und des älteren Pourbus, nicht aber der des Mor.
Die späteren Bildnisse, die Heintz von Mitgliedern des kaiserlichen Hauses schuf, wie das des Erzherzogs *Maximilian Ernst* Abb. 126
von 1604, sind wieder ganz anders. Gespreizt in der Haltung, glatt, von gespenstisch blaßgrünlicher Hautfarbe, die Kostbarkeit einzelner Stoffe bisweilen bis ins Detail herausgearbeitet, fügen sie sich eher in die Tradition des höfischen Porträts ein,

123 Sanchez Coëllo, Don Carlos

124 Pantoja de la Cruz, Philipp III.

obwohl der von Spranger bestimmte Formenkanon auch im Staatsbildnis angewendet ist und ihm dadurch eine gewisse Eigenart verleiht.

Auch aus historischen Gründen gehören in diesen Zusammenhang die beiden *Bildnisse Karls IX.* von Valois (1550–1574), König von Frankreich. 1570 hatte er Erzherzogin Elisabeth, eine Schwester Kaiser Rudolfs II., geheiratet. Die beiden Porträts wurden 1561 beziehungsweise 1563, also noch vor seiner Heirat, von *François*
Abb. 127 *Clouet* (1510–1572) gemalt und an den Wiener Hof geschickt. Trotz der Porträt-Auffassung, die überall an den Höfen Europas im allgemeinen die gleiche war, unterscheidet sich vor allem das große, ganzfigurige Bildnis von denen der niederländisch-spanischen Tradition. Die kalte Farbgebung, Glätte und Eleganz lassen

125 Lukas van Valckenborch, Erzherzog Matthias

126 Josef Heintz d. Ä., Erzherzog Maximilian Ernst

die Herkunft aus der Schule von Fontainebleau spüren, die in den dreißiger Jahren unter König Franz I. von Frankreich durch ausgewanderte florentinische Künstler ins Leben gerufen wurde. Florentinischer Manierismus, gebrochen durch den französischen Künstler, eine sehr kultivierte Malweise, die freilich damals nur die niederländische Malerei vermitteln konnte und – besser erkennbar im kleinen Porträt – eine scharfe unbestechliche und unschematische Erfassung der Persönlichkeit des Modells, hinter der noch das Vorbild Hans Holbeins d. J. steckt, kennzeichnen die beiden Porträts. An Qualität überragen sie die Bilder spanischer Hofmaler von den habsburgischen Fürsten, was freilich unter anderem auch daran liegen mag, daß Clouet einer älteren Generation angehörte und daher der Tradition der Renaissancemalerei

127 François Clouet, Karl IX. von Frankreich

noch näher stand, weniger in Gefahr, ins Schematische zu verfallen.

Ohne Zweifel nimmt das höfische Porträt in der rudolfinischen Kunst keinen besonderen Rang ein. Rudolf selbst ließ sich nicht gern malen, Porträts von ihm sind also selten. Viel bedeutender ist die Porträtplastik seiner Zeit. Die Bronzebüsten Rudolfs von seinem Hofkünstler Adriaen de Vries sind bei weitem eindrucksvoller als seine Bildnisse und werden der Persönlichkeit des Kaisers – vor allem seiner kaiserlichen Würde – entschieden gerechter. Viel interessanter ist die Malerei in den Bereichen, in welchen sie mit besonderen Interessensgebieten zu tun hatte, so etwa der Natur in allerlei Aspekten. Daher war die Landschaft nicht nur ein besonders beliebtes und unerhört reichhaltiges Thema. Die reine

Landschaftsmalerei, die speziell für Holland später so kennzeichnend werden sollte, wurzelt im Spätmanierismus und fächerte sich in verschiedene Gruppen auf. Von Coninxloo sprachen wir bereits. Der etwas jüngere *Jan Brueghel d. Ä.* (1568–1625), der älteste Sohn des alten Pieter Bruegel und Zeitgenosse von Josef Heintz, vereinigte einen großen Reichtum aller Möglichkeiten in seinem Werk. Zeitgenössische und spätere Landschaftsmaler folgten seinem Vorbild.

Seine Bilder halten keine Weltlandschaften fest wie die seines Vaters, die großartige Durchdringung von Realität und Gleichnis ist nicht ihr Anliegen. Auch ist ein solches nicht wiederholbar. Dennoch liegt eine der Wurzeln der Jan Brueghelschen Landschaftskunst bei seinem Vater. Späte Bilder, wie der »Tanz am Galgen« (Hessisches Landesmuseum, Darmstadt) oder der »Vogeldieb«, sind in ihrem räumlichen Aufbau Vorbild für die Landschaften Jans, ebenso wie die Landschaftsstiche des alten Bruegel, darunter besonders die ihm zugeschriebenen sogenannten »Kleinen Landschaften«. Der allgemeine Differenzierungsprozeß innerhalb der Malerei – der neue Bildgattungen schuf, wie eben die Landschaftsmalerei oder das Blumenstück, das Seestück, das Architekturstück, aber auch das phantastische Höllen- und Unterweltsbild, ergriff auch die einzelne Gattung. Valckenborch und Coninxloo hatten das Waldbild geschaffen und es als Ausschnitt aufgefaßt. Jan Brueghel nun brachte die Natur ebenfalls näher oder ging gewissermaßen in sie hinein, indem er die Weite der Landschaft vereinheitlichte und zusammenfaßte, und zwar in der Art, daß er den Raum in orthogonaler oder annähernd orthogonaler Perspektive darstellte. Das gelang nur, wenn man die bisherige – von Pieter Bruegel so großartig vorgeführte – Raumgliederung in einen nahen Vordergrund, einen davon abgesetzten Mittelgrund und einen weit entfernten Hintergrund verschliff und die Gründe ineinander übergehen ließ. Dabei wurde die Landschaft gewissermaßen von selbst flacher, die Gebirge wurden niedriger, undramatischer und der Blick demgemäß begrenzter, das Land überschaubarer. Jan Brueghels *Dorfstraßen* sind ein Beispiel dafür, Abb. 128
auch die fast flachen *Flußlandschaften* mit Ansichten von Dörfern Abb. 129
und Fischmärkten.

Die Luftperspektive, beim alten Bruegel allmählich von vorne in den Hintergrund von Braun und Grün in Blau übergehend,

128 Jan Brueghel d. Ä., Dorfstraße

wird beim Sohn durch eine gewisse Schematik in der Anwendung viel prononcierter, sie kennzeichnet seinen Stil und den der Maler, die sich nach ihm orientierten. Vor allem das Grün und das Blau sind so hell leuchtend und emailartig scharf, daß dadurch die zuerst erzeugte Naturnähe wieder aufgehoben wird. Das vertraute Bild der bäuerlichen Landschaft verwandelt sich in eine unirdisch gleißende und smaragden leuchtende, utopisch anmutende, unrealistische Gegend, in der bei näherem Zusehen auch ihre Bewohner trotz bäuerlicher Tätigkeit viel zu ordentlich und geputzt wirken, wie Bauern aus einem Singspiel. Jan Brueghel hat aber auch Coninxloo verarbeitet. Nach seinem Vorbild sind die Waldlandschaften mit ein oder zwei Durchblicken auf Lichtungen oder in die Weite angelegt. Im Gegensatz zu Coninxloo sind aber Jans Wälder offener und lichter, weniger romantisch, dafür artifizieller. Dazu gehört auch, daß er – weit mehr als Coninxloo – mit spitzem Pinsel jede Einzelheit, jedes Blatt, jede Blume zeichnet. Desgleichen, daß der größte Teil seines Oeuvres aus sehr kleinformatigen Bildern besteht, meist Kupfertafeln, oft nicht größer als Ansichtskarten, die einer miniaturähnlich kleinteiligen Mal-

129 Jan Brueghel d. Ä., Dorf am Fluß

weise entgegenkamen. Gerade durch ihre geringen Dimensionen, die leuchtende Farbigkeit, die ins Detail gehende Malweise, gehören Jan Brueghels Bilder, ähnlich den kleinen Bildchen Sprangers, eher in die Kategorie von Kunstkammerstücken, die man ihrer Künstlichkeit, Kostbarkeit und wohl auch inhaltlichen Bedeutung wegen schätzte, als Dank der Großartigkeit des malerischen Konzepts.
Bezeichnend jedoch ist, daß Jan Brueghel nach vorhandenen Skizzen, wie etwa *Tierskizzen*, zu schließen sehr wohl imstande war, abseits von jeder Manier und Künstlichkeit das Naturvorbild seinem Wesen eher entsprechend zu sehen und es in eine großangelegte malerische Form zu bringen. Diese Studien verwertete er in verkleinertem Maßstab in seinen Bildern. Hier läßt sich aber sofort die Neigung erkennen, das lebendige Bild der Natur ins Künstliche, ins handwerklich freilich außerordentlich Gekonnte umzuwandeln. So wie ja die große Brillanz im Handwerklichen überhaupt ein Kennzeichen der Kunst des Spätmanierismus ist.
Jan Brueghel gehörte nicht zu den Hofmalern Rudolfs II., sein Gönner war Kardinal Federigo Borromeo in Mailand. Doch hielt

Abb. 130

130 Jan Brueghel d. Ä., Ölskizze mit Tieren

sich Jan Brueghel zumindest einmal (1604) am Prager Hof auf. Zur gleichen Zeit befand sich dort auch *Roelandt Savery* (1576 bis 1639), ein aus Glaubensgründen aus den Südniederlanden nach Amsterdam geflohener Künstler, wie etwa auch Coninxloo, von dem er wohl das Genre der Waldlandschaft kennengelernt haben wird. Die »Waldlandschaft mit Jägern« (1604) ist ein Beweis dafür. Dazu kam der Eindruck, den ihm Jan Brueghels Bilder machten. Dem künstlerischen System, das ihm die Landschaften dieser beiden Maler vermittelten, ordnete er auch das Bild der Natur unter, wie es ihm in den tiefen böhmischen Wäldern oder in den schroffen Gebirgen Tirols, wohin er eine Reise gemacht hatte, erschien. Am bekanntesten ist er aber durch eine neue Gattung von Bildern geworden: durch die Landschaft mit Tieren. In den schon von Jan Brueghel her bekannten grün-blau leuchtenden Landschaften, die er aber meist im Vordergrund durch dunkle Bäume und eine Schattenzone einrahmt, wodurch er einen bühnenartig dramatischen Akzent erzielt, sieht man verschiedenartigste Tiere, Vierfüßer, Vögel, ganz ausge-

131 Roelandt Savery, Orpheus und die thrakischen Weiber

fallene und gewöhnliche, zu Paaren oder einzeln, immer aber in völliger Harmonie untereinander. Ihre Anwesenheit wird durch Hinweise auf das Paradies motiviert, wo etwa im Hintergrund ganz klein Adam und Eva zu sehen sind, oder durch *Orpheus*, Abb. 131
der alle Tiere durch die Kraft seiner Musik lockte. Oft stehen in dieser paradiesischen Landschaft römische Ruinen, meist das Nymphäum der Minerva Medica, die Savery aus Zeichnungen und Stichen von Rom-Besuchern kannte. Seine im Grunde noch immer flämischen Landschaften erhalten dadurch eine extravagante, weltläufige, sogar gelehrte Note.
Man nimmt an, daß die Tierbilder Saverys auf die naturwissenschaftlichen Ambitionen Kaiser Rudolfs II. zurückzuführen sind. Schon der Miniaturist Joris Hoefnagel hatte im Auftrag des Kaisers mehrere Bände mit Tierbildern in Wasserfarben verfertigt. Savery hatte möglicherweise diese Aufgabe nach dem Tod Hoefnagels weiterzuführen, gab aber, anders als dieser, die Tiere nicht allein wissenschaftlich, sondern eher künstlerisch ambitioniert wieder. Doch fehlt der wissenschaftliche Gesichts-

punkt nicht, denn Savery malt nicht nur seltene Tiere, sondern auch bereits ausgestorbene wie etwa den Vogel Dronte.
Nun hat aber auch schon Jan Brueghel d. Ä. Tierlandschaften gemalt, sehr ähnlich wie Savery, aber von eindeutig symbolischer Absicht. So malte er etwa auch die »Vier Elemente«. Seit Arcimboldos phantastischen Köpfen wissen wir aber, daß Vögel immer die Luft bedeuten, die vierfüßigen Tiere aber die Erde und die Fische das Wasser.
Es gibt aber noch eine weitere Möglichkeit, das plötzliche Entstehen von Tierbildern zu erklären. Rudolf II. hatte sich mit Schah Abbas von Persien gegen den gemeinsamen Feind, die Türkei, verbündet. Das Bündnis hatte auch einen kulturellen Austausch zwischen dem Kaiserhof und dem persischen Hof zur Folge. Neben anderen Geschenken des Schahs gelangten auch persische Vogelminiaturen an den Hof. Es scheint denkbar, daß ihr symbolischer Charakter, der aus der dazugehörigen Dichtung hervorgeht, bei seinem Empfänger verwandte Seiten anrührte. Auch könnte man sich vorstellen, daß diese immer wieder an Paradiese erinnernden Tierbilder den Wunsch nach ebensolchen friedlichen Verhältnissen im Menschenreich lebendig erhalten sollten, ein Wunsch, der bei Ausbruch des Dreißigjährigen Krieges und den ihm vorangehenden Ereignissen nur allzu verständlich gewesen wäre.
Ähnlich verhielt es sich übrigens auch mit einer anderen Gattung von Bildern, den »Blumenstücken«. Die ersten stammen von Jan Brueghel. Zu seinem Beinamen »Sammet-Brueghel«, der sich auf seine Maltechnik bezieht, kommt daher auch der Name »Blumen-Brueghel«. Schon in den allegorischen Bildern zeigt er öfter Blumen, die dort das Element »Erde« kennzeichnen oder der Jahreszeit »Frühling« beigegeben sind. Neu ist nun, daß er die Blumen zum Hauptthema des Bildes macht. In Lebens-, manchmal sogar Überlebensgröße werden Blumen, die keineswegs zur gleichen Zeit wachsen, kompositionell zu einem streng symmetrisch aufgebauten Bukett – meist vor dunklem Hintergrund – zusammengefaßt. Auch hier treffen naturwissenschaftliche, symbolische und natürlich auch ästhetische Forderungen zusammen. Erst im späten 16. Jahrhundert war zum Beispiel die Tulpe aus der Türkei, wo Suleiman II. der Große, ein Tulpenliebhaber, sie in großem Maßstab züchten ließ, nach Holland eingeführt worden. Deshalb ist

132 Jan Brueghel d. Ä., Großer Blumenstrauß

sie auch in die *Blumensträuße* Brueghels, ebenso aber in die Abb. 132
des Ambrosius Boschaert (1573–1621), eines anderen Blumenmalers, immer in verschiedenen Abarten als besondere Seltenheit eingebunden. Zudem kam den Blumen auch symbolische Bedeutung zu. Unter Jans frühesten Blumendarstellungen finden sich Blumenkränze, die um Madonnenbilder gewunden sind. Das Bild Mariens stammte dabei immer von einem anderen Maler, so etwa von P. P. Rubens, dem jungen Freund des Jan Brueghel. Die Blumen in diesen Kränzen sind zum Teil der sehr alten Mariensymbolik entnommen, wie etwa die Lilien. Die Sträuße jedoch sind ohne direkte religiöse Bezüge. Sie sollen als Hinweise auf die Vergänglichkeit alles Irdischen angesehen werden, eine Symbolik, die sich in Spuren bis ins 19. Jahrhundert erhalten hat:

»Rosen, Tulpen, Nelken, alle Blumen welken ...« Fliegen und Eidechsen, die unter den Blumen herumkriechen, zählen zur selben Vanitas-Symbolik.

Unter den Landschaftsmalern aus der Nachfolge Pieter Bruegels d. Ä. findet sich nur einer, der es versucht hat, dessen große Konzeption des Naturbildes in die ihm gemäße Sprache zu übersetzen. Das ist der Antwerpener *Joos de Momper* (1564–1635). Seiner Generation entsprechend spezialisierte auch er sich auf einen Aspekt der Natur, auf das Gebirge nämlich. Seinen öden, oft düsteren, braunen Gebirgsansichten, grün und blau in der Ferne verdämmernd, eignet nicht selten ein erheblicher Stimmungswert. Die wenigen Wanderer, die auf einsamen Wegen die steinigen Pässe ersteigen, sind unbedeutend und klein wiedergegeben und in der unwirtlichen Weite der Felsengebirge kaum auszunehmen. Sie sind übrigens fast immer von einem anderen Maler hineingesetzt, etwa von Jan Brueghel d. Ä. Obwohl nun diese Bilder oberflächlich an die Weltlandschaften des alten Bruegel erinnern, wie etwa an die »Heimkehr der Herde«, fehlt ihnen doch eine übergeordnete Idee, die ja bei Bruegel aus der Stellung des Menschen innerhalb der Natur kam. Das Beziehungsvolle der Bruegelschen Landschaften fehlt jenen des Momper völlig. Seine
Abb. 133 *Große Gebirgslandschaft*, ein ungewöhnlich großes Gemälde, ist daher als Komposition – mit der dunklen, pathetischen Rahmung der Felsen und dem Blick auf blaugrüne Berghänge – recht effektvoll, ohne den Beschauer freilich tiefer anzurühren. Deutlicher als in seinen Bildern im normalen, wesentlich kleineren Format wird hier eine gewisse Leere und Inhaltslosigkeit fühlbar, die das Bild der Gefahr aussetzt, nur als Dekoration angesehen zu werden. Dieser wurde dadurch begegnet – und damit dem Gemälde seine Identität als legitimes Landschaftsbild gesichert –, daß man es einige Jahrzehnte nach seiner Entstehung mit dem Titel »Der Berg von St. Gotthard« versah. Damit war die dekorative Phantasielandschaft, zumindest nach dem Willen des Benenners, zu einem realen Abbild der Natur geworden. Das entsprach einer Zeit, die ja bereits das echte Naturabbild, die Darstellung einer bekannten und benannten Gegend kannte und mit der leeren Phantasielandschaft – speziell dann, wenn, wie in diesem Fall, das malerische Können für das große Format nicht ausreichte – keine rechte Freude hatte.

133 Joos de Momper, Große Gebirgslandschaft

Momper darf dennoch nicht unterschätzt werden. Das Thema Fels, Berg und Gebirge, das in der flämischen Malerei von Patinier über Herri met de Bles bis zu Bruegel und Valckenborch immer wieder behandelt wurde, hat Momper zum ersten Mal zum Hauptthema erhoben. Daß seine Behandlung oft schematischer war als etwa die Waldbilder von Mompers Zeitgenossen, mag daran gelegen sein, daß sich der Maler von Waldlandschaften trotz seiner Gebundenheit an schon bestehende Formen immer wieder an der einheimischen Natur orientieren konnte. Der Bergmaler Momper aber hatte wohl bei seiner Italienreise die Alpen gesehen – ebenso wie einst Bruegel –, ihre Natur aber war ihm nicht vertraut und so erstarrte sie ihm zu einer Formel aus Gesehenem, Erinnertem und aus Vorbildern Übernommenem.
Die spätmanieristische flämische Landschafts- und Naturmalerei ist zu einem großen Teil als Differenzierungsvorgang aus der großen Weltlandschaftsmalerei von Pieter Bruegel zu verstehen. Das geschah parallel zur Differenzierung und Entwicklung der

einzelnen Wissenschaften. Gerade im späten 16. Jahrhundert wurden vor allem auf dem Gebiet der Naturwissenschaften die bedeutendsten und zukunftswirksamsten Leistungen vollbracht. So wie sich die Natur allmählich in der Wissenschaft enthüllte, so suchten die Maler ihrerseits ebenfalls der Realität der Natur näherzurücken. Wenn auch der Weg des Künstlers ein anderer sein mußte als der des Wissenschaftlers, so teilten sie als Kinder der gleichen Zeit doch gewisse überkommene Ansichten. Die Natur in allen ihren wunderbaren und unfaßbaren Äußerungen war immer auf den Menschen bezogen und auf ihn zu beziehen. Die Astronomie war gleichzeitig Astrologie, die das Leben des Menschen aus dem Stand der Sterne bestimmen konnte – Wissenschaftler vom Rang eines Kepler waren dieser Meinung; die Chemie war auch Alchimie, der Stein der Weisen sollte die Umwandlung der Elemente bewirken, die Belebung der toten Materie – eines Golem im rudolfinischen Prag –, das Mineral hatte neben anderen Eigenschaften auch die geheimnisvolle Macht, im Guten oder Bösen auf den Menschen einzuwirken, die Medizin brachte das Lebenselixier hervor und die Salbe für den Walpurgisflug der Hexen (siehe Hieronymus und Frans Francken in der Sekundärgalerie). Zu wissen, »was die Welt in ihrem Innersten zusammenhält«, war das Ziel der Wissenschaft wie der Geheimwissenschaften und der Glaube, den Schlüssel dazu finden zu können, war sehr stark.

Ähnlich verhielt es sich mit der bildenden Kunst. Der gerade Weg zur Realität der Natur war nicht so einfach. Abgesehen davon, daß der Künstler seinen Gegenstand zunächst mit den Augen seines Vorgängers sieht und ihn erst seiner Vorstellung gemäß wirksamer oder weniger wirksam verwandeln muß, war der direkte und unvoreingenommene Zugang zum Naturvorbild auch dadurch verstellt, daß alles seine althergebrachte Bedeutung hatte, eine Bedeutung, die dem Gebildeten selbstverständlich und klar war und die sich überdies immer auf das Weltbild des Menschen und auf Aspekte seines Daseins in symbolisch-allegorischer Aufmachung bezog. Aber gerade diese höhere Bedeutung – die den Vogel als Symbol der Luft nahm und damit auf die vier Elemente als Grundsubstanz der Welt und auch des einzelnen Menschen hinwies oder das Element Feuer im Unterwelts- und Höllenbild verkörperte (siehe Jan Brueghel, Roelandt Savery und andere), es

134 Joachim Wtewael, Diana und Aktäon

aber gleichzeitig als dem cholerischen Temperament zugeordnet ansah – eben diese Bedeutungsgehalte schoben das unbelastete Bild der Natur zurück. Die Wiesen und Wälder, in denen sich diese Zweideutigkeiten abspielen, sind zwar ganz eindeutig Wiesen und Wälder, also Bilder intimer Natur, in denen man sogar erkennen kann, daß die Bäume Eichen oder Fichten sind, daß der Vogel ein Papagei ist, den der Maler im zoologischen Garten in Antwerpen gesehen hatte, daß der Hirsch ein Damhirsch ist und daß die Blumen Rosen und Tulpen sind, die aber dennoch weniger aus eigener Machtvollkommenheit, sondern durch ihre Beziehung zum Menschen da sind, durch die Bedeutung, die er ihnen zuerkennt.

Das führt aber zum selben Ziel wie die Bemühung des Wissenschaftlers: Auch der Künstler will sich der Natur bemächtigen. Er tut dies, indem er ihr Zwang antut. Den formalen Zwang einer bestimmten Komposition und Malweise und den geistigen Zwang einer Weltanschauung. Gerade dadurch aber schafft er die Vor-

135 Abraham Bloemaert, Judith mit dem Kopf des Holofernes

aussetzungen für die Bildwürdigkeit des Landschaftsbildes. Diese wird in aller Selbstverständlichkeit erst in der holländischen Landschaftsmalerei des 17. Jahrhunderts erreicht werden.
Das Verführerische der spätmanieristischen Kunst wirkte übrigens auch in anderer Weise auf die holländische Malerei ein. Durch die Vermittlung Karel van Manders, eines flämischen Malers und Kunstschriftstellers, der seine Heimat aus Glaubens- und politischen Gründen verlassen hatte, lernte der Holländer Hendrick Goltzius, Maler und Kupferstecher, Zeichnungen Sprangers kennen, die auf ihn größten Eindruck machten. Durch ihn wurde die Malerei Utrechts, einer Stadt, die mitten im reformierten Holland noch immer ihre katholische Eigenart bewahrt hatte, nachhaltig beeinflußt. *Joachim Wtewael* (1566–1638) hatte seine Studienjahre in Venedig und im Kreis florentinischer Manieristen verbracht und

Fontainebleau besucht, worauf ihm die Verarbeitung des Sprangerschen Stils nicht schwerfiel, wie *Diana und Aktäon* beweist. Abb. 134 *Abraham Bloemaert* (1564–1651), ebenfalls Sprangers geschwungenem und ausfahrendem Formenkanon verpflichtet, bringt ein neues Element in sein Bild *Judith mit dem Kopf des Holofernes* Abb. 135 (1593): Ein flackerndes, gleichsam zischendes Hell-Dunkel, in dem die Formen in Nacht versinken, gleich daneben aber im grellen Licht gleichsam zu brennen scheinen.

Ähnliche Effekte hatte es schon in den Nachtbildern Jacopo Bassanos gegeben. Darüber hinaus kündigt sich aber eine Richtung in der Malerei an, die, wenn auch durch vermittelnde Zwischenglieder, einen Umbruch ankündigt, der hervorgerufen wurde durch einen der großen Neuerer der Malerei, nämlich *Michelangelo da Caravaggio* (1573–1610). Die anderen waren *Lodovico* (1555 bis 1619) und seine Vettern *Annibale* (1560–1609) – der bedeutendste unter ihnen – und *Agostino Carracci* (1557–1602). Der Umschwung, der sich hier vollzog, hatte Folgen, die nicht nur für die italienische Kunst von außerordentlicher Bedeutung waren, sondern ebenso für die niederländische, die spanische, wie für die deutsche Malerei.

Dieser Wandel mußte seinen Ausgang von Italien nehmen, dem Land, das durch seine in die Antike reichende Tradition, durch sein immenses Potential an Kunstwerken und Künstlern gewissermaßen für das »Wohlergehen« der Kunst verantwortlich war. In Italien selbst war es Rom, die Stadt der Päpste, die nun vor Florenz und vor Venedig die Führung ergriff. Dort zog es alle hin, auch Annibale Carracci aus Bologna, dem eine bedeutende Aufgabe zufiel. Es ist zunächst gar nicht so leicht zu sagen, was zum Beispiel den Unterschied zwischen der Malerei eines Annibale Carracci und der seiner anderen römisch-florentinischen Zeitgenossen ausmacht. Denn sie alle und ihre ganze große Produktion waren nach wie vor dem Formalismus unterworfen, der alle Abwandlungsmöglichkeiten der in der Renaissance vorgeprägten Formen durchexerzierte. Insofern kam es nicht zu einer richtigen Wandlung, sondern nur zu einer Abwandlung. Natürlich konnte auch das Abgewandelte (gleichsam zufällig sehr nahe einem echten Wandel) zu etwas scheinbar Neuem gelangen. Ein Beispiel etwa sind hier – wie schon angeführt – die erfinderischen und bewegten Kompositionen des Barocci. Auch seine seltenen

136 Federigo Barocci, Monsignore Giuliano della Rovere

Porträts lassen neue Züge erkennen, so das um 1595 entstandene
Abb. 136 schöne *Porträt des Monsignore Giuliano della Rovere,* Cousin des Francesco Maria II., Herzog von Urbino, Abt von S. Lorenzo in Campo (1559–1621).

Der Sitzende ist gleichermaßen eingespannt in Raum- und Flächenkomponenten, die eine seltene Bildeinheit und Geschlossenheit ergeben. Der linke Arm ist Teil einer raumschaffenden Diagonale, die von vorne in die Tiefe zu dem hervorragend gemalten Bücherstilleben führt. Die helle senkrechte Fensterleibung wiederholt nicht nur die aufrechte Haltung des Monsignore, sondern versteift gewissermaßen mit der Waagrechten des Fußbodens und der Tischkante als Gegensatz zum Raum die Flächenkomponente, die Bildebene. Die dadurch erzielte Einheitlichkeit und Geschlossenheit des Bildes ist trotz Rückerinnerungen an frühere verwandte Bildfassungen, wie etwa solche Lottos, etwas Neuartiges. Wodurch kennzeichnet sich nun aber wirklich das Neue, nicht aus reiner Formenabwandlung und -differenzierung Entstandene? Wie war es möglich, einen Weg aus dem kalten Formalismus zu finden?

Man mußte einen neuen Anfang machen, gewissermaßen von vorne beginnen. Von vorne anfangen bedeutete für Annibale Carracci den Rückgriff auf die Antike und auf die klassische Kunst der Renaissance, vor allem auf Raffael. Und anfangen bedeutete zudem, was es immer bedeutet: nämlich einfach sein, die Grundanliegen hervorheben, den überquellenden Überfluß an bekannten und gekonnten Formen und Farben, die Zerrissenheit des Raumes zur einfachen Einheit zusammenfassen. Interessant und bezeichnend an diesem Vorgang ist, daß man zur Überwindung der Vätergeneration, gegen die man sich stellte, auf die Großväter zurückgriff. Das war bis jetzt mit so deutlich erkennbarer Absicht noch nicht da gewesen.

Betrachten wir einmal Annibale Carraccis *Christus und die Samariterin am Brunnen* unter diesem Gesichtspunkt. Das Bild behandelt die Stelle aus dem »Johannesevangelium« (4, 7–29), in der Jesus am Jakobsbrunnen mit der wasserholenden Frau aus Samaria zusammentrifft, am selben Brunnen also, an dem einst der Urvater Jakob auf Rachel traf. Jesus vergleicht das Wasser des Brunnens mit dem Wasser des Lebens, dem Sinnbild der Taufe. Das Thema wurde im 16. und 17. Jahrhundert sehr gern dargestellt – oft als Gegenstück zur »Ehebrecherin«. Auch zu unserem Bild gab es ein solches, das allerdings nicht mehr existiert. Beide Sujets malte übrigens auch – in weitaus größerem Format – *Veronese.* Sieht man ab vom speziellen venezianischen Kolorit seines Gemäldes *Christus und die Samariterin* und von der Perspektive, die sich daraus erklärt, daß das Gemälde mit einer Reihe anderer ursprünglich die hochhängende friesartige Dekoration eines Saales gebildet hat, so läßt sich dieses Spätwerk Veroneses aus den achtziger Jahren des 16. Jahrhunderts sehr instruktiv dem um etwa fünfzehn bis zwanzig Jahre später, um 1605 entstandenen, viel kleineren Bild des Annibale gegenüberstellen. Es ist bezeichnend für die neue Situation der Malerei, daß die Komposition des Jüngeren viel altertümlicher und klassischer im Sinne

Abb. 137

Abb. 138

137 Annibale Carracci, Christus und die Samariterin am Brunnen

der Hochrenaissance ist als das Werk Veroneses. Carracci schließt die beiden Figuren – Christus und die Samariterin – in der Bildmitte um den Brunnen zusammen und gibt ihnen Festigkeit und feierliche Bedeutung durch die dicht und nah aufragende Baumgruppe. Rechts und links schweift der Blick über eine lichte Sommerlandschaft, durch die langsam und in großem Bogen, der schließlich am Brunnen enden wird, die Apostel herankommen. Im Bild Veroneses dagegen, das ähnliche langgestreckte Proportionen besitzt, sind die beiden Hauptfiguren weit auseinander – und an den Bildrand gerückt. Die Bildmitte ist hier leer und gibt den Blick in die Tiefe der Landschaft frei, aus der die Apostel kommen. Der Unterschied zwischen den beiden Auffassungen ist nicht zu übersehen: Carraccis Komposition ist ruhig, monumental in ihrer Stille und Einfachheit und ganz auf das Gespräch konzentriert, das die beiden Personen, den Lehrenden und die Belehrte, vereint. Die sich unter blauem Himmel lautlos hinbreitende Natur bildet den weiten, bis zu den Bergen reichenden, feierlichstillen Raum, dessen kristallene Klarheit und Erhabenheit ein Abglanz des messianischen Wortes ist. Groß und einfach wie Form und Inhalt ist auch die Farbigkeit, die, klar und durchsichtig wie das Wasser des Brunnens, auch der Natur die Größe und Reinheit der Lehre Christi verleiht.
Ganz anderes läßt sich aus dem Bild des Veronese herauslesen. Allein die Trennung der beiden Hauptpersonen erzeugt Spannung und Unruhe. Der Blick erfaßt nicht beide auf einmal, sondern wandert hin und her. Es handelt sich viel weniger um

138 Veronese, Christus und die Samariterin am Brunnen

eine Begegnung als um eine Konfrontation. Jede Person ist einzeln für sich dargestellt. Der Brunnen, Symbol der Szene, bei Carracci deutlich in der Mitte, ist bei Veronese versenkt, so daß nur der Rand zu sehen, als trennender Abgrund zu ahnen ist. Die Landschaft, Echo des Geschehens bei Carracci, bestimmt im Bild Veroneses die Szene, wuchernd und glühend im Abendlicht. Hier meldet sich freilich die Besonderheit venezianischer Malerei, ihre Pracht und Schönfarbigkeit im alles vergoldenden Licht. Diese Art malerischer Kunst kann in ihrer Vordergründigkeit der Idee des Bildes kaum gerecht werden. Es scheint fast, als hätte Veronese sich an einen anderen Aspekt der Evangeliumsstelle gehalten – an den nämlich, der andeutet, daß die Frau aus Samaria einen leichtfertigen Lebenswandel geführt hat. Dieser Hinweis berechtigte ihn sozusagen dazu, sie als schöne Person in seidenschillernden Gewändern darzustellen, was auch ganz auf der Linie des venezianischen Malers lag, in seiner Freude an Opulenz und sinnlicher Schönheit. Eine solche Malerei ist für Kenner und Liebhaber gedacht, die das Wissen und den extravaganten Geschmack eines gehobenen Standes besitzen. Es ist aber keine Kunst für die Allgemeinheit. Im Gegensatz dazu ist die Kunst Carraccis, die frühe Zeit des römischen Barock also in ihrer Einfachheit, Sich-auf-das-Notwendige, die Reinheit der geistigen Aussage-Beschränkende, eine für alle verständliche Kunst, eine Kunst für die Allgemeinheit.

139 Annibale Carracci, Pietà

Eindringliche Klarheit der Form und der inneren Sprache bietet
Abb. 139 die kleine *Pietà* von Annibale (1603). Für den, dem die Bedeutung dieser Szene unbekannt wäre, würde sie dennoch in ihren wesentlichen Zügen verständlich sein, mit so tiefgefühlter Eindringlichkeit werden die verschiedenen Phasen des vom Leben Verlassenseins wiedergegeben. Die fallenden, gleitenden und liegenden Linien der Komposition vermitteln die Schwere und Kraftlosigkeit der beiden Körper. Das Drückende des Leidens hat Maria, die Mutter Christi, in totenähnlicher Erschöpfung zurücksinken lassen, während Christus selbst in Leichenblässe auf weißem Tuch bereits ohne Leben ist. Die Verbindung zwischen Mutter und Sohn ist abgerissen. Der hängenden Hand Marias scheint die tote Hand Christi entglitten zu sein, ihre kraftlose Rechte kann die leblose Hand des Sohnes nicht mehr erreichen. Und während Engel sich bemühen, Maria ins Leben zurückzurufen, und während das Frühlingsgrün durchs Fenster in die Düsternis der Grabesstätte leuchtet, ist die ausgedehnte Leere dieses Grabes durch die Leidenswerkzeuge Christi – Dornenkrone

und Nägel – ganz dem Tod zugeordnet; dem irdischen freilich, denn gleichzeitig sollen Dornenkrone und Nägel ja auch symbolischer Hinweis sein auf die Erlösung des Menschen durch den Opfertod Christi.

Das Leiden, das bis zur Ohnmacht und schließlich bis zum Tod führen kann, ist in diesem Bild in aller Realität und Gemeinverständlichkeit wiedergegeben, dennoch aber durch die Geschlossenheit der Form und die innere Bezogenheit der Teile zueinander ins Monumentale und Allgemeingültige, ins über dem Alltäglichen Befindliche hinausgehoben. Umgekehrt ist es aber gerade wieder die formale – Würde und Monumentalität erzeugende – Geschlossenheit eines solchen Bildes, die seinen realen Aspekt besonders deutlich macht und dadurch zum Nachdenken über die Aussage der Darstellung anregt. Diese Art der eindringlich zum Betrachter sprechenden Aussage des Bildes gab es weder in der Hoch- noch in der Spätrenaissance. In beiden Epochen war sich gewissermaßen das Werk mehr oder weniger selbst genug. Aber jetzt, bereits bei der Hochkunst eines Carracci, kann man die Entstehung einer Volkskunst vorausahnen. Zudem das Werden einer international ähnlichen Malerei. Um 1400 gab es das schon einmal in ähnlicher Form, als es nämlich oft schwer genug war (freilich aus anderen Gründen), die Nationalität eines Künstlers festzustellen.

Einer der reinsten Vertreter der von den Carracci gegründeten Künstlerakademie, der »Incamminati«, war *Guido Reni* (1575 bis 1642). Auch er Emilianer und in Bologna und Rom tätig. Das imposante Gemälde der *Taufe Christi* zeigt deutlich, worauf es Abb. 140
dem Maler und der Malerei seiner Gruppe ankam (um 1622/23). Mit einer großen, edlen und offenen Gebärde neigt sich Johannes der Täufer halb kniend Christus zu und gießt aus erhobener Hand das Wasser des Jordan über dessen gebückten Scheitel. Christus, etwas tiefer als Johannes im Wasser des Flusses stehend, die Knöchel vom Wasser umspielt, neigt sich dem Täufer entgegen. Der offenen Geste des Spenders setzt er die in sich geschlossene des Bittenden und Empfangenden entgegen. Im Verhältnis zum männlich braunhäutigen Johannes mit dem schönen Lockenkopf wirkt Christus in seiner graziösen Haltung mit der weißen Haut und der sanften Neigung des Kopfes, der hängenden Haarlocke, die das Profil hervorhebt, fast feminin. Die beiden knienden

140 Guido Reni, Taufe Christi

Engel zwischen den Hauptfiguren, die das Kleid Christi halten – der eine aufblickend, der andere die Augen niederschlagend –, ergeben in ihrem Zusammensein gleichsam eine Variation des Hauptthemas: der stummen Zwiesprache zwischen zwei Menschen. Der dritte Engel hinter Christus, Assistent der bedeutsamen Handlung und schützender Begleiter der Person Christi, wartet auf den Augenblick, da er nach vollzogener Taufe Christus den purpurnen Mantel wie als Zeichen hoher Würde wieder um die Schultern legen kann. Die Taube des Heiligen Geistes scheint die Worte Gottes vom Himmel zu bringen: »Dies ist mein geliebter Sohn . . .« Die hierarchische stille Feierlichkeit der Szene, die klassisch-klare Schönheit der Figuren, die altertümliche Komposition, die nicht nur an Raffael, sondern sogar noch an frühere Meister, an Perugino etwa erinnert (siehe dort), könnte kühl und unpersönlich wirken, wäre nicht gerade das Feierlich-Schöne des Bildes gleichzeitig auch Grundlage und Quelle sinnlichen Lebens. Es wurde schon aufmerksam gemacht auf den Gegensatz zwischen den beiden Männern – dem älteren, männlichen Johannes und dem jüngeren, sanften Christus. Dieser Gegensatz liegt im sinnlichen Bereich, obwohl er sich aus der feierlich-sakramentalen Konstellation der Taufe ergibt. Ebenso ist einer der sinnlichen Aspekte des Feierlichen die überaus zarte Behutsamkeit, mit der sich hier Finger und Hände berühren. Auch für die durchsichtigklare und doch materiell fühlbare Konsistenz des Wassers, das sich am Ufer bricht und an den Beinen des Täuflings Widerstand findet, gilt das. Mehr als durch anderes wird die Szene freilich in der sensibelsten Weise lebendig durch die Art, wie Licht, Schatten und durchsichtige Halbschatten die Figuren umspielen, voneinander trennen, vor- und zurückweichen lassen. Johannes, die auffallendste Gestalt des Bildes, ist am meisten beleuchtet, Christus weicht in den Halbschatten zurück. Die Gesichter der knienden Engel sind noch bestrahlt, alles andere versinkt im gedämpften Halblicht, und vom stehenden Engel tritt nur der Fuß ins volle Licht. Er ist gleichzeitig ein Kompositionselement und wirkt als Gegengewicht zum linken Fuß des Johannes, die linke Bildseite stabilisierend und verfestigend. Erst bei so genauer Betrachtung merkt man, wie bewußt und bis ins kleinste überlegt das Bild Renis ist. Eine solche Art, die Dinge auf den Betrachter wirken zu lassen, hat es früher nie gegeben. Es steckt gleichsam das Bemühen dahinter, trotz Wissen und Erkenntnis wieder den Stand der Unschuld zu erreichen.

Annibale hatte, unterstützt von der zeitgenössischen Kunsttheorie, ein Ideal entwickelt, das aus der ständigen Auseinandersetzung mit den großen Vorbildern Raffael und der antiken Kunst entsprang. Diese Auseinandersetzung führte jedoch nicht zu Nachahmung oder Eklektizismus. Sie ist vielmehr zu verstehen als die Auseinandersetzung des Künstlers mit seiner Welt, die, geleitet von seinen Vorbildern, in Bilder von Ordnung und Wahrheit und idealer Schönheit umgesetzt werden sollte. Das Prinzip des klassischen Ideals umfaßt den Menschen wie seine Umwelt, die Natur. Daraus entsteht eine Landschaftsmalerei, die im Gegensatz zur niederländischen niemals die Beziehung und die Abhängigkeit

141 Annibale Carracci, Venus und Adonis

zum und vom Menschen aufgibt. Denn durch die Bindung an ihn erlangt sie erst Bedeutung, zwischen Natur und Idee besteht ein ständiger Rapport, die Landschaft wird zum Ort von Dichtung, an dem sich Mythen und Legenden abspielen. So wie die Landschaft entsteht auch die Historienmalerei als Darstellung und Reflexion über die Geschichte des Menschen, gefaßt als dramatisch-poetische Repräsentation menschlicher Leidenschaften.

Annibales Naturvorstellung war zunächst von der venezianischen
Abb. 141 Malerei geprägt, was man an dem großen Gemälde *Venus und Adonis,* das noch aus seiner früheren Zeit, der Zeit der berühmten Fresken im Palazzo Farnese, stammt, ablesen kann. Das Waldesdickicht erinnert in seinem Charakter an die geheimnisvoll verschatteten Waldlichtungen, auf denen sich die bukolischen

142 Francesco Albani, Büßende Magdalena

Szenen Tizians abspielten. Aber die Landschaft der »Samariterin« ist bereits völlig verändert, klar, offen und kristallen.
Noch deutlicher erkennbar ist die Absicht im Bild der *Büßenden Magdalena* von *Francesco Albani* (1570–1660), einem ebenfalls aus Bologna stammenden Mitarbeiter und Schüler Carraccis in Rom. Magdalena hat sich aus Reue über ihr früheres sündhaftes Leben in die Einsamkeit unwirtlicher Natur zurückgezogen. Im Büßerhemd die Hinfälligkeit des Lebens betrachtend, mit Geißel und Totenkopf, stehen ihr nur Engel bei, die ihr die Leidenswerkzeuge Christi als Aufforderung, das Leiden auf sich zu nehmen, vorhalten. Doch den weitaus größten Teil des Bildes nimmt die leere Felslandschaft ein. Unter kaltem blauem Himmel wirkt sie lautlos und hart. Die Stille wird nur durch einen glasklar in Abb. 142

Kaskaden herabstürzenden Gebirgsbach belebt. Es ist das Leben klaren Geistes und seiner harten Bemühung, das er widerspiegelt, eine vorgestellte Natur, deren Bild das gleiche Gewicht für sich beansprucht wie die Titelfigur – nämlich Magdalena und ihre Legende.

Außer Annibale Carracci und seinen ein klassisches Ideal verfolgenden Schülern und Mitarbeitern war es wie schon erwähnt eine zweite außerordentlich starke künstlerische Persönlichkeit, die die Malerei Roms – und damit nicht nur die ganz Italiens, sondern auch die Spaniens, Deutschlands, der Niederlande und Frankreichs – prägte. Es ist das der aus dem Mailändischen gebürtige *Michelangelo Merisi da Caravaggio* (1573–1610). Dreizehn Jahre jünger als Annibale Carracci, gehört er der Generation Renis und Rubens an. Es machten wohl die Jahre aus, um die er jünger als Carracci war, dazu sein ungebärdiges Temperament und seine künstlerische Herkunft, die ihn dazu bestimmten, die Wirklichkeit anders zu begreifen als sein berühmter älterer Zeitgenosse. Annibale kam vom Ideal der Hochrenaissance, auch wenn er es weiterentwickelte, nicht los, sein Bild der Schönheit war zwangsläufig ein exklusives, trotz künstlerischer Einfachheit und innerer Wahrhaftigkeit ließ er das Dekorum niemals außer acht.

Nicht so Caravaggio. Auch er wollte sozusagen wieder von vorne anfangen, er wollte ohne Schnörkel ganz einfach und wahrhaftig sein. Doch setzte er sich nicht immer mit einer bewunderten Vergangenheit auseinander, er war selbständiger, auch wenn er nicht auf einem Nullpunkt begann, den es ja ohnehin nicht gibt. Seine künstlerische Vision ist von Erinnerungen an die dunklen Bilder brescianischer und bergameskanischer, also heimatlicher Malervorfahren, wie Savoldo oder auch Lotto, gefärbt. Von der Ausgangsbasis solcher Erinnerungen verfolgt er einen Kurs des Vereinfachens, der zum einen aus einem Konzentrieren und zum andern in einem Fortlassen besteht. Das Konzentrieren also auf die menschliche Figur, auf ihre Plastik. Er läßt fast jedes Beiwerk weg, beläßt nur das Notwendige und nimmt den Hintergrund weg, versenkt ihn in Dunkelheit und Schwärze – wodurch die Körper scharf hervortreten – und reduziert schließlich das allgemeine Licht der Sonne und des Tages auf ein scharfes, von oben wie durch hochgelegene Fenster kommendes Licht, das die Plastik der Körper mit scharfen dunklen Schatten gleich einem

143 Michelangelo Merisi da Caravaggio, David mit dem Haupt des Goliath

Scheinwerfer herausarbeitet. Auch die Farben werden auf erdfarbene Töne mit wenigem dunklem Rot reduziert. Der Vorgang des gleichzeitigen Konzentrierens und Reduzierens – eins ist vom andern abhängig – betrifft auch andere Bereiche. Die Menschen, die Caravaggio darstellt, gehören ihrem Aussehen nach fast alle ohne Ausnahme zu den niedrigen Schichten der Bevölkerung, zum einfachen Volk. Es ist das südländische Volk mit dunklen Augen und Haaren und knochigen Gesichtern, in einfacher Kleidung oder in der Tracht, die man allgemein den Trägern biblischen Geschehens zuschrieb. Damit ist wieder ein großer Unterschied gegeben zu den schön-vornehmen, zartgliedrigen Figuren eines Reni etwa. Johannes der Täufer aus Renis »Taufe Christi« unterscheidet sich in Aussehen und Knochenbau völlig von Caravaggios *David mit dem Haupt des Goliath.* David, der, nachdem er ihn mit der Schleuder getötet hatte, eben dem Riesen Goliath den Kopf abschlug, ist wirklich ein junger Hirte, wie ihn die Bibel schildert, Abb. 143

kräftig und muskulös und nur mit dem Nötigsten bekleidet, so wie man ihn wohl in der Campagna um Rom sehen konnte.
Der starke Hell-Dunkel-Kontrast, die grell vom schwarzen Hintergrund abgesetzte, scharf hervorgehobene plastische Figur in voller Lebensgröße, die relative Farblosigkeit, die dem Hell-Dunkel-Effekt zugute kommt, und die reglose Positur mit Schwert und vorgezeigtem bluttriefendem Haupt rufen durch Reduktionen aller Art eine ungemeine Konzentration aller Komponenten hervor, die auf ein Ziel hingerichtet ist: darauf nämlich, den Augenblick höchster Dramatik einzufangen und darzustellen. Das ist hier der Moment nach eben vollbrachter Tat. Die danach einsetzende Ruhe verleiht der Haltung des Knaben etwas statuenhaft Erstarrtes. Denn tatsächlich ist ja auch nicht die Handlung selbst, sondern ihr unmittelbarer Effekt, die Lösung des Konflikts, also die wiedereingetretene Ruhe – die freilich in dieser Form auch nicht andauern kann – dargestellt. Caravaggio zeigt demnach im Gegensatz zu Carracci, der ein Sein darstellt, einen zum Bild erstarrten Moment.
Noch viel augenfälliger wird dies an dem großen Altarbild der
Abb. 144 *Rosenkranzmadonna,* das vor 1607 entstanden ist: die Madonna im dunkelblauen Kleid, das Kind auf ihren Knien genau in der Bildmitte auf hohem Thron, flankiert vom heiligen Dominikus und von Petrus Martyr, den man an der Kopfwunde, dem Zeichen seines gewaltsamen Todes, erkennen kann. Soweit ist die Komposition fast altertümlich, in ihrer strengen Regelmäßigkeit den Vorbildern der »Santa Conversazione« der Renaissance folgend. Alles Weitere jedoch ist unkonventionell.
Die Legende erzählt, daß die Madonna dem heiligen Dominikus erschienen sei und ihn mit einem Rosenkranz bedacht hätte. Der Heilige hält in jeder Hand eine der Gebetsschnüre und bietet sie, während er zur Muttergottes aufblickt, dem vor ihm in einer dichten Gruppe knienden Volk dar. Die Leute heben ihm verlangend ihre Hände entgegen. Der Heilige und seine Mitbrüder sehen die Madonna gewissermaßen mit leiblichem Auge, das kniende Volk aber nicht, es hat nicht Teil an der Vision, seine Aufmerksamkeit ist nur auf Dominikus gerichtet. Die drängende Bitte um die Rosenkränze ist stürmisch und ganz unfeierlich wiedergegeben, die hochgereckten Hände stoßen gleichsam zu den ruhig ausgebreiteten des Heiligen vor. Das Verlangen ist so

144 Michelangelo Merisi da Caravaggio, Rosenkranzmadonna

heftig, daß sich die Bittenden nicht darum scheren, wie sie dem Beschauer des Altarbildes erscheinen mögen. Sie kehren ihm ohne Zögern und Umschweife den Rücken und zeigen ihm die staubigen Fußsohlen. Einzig der – übrigens unbekannte – Stifter des Bildes, der dem Heiligen den Mantel hält, dreht sich zum Beschauer um. Er gehört dem gehobenen Stand an, er weiß, was sich gehört – daß man also nicht den Rücken kehrt – und überdies will er sich ja auch im Porträt verewigt sehen.
Wieder kann man angespannteste Konzentration feststellen, die das Wesentliche mit größter Genauigkeit wiedergibt. Zwei zeitlich auseinanderliegende Szenen werden in einem Bild zusammengefaßt. Die Erscheinung der Madonna und die Verteilung der Rosenkränze, wobei Dominikus der Angel- und Zentralpunkt der

beiden Geschehnisse ist, da er ja an beiden teilnimmt. Die Feierlichkeit des Wunders, dementsprechend altertümlich komponiert, steht im Gegensatz zum Realismus der Volksszene. Die zeigenden, weisenden, flehendlich hochgereckten Arme und Hände sprechen eine deutliche Sprache. Aber trotz reicher und dramatischer Gebärdensprache ist doch wieder alles aufs Notwendigste reduziert. Die Farben sind zurückgenommen, das plastische Erscheinungsbild durch das hocheinfallende Licht aus der Dunkelheit herausgehoben, kein überflüssiges Detail ist erlaubt, alles ist auf den Ablauf des Schenkens und Weitergebens reduziert.

Die Kunst Caravaggios wird üblicherweise als Realismus bezeichnet und das scheint auch – vergleicht man sie mit der idealen Klassizität der Werke Carraccis und seiner Nachfolger – durchaus berechtigt. Die Zeitgenossen Caravaggios haben seine Bilder fallweise sogar als zu real, als unwürdig, ja undezent, als dem geheiligten Zweck nicht angepaßt, empfunden. Es war ihnen wohl zu viel unverhüllte, nicht bildwürdige Menschlichkeit, zuviel Natürlichkeit darin enthalten, vielleicht erschien ihnen auch ein Jesuskind wie das der »Rosenkranzmadonna« als zu wenig heilig, zu sehr einem kleinen nackten Gassenbuben aus Trastevere ähnlich – ein Umstand, der es zwar besonders echt und lebendig erscheinen läßt, darum aber auch wieder unheilig, dem idealen Vorstellungsbild nicht entsprechend.

Diese wirklichkeitsnahe Haltung war aber gerade einem Thema wie der »Rosenkranzmadonna« gemäß. Denn in diesem Bild wird dargelegt, welch bedeutende Rolle dem Rosenkranzgebet um 1600 zukam. Bereits die im 15. Jahrhundert entstandene Legende brachte das Rosenkranzgebet mit dem Sieg über die ketzerischen Albigenser in Zusammenhang. Auch sahen die Dominikaner ihre Hauptaufgabe in der Bekämpfung der Heiden und der Häretiker. Als nun die Türken bei Lepanto 1571 vernichtend geschlagen werden konnten, schrieb man das der Wirkung des Rosenkranzgebetes zu. Gleichzeitig wurde es durch die Dominikaner verbreitet und zu einem Volksgebet gemacht. Dieser Bewegung volkstümlicher Religiosität entspricht Caravaggios Bild. Der Reduzierung der Beleuchtung auf ein Hell-Dunkel, der Beschränkung in der Farbigkeit, der dramatischen Konzentrierung, entspricht auch das Hervorheben eines einzigen Standes – dem des einfachen Volkes, dem ja auch die Madonna und ihr Kind angehören.

Das alles mutet wie ein Experiment an, denn auch das Experiment untersucht – aus einem Komplex von Faktoren – einen einzigen Faktor. Das Besondere des Vorgangs läßt an die neue experimentelle Arbeitsweise der Wissenschaft denken, die etwa das Werk eines Kepler und Galilei auszeichnete und entscheidende Entdeckungen hervorbrachte. Gleichzeitig mit dem Experiment kam aber auch der Zweifel ins Spiel. Im Gegensatz zum Werk Annibales, das die klassische Harmonie und die Möglichkeit, die Welt als ideale Einheit zu sehen, zumindest als Grundidee nicht entbehren wollte, ist die Welt Caravaggios zerfallen und aufgesplittert in Versuche und Erfahrungen. Das Besondere, das jeder einzelnen dieser Erfahrungen zukommt und das eine einseitige Annäherung an die Wirklichkeit zur Voraussetzung hat, läßt ein Werk Caravaggios der Realität näher erscheinen als eines des Carracci. Tatsächlich repräsentiert es aber nur eine der zahllosen Stationen auf dem Weg zur Erkenntnis und Anschauung der Wirklichkeit und zu ihrer künstlerischen Umsetzung, ohne ihr deshalb näher gekommen zu sein. Und ebenfalls anders als bei Annibale kommt hier auch der Zweifel zum Ausdruck, der diese Art der Umsetzung nur als eine Möglichkeit ansieht und nicht als absolute und einzige Lösung. Daher ist Caravaggios Versuch, sich ein neues Bild von der Welt zu machen, auch tatsächlich realistischer und verständlicher als der des Carracci, weil er eine absolut richtige Antwort nicht kennt und den Schluß offen läßt.
Wenn nun auch Annibale Carracci derjenige war, der durch sein bewußtes Zurückgreifen auf Antike und Renaissance die Stagnation der Malerei überwunden und eine gereinigte Grundlage für eine erneuerte Malerei geschaffen hat, und wenn Caravaggio, durch seine Art, die Wirklichkeit zu erfassen, dieser Malerei völlig neue Gesichtspunkte eröffnete, so ist es ein dritter Maler, der darüber hinaus durch seine besonderen Voraussetzungen Ideal und Wirklichkeit zu einem Dritten verschmelzen konnte: Es ist der Flame *Peter Paul Rubens* (1577–1640), fast genauer Zeitgenosse Caravaggios. Man kann mit Recht behaupten, daß erst Rubens die Barockmalerei schuf, denn erst der nordische Künstler sah aus seiner Entfernung, welche Möglichkeiten in der italienischen Malerei beschlossen lagen. Gerade dadurch, daß die italienische – vor allem die römische – Malerei eine Voraussetzung des Werkes von Rubens und beide demnach ja sinnesverwandt

waren, konnten die Werke des Antwerpener Meisters rückwirkend wieder auf die italienische Kunst großen und mannigfaltigen Eindruck machen und Einfluß nehmen.
Es ist interessant, sich einmal vorzustellen, welche Grundlagen und Voraussetzungen Rubens mitbrachte, als er auf die italienische Kunst, überhaupt auf Italien als Ganzes, stieß, als er im Jahre 1600 als Dreiundzwanzigjähriger zum ersten Mal nach Italien, und zwar zunächst nach Mantua kam. Er war in Antwerpen aufgewachsen und hatte eine Lehrzeit bei Antwerpener Malern hinter sich (Otto van Veen und Adam van Noort), die alle, wenig älter als er, von der bewunderten italienischen Malerei geprägt waren, diesen Eindruck aber niemals überwinden und darin befangen nie zu echter Selbständigkeit gelangen konnten. Sie sahen so aus – um Beispiele aus der Gemäldegalerie (Sekundärgalerie) zu bringen – wie etwa Hendrick de Clerck (1570–1629) oder Jakob de Backer (um 1560 bis um 1590). Es waren keineswegs schlechte Maler, ihre Produktion war überdies sehr reich, und ihre Altäre füllen heute noch die Kirchen Antwerpens und anderer belgischer Städte. Sie waren aber nie so weit gekommen, daß sie ihre flämische Eigenart voll durchgesetzt hätten. Die Situation war übrigens bereits eine Generation zuvor sehr ähnlich gewesen. Auch die Zeitgenossen Pieter Bruegels – so Frans Floris oder Marten de Vos (siehe diesen) – waren vom Eindruck italienischer Kunst geblendet. Nur Bruegel nicht. Freilich – damals war Europa noch nicht durchaus von italienischer Kunst und Kultur geprägt und das Bewahren einer Eigenart wohl noch nicht so schwer. Nun aber, zur Zeit des Rubens, war das Netz der Einflüsse und Beeinflussungen viel dichter gezogen, ein Abseitsstehen war nicht mehr möglich, die Auseinandersetzung schien unvermeidbar. Um so schwerer war es, dennoch seine Eigenheit zu bewahren und aus ihr neuen Wert zu gewinnen.
Rubens war ungefähr siebenundvierzig Jahre jünger als Pieter Bruegel, der größte flämische Maler vor ihm. Er hätte also – wenn der Altersunterschied auch eineinhalb Generationen beträgt – sein Sohn sein können. Tatsächlich scheint Rubens, in der Kraft seiner künstlerischen Erfindung und in der Fähigkeit, trotz der Übermächtigkeit italienischer Kunst, ihr eine flämische Kunst gleichwertig gegenüberzustellen, aus demselben Holz geschnitzt wie Bruegel.

Die Wiener Galerie, die eine der größten Sammlungen von Rubens-Werken besitzt, ermöglicht es, den Werdegang des Rubens, die Stufen seiner Auseinandersetzung mit der italienischen Kunst in ihren verschiedenen Varianten als gleichzeitige Auseinandersetzung und Umsetzung der Wirklichkeit zu verfolgen. Ebenso wird daraus der weite Themenkreis sichtbar, den Rubens gleichmäßig, ohne sich zu spezialisieren und dennoch erschöpfend, behandelt hat.

Das Bildnis *Vincenzos II. Gonzaga* ist das Fragment eines großen, für die Mantuaner Jesuitenkirche 1604/05 gemalten Altars, auf dem die Familie Gonzaga die Dreifaltigkeit verehrt. Der Stifter Herzog Vincenzo I., Vater Vincenzos II., war der Auftraggeber. Vom Altar sind nur mehr Teile vorhanden. Wenn wir es auch nur mit einem Detail zu tun haben, so wird doch bereits deutlich erkennbar, was auf Rubens Eindruck gemacht hat: der Kolorismus, die schöne, warme Farbigkeit der damals so hochgeschätzten venezianischen Kunst, wie man sie ähnlich bei Veronese findet und wie sie Rubens in den Kirchen und Scuole Venedigs sehen konnte, und die Werke seines großen Zeitgenossen Annibale Carracci – in der Art seines Bildes »Venus und Adonis« (1588/1589). Sie gehören zum gleichen kraftvollen vollblütigen Menschenschlag wie Vincenzo, sie haben fast typenmäßige Ähnlichkeit mit ihm, die freilich wieder insgesamt auf venezianische Anregungen zurückzuführen ist. Daß dieses Bildnis dennoch nie einem venezianischen Künstler zugeschrieben werden könnte, liegt – das ist schon diesem frühen Werk anzumerken – in seiner Unmittelbarkeit, seiner anspringenden Gegenwärtigkeit. Sie drängt die edle Distanziertheit, die der italienischen Malerei eignet, die sogar im Realismus des Caravaggio steckt, weit zurück. Dieser Wesenszug wird sich später noch deutlicher deklarieren. Abb. 145

Kurz nachdem Rubens von seinem achtjährigen Italienaufenthalt nach Antwerpen zurückgekehrt war, malte er für die lateinische Sodalität, eine Gelehrtenkongregation des Antwerpener Jesuitenkollegs, die *Verkündigung an Maria* (um 1609). Maria, die gerade, auf einem Betstuhl kniend, beim düsteren Schein eines Öllämpchens in einem Andachtsbuch gelesen hat, prallt entsetzt vor der Lichterscheinung eines heranbrausenden Engeljünglings zurück, der noch im wehenden Flug vor ihr auf die Knie sinkt, ihr das »Ave Maria« entbietet und zugleich die Botschaft, aus- Abb. 146

145 Peter Paul Rubens, Vincenzo II. Gonzaga

erwählt zu sein vor allen anderen Frauen, als die Mutter des Messias. Wände und Decke des dunklen Zimmers öffnen sich, die Taube des Heiligen Geistes schwebt gleißend herab, Engelputten drängen Rosen streuend heran, die Auserwählte zu sehen. Die Heftigkeit der überirdischen Erscheinung ist wie ein Sturm, der den Vorhang bläht und das Öllicht auszulöschen droht. Das Gewaltsame, Gewitter- und Blitzartige des Ereignisses wird verstärkt und erhöht durch die Enge des Bildraumes, den die mächtigen Gestalten fast sprengen. Er macht die Spannung des gleichzeitigen Zueinander und Auseinander in konzentrierter Weise fühlbar. Der dunkle Raum zwischen Engel und Maria wird nur durch die Hand des Engels überbrückt, der über das Buch zu der Marias vorstößt.

146 Peter Paul Rubens, Verkündigung an Maria

Niemals zuvor wurde diese unzählige Male dargestellte Szene so erregend, so adäquat dem Ereignis künstlerisch umgesetzt. Dabei hat es wenig zu besagen, daß Rubens vielleicht, wie man bemerkt hat, das Bild oder den Stich von Baroccis »Verkündigung Mariae« kannte. Die Komposition beider Bilder ist tatsächlich sehr ähnlich, dennoch sind sie durch Welten getrennt. Denn Rubens schildert im Gegensatz zu Barocci die Szene als ein Ereignis, das, obwohl real nicht vorstellbar, dennoch als reale Erscheinung gesehen wird. Die altbekannte Szene, Illustration des Gebetes und Engelgrußes, wird zum ersten Mal mehr als das – nämlich Wirklichkeit.
Freilich ist es eine gehobene Wirklichkeit, eine gewissermaßen in ihrer Wirkung nachdrücklich verstärkte. Die beiden Figuren

sind von schwerer, wuchtiger Leiblichkeit, das Material der Stoffe ist hart, fast metallisch, die goldenen Locken des Engels wie aus Goldfäden, die Farben leuchtend und prächtig. Alles wirkt zusammen, dem Betrachter das Bedeutsame des Ereignisses ganz nahe zu bringen, ihn einzubeziehen in die Schönheit, aber auch in das Beängstigende dieses Wunders.

Etwas von der Haltung Caravaggios ist in der Härte und Bestimmtheit der Formen vor dem dunklen Grund und in der Beleuchtung zu spüren. Gleichzeitig sind diese Formen aber von blutvollster Lebendigkeit und Vitalität. Das ist unter anderem auch Verdienst der leuchtenden Farbigkeit, die ihre Herkunft noch immer von Venedig ableitet. Aus leidenschaftlicher Bewegtheit und Dramatik, aus dem Nachdruck, der auf der Darstellung des Stofflichen liegt, beginnt sich vor unseren Augen aus Bewegung, Strömung und Gegenströmung die Kunst des Rubens herauszubilden.

Waren in der »Verkündigung« die italienischen Eindrücke noch frisch und daher merkbar, so sind sie wenige Jahre später, 1614,
Abb. 147 in der *Kleinen Beweinung* schon viel schwerer herauszulösen. Was nun anders ist, was sich geändert hat, enthüllt ein Vergleich mit Annibale Carraccis »Pietà«, von der weiter oben die Rede war. Den Vergleich erleichtert das sehr ähnliche Format des Bildes, denn beide sind klein, nahsichtig und dementsprechend fein gemalt. Ikonographisch besteht ein geringfügiger Unterschied, denn Carracci malte eine Pietà, also die trauernde Madonna und den toten Christus allein, während das Rubenssche Bild die klassische Beweinung zeigt: außer dem toten Christus und der Madonna auch Johannes den Evangelisten, Maria Magdalena und die drei klagenden Frauen. Rubens folgt dabei alten niederländischen Vorbildern, bei denen in der Regel Maria von Johannes gestützt wird, während links Magdalena und rechts die anderen Leidtragenden knien. Schon bei Hugo van der Goes (siehe dort) findet man dieses Schema.

Während nun Carracci den entseelten Körper Christi, die Ohnmacht Mariens, kurz: das Bild des Todes in ein Bild idealer Schönheit verwandelt, das auch in diesem Augenblick das gebührende Dekorum nicht verliert, geht Rubens weitaus brutaler und realistischer vor. Der kräftige, muskulöse Körper Christi ist schwer aufs Stroh hingeworfen, Beine und Arme sind gespreizt und steif in der Todesstarre, der Kopf ist nach hinten geworfen, das verfärbte Gesicht häßlich in der Unteransicht verkürzt, ebenso das rechte Bein, das sich dem Betrachter wie ein Zeiger grausig entgegenstreckt, der in nackter Deutlichkeit das Unabwendbare anzeigt. Während in Carraccis »Pietà« die Madonna in todesähnlicher Ohnmacht zurücksinkt, schließt sie im Bilde des Rubens Christus behutsam die Augen, wodurch sie ihm den letzten Dienst erweist. Es ist eine sehr menschliche und natürliche Geste, die in Christus nichts Göttliches sieht, sondern nur den gewaltsam und verachtungsvoll hingerichteten Menschen. Noch andere sehr wirklichkeitsnahe Einzelheiten zeigen die Einfühlungskraft des Malers, die Begabung des Niederländers, das Detail im realen wie im seelischen Bereich zu registrieren. Meisterhaft ist zum Beispiel die Beziehung der schönen Sünderin Magdalena zu dem Toten angedeutet. Die Verschränkung beider Arme über Magdalenas Schoß hinweg, die Art, wie sie sich die Haarsträhne im Schmerz rauft und gleichzeitig mit ihr den Arm Christi fast zärtlich umfängt, deuten eine tiefe Verbundenheit an. Bei unvoreingenommener Betrachtung scheint hier außer Jesus nicht Maria die zweite Hauptperson zu sein, sondern die goldhaarige, glänzend gekleidete, schöne junge Frau, die im Licht steht, während alle anderen in dunkler Trauer im Schatten der Höhle versinken. Es ist durchaus möglich, daß Darstellungen klassischer unglücklicher Liebespaare der Mythologie – wie etwa Venus und Adonis oder Hero und Leander – von Malern aus der weiteren Rubensschule von einem solchen Vorbild angeregt wurden (siehe Primo, Backereel, Jan van den Hoecke in der Sekundärgalerie). So wie die seit alters her ikonographisch festgelegte Szene in einem die Doppeldeutigkeit der Beziehungen bloßlegenden Sinn freilich sehr behutsam und mit tiefer Einfühlung ausgelegt wurde, so erfahren auch scheinbare Nebensächlichkeiten einen Doppelsinn. Das Ährenbündel, auf dem Christus so selbstverständlich hingestreckt ist, hatte ja, wie jeder wußte, eucharistische Bedeutung. Die Kornähre, das Brot, war ein Symbol Christi, seines Opfertodes und der dadurch bewirkten Erlösung. Auch die scheinbar als nebensächlich in die Ecke geschobenen Passionswerkzeuge – die Kreuzesnägel, die Dornenkrone, das Becken – sind von hoher symbolischer Bedeutung und nicht nur zufällig vorhanden. Carracci hatte Dornenkrone und Nägel isoliert und dadurch hervorgehoben, so daß ihre

147 Peter Paul Rubens, Kleine Beweinung

Bedeutung von Anfang an unbestritten war. Rubens jedoch will die höhere Bedeutung im Kleide des Natürlichen erscheinen lassen, als Werkzeuge irgendeiner Hinrichtung, die darüber hinaus auch noch ein Eigenleben führen und Aufmerksamkeit beanspruchen als alltägliche, aber schöne Dinge, wie zum Beispiel der glänzende Messingkessel und die goldgelben Kornähren.

Dasselbe Thema konnte Rubens zur gleichen Zeit auch ganz anders malen. War die kleine Beweinung offenkundig für den privaten Gebrauch gedacht, der alle möglichen, auch unorthodoxen Betrachtungsweisen zuläßt, so haben in der *Beweinung Christi durch Maria und Johannes* die lebensgroßen – wenn auch nur in halber Figur gezeigten – Personen einen anderen Wert. Abb. 148

Christus lehnt in italienisch schöner, gelöster Haltung an Maria, die ihm einen Dorn aus der blutigen Stirn zieht, Johannes hebt die rechte Hand des Toten, die vom Kreuzesnagel gezeichnet ist. Die Tafel war vermutlich als Epitaph gedacht in der Art, wie sie

148 Peter Paul Rubens, Beweinung Christi durch Maria und Johannes

in der flämischen Malerei seit dem 15. Jahrhundert, so etwa schon bei Hugo van der Goes, üblich war. Sie hing also nicht in privater Umgebung in einem Zimmer, sondern in einer Kirche oder Kapelle, wo sie der Andacht und dem frommen Gedenken vieler dienen sollte. Die Aussage soll demnach nicht ins Detail gehen und nicht schwer verständlich, sondern in großen Zügen für die Allgemeinheit lesbar sein und die religiöse Betrachtung in eine bestimmte Richtung lenken. Der Gegenreformation ging es nun darum, als Kontrast zu den Bestrebungen des Luthertums zwischen den Gläubigen und der im Bild dargestellten Szene einen intensiven gefühlsbetonten Kontakt herzustellen. Die handelnden

Personen im Bild werden daher so nahe wie möglich an den Andächtigen herangerückt – deshalb die Halbfiguren –, um ihn miteinzubeziehen in das Geschehen und alles möglichst deutlich sehen zu lassen, wie etwa das Herausziehen der Dornen. Damit kommt aber auch das Geschehen und Leiden der Passion Christi dem Betrachter nahe, er fühlt gleichsam den Schmerz mit.

Auf der anderen Seite ist aber Christus nicht nur der Leidende, sondern in all seiner Leiblichkeit auch der antikisch kraftvolle Held, ein Herakles, der auch noch in den fahlen Farben des Todes ein Sieger ist. Beide Aspekte – das nahe, real greifbare Leiden und Sterben und das Ideale der siegreichen Auferstehung – müssen im Sinne der Gegenreformation in der religiösen Anschauung des gläubigen Christen verschmolzen sein. Wohl kein Maler konnte wie Rubens diese beiden widersprüchlichen Gesichtspunkte vereinigen.

Die Begabung des Malers zum im weitesten Sinn »politisch« wirksamen Kunstwerk wird wesentlich deutlicher in der Bildausstattung, die er für die neuerbaute Antwerpener Jesuitenkirche schuf. Der große Brand der Kirche von 1718 verschonte freilich die 39 Deckengemälde nicht, doch blieben glücklicherweise die *Himmelfahrt Mariae* und die beiden Altäre, die die großen
Abb. 149 Jesuitenheiligen *Ignatius von Loyola* und *Franz Xaver* verherr-
Abb. 150 lichten, samt den Skizzen dazu und zu den Deckengemälden (Wien, Akademie der Bildenden Künste) erhalten. Die Ausstattung der Jesuitenkirche ist das umfangreichste religiöse Werk, das Rubens je malte.

Die Himmelfahrt Mariae, an der Rubens von 1611–1620 arbeitete, wobei er das anfängliche Konzept aber mehrmals veränderte, hing in einer Kapelle der Kirche. Die beiden Jesuitenaltäre dagegen waren für den Hauptaltar bestimmt, an dem sie abwechselnd gezeigt wurden. Ebenso wie die Modelli entstanden sie zwischen 1615 und 1619. Während diese von seiner Hand stammen und die Idee des Künstlers in einem Wurf zeigen, waren an der Ausführung der riesigen Altäre auch Schüler beteiligt. Denn bereits seit 1610 besaß Rubens eine wohlorganisierte große Werkstatt, in der unter anderem seit ungefähr 1617 van Dyck einen bedeutenden Platz einnahm.

Die drei riesigen Altarwerke, die im Auftrag des Jesuitenordens entstanden und durchaus seinen Absichten und Vorstellungen entsprachen, zeigen die Fähigkeit des Meisters, die Ideen des Ordens kongenial in Werke der Kunst umzusetzen und dadurch die beabsichtigte Wirkung auf die Gemeinde und alle Betrachter auszuüben.

Die beiden Väter des Ordens – Ignatius, sein Gründer, und Franz Xaver, der Asienapostel – zeigen sich überlebensgroß auf erhöhtem Standpunkt in stolzer Haltung – wie römische Feldherren bei der »Adlocutio«, der Ansprache an die Soldaten vor der Schlacht – vor dem Volk, an dem sie Wunder vollbringen. Ignatius steht am Altar in einem Kirchenraum, der an die Peterskirche in Rom erinnert, er treibt Dämonen aus, von denen die Epileptikerin besessen ist, löst den Selbstmörder vom Strick, um ihm Gelegenheit zu geben, seine Sünden zu bereuen, und hat Himmelsvisionen, die von seinen Mitbrüdern nicht gesehen werden. Franz Xaver hingegen erweckt ein ertrunkenes Kind, aus dessen Mund noch das Wasser fließt, zum Leben und heilt Tote, Kranke und Blinde, während im Tempel die Götzen in Stücke fallen, die Heiden zum wahren Glauben erweckt werden und am Himmel die Personifikation der Fides, des siegreichen Glaubens mit Kreuz und Kelch, erscheint.

Gestalten eines heroischen Riesengeschlechts führen in nachdrücklichster Form der Gemeinde vor Augen, daß es nur die allein seligmachende katholische Kirche sein kann, die durch ihre »Feldherren« – Ignatius war überdies ursprünglich Offizier im Dienst des Vizekönigs von Navarra – die geplagte Menschheit von ihren Leiden zu erlösen imstande ist, soferne sie nur den Anweisungen der Führer und der himmlischen Verheißung nachfolgt. Größe und Schwierigkeit der Aufgabe, die sich der Jesuitenorden als Führer der gegenreformatorischen Bewegung gestellt hat, ebenso sein unbedingter Siegeswille, könnten nicht besser ausgedrückt werden als in den schweren muskulösen Figuren der Männer und Frauen, in der heftigen Bewegung, der gedrehten und gewendeten Haltung, in der Kompaktheit, Konturenschärfe und porzellanenen Glätte der Formen. Obwohl der Maler – einzig dastehend in der Ökonomie des Schaffens – in Einzelheiten Raffael immer wieder als Vorbild benützte, sind es viel eher die lastende Schwere, das heftige Pathos Michelangelos, die man im Gewühl der bedrängten, zu Boden liegenden Menschheit spürt. Zwischen ihr und dem in höhere Sphären ragenden Heiligen entsteht die

149 Peter Paul Rubens, Altar des Ignatius von Loyola

dynamische bewegte Spannung, die der geistigen und religiösen Situation innewohnt und die sie verkörpert. Das Triumphale, das den Sieg in die Realität Vorwegnehmende der Idee wird aber erst durch zwei Momente überzeugend und spontan sichtbar gemacht. Der eine ist die Farbe. Denn wohl sind es Größe und Klarheit der Komposition, die auf das entfernt stehende Publikum wirken. Doch darüber hinaus sind es die strahlenden, lichten, warmen Farben, die Rot-, Gelb- und Goldtöne ohne tiefe dunkle Schatten, die – wie eine durch nichts zu erschütternde Verheißung – Sieg und unerschütterliches Lebensvertrauen verkünden. Der andere entsteht daraus, daß das Wunder – Teufelsaustreibung, Totenerweckung, Vision und Ekstase – in so festumrissener, bestimmter, an die Realität gebundener irdischer Form dargestellt wird, daß

150 Peter Paul Rubens, Altar des Franz Xaver

das Unglaubliche die Überzeugungskraft und Selbstverständlichkeit von Naturphänomenen erhält.
Der Eindruck von Rubens Malerei auf das Publikum, auf Künstler wie auf Laien, war dementsprechend nachhaltig. Die Botschaft, die sie zu vermitteln hatte, wurde in dem Jahrzehnt zwischen 1610 und 1620 laut und deutlich formuliert, seine Kunst war damals mehr als sonst nach außen gerichtet.
Diese Haltung findet sich in abgewandelter Form auch in nichtreligiösen Bildern, Bildern allegorischen, mythologischen oder anekdotischen Inhalts: Gemälden von der Art wie etwa die Allegorie der »Vier Weltteile« oder »Cimon und Efigenia«. Auch sie waren offizielle Malerei. Mit ihren überlebensgroßen mächtigen Figuren waren sie nur in großen Sälen, über prunkvollen Kaminen

151 Peter Paul Rubens, Die vier Weltteile

Abb. 151 in Repräsentationsräumen zu gebrauchen. Die *Vier Weltteile* – »Erdteile«, wie es richtig heißen sollte – sind wohl eines der schönsten und interessantesten Bilder dieser Gattung, im selben Jahrzehnt wie die Altäre der Jesuitenkirche entstanden (um 1615).

Vier Paare lagern an einem schilfumwachsenen Gewässer vor tiefblauem Himmel. Es sind Personifikationen der vier damals bekannten Kontinente und ihrer Hauptströme. Frauen allegorisieren die Erde, also die Kontinente, Männer das Wasser, die Ströme. Links sitzt – höher und besser sichtbar als die anderen – Europa mit der Donau, dem Danubius, der sich auf ein Ruder stützt. Zu Füßen dieses Paares lehnt an einer Urne (seit der Antike das Symbol für Flußgötter) der Nil und umfängt eine Negerin, die Personifikation des Erdteils Afrika. Die beiden Paare der rechten Hälfte sitzen nebeneinander. Vorne Asien mit dem Ganges, dahinter Amerika mit dem Flußgott des Amazonas

oder Rio de la Plata. Ebenso wie die beiden Paare einander gegenübersitzen, stehen sich auch die beiden wilden Bestien, Verkörperungen ihrer Kontinente, gegenüber, das Krokodil für Afrika und die Tigerin für Asien.
Dieses prächtige, den Beschauer unmittelbar ansprechende Gemälde ist trotz der Gewaltigkeit und Kraft der Körper, des sinnlichen Reichtums, den das Licht enthüllt, wenn es über helle und dunkle Haut gleitet, das Fell des Tigers seidig aufglänzen läßt und rote Halbschatten auf weißer Haut hervorzaubert, ein völlig auf sich bezogenes, in sich ruhendes Formgebilde. Jede der beiden in räumlicher Diagonale einander gegenübersitzenden Gruppen bildet einen auf knappstem Raum eng geschlossenen, kunstvoll verschlungenen Formkomplex. Arme und Beine sind verschränkt oder von Tüchern verdeckt, die Köpfe sind einander zugeneigt, so daß die ovale Geschlossenheit der beiden Gruppen durch nichts unterbrochen und gestört wird, daß ihr Gegenübersein bestehen bleibt, daß nichts sie verbindet, sondern eine dunkle, schattige Zone sie trennt. Wie so oft rechtfertigt Rubens auch in diesem Bild ein formal-künstlerisches Motiv durch einen natürlichen Sachverhalt und verhüllt die künstlerische Absicht durch ein scheinbar natürliches Motiv: Tiger und Krokodil stehen einander feindlich gegenüber, getrennt durch die Abneigung, die ihre so grundverschiedenen Gattungen auseinanderhält. Dieses inhaltliche Motiv gibt den Grundton für die darauf aufbauende formale Struktur an. Die Kampfstimmung zwischen den beiden Bestien überträgt sich freilich in gemildeter Form auf die beiden Menschengruppen. Dort wird sie fühlbar als Spannung, die die Gruppen auseinander hält und jeweils zusammengehörige Körper zusammenballt und konzentriert. Das ist gerade das Gegenteil der Art, wie die Jesuitenbilder komponiert sind. Da ist alles expansiv, pathetisch, ausfahrend – der große Raum gibt Gelegenheit zu freiem Ausschwingen. Hier hingegen drängt es sich zusammen, ohne Luft, auf sich selbst bezogen, vom Beschauer eher abgewandt als ihm zugewendet, der breite Rücken des Nilgottes beherrscht das Bild mit Nachdruck. Dennoch wirken die drängende Enge, die schweren Körperballungen wieder ihrerseits nach außen, so daß zwar der Betrachter nicht unmittelbar angesprochen wird, sondern mittelbar, indirekt durch die geballte Kraft der Komposition.

Übrigens ist es vor allem der malerischen und farblichen Intensität zu danken, der echt niederländischen Freude und Begabung, die Oberfläche der Dinge wirklich und lebensnah erscheinen zu lassen, die es verhindert, daß man die große Nähe zur italienischen Spätrenaissance bemerkt – was jedoch keineswegs als Rückschritt anzusehen ist. Vielmehr bezeichnet es das Bemühen des Malers, alles bereits in der Kunst Vorhandene, Erreichte und Bewunderns-werte zu verarbeiten, zu verwerten, gedanklich zu vertiefen und ihm gleichzeitig neues Leben zu verleihen.

Abb. 152 In dem Zusammenhang ist auch *Cimon und Efigenia* zu erwähnen, zwischen 1615 und 1620, also auch im zweiten Jahrzehnt des Jahrhunderts, entstanden. Erzählt wird eine Novelle aus Boccaccios »Decamerone«, die Geschichte vom tölpischen jungen Edelmann Cimon. Zufällig stößt er auf die in der Mittagshitze an einem Brunnen eingeschlafene Efigenia mit ihren Begleiterinnen, verliebt sich in sie und wird dadurch so sehr bewegt, daß er seine bäuerische Lebensweise ändert und sich – um ihrer wert zu werden – ritterlicher Betätigung zuwendet. Rubens folgt der Erzählung genau; da die geschilderte Situation aber einem altbekannten Thema der Mythologie sehr nahe kommt – nämlich der Szene mit der »Schlafenden Diana und den Nymphen, von Satyrn belauscht« –, erfindet er keine neue Komposition. Diana wird in seiner Vorstellung unwillkürlich zur Efigenia, die beiden Nymphen zu den zwei Mädchen, und der genießerische Satyr verwandelt sich in Cimon. Dieser Vorgang lag um so näher, als Rubens selbst ein paarmal Szenen mit Diana gemalt hat. Auch wenn er kein bestimmtes Werk der venezianischen Malerei vor sich hatte, so ist diese bukolische Szene ohne diese doch kaum vorstellbar. Man denke nur an Tizians Vision von Mann und Frau in der Stille der Natur, wie sie etwa in »Nymphe und Schäfer« (siehe dort) zum Bild wurde.

Die ideale Schönheit der venezianischen Bildvorstellung wird bei Rubens – wie könnte es anders sein – freilich ganz nahe an die Wirklichkeit herangerückt. Die drei Schönen nehmen sehr natürliche, wenn auch bei weitem nicht so elegante Positionen ein wie die Tizianschen Nymphen. Die Natürlichkeit wird erhöht durch das üppige Früchtestilleben mit Affe und Hund, das übrigens nicht von Rubens selbst, sondern von einem Spezialisten in diesem Fach, von *Frans Snyders* nämlich, einem Altersgenossen des Rubens

152 Peter Paul Rubens, Cimon und Efigenia

(1579–1657), gemalt wurde, ebenso wie der Hintergrund von *Jan Wildens* stammt. Ebenso wie Hund und Affe ein Streitgespräch eröffnet haben, leitet auch die eben erwachte Heldin, ohne sich sonst weiter zu rühren, quasi aus den Augenwinkeln eine, wenn auch stumme Konversation mit ihrem Anbeter ein.

Die Antwerpener Malerei erlangte zwar durch Rubens ihren größten Ruhm – das bedeutete aber nicht, daß es außer ihm keine anderen, wenn auch sehr unterschiedliche Maler gegeben hätte. Einer von ihnen war *Abraham Janssens* (1576–1632), ein Zeitgenosse des Rubens. Sein schönes Gemälde *Venus und Adonis,* Abb. 153 um 1620 entstanden, wirkt im Aufbau noch etwas altertümlich. Die Figurengruppe bildet ein gleichseitiges Dreieck, das noch dazu genau in die Bildmitte gesetzt ist. Eingehende Betrachtung enthüllt freilich, daß dieses Kompositions-Dreieck nicht so statisch ist, wie es zunächst glauben macht. Es entsteht nämlich daraus, daß zwei schräg geneigte Figuren einander überkreuzen, wobei vor allem die Venus in eine gleitende und recht unstabile Position

153 Abraham Janssens, Venus und Adonis

gebracht wird. Diese Figurenverschränkung erinnert noch an spätmanieristische Kompositionen – wie etwa das demselben Thema gewidmete Bild von Spranger (siehe dort), dem freilich noch die barocke Fülle und Körperlichkeit, die heroischen Dimensionen fehlen.

Janssens hängt aber nicht nur an der Vergangenheit. Er ist auch in gewisser Weise seinem bedeutenden Zeitgenossen Caravaggio verpflichtet. Die heftigen Hell-Dunkel-Effekte, die dem Bild dramatische Effekte verleihen, gehen auf ihn zurück. Der schöne Adonis sitzt im Schatten, das ganze Licht fällt auf die hellhäutige Venus, auch die beiden Putten mit der Hochzeitsfackel und dem Köcher des Jägers Adonis sind durch lebhaftes Schattenspiel voneinander getrennt, so wie sie im Schatten vor der sonnigen Landschaft stehen. Die Farbigkeit ist nicht gedämpft wie bei

Caravaggio, sie ist hell und leuchtend, ähnlich wie bei Rubens. Es fehlt jedoch das malerische Element, die Betonung liegt auf der klaren und scharfen Zeichnung und der sicheren Modellierung, so daß der Gesamteindruck kühl und nobel ist.

Janssens ist der Hauptvertreter des Antwerpener Klassizismus, der sich direkt aus dem Manierismus entwickelt hat, ohne von der großen, das Jahrhundert bestimmenden barocken Kunst des Rubens grundlegend beeinflußt zu werden. Ähnliche Erscheinungen hatte es ja auch in Italien – vor allem in Florenz – gegeben. Die zeichnerische Bestimmtheit, die scharfen kühlen Farben eines Bronzino oder Allori sind nie ganz aus der florentinischen Malerei verschwunden, wie man an dem schönen Bild des Empoli »Susanna im Bade«, an den Gemälden des Cigoli, Biliverti, Lupicini, Vannini und anderer sehen kann.

Kommen wir aber noch einmal auf das Bild des Janssens zurück. Der Landschaftshintergrund ist nicht von ihm, sondern von dem Antwerpener Landschaftsmaler *Jan Wildens* (1586–1653), der fallweise auch als Mitarbeiter des Rubens und anderer Maler auftrat (siehe »Cimon und Efigenia«), ebenso wie der Tier- und Jagdmaler Frans Snyders (1579–1657) und der jüngere *Paul de Vos* (1592–1678). Sie alle sind aber nicht nur Mitarbeiter, sondern auch selbständig tätig oder sie malen den Hauptteil eines Bildes, wie etwa Fischmärkte, Jagdbilder und anderes, denen van Dyck oder Cornelis de Vos Figuren hinzufügten, die – wie die erwähnten Märkte – ihre Vorfahren in den Marktbildern Aertsens' und Bueckelaers' haben. Das alles sind großformatige und oft kolossale Gemälde, wie das *Paradies* von Paul de Vos, ein reines Tier- Abb. 154
bild, in dem Adam und Eva dem Bild verschwindend klein im Hintergrund Namen und Bedeutung geben.

Angesichts der bedeutenden und zu ihrer Zeit sehr geschätzten Antwerpener Tiermalerei sei an einen Umstand erinnert, den man sich oft zu vergegenwärtigen vergißt. Die gestochenen, emailfarbigen, kleinfigurigen Paradies- und Tierbilder der mit Rubens gleichaltrigen Maler Jan Brueghel, Roelandt Savery und anderer sind zur gleichen Zeit entstanden wie die Kolossalgemälde der Snyders' oder Vos'. Ihr völlig anderer, manieristischer Stil verweist sie in eine frühere Entwicklungsepoche, weshalb sie – im Vergleich mit Rubens oder Snyders – altertümlich wirken. In Wirklichkeit beweisen sie aber, daß die Erzeugnisse des klein-

154 Paul de Vos, Das Paradies

teiligen, verfeinerten Kunstkammerstils sehr lange gefragt waren, weil sie den Bedürfnissen derselben Auftraggeber und Liebhaber entsprachen, die auch Rubens förderten. Sie kamen den seit der Spätrenaissance noch immer bestehenden Neigungen gebildeter Schichten entgegen, die – halb im Ernst, halb spielerisch – gleichsam (um einen momentan geläufigen Ausdruck zu gebrauchen) nostalgisch einem ihnen noch geläufigen, in Wahrheit aber nicht mehr gültigen Bild der Welt in ihrem privaten Umkreis zu ihrer Gefühlsbereicherung Bestand verleihen wollten. Die offizielle Kunst aber, die Kunst, die den Anforderungen der Gegenwart entsprach und gerecht werden sollte, wurde durch die Kolossalgemälde des Rubens und seiner Schule verkörpert. Sie diente der Verherrlichung der Kirche, des Fürsten, seiner Repräsentation in Krieg und Frieden. Kaiser Rudolf II., Inhaber der berühmtesten »Kunstkammer« Europas, Käufer von Bildern Pieter Bruegels, war der ältere Bruder von Erzherzog Albrecht, dem Gouverneur der Niederlande und Auftraggeber des Rubens, der aber ebenso

155 Peter Paul Rubens, Haupt der Medusa

immer noch die kostbar schillernden Landschaften und Allegorien eines Jan Brueghel und anderer Maler dieser Kategorien erwarb. Erst im Verlauf des Dreißigjährigen Krieges verlor der Kunstkammerstil allmählich seine Bedeutung, überwältigt von den vordringlichen Wünschen der Gegenwart und einer Kunst, die sich nur mehr hie und da seiner Vertreter bediente, was die gelegentliche Zusammenarbeit von Rubens und Jan Brueghel d. Ä. beweist.

Übrigens entspricht auch das grausig-eindrucksvolle *Haupt der Medusa* von Rubens noch dem Kunstkammergeschmack; es wurde 1617/18 gemalt, die Schlangen stammen von Jan Snyders oder Paul de Vos. Das Werk gehört in die Kategorie der Monstrositäten. Auch Caravaggio hatte das Medusenhaupt auf ein Holzschild gemalt und erinnerte damit an Ovids Erzählung von der Gorgo Medusa, deren abgeschlagenes schlangenhaariges Haupt jeden, der es erblickt, erstarren läßt, weshalb es apotropäisch auch auf echten Schilden dargestellt wurde. Das Rubenssche Schlangenhaupt freilich läßt den Beschauer nicht zu Stein werden, es läßt ihn nur erschauern vor der abscheulich realistischen Gegenwärtigkeit von Reptilien, die um das Leichenhaupt züngeln. Aus der Legende ist Realität geworden, wie es bei einem niederländi- Abb. 155

schen Künstler ja nicht anders zu erwarten war. Allerdings sind diese Schlangen deshalb noch lange nicht mit solchen auf gewöhnlichen Tierbildern zu vergleichen. Die Legende wirkt nach, die von rachsüchtigen Göttern verursachte Begebenheit wird Zeit und Umständen gemäß für ein grausig-monströses Schaubild ausgenützt, würdig einer Kunst- und Wunderkammer, wo es – neben sonstigen Absonderlichkeiten und Abartigkeiten der Natur – den Betrachter erschauern lassen und gleichzeitig erfreuen soll. Die beinahe aufdringliche Realitätsnähe, die das Bild so effektvoll macht, steht demgemäß in totalem Gegensatz zur noch gleichzeitigen spätmanieristischen kostbar gleißenden Künstlichkeit, die keinen Anspruch auf Wirklichkeitsnähe im Sinne des späteren 17. Jahrhunderts erhebt. Die »Medusa« ist demnach ein Schlüsselstück, sie markiert ein Ende, das gleichzeitig ein Anfang ist.
Nach dieser Abschweifung erscheint es wieder angebracht, einen Blick auf die gleichzeitige italienische Kunst zu werfen. Die neuen Grundlagen, die die Carracci und Caravaggio der Malerei gegeben hatten, erwiesen sich als fruchtbar und vor allem dazu geeignet, eine Unzahl von Varianten und Möglichkeiten, von Mischungen und Mutationen hervorzubringen, die ihrerseits wieder die einzelnen Kunstprovinzen kennzeichnen.
Zur gleichen Zeit, als Caravaggio in Neapel war (1607), befand sich dort auch der neapolitanische Maler *Giambattista Caracciolo,* gen. *Battistello* (1578–1635). Da es in Neapel kaum eine eigenständige Renaissancemalerei gegeben hatte, waren die Voraussetzungen für die Aufnahme der neuen Kunst und vor allem für die des Caravaggio sehr günstig, da ja der Widerstand einer eigenen Produktion fehlte. Caracciolo war von der Neuartigkeit der Bilder Caravaggios sehr eingenommen und brachte offenbar überdies ein verwandtes Temperament mit, so daß er Werke schaffen konnte, deren Abhängigkeit von Caravaggio zwar nicht zu leugnen ist, die aber durchaus eine eigene Note haben. Denn gerade die wesentliche Eigenheit der Gemälde Caravaggios, die sie so besonders realistisch empfunden erscheinen lassen, gerade diese Eigenheit verleiht den Bildern Caracciolos etwas eigentümlich Unwirkliches. Damit ist die Hell-Dunkel-Malerei gemeint, die durch das von oben einfallende Licht hervorgerufen wird. Bei Caravaggio wirkt es natürlich und weich, gleich dem durch ein kleines Fenster einfallenden Tageslicht. Das Licht Caracciolos da-

156 Giambattista Caracciolo, Christus am Ölberg

gegen ist scharf und hart, die Lichtquelle nicht eindeutig festgelegt. Im *Christus am Ölberg* (um 1615) hebt es besonders jene Abb. 156
Partien hervor, die dem Ausdruck dienen. Das Gesicht des Christus in tiefer Todesangst, auf dessen Stirn sich die Schweißperlen zu Blutstropfen wandeln, seine in äußerster Schwäche und Ergebenheit gekreuzten Hände, Arm und Hand des Engels, dessen Geste das unumstößliche Schicksal ausdrückt, während sein Gesicht im Dunkel liegt. Die Dramatik des Augenblicks soll wie durch ein Blitzlicht eingefangen und spontan erkennbar werden.

Eine solche Auffassung der Szene dient jener tiefen und verinnerlichten Religiosität, die von der spanisch gelenkten Gegenreformation gefordert wurde. Man darf nicht vergessen, daß Neapel bis zum Beginn des 18. Jahrhunderts unter spanischer Herrschaft

157 Giambattista Caracciolo, Maria mit Kind und der hl. Anna

stand. Daraus erklärt sich auch der große Einfluß der neapolitanischen Malerei auf die spanische. Instruktiv ist übrigens ein Vergleich mit einem Andachtsbild aus der gleichen Zeit, der oben erwähnten großen »Beweinung Christi« von Rubens, dem Maler der nördlichen Gegenreformation, in dem Christus als Heros und nicht als Leidender aufgefaßt ist.

Kälte des Lichts und der Farbe, Schärfe der Modellierung zeichnen
Abb. 157 die übergroßen Figuren von *Maria mit dem Jesusknaben und der Mutter Anna* aus. Das Bild ist wesentlich später entstanden als »Christus am Ölberg«, man datiert es bereits in den Anfang der dreißiger Jahre. Die sehr plastischen Figuren sprengen den engen Raum fast, nur das lebhafte Spiel der Hände belebt die Statuarik der Figuren und verbindet sie miteinander. Obwohl der Einfluß Caravaggios unverkennbar ist, haben seine stilistischen Mittel auch hier wieder einen völlig anderen Effekt zur Folge. Das Hell-

158 Orazio Gentileschi, Büßende Magdalena

Dunkel in der Art, wie es hier angewendet ist, vereinigt nicht, es trennt die Formen. Auch die Kälte der Farben, die Blässe der Gesichter verleihen der Szene – die doch das Innige und Gefühlsbetonte einer engen Familienverbindung vermitteln sollte – ganz im Gegenteil Düsterheit und so etwas wie tragische Vorahnung.
Caravaggio hatte keine Schüler. Dennoch wirkte die Neuartigkeit seiner Malerei ungemein anregend auf seine gleichaltrigen und jüngeren Zeitgenossen, und zwar nicht nur auf seine engeren Landsleute, sondern auf alle Provinzen Italiens und auch auf die außeritalienische Malerei.
Dem Toskaner *Orazio Gentileschi* (Pisa, um 1565 – London um 1647) war sie Mittel und Hilfe, die eingefahrenen Bahnen des Florentiner Manierismus zu überwinden. Doch ging das künstlerische Erbe seiner toskanischen Heimat, die sichere Bestimmtheit der Zeichnung nämlich, mit der Unmittelbarkeit caravaggiesker Anschauungsweise eine aussichtsreiche Verbindung ein. Wie Josef in der »Ruhe auf der Flucht nach Ägypten« todmüde über seinem Wandersack mit nach hinten hängendem Kopf eingeschlafen ist, während Maria das Kind säugt, ist ohne Caravaggio und die Ungeniertheit, mit der er an althergebrachte religiöse Szenen

herantrat, kaum zu erklären. Die helle tonige Farbigkeit erinnert an die frühen Werke Caravaggios. Gentileschi suchte überdies das hoch einfallende Licht, die dunklen Schattenzonen auf natürlich einsichtige Quellen zurückzuführen, so im Bilde der *Büßenden* Abb. 158 *Magdalena*. Die dunkle Höhle ist nach oben und vorne offen, sie gibt außerdem an der Rückwand den Blick wie durch ein Tor auf eine weite Landschaft unter bewölktem Himmel frei. Schatten und Licht heben auf diese Art nicht nur die Hauptfigur, Magdalena, hervor, sie beziehen auch den näheren und ferneren Raum in die Szene mit ein und geben dem Ganzen einen freieren Atem. Das undurchsichtige nächtliche Dunkel wird vom Tageslicht aufgehellt. Gerade diese Art Caravaggio zu verarbeiten, leitet über zur holländischen Malerei bis zu Vermeer, wobei noch eine andere Stileigenheit Gentileschis anzumerken ist: sie betrifft die Aufmerksamkeit und Genauigkeit, mit der er in subtilsten Farbabstufungen das Stoffliche in Kleid, Haaren und anderem behandelt. Auch dies findet in der holländischen Malerei seine Fortsetzung und Vollendung.

Die beiden Bilder Gentileschis sind noch vor seiner Abreise nach London (1626) entstanden, ungefähr um die gleiche Zeit wie das schon erwähnte Bild von Janssens »Venus und Adonis«. Der Einfluß Caravaggios hatte hier wie dort bei ganz verschiedenen Voraussetzungen ein ähnliches Ergebnis zur Folge. Überhaupt ist nicht mehr zu übersehen, daß die Malerei des Barock trotz wachsender Variationsmöglichkeiten in allen Kunstprovinzen Europas sehr verwandte Ergebnisse zeitigt. Darum ist es oft schwer, mit Sicherheit Land oder Provinz, in der ein Bild entstand, festzustellen. Ein gutes Beispiel dafür ist »Christus und die Jünger in Emaus«. Aus einer gewissen Ratlosigkeit heraus nennt man das Bild nun »Oberitalienisch, um 1620«. Sich genauer festzulegen, ist nicht möglich. Es gab sehr verschiedene Zuschreibungen, die von genuesisch, über neapolitanisch bis zu holländisch reichten, und tatsächlich finden sich auch Merkmale aller dieser stilistischen Richtungen in diesem Bild.

Der Emilianer *Giovanni Lanfranco* (Parma 1580 – Rom 1647), berühmt durch seine Deckenfresken in Rom und Neapel, kombiniert wiederum Caravaggios Beleuchtungseffekte mit seinem von den Carracci herrührenden Stil, mit denen er in Rom zusammengearbeitet hatte. Das um 1620 entstandene Gemälde der beiden

159 Giovanni Lanfranco, Paulus und Antonius aus Ägypten

heiligen Einsiedler *Paulus und Antonius aus Ägypten* gibt eine Vorstellung davon. Die Madonna kommt Antonius – gekennzeichnet durch Kreuzstab und Glöckchen – zu Hilfe, den uralten Paulus, den er der Legende nach bereits tot angetroffen hat, zu beerdigen – auf dem Bild ist er freilich noch am Leben. Abb. 159

Ebenfalls aus der Emilia stammt der etwas jüngere Francesco Barbieri, bekannter unter dem Namen *Guercino* (1591–1666). Sein Weg, sich mit Caravaggio auseinanderzusetzen, brachte sehr bedeutende Lösungen, die deshalb auch von den Malern bis ins 18. Jahrhundert immer wieder aufgegriffen und weiterverarbeitet wurden. Anders als seine bolognesischen Malerkollegen sah Guercino die Wurzeln seiner Kunst weniger in Correggio als bei den Ferraresen Dosso und Scarsellino. Dadurch wurde auch seine Hal-

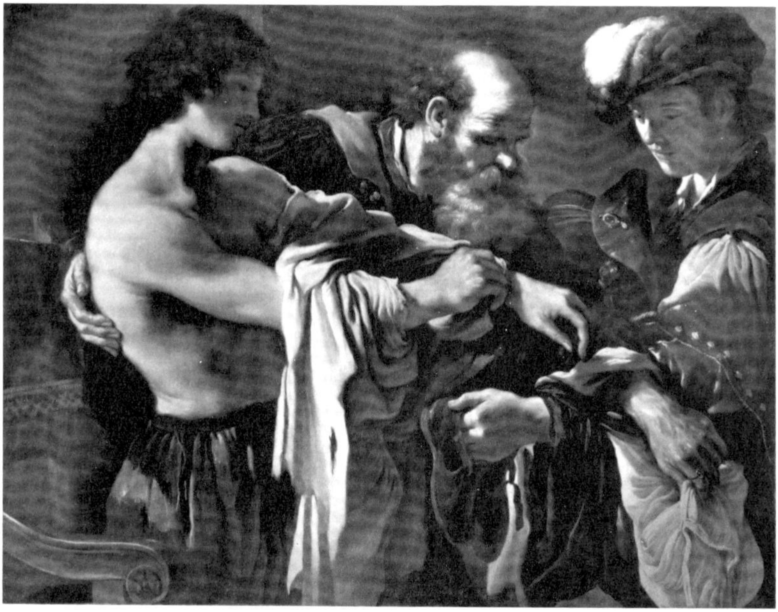

160 Guercino, Heimkehr des verlorenen Sohnes

tung den Werken Caravaggios gegenüber bestimmt, wie das berühmte Fresko im Casino Ludovisi in Rom zeigt.

Abb. 160 Zur *Heimkehr des verlorenen Sohnes,* einem Halbfigurenbild, wie es in der Nachfolge Caravaggios beliebt geworden war, hatte Guercino 1619 den Auftrag von dem neapolitanischen Kardinal Serra erhalten: Der von seinen Irrwegen zurückgekehrte verlorene Sohn wird vom Vater neu eingekleidet. Die zerrissenen alten Kleider zieht er aus und erhält neue dafür, die ein junger Mann herangebracht hat. Während die Gesichter der drei Personen im Halbdunkel liegen, sind die Hände im lebhaften erregten Hin und Her von Geben und Nehmen im Licht, denn sie verkörpern den Sinn dieser Szene mehr als alles andere. Die Licht-Schatten-Verteilung im ganzen gesehen kann die Herkunft von Caravaggio nicht leugnen, genau so wenig wie die scheinbar ungestellte, natürlich-einfache Art des Beieinander der drei Personen. Aber die Schatten sind nicht tief und schwer wie bei Caravaggio, sondern durchsichtige, farbige Halbschatten, in lebhaften Flecken über das

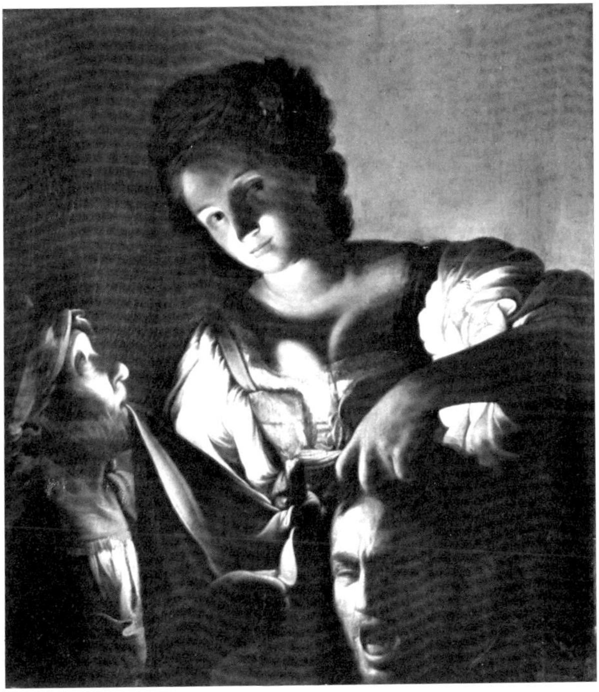

161 Carlo Saraceni, Judith

Bild verteilt. Sie wirken deshalb nicht so sehr dramatisch wie malerisch. Daran kann man den Einfluß der venezianischen Malerei des 16. Jahrhunderts erkennen, an der kein Barockmaler vorbeigehen konnte. Die gebrochenen, im Ganzen kühlen Farben erhöhen die malerische Einheit noch. Besonders Preti und später G. M. Crespi sehen in den Bildern der frühen Schaffenszeit Guercinos ihr Vorbild. Seine späteren Werke wie etwa »Johannes der Täufer« orientieren sich mehr und mehr an Reni und lassen allmählich die Originalität der früheren Bilder vermissen.
Wieder anders verarbeitet der Venezianer *Carlo Saraceni* (1579 bis 1620) das so attraktive Angebot Caravaggios. Der Lichteffekt, das natürliche Tageslicht Caravaggios, unterbrochen von tiefen Schattenzonen, wird bei Saraceni zum höchst effektvollen Kunstlicht. *Judith* mit dem abgeschlagenen Haupt des Holofernes wird Abb. 161

durch eine Kerze von unten her scharf beleuchtet, die nicht nur die bizarrsten Schatten hervorruft, sondern überdies Farben und Töne flackernd aufleuchten läßt. Venezianischer Kolorismus ließ sich nicht unterdrücken, caravaggieskes Hell-Dunkel-Spiel konnte ihm nur dienen, nicht ihn überwältigen. Auch diese spezifische Variante war nicht ohne Bedeutung für die künftige holländische Malerei.

Unabhängig und seitab von den großen Kunstzentren Bologna, Rom und Neapel entwickelte sich die Malerei Norditaliens, besonders die der Lombardei. Von den Nachfolgern des Leonardo – wie Luini, Sodoma (siehe diese) über die Malerei von Brescia (siehe Moretto, Savoldo) führt eine Entwicklungslinie zu den mailändischen Malern des 17. Jahrhunderts, wie dem jungen Caravaggio, aber auch zu *Giulio Cesare Procaccini* (1570–1625).

Er gehörte derselben Generation der siebziger Jahre an wie seine bereits angeführten Malerkollegen. Die sehr frühe, große, auf engen Raum zusammengedrängte Komposition der »Beweinung Christi«, um 1600, die daran erinnert, daß der Künstler gleichzeitig Bildhauer war, läßt im Malerischen immer noch an das »Sfumato«, die lichte, graunebelige Luftmalerei, wie sie vor Zeiten Leonardo aufgebracht hatte und wie sie nach Correggio noch bei Barocci festzustellen war, denken. Überhaupt war die Malerei des Urbinesen Barocci nicht ohne Wirkung auf die mailändische Malerei. Das betrifft vor allem auch das Sentiment seiner der Gegenreformation eng verbundenen, religiösen Bilder.

Das kulturelle und religiöse Ambiente Mailands war ohnedies von der Persönlichkeit Kardinal Federigo Borromeos, dem Neffen des berühmten Carlo Borromeo, überdies Mäzen und Förderer der Künste (siehe Jan Brueghel) bestimmt. Doch war er gleichzeitig ein strenger und unbeugsamer Vertreter gegenreformatorischen Geistes im Sinne spanischer, von Ignatius von Loyola geprägter, Frömmigkeit. Mailand gehörte ja seit 1525 zur spanischen Krone. Aus all dem erklären sich wohl auch das Vorherrschen der religiösen Thematik in der mailändischen Malerei und die Nähe zu den geistesverwandten Gemälden Baroccis.

Mehr als im großen Altargemälde Procaccinis kommt die spezifische Art mailändischer Religiosität im Bild seiner um 1612 entstandenen *Büßenden Magdalena* zum Ausdruck. Sie hält den Totenkopf, das Symbol der Vanitas, in Händen, und ist mit einer
Abb. 162

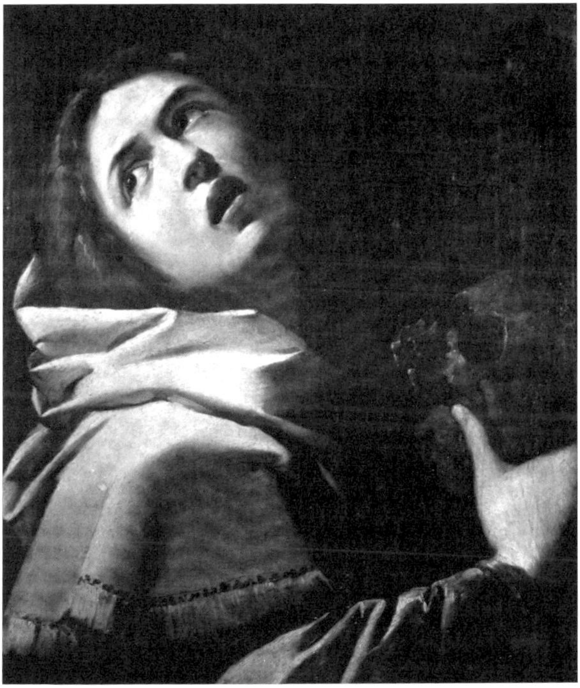

162 Giulio Cesare Procaccini, Büßende Magdalena

Art von Habit bekleidet – also ganz im Gegensatz zur sonst üblichen Art, wie die büßende Sünderin dargestellt wurde, nämlich fast unbekleidet. Ihr entrückter, visionärer Blick, der halb offene Mund zeichnen ein Bild mystischer Hingabe. Religiöse Verinnerlichung bis zur Ekstase realistisch und zur Vertiefung der Andacht des Gläubigen darzustellen, ist ein Charakteristikum der mailändischen Malerei.

Procaccini geriet später – über dessen Werke in Genua – unter den Einfluß von Rubens, diesem bedeutendsten Vertreter der nördlichen Gegenreformation, die, zumindest im Bild, weit weniger verinnerlicht war als die Kunst Mailands.

Heftiger und dramatischer als bei Procaccini ist der religiöse Überschwang bei Giovanni Battista Crespi, bekannt unter dem

163 Cerano, Christus erscheint Petrus und Paulus

Namen seines Geburtsorts *Cerano* (1575–1633). Das Altarbild
Abb. 163 *Christus erscheint den Aposteln Petrus und Paulus* ist in echt mailändischer Weise als Vision gesehen, die aber durch ihre Intensität ins Reale hinüberreicht (ca. 1626). Vor einer düsteren wolkenschweren Gewitterlandschaft verdichtet sich gleich einem weißen Blitz die Erscheinung Christi. Den beiden in die Knie Gesunkenen teilt er ihre Aufgaben zu und läßt damit ihre Zukunft entstehen. Petrus, seinem ersten Vertreter auf Erden, überreicht er die beiden Schlüssel des Himmels, wie er es schon zu Lebzeiten verheißen hatte. Das Kreuz weist auf das irdische Märtyrerlos Petri hin, die Papstkrone auf sein Amt. Petrus lehnt die Wange in liebender Ergebenheit an die Hand des Herrn, als stünde dieser leiblich vor ihm. Und Paulus, der ja Christus nicht

mehr gekannt hat, erhält in dieser Vision den Auftrag, durch Wort und Schrift Christi Lehre zu verbreiten. Durch das Schwert wird er den Tod erleiden. Weit weg in der jäh aufblitzenden Ferne erscheint Christus den beiden aus dem römischen Gefängnis Entflohenen abermals, und Petrus fragt Christus »Quo vadis, Domine?«. So sehr der mitleidig geneigte Kopf des Erlösers, als sähe er die gewaltsamen Schicksale seiner Jünger voraus, in seiner Schönheit an den klassischen Christustypus Guido Renis erinnert, so ist er doch auch weitaus verinnerlichter und vergeistigter als dieser. Auffallend ist die Farbstellung des Gemäldes. Die aus dem Dunkel hervorwachsenden kühlen graugrünen Töne in Kombination mit Violettrot erinnern frappierend an manieristische, gebrochene und changierende Farbzusammenstellungen, wie man sie schon bei Tintoretto findet, auch die Wiederholung des Apostelpaares weit im Hintergrund verfolgt den manieristischen Effekt übersteigerter Tiefenwirkung. Hier freilich dient dies alles vertiefter religiöser Gemütsbewegung.
Cerano hatte den Auftrag, den Dom zur Erinnerung an die Pest in Mailand (1570) und aus Anlaß der Kanonisation Carlo Borromeos (1610) mit einer Reihe großartiger Wandgemälde auszuschmücken. Darauf zeigt er in bisher nie dagewesener, nahezu veristischer Weise die gräßlichen Erscheinungen der tödlichen Seuche, aber auch die Wunderheilungen, die der Erzbischof vollbracht hatte, alles in allem ein einmaliges Dokument glühender gegenreformatorischer und spanischer jesuitischer Frömmigkeit, in der Glaube so viel wie Gewißheit bedeutet. Man wird an ähnliche Erscheinungen in der spanischen Malerei erinnert. So etwa an Szenen von der Hand des Francisco Ribalta. Übrigens sollte man es nicht unterlassen, an dieser Stelle Alessandro Manzonis großartigen Roman »I promessi sposi« zu erwähnen, der ein eindrucksvolles Bild dieser Epoche wiedergibt.
Während die Malerei in den Kunstzentren in größter Vielfalt aufblühte, schien es, als wäre die Größe Venedigs mit dem letzten Vertreter des Cinquecento, Palma il Giovane (1544–1628), endgültig vorbei. Alessandro Varotari, genannt Padovanino (1588 bis 1648), führte den Stil Tizians in verdünnter und temperamentloser Weise fort (siehe »Christus und die Ehebrecherin«, Sekundärgalerie). Auf seine viel weniger begabte Art versuchte er – ähnlich wie die Carracci – eine Erneuerung der Malerei durch

164 Domenico Feti, Flucht nach Ägypten

einen Rückgriff auf die Renaissance und auf Tizian. Eine echte Erneuerung konnte aber nur von außen kommen.
In den zwanziger und dreißiger Jahren erfuhr die venezianische Malerei durch den Zuzug einiger Künstler auch tatsächlich einen bedeutenden, weit ins 18. Jahrhundert wirkenden Anstoß. Aus Rom kam 1622 *Domenico Feti* (1589–1623), Schüler des Cigoli, nach Venedig. Er kannte die römischen Werke Caravaggios und war bei seinem Aufenthalt am Hof der Gonzaga in Mantua auf die Spuren des jungen Rubens, vor ihm Hofmaler der Gonzaga in Mantua, gestoßen (siehe Rubens »Francesco Gonzaga«).
Aus der Kunst dieser beiden mächtigsten Maler des Barock gewann er Anregungen, die nicht nur für sein eigenes Werk, sondern für die ganze Malerei Venedigs Folgen hatten. Speziell der malerische Reichtum, die Plastik Rubensscher Formen, die leuchtende Farbigkeit und der flüssige, lebhaft bewegte Pinselstrich mußten in Venedig Kenner und Liebhaber finden. Anregungen fand Feti

aber auch in der großen Renaissancemalerei Venedigs selbst.
Das zeigt deutlich die *Flucht nach Ägypten,* die offenkundig auf Abb. 164
das Wandgemälde des Tintoretto in der Scuola di San Rocco
zurückgeht. Es ist bezeichnend, daß Feti nicht von der klassischen
Ruhe der Werke Tizians, sondern von der unruhig im Mondlicht
flackernden, nervös bewegten Malerei des Spätrenaissancemalers
Tintoretto gefesselt wurde.

Die schönsten Bilder Fetis – alle zwischen 1622 und 1624 entstanden – sind kleinformatig. Sie verfolgen keinen repräsentativen oder offiziellen Zweck, wie etwa Altarbilder (siehe »Moses im brennenden Dornbusch« oder »Madonna mit Heiligen«), sondern sind für Kenner der Malerei bestimmt und für Wohnräume, nicht für Kirchen. Die Thematik, wie etwa die Serie der Parabeln, zu denen das »Gleichnis von der köstlichen Perle« gehört (es vergleicht das Himmelreich mit einem Kaufmann, der kostbare Perlen sucht; hat er eine gefunden, so verkauft er seine ganze Habe, um sie zu erwerben [Matth. 13, 45/46]), gibt Gelegenheit, nahsichtige Genreszenen darzustellen, so etwa eine Marktszene in einer südlichen Stadt. Und die drei zusammengehörigen mythologischen Szenen – »Perseus und Andromeda«, »Hero und Leander« und »Triumph der Galathea«, offenbar ursprünglich in einer Wandvertäfelung oder in Möbel eingelassen, sind in ihrer erzählerischen Art ebenfalls auf genußvolle Betrachtung abgestimmt. Diese wird noch vertieft durch die Verve der malerischen Faktur und durch die in lichten Blau-, Grün- und Rosatönen schimmernden Farbstimmungen, die auch dramatischen Szenen einen märchenhaften Klang verleihen. Denn es sind dramatische und unglückliche Liebesgeschichten, die alle mit dem Meer zu tun haben, die sich hinter der leichten duftigen Malerei verbergen. Wie Ovid erzählt, hat Cassiopeia, die Mutter Andromedas – man sieht sie verzweifelt im Hintergrund stehen –, durch ihren Hochmut Neptun herausgefordert, der nun ein Meeresungeheuer schickt, dem Andromeda geopfert werden soll. Sie wird durch Perseus, Sohn der Danae und Besieger der Gorgo Medusa, gerettet und zu seiner Frau gemacht. Der Riese Polyphem wiederum liebt vergebens Galathea, die Tochter des Meergottes Nereus. Klagend sitzt er am Fuße des Ätna, während die schöne Nymphe vorüberzieht. Die bekannte Geschichte des unglücklichen Liebes-
paares *Hero und Leander* stammt aus hellenistischer Zeit. Lean- Abb. 165

165 Domenico Feti, Hero und Leander

der schwimmt jede Nacht über den Bosporus, um die Priesterin Hero zu besuchen. Einmal löscht der Sturm das Licht, das sie für ihn entzündet, und er ertrinkt, worauf auch sie sich tötet.

Der zweite Maler, der Bewegung in die malerische Szene Venedigs brachte, war der Norddeutsche *Johann Liss* (um 1597–1629/30), ausgebildet in Holland und Rom, der um 1620 nach Venedig kam und sich später dort ganz niederließ. Auch an seinen Werken
Abb. 166 ist der Einfluß des Rubens unverkennbar. Die *Judith* mit dem Haupt des getöteten Holofernes – das Bild gibt es in mehreren Repliken, so beliebt war es – zeigt in temperamentvoller, aber ausgeklügelter Komposition die mächtige rubenistische Körperlichkeit einer schönen Frau vom Rücken her. Der Halsstumpf des geköpften Holofernes streckt sich grausig dem Betrachter entgegen. Judith schaut triumphierend über die Schulter auf den Zuschauer – und wiederholt damit eine Kopfbewegung, die schon in der venezianischen Malerei des frühen 16. Jahrhunderts ihrer suggestiven, eindringlich realistischen Wirkung wegen öfters gebraucht wurde (so bei Palma Vecchio, »Frau im Profil«, und bei anderen). Wie bei Feti ist der Pinselstrich schwungvoll, flüssig und pastos, entsprechend der heftigen Bewegung der beiden sich auf engem Raum drängenden Körper. Die Kunst des Liss bestimmte auch den Stil des jungen Münchners *Karl Loth* (1632 bis 1698), des späteren Hauptmeisters des deutschen Barock, der sich gleichfalls in Venedig angesiedelt hatte.

Als dritter kam um 1630 der Kapuziner *Bernardo Strozzi* (1581

166 Johann Liss, Judith

bis 1644) aus Genua nach Venedig. Zunächst berührt von Barocci, dann von Caravaggio, geriet er, wie nicht anders zu erwarten, unter den Einfluß des Rubens. Nach Venedig brachte er bereits eine flüssige, farbige Malerei mit, die sich in lebhaften Kontrasten zwischen Rot und Blau und Weiß gefiel. Sie wurde durch den Einfluß Fetis verfeinert, auch wurden die Kontraste gemildert. Die großen rubenistischen Figuren seiner Komposition mit der gesunden Hauptfarbe sind besonders dann überzeugend, wenn sie – wie der *Lautenspieler* (um 1630) – gutgelaunte Szenen Abb. 167
aus dem profanen Leben wiedergeben.
Während alle diese Werke vom Eindruck geprägt sind, den die frühen, in Italien entstandenen Werke Rubens' hinterließen, wovon speziell die venezianische Malerei lebenswichtige Impulse empfing, hatte auch Rubens selbst eine Wandlung durchgemacht,

167 Bernardo Strozzi, Lautenspieler

die ihm seinerseits wiederum die venezianische Malerei näherbrachte. Im zweiten Jahrzehnt seines Schaffens – ungefähr zwischen 1610 und 1620 – war der ursprünglich starke Einfluß der venezianischen Malerei auf seine Arbeit allmählich zurückgegangen. Nun – im dritten und vierten Jahrzehnt – begann dieser sich wieder mehr und mehr durchzusetzen, besonders nach einer diplomatischen Reise nach Madrid (1628), wo er Gelegenheit hatte, eine Reihe von Meisterwerken Tizians zu studieren.

Aber bereits vorher, wie von dem kleinen, intimen Bild *Die*
Abb. 168 *schlafende Angelika und der Eremit* (zwischen 1626 und 1628) abzulesen ist, bedeuten der malerische Vortrag, der flüchtige Pinselstrich eine neuerliche Hinwendung zur Kunst Venedigs. Dazu kommt noch, daß als Vorbild für die »Angelika« ganz offen-

168 Peter Paul Rubens, Die schlafende Angelika und der Eremit

kundig die schlafende Nymphe von Tizians berühmtem Bild, den »Andriern«, diente (Madrid, Prado). Rubens hatte wohl Gelegenheit gehabt, es während seines Aufenthalts in Rom (1606–1608) zu sehen, denn damals befand es sich noch im Palazzo Aldobrandini. Bezeichnenderweise hatte Rubens aus der literarischen Vorlage der »Angelika« eine Szene ausgesucht, die es ihm gestattete, sich eines Bildmotivs zu bedienen, das in der venezianischen Malerei zuerst von Giorgione, dann von Tizian in später nie mehr erreichter Weise gestaltet wurde – die liegende nackte Frau nämlich. Schon bei »Cimon und Efigenia« war die Rede davon. Die vorliegende Szene stammt aus Ariosts »Rasendem Roland«. Darin wird erzählt, wie ein zauberkundiger Einsiedler sich in Angelika verliebt und sie auf eine Insel versetzt. Er wird aber von ihr zurückgewiesen. Darauf versenkt er sie in Schlaf und bewundert ihre außerordentliche Schönheit: dazu zieht er den verhüllenden Schleier weg, wie es auf einem anderen Bild Tizians (Paris, Louvre) sehr ähnlich ein Satyr tut.
Der mit der Zeit immer größer werdende Vorrat an Möglichkeiten von Bildgestaltungen bot dem Künstler eine ständig wach-

sende Auswahl an Vorbildern und Anregungen, auch war eine solche immer weniger zu umgehen. Das heißt, es wurde für den Maler immer schwerer, sich zu profilieren, eine eigene Art zu entwickeln. Das gelang daher auch nur solchen Naturen wie Rubens, der sich in souveräner Weise aus dem bereits vorhandenen und ihm bekannten Schatz das auswählte, was ihn und seine Kunst weiterbrachte. Also unter anderem die venezianische Malerei, genauer gesagt ganz bestimmte geistige, malerische, stimmungsmäßige Aspekte dieser Malerei.

Ungefähr um die gleiche Zeit, zu der Rubens' Kontakt mit der venezianischen Kunst immer inniger wurde, begann er sich auch mit einer Bildgattung zu beschäftigen, die sich für repräsentative Prunkentfaltung religiöser wie weltlicher Art kaum eignete – mit der Darstellung der Landschaft, der Natur.

Zu seinen frühesten und wohl schönsten Naturbildern gehört die
Abb. 169 sogenannte *Gewitterlandschaft mit Philemon und Baucis*, zwischen 1620 und 1625 gemalt. Noch während der Arbeit ließ Rubens die Eichentafel, wie deutlich zu sehen ist, an allen vier Seiten anstücken. Die Landschaft wurde dadurch nicht nur räumlich erweitert, wodurch sie ungemein an Atem gewann, sie erfuhr auch inhaltlich eine Umdeutung. Es ist damit freilich nicht gesagt, daß Rubens nicht ohnehin von vornherein die Ovidsche Metamorphose von »Philemon und Baucis« malen wollte. Vermutlich wurde ihm bloß der Platz für sein bereits feststehendes Konzept zu eng und deshalb mußte er das Format vergrößern. So wie der Zustand sich jedenfalls jetzt darstellt, war auf der ursprünglich kleineren Tafel eine reine Gewitterlandschaft dargestellt. Großartig sind das Wüten der Elemente, die stürzenden Regenfluten, der hochgehende reißende Fluß, der brausend und zerstörerisch von den Bergen her im weiten Bogen herunterschießt, festgehalten. Aber erst die Erweiterung des Bildes gab die Möglichkeit, die Naturkatastrophe in Bereiche des Menschlichen zu bringen und ursächliche Zusammenhänge darzulegen.

Ovid erzählt in seinen »Metamorphosen« den Mythos von Philemon und Baucis und von ihrer Errettung durch Jupiter aus der die verderbte Menschheit vertilgenden Wasserflut. Es ist eine Geschichte ähnlich der biblischen Sintfluterzählung. Ovids Legende lieferte öfters Bildstoffe für die Maler, beliebt war besonders die Szene der Einkehr von Jupiter und seinem Begleiter

169 Peter Paul Rubens, Gewitterlandschaft

Merkur im gastlichen Hause Philemons (auch Rubens hat diese Szene dargestellt). Auch die von beiden von den Göttern erbetene Verwandlung in Bäume wurde dargestellt. Aber nur Rubens schilderte das Strafgericht, die Naturkatastrophe und die Rettung des frommen Paares Philemon und Baucis. Da aber Ovid das Motiv der Sintflut kaum ausführt und nur berichtet, daß das Land in Sümpfen versunken sei, bediente sich Rubens einer anderen, ebenfalls in den »Metamorphosen« enthaltenen, aber ausführlichen Sintflutschilderung, der nämlich aus dem Mythos von »Deukalion und Pyrrha«. Diesem Text entnimmt er Einzelheiten, wie die von den Fluten mitgerissenen Menschen, Tiere und Bäume und den aufsteigenden Regenbogen. Das Versinken im Sumpf wäre bildlich kaum wiederzugeben gewesen, während die tobenden Urgewalten, die mitreißende Aktion, das Pathos der Zerstörung dem Temperament des Malers entgegenkamen und die Inspiration beflügelten. Aber seinem Wesen ebenso gemäß war es, der Zerstörung die

Befriedung folgen zu lassen, der Strafe die Verzeihung, dem Untergang die Auferstehung, die Verwandlung. Für ihn gehörte beides zusammen, der zerstörende Sturm wäre allein kein abgeschlossenes Bildthema gewesen, erst die Aussicht auf die Ruhe danach konnte die Bildidee vollenden, das Drama lösen. So erst konnte der nachtdunkle Himmel aufreißen, durch die berstenden Wolken der Strahl der Abendsonne das verwüstete Land vergolden und auf Geheiß des Gottes aus dem Wassergischt der friedenskündende Regenbogen einer neuen Welt aufsteigen.

Das inhaltlich stark beladene Bildkonzept forderte eine formale Gestaltung, die keine deutliche Vorlage haben konnte. Freilich ist auch sie nicht voraussetzungslos, vielerlei ist in ihr verarbeitet, so die venezianische Landschaft von Campagnola, Tizian, Bassano und Tintoretto, die Landschaftsbilder der Niederländer des späten 16. Jahrhundert in Italien (wie Toeput und Paolo Fiammingo oder Paul Bril) und die Annibale Carraccis und Domenichinos. Doch ist sie trotz des hohen italienischen Anteils, der sozusagen die Hilfsmittel bot, für die Bewältigung einer ungewöhnlichen Aufgabe dem Geist nach dennoch rein niederländisch. Denn der eigentliche Vorfahre dieses Werkes ist Pieter Bruegel d. Ä. Von ihm stammen die ersten großen Unwetter-Landschaften, wie der »Düstere Tag« und der »Seesturm«. Freilich war – seiner Zeit gemäß – der Standpunkt des Betrachters dabei immer hoch im Vordergrund gedacht, und die Landschaft entwickelte sich Flußläufen und Tälern folgend dem Hintergrund zu, einem hohen Horizont entgegen. Rubens macht es umgekehrt. Er läßt das Wasser von Hügeln und Bergen, die den hohen Horizont motivieren, in Kaskaden dem Betrachter entgegen und zu seinen Füßen in den Abgrund stürzen. Es rinnt gewissermaßen aus dem Bild heraus und bedroht sozusagen den Betrachter unmittelbar.

Bei Bruegel steht die Natur über dem Menschen, ist dieser ihr in gesetzmäßiger Weise untertan. Die Ordnung des Jahresablaufes, der Gestirne, des Kosmos regiert nicht nur den einzelnen Menschen, sondern die Menschheit. Das Verhältnis zwischen Mensch und Natur ist völlig unpersönlich. Im Weltbild des Künstlers des 17. Jahrhunderts regieren nicht mehr die Sterne. Trotz seiner Hinneigung zum humanistischen Gedankengut und seiner der Renaissance verhafteten Bildung ist Rubens dennoch ein Kind des 17. Jahrhunderts, des ersten gesamteuropäischen Zeitalters, in dem Italien nicht mehr die Vorherrschaft innehatte. Es ist ein Jahrhundert der Wissenschaft, in dem fast allen Nationen grundlegende Entdeckungen gelangen. Trotz Gegenreformation und evangelischer Orthodoxie entfalteten sich in geistiger Freiheit Staats- und Rechtstheorie, das Völkerrecht, die Philosophie, die Naturwissenschaften, Mathematik, Geometrie und Physik. Wachsendes Wissen um die Gesetze der Natur, die Mittel, sie zu erkennen und sie zu nutzen, machten den Menschen selbständiger und unabhängiger, aber auch einsamer und gefährdeter – der Forscher steht in keiner Gemeinschaft wie der Gläubige. Der Künstler mit seinem Ahnungsvermögen für kommende Entwicklungen sieht sich wohl als einzelner den Gewalten der Natur gegenüber, aber nicht als Ausgelieferter.

Das Weltbild Bruegels – zu einem bedeutenden Teil noch mittelalterlich gefärbt – hat den Charakter des Allgemeinen und Unentrinnbaren. Das des Rubens hingegen, abgelesen am »Gewittersturm«, ist spezialisiert und differenziert, es geht im antikisch-humanistischen Gewand eines Weltuntergangs einher, aber auch eines neuen Anfangs, es sieht zwar die Bedrohtheit, aber auch die Freiheit und Unabhängigkeit des Menschen vor und seine Fähigkeit, die Natur zu seinen Gunsten zu manipulieren. Es ist bezeichnend, daß zwei nordische, ihrer Herkunft nach eng verwandte Künstler mit niederländisch-unverrückbarem Sinn für die Wirklichkeit ihre Weltbilder auch tatsächlich in Form von Abbildern der Welt, der Natur, niederlegten; ein Italiener hätte die Natur niemals in dieser Weise zum Hauptakteur seines Bildes gemacht, wie das Bruegel und Rubens taten, in seiner Kunst stand doch immer wieder der Mensch im Mittelpunkt.

Aus alledem darf man freilich nicht den (falschen) Schluß ziehen, daß Bruegel oder Rubens ihre Ansicht über das Leben bewußt zu Bild gebracht hätten. Beiden bot aber gerade die Landschaft die Form, ungebunden und subjektiv, weitgehend frei von Konvention, das eigene Lebensgefühl durch sie und in ihr auszudrücken. Insofern ist vielleicht der »Gewittersturm« unter den Gemälden Rubens' in der Wiener Galerie das interessanteste.

Die subjektive Anschauungsweise, die daran für uns so ansprechend ist, konnte begreiflicherweise in den großen repräsentativen Bildaufträgen nicht so deutlich in den Vordergrund treten, obwohl sie auch dort keineswegs fehlt. 1630 erhielt Rubens von der Erzherzogin Isabella Clara Eugenia, Statthalterin der Niederlande und Witwe des schon vor zehn Jahren verstorbenen Erzherzogs Albrecht, einem Bruder von Kaiser Rudolf II., den Auftrag, als Abb. 170 Gedenkmal für ihren Gatten einen Altar zu malen. Dieser Altar sollte dem heiligen Ildefonso geweiht sein. Erzherzog Albrecht hatte 1588, damals Vizekönig von Portugal, die »Bruderschaft zu Ehren des Ildefonso« gegründet. Später, 1603, als Souverän der spanischen Niederlande, übertrug er die Bruderschaft nach Brüssel. Und nun sollte sie in der Jakobskirche auf dem Coudenberg von der Erzherzogin einen Altar gestiftet bekommen.

Ildefonso selbst war im 7. Jahrhundert Erzbischof von Toledo gewesen. Bekannt war seine große Verehrung für die Mutter Gottes. Einmal – am Fest von Mariae Himmelfahrt – erschien sie ihm strahlend in der Kirche im Chorstuhl sitzend und überreichte ihm, umgeben von Heiligen, ein Meßkleid. Das ist die Szene, die Rubens im Mittelteil des mächtigen Altars malte, den er als Triptychon gestaltete. Auf den Flügeln des geöffneten Altars, gleichsam die überirdische Szene miterlebend, knien die beiden Fürsten, die Erzherzogskronen zu Füßen: links der verstorbene Erzherzog Albrecht in Rüstung, darüber einen goldbrokatenen Mantel und den Orden des Goldenen Vließes. Hinter ihm steht sein Schutzpatron, der heilige Albert von Löwen, als Kardinal. Auch der Erzherzog war ursprünglich der Kirche geweiht gewesen. Rechts kniet die Erzherzogin mit ihrer Schutzpatronin Elisabeth von Ungarn, die nach dem Tode ihres Mannes in den dritten Orden des heiligen Franziskus eintrat, sie ist deshalb im Franziskanerinnenhabit dargestellt. War der Altar geschlossen, so zeigte Abb. 171 sich an den Außenseiten der Flügel die *Heilige Familie unter dem Apfelbaum*, vor ihr Elisabeth und Zacharias mit dem kleinen Johannes. Die Fuge zwischen den beiden Flügeln verläuft zwischen den beiden Gruppen, ohne wichtige Bildteile zu durchtrennen. Dadurch wurde es möglich, beide Bildhälften, als man im 17. Jahrhundert die Flügel spaltete, zu einem geschlossenen Bild zusammenzufügen.

Die Komposition der Mitteltafel folgt in freier Weise dem Typus der »Santa Conversazione«, wie er im 16. Jahrhundert in Italien mustergültig ausgebildet wurde. Übrigens wird Rubens in Rom wohl auch Raffaels Fresko »Gregor IV. übergibt die Dekretalien« gesehen haben, dessen Komposition jener der Ildefonso-Tafel

170 Peter Paul Rubens, Ildefonsoaltar

sehr ähnelt. Die Altarflügel mit den Stiftern sind eine Reminiszenz an die Flügel früher niederländischer Altäre. Man betrachte auf das hin – um ein Beispiel aus der Galerie anzuführen – den Flügelaltar des Antwerpener Malers Joos van Cleve, der fast genau hundert Jahre älter ist als der »Ildefonso-Altar«. Die Form als Triptychon, die man im Gesamtwerk von Rubens hin und wieder findet, ist sehr altertümlich, sie erklärt sich daraus, daß die Gegenreformation gern Formen benützte, die noch aus der Zeit einer ungebrochenen und ungefährdeten Religiosität – für den Nordländer also aus der Gotik – stammten.
Auf einer Skizze zum »Ildefonso-Altar« (Leningrad, Eremitage) sind die Stifter durch weit herunterhängende Vorhänge vom Hauptgeschehen eindeutiger getrennt als in der Ausführung. Dadurch werden die beiden Realitätsebenen – die Vision des Ildefonso nämlich und die realen Personen der Stifter – deutlicher hervorgehoben. Am fertigen Altar sind die Grenzen verwischt,

171 Peter Paul Rubens, Heilige Familie unter dem Apfelbaum

die Erzherzoge trotz der Trennung durch die Flügel an die himmlische Erscheinung näher herangerückt. Vielleicht hat bei der Änderung der Komposition auch der Gedanke mitgewirkt, daß Albrecht bereits tot war, dem Überirdischen also gewissermaßen nähergerückt, so wie auch sein Schutzheiliger ihn den Himmlischen viel eindringlicher empfiehlt, als etwa die heilige Elisabeth, die Infantin Isabella Clara Eugenia, denn die beiden Frauen sind weit mehr dem Diesseitigen zugewandt. Es ist für Rubens charakteristisch, daß er trotz der Monumentalität des Werkes, das auf die Entfernung wirken sollte, auf Subtilitäten dieser Art, die erst bei eingehender Betrachtung auffallen, nicht verzichtete.
Dem entspricht auch die malerische Ausführung. Der Pinselstrich ist offen, locker und von genialer Sicherheit, die roten Schatten

und Halbschatten sind durchsichtig und leuchtend, so wie überhaupt die durchscheinenden Farblasuren dem Werk erst die richtige Leuchtkraft geben. Es ist eine Farbkomposition aus roten und gelbgoldenen Tönen, in denen die wenigen kühlen Farben nur die Aufgabe haben, die Glut der warmen noch höher erstrahlen zu lassen. Technisch gesehen hat der Künstler in diesem Werk einen absoluten malerischen Höhepunkt erreicht. Es gelang ihm, die zwei vornehmsten Möglichkeiten seiner Zeit, die Welt malerisch zu sehen, miteinander zu verschmelzen und sie wie in einem Wettstreit zu gegenseitiger Steigerung zu bringen. Diese Möglichkeiten boten die venezianische und die altniederländische Malerei: die distanzierende Auflösung der Körper in Licht, Farbe und Atmosphäre einerseits und die nahsichtige Darbietung der Schönheit und Vielfalt der festen tastbaren Körperoberfläche andererseits. Genaugenommen stehen diese beiden malerischen Möglichkeiten, die Wirklichkeit umzusetzen, im Gegensatz zueinander, im Gegensatz zwischen Auflösung und Verfestigung. Die Rubenssche Lösung ist dennoch kein einfacher Kompromiß, sondern etwas Neues und unverwechselbar Drittes. In seinen späten Werken durchdringt die – gleichsam nur Göttern anstehende – Idealität venezianischer Hochrenaissance-Malerei das Bild eines sehr handfesten terrenen Menschentyps und veredelt ihn zu einer gehobenen Vorstellung vom Menschen, dessen moralische, geistige und emotionelle Anlagen ihn zu übermächtiger Wirkungsbreite befähigen.

Für den religiösen Rubens war der Auftrag zum »Ildefonso-Altar«, den er noch dazu von seiner verehrten Gönnerin Isabella Clara Eugenia erhalten hatte, besonders geeignet, sein weitgestecktes und ambitioniertes Können zu zeigen. Andere – aus den politischen Ereignissen sich ergebende – Aufträge wie der, den feierlichen Einzug des Nachfolgers der Fürstin, des Kardinal-Infanten Don Ferdinand in Antwerpen anläßlich der siegreichen Schlacht von Nördlingen durch Triumphbögen und Schaubühnen zu gestalten, verlangten von ihm mehr das Geschick des Dekorateurs. Auch war es völlig unmöglich, alle Entwürfe eigenhändig auszuführen. Ein Stab von Mitarbeitern war erforderlich.

Doch konnte sich die Persönlichkeit des Malers auch in anderen Bildern rein entfalten, die, weitab der religiösen Sphäre, ganz dem Gebiet humanistischer Bildung entsprangen, so das um 1637 vollendete *Venusfest*. Abb. 172

172 Peter Paul Rubens, Das Venusfest

In der Mitte des Bildes steht die Statue der Venus unter Bäumen, über deren Äste ein Baldachin gespannt ist, darüber hängen schwere, von Putten drapierte Girlanden aus Ähren und Früchten. Vor der Statue steht ein Dreifuß, von dem Weihrauch aufsteigt. Vier Frauen bemühen sich um die Göttin. Die zwei Bekleideten opfern der Statue und reinigen sie. Von dem anderen halbnackten Paar hält die eine der Göttin Kamm und Spiegel entgegen. Um die Gruppe dreht sich ein Puttenreigen, ein Paar ist ausgebrochen und hält sich küssend umfaßt. Hinter den Putten stürmen von einem Satyr angeführte Bacchantinnen zum Klang eines Tamburins in den Schatten des Waldes. Zwei modisch gekleidete Frauen mit aufgelöstem Haar eilen, Puppen in den Händen, zur Statue hin. Das erregte Fliegen, Flattern, Laufen und Tanzen steigert sich in den drei nackten Paaren auf der linken Bildseite vollends zum entfesselten korybantischen Taumel. Zu ihren Füßen liegen – achtlos hingeworfen – Pansflöte und Silenmaske, und hinter ihnen plätschert durch das geborstene Gewölbe einer kühlschattigen Grotte Wasser aus einer Brunnenanlage und fängt sich in einem Becken. Zwei mit Ähren und einem Löwen ausgestattete

Götterstatuen lagern über der Höhle; dahinter erhebt sich ein runder Säulentempel. Die Sonne steht schon tief, rotgolden leuchtet der Himmel durch die Bäume, bald wird der Zauber rauschend im Dunkel der Nacht versinken.

Mehrere Quellen haben Rubens zu diesem grandiosen Gemälde inspiriert. Einmal ein Bild Tizians für Alfonso I. d'Este, Herzog von Ferrara, das sich heute im Prado befindet. Alfonso hatte sich ein Gemälde nach den »Eikones« des Philostrat d. J. gewünscht, und zwar wollte er die »Liebesgötter«. Die »Eikones« enthalten Beschreibungen nach Gemälden, die im 2. Jahrhundert in Neapel tatsächlich existierten. Die »Liebesgötter« schildern das Treiben von Eroten in der Nähe einer Grotte mit der Statue der Aphrodite. Rubens kopierte das Bild Tizians (heute Stockholm, Nationalmuseum) und verwertete Teile daraus im »Venusfest«. Im Verlauf der Arbeit scheint er sich jedoch zu einer Erweiterung des Konzepts entschlossen zu haben. Die Leinwand wurde auf drei Seiten angestückt, die Komposition verändert und zum »Fest der Venus Verticordia«, der »Abwenderin ungeordneter Begierden« umgestaltet. Ovid schildert in den »Fasti« – dem römischen Festkalender –, wie am 1. April alle Frauen Latiums das Kultbild der Venus durch Baden, Kämmen und Räuchern verehren. Der Venus Verticordia war auf Anraten der cumäischen Sibylle 114 v. Chr. in Rom ein Tempel errichtet worden, um der Sittenlosigkeit der römischen Frauen vorzubeugen. Dieser Tempel wurde übrigens im 16. Jahrhundert in den Gärten des Sallust in Rom tatsächlich entdeckt und wegen seiner benachbarten Wasseranlagen für ein Nymphäum gehalten. In dem Rubens gewiß bekannten Buch des Vincenzo Cartari über die Bilder der antiken Götter wird die Schilderung dieses Festes noch weiter ausgeführt. Darin ist zum Beispiel von den Mädchen die Rede, die der Göttin die Puppen ihrer Kindheit opfern. Eine vollständige Deutung des Bildes in allen Einzelheiten ist freilich noch nicht gelungen und wird vielleicht auch nie gelingen. Man muß dem großen Künstler schließlich nicht nur formale, sondern auch dichterische Freiheit zugestehen. Im ganzen gesehen gehört dieses Bild jedoch in die Reihe der »Amori« eines Tizian oder Correggio und unterscheidet sich von diesen nur durch die höhere künstlerische Differenziertheit des späteren Meisters. Denn in einem ähnlichen Vorgang wie im »Ildefonso-Altar« zeigte Rubens hier an einem weltlichen Thema,

173 Peter Paul Rubens, Der Schloßpark

wie das ideal-distanzierte Bild des Eros der venezianischen Renaissance unter seiner Hand sich zum Fest der Sinne verwirklichte, zu einem Bacchanal der Lebenslust, ohne daß dabei das Göttlich-Verklärte der Szene verlorengegangen wäre. Nicht ohne Grund hat Rubens die enge Bindung an die Natur, die das Besondere zum Allgemeinen wandelt, vom Renaissance-Meister übernommen und nicht zuletzt auch die Subtilität der malerischen Durchführung. Ein Vergleich zwischen dem »Venusfest« und Tizians »Diana und Callisto« (siehe dort) zeigt auf einen Blick, in welcher Weise Rubens die Malerei durch Differenzierung bereichert hat.

Abb. 173 Gewissermaßen als bürgerliches »Venusfest« ist *Der Schloßpark* anzusprechen (um 1635). Die ungebändigte Leidenschaft des kultisch-heidnischen Festes ist in dem kleinen Bild zum galanten, amourösen Spiel zwischen den Paaren geworden, die wilde Natur zum gezähmten Park, der Göttertempel zum herrschaftlichen Schloß. Rubens, auf den Stock gestützt, steht neben seiner jungen Frau Helene Fourment und schaut dem Treiben zu. Etwas früher hatte er den »Liebesgarten« gemalt, ein großes Bild, das sowohl thematisch als auch in einzelnen Motiven dem »Schloßpark« nicht unähnlich ist. Dieser aber unterscheidet sich vom »Liebesgarten« vor allem durch seine skizzenhafte Leichtigkeit. Die Landschaft ist wie hingehaucht in ihrer herbstlichen Stimmung, der Teich durchsichtig bis auf den Grund, die Figuren sind scheinbar mit wenigen Strichen hingeworfen, das Schloß – das übrigens nicht identifiziert werden konnte – liegt wie im Nebel, der über dem Wasser aufsteigt, das Ganze wirkt wie aus einer plötzlichen Eingebung des Malers, an einem sonnigen, leicht nebeligen Herbsttag zu seiner eigenen Erinnerung entstanden. Nach mehr als hundert Jahren noch findet sich die Nachwirkung eines solchen Bildes in Landschaften Thomas Gainsboroughs, so in der »Gegend in Suffolk«.

Rubens hat immer wieder von Zeit zu Zeit auch Porträts gemalt, obwohl sie nicht, wie bei van Dyck, zu seinen Hauptanliegen gehörten. So verfertigte er schon um 1618, freilich nach Vorlagen, die historischen Porträts von Karl dem Kühnen von Burgund und von dessen Schwiegersohn, Kaiser Maximilian I., den Ahnen also seiner Auftraggeber Erzherzog Albrecht und Infantin Isabella Clara Eugenia, und schon um 1615 hatte er das Paar selbst farbenprächtig porträtiert. Wir finden es viel später bekanntlich auf dem »Ildefonso-Altar« wieder. Aus den späteren dreißiger Jahren, also aus der letzten Zeit des Malers, stammen nun das Porträt seiner zweiten Frau, Helene Fourment, und sein Selbstporträt, das letzte in einer nicht sehr langen Reihe.

Rubens begann sich um 1630 von den diplomatischen Missionen, mit denen ihn seine Herrin, die Infantin Isabella Clara Eugenia, beauftragt hatte, und die ihn alle wichtigen Höfe Europas besuchen ließen, zurückzuziehen, um sich ganz seiner geliebten Malerei zu widmen. Die Fragwürdigkeit politischer Tätigkeit, die damit verbundenen Enttäuschungen, ließen ihn resignieren. Ungefähr um die gleiche Zeit, um 1630 also, heiratete er nach vierjährigem Witwerstand zum zweitenmal. Helene war die Tochter des Antwerpener Seidenhändlers Fourment, eines reichen Mannes. Zur Zeit ihrer Vermählung war sie sechzehn Jahre alt, Rubens dagegen dreiundfünfzig. Obwohl von der Gicht geplagt, fühlte er sich dennoch voll ungebrochener Schaffenskraft.

Das *Pelzchen,* wie Rubens das Porträt (nach der Eintragung in seinem Testament zu schließen) offenbar selbst genannt hat, ist nach ungefähr sechs Jahren Ehe entstanden. Abb. 174

Man hat immer die Unmittelbarkeit bewundert, mit der hier eine scheinbar momentane Situation ins Bild umgesetzt wurde: die junge Frau, achtlos einen Pelzmantel umgeworfen, ist offenbar auf dem Weg ins Bad. Ihre Haltung wirkt ungekünstelt und na-

174 Peter Paul Rubens, Das Pelzchen

türlich. Mit der einen Hand hält sie den Pelz an der Schulter fest, mit der anderen an der Hüfte. Dabei blickt sie freundlich-munter unter rotgoldenen Locken aus leicht vorstehenden Augen über die Schulter auf den Betrachter. Der dunkle Hintergrund hebt ihre Nacktheit hervor, der rote Teppich verleiht der Szene einen warmen, intimen Klang, das Weiß des Hemdes und des Haarbandes setzt helle belebende Lichter vor das Dunkel.
Rubens hat dieses lebensgroße Bild für sich allein gemalt, darum vermachte er es im Testament ausdrücklich seiner Frau und deshalb trägt es auch den zärtlichen Namen »Pelzchen«. Und wohl darum hat es auch das ungewöhnlich schmale hohe Format, auf dem nichts anderes Platz hat als eben die Person seiner Frau, von der nichts ablenken soll, da nur sie allein wichtig ist. Aber für

einen Künstler wie Rubens war eben auch ein ganz privates Aktporträt nicht nur ein Aktporträt. Auch in diesem Fall überlegte er, wie er die Idee, die ihm vorschwebte, am besten verwirklichen könnte. Denn die Nacktheit soll hier Nähe und Vertrautheit mit dem Maler, dem Ehemann also, bedeuten, gleichzeitig aber auch eine gewisse Schamhaftigkeit ausdrücken. Enthüllung und Verhüllung sollen in einem dargestellt werden, ein erotisch besonders reizvoller Moment.

Rubens, dem eine Fülle von bereits gefundenen formalen Lösungen aus Antike und Renaissance bekannt war (die er überdies in Skizzen und Zeichnungen aufbewahrte), griff hier auf die Antike zurück, die wie so oft unschlagbar war. Sein »Pelzchen« zeigt sich als Venus Pudica, vorgebildet in der Aphrodite des Praxiteles, die mit der gleichen Bewegung der Arme zeigt und verdeckt. Ähnlich ist ja übrigens auch die Haltung der Venusfigur im »Venusfest«.

Nun sollte aber die klassische Statue auch zum Leben erweckt werden. Dafür schwebte dem Maler ein anderes Vorbild vor, das er möglicherweise auf seiner diplomatischen Reise an den englischen Hof gesehen hat: Tizians Halbfigur eines »Mädchens im Pelz«, heute in unserer Galerie, damals noch im Besitze König Karls I. Das »Mädchen im Pelz« ist – bei ähnlicher Armhaltung – ebenfalls in einen Pelz gehüllt. Beim einen wie beim anderen Bild erzeugt der Gegensatz von Pelz und Haut ein Gefühl von Intimität und sinnlicher Wärme.

Man könnte nun glauben, daß Rubens überhaupt nur bereits Geformtes übernommen hat. Daß das nicht stimmt, beweist etwa der unmittelbare Vergleich der beiden Bilder. Denn das stärkste künstlerische Element im »Pelzchen«, das auch am unmittelbarsten anspricht, ist eine durch Farbe und malerische Faktur erreichte Kraft und Nähe des Diesseitigen, wie sie der Venezianer des 16. Jahrhunderts vermutlich verabscheut hätte. Diese blühende, der Mode entsprechend füllige Person mit den Grübchen in den Knien und den Speckfalten unter dem Arm, ist – durch alle gedanklichen Überhöhungen und Veredelungen hindurch – dennoch das geliebte, sehr irdische blutjunge »Pelzchen«, von den Locken bis zu den Fußspitzen ein Geschenk der von ihm so oft im Bild verherrlichten Götter für seine letzten Jahre.

Wie Rubens damals ungefähr ausgesehen hat, zeigt sein *Selbst-*

175 Peter Paul Rubens, Selbstbildnis

Abb. 175 *bildnis,* das wenig später als das »Pelzchen«, um 1638/1639, entstanden ist. Er zeigt sich in formeller Haltung im vornehmen Kniestück in Mantel, Hut, Handschuhen und Degen, den Kopf über die Schulter dem Beschauer zugedreht. Die Säule am Bildrand erhöht den offiziellen aristokratischen Charakter des Porträts. Rubens gibt sich als »Malerfürst«. Eine vorbereitende Zeichnung (Paris, Louvre) beweist, daß er sich mit der Aufgabe, sich selbst darzustellen, eingehend befaßt hat. Daß dabei wieder venezianische Bilder anregend gewirkt haben mögen, ist bei Rubens' Bevorzugung venezianischer Kunst nicht weiter verwunderlich. Den Blick über die Schulter finden wir dort immer wieder, denn eine solche Kopfdrehung verleiht einem Bildnis größere Lebhaftigkeit, die im Falle des Rubensschen Selbstporträts die offizielle Haltung auflockert. Bei genauerem Hinsehen kommt man allerdings darauf, daß der Maler in der Charakterisierung seiner Person nicht bei Status und Temperament haltgemacht hat. Sein Gesicht zeigt die Ermattung eines ausgefüllten Lebens, in dem alle vorhandenen Fähigkeiten mit äußerstem Fleiß, in rastloser Anstrengung und ohne Selbstmitleid bis zur menschenmöglichen Vervollkommnung getrieben wurden. Aus den Augen blickt noch immer der abschätzende, kalkulierende Beobachter, der auch in seinem letzten Selbstbildnis reflektierend und gleichzeitig selbstbewußt – Idee und Wirklichkeit in einem – der Welt als ein Wahrhaftiger gegenübertreten wollte.

In diesen letzten zehn Lebensjahren des Rubens, zwischen 1630 und 1640, in denen Descartes seinen berühmten »Discours de la Méthode« geschrieben hatte (1637), Galilei vor das Inquisitionsgericht gekommen war (1633), Wallenstein ermordet wurde (1634) und das schwedische Heer im Verlauf des nicht endenwollenden Dreißigjährigen Krieges – zu dessen wenigstens teilweiser Befriedigung auch Rubens beigetragen hatte – bis vor Prag drang, in diesen zehn Jahren war eine junge Generation von Künstlern zur Reife gelangt, die das ohnehin schon ungemein vielfältige Bild der Kunst in Europa noch weiter differenzierte. In Italien war unter dem Mäzenat der Päpste Rom endgültig zum Zentrum der italienischen Kunstlandschaft geworden, alles strömte dort zusammen. Große Architekten wie Bernini und Borromini veränderten das Gesicht der Stadt, und Kirchen und Paläste wurden mit riesigen Deckengemälden, Fresken und Plastiken ausgeschmückt.

Zu diesen Künstlern ersten Ranges gehörte auch der Architekt und Maler *Pietro da Cortona* (1596–1669). Als Architekt besaß er nicht nur das Gefühl für den architektonischen Raum, sondern auch Wissen und Können, die Decke eines großen Saales perspektivisch richtig mit einem illusionistisch-dekorativen Kolossalgemälde auszuschmücken. Sein Hauptwerk ist das Gewölbefresko des Salone im Palazzo Barberini in Rom (1633–1639), eine Allegorie auf den Barberinipapst Urban VIII. und eine Verherrlichung des Hauses Barberini. Es ist das erste hochbarocke Deckengemälde Europas und als solches von richtungweisender Bedeutung. In derselben Periode, in der dieses sein berühmtestes malerisches Werk entstand, malte er auch die *Heimkehr der Hagar* Abb. 176 (zwischen 1637–1642), eine Szene aus der Geschichte Abrahams: Sarah, Abrahams Frau, bekam keine Kinder. So forderte

176 Pietro da Cortona, Die Heimkehr der Hagar

sie ihren Mann auf, mit ihrer Magd Hagar ein Kind zu zeugen. Das machte aber Hagar überheblich und Sarah eifersüchtig, bis schließlich die Magd davonlief. Da erschien ihr ein Engel, der ihr die Geburt Ismaels weissagte und sie bestimmte, wieder zurückzukehren. Das ist die im Bild dargestellte Szene. Abraham steht mit großer Gebärde – gewissermaßen vermittelnd – zwischen den beiden Frauen. Hagar nähert sich unterwürfig, Sarah sieht der Szene im Schatten einer Hütte abwartend zu.
Man kann dem Bild deutlich ablesen, an welchem Vorbild sich Cortona orientiert hat: es ist der Klassizismus des Annibale Carracci, den er an den Fresken der Galleria Farnese in Rom studieren konnte. Auch die lichte Farbigkeit kommt daher. Die schöne Figur der Hagar läßt auch eine Erinnerung an einen anderen großen bolognesischen Maler aufkommen, an Guido Reni näm-

lich. Das Schöne und auch das Ungewöhnliche an dem Bild sind aber nicht die Figuren, die zwar sehr sicher gezeichnet, aber doch etwas oberflächlich-dekorativ aufgefaßt sind – das Schöne ist die lockere Weiträumigkeit des Bildes, die von der luftigen Landschaft, den Bäumen und den Durchblicken dazwischen hervorgerufen wird. Unwillkürlich fühlt man sich an die Deckenfresken Cortonas erinnert, deren Besonderheit ebenfalls darin besteht, daß der reale Raum sich dem Himmel weit öffnet, durch figurale Gruppen aber überlegt gegliedert und dadurch in seiner Weite erst bewußt gemacht wird.

Zur gleichen Zeit, als Cortona seine Triumphe als der erste berühmte Maler des reifen »stile barocco« feierte, arbeitete auch ein anderer Maler in Rom, ein Altersgenosse Cortonas und von manchen als sein Rivale angesehen, obwohl seine Persönlichkeit und seine Kunst völlig anders waren. Es ist das der Franzose *Nicolas Poussin* (1594–1665). Er war als junger Mann, 1624, nach Rom gekommen und blieb dort, nur von einem zweijährigen Aufenthalt in Paris unterbrochen, bis zu seinem Tod. In seiner Heimat hatte er sich an den Werken der Maler von Fontainebleau – italienische Künstler, die die Galerie Franz I. in Fontainebleau ausgemalt hatten – und an den weitverbreiteten Stichen Raffaels gebildet. Da aber das Pariser Kunstleben damals stagnierte, zog es ihn, wie so viele andere Maler, nach Rom. Daß er nach vielen erfolglosen Versuchen schließlich doch hinkam, verdankte er dem berühmten Dichter Marino. In Rom fand er Landsleute wie Jean Valentin (1594–1632) und Simon Vouet (1590–1649) vor, die dem Stil des Caravaggio, der für die Maler des Nordens so anziehend war, folgten. Deutlich zeigt dies etwa die schöne »Judith« von Vouet (um 1625). Als Poussin nach Rom kam, arbeitete er eine Zeitlang im Atelier Vouets. Den größten Eindruck auf Poussin machte aber nicht das Werk Caravaggios, dessen Einfluß um 1630 in Rom ohnehin erlosch, sondern das antike Rom. Schließlich befanden sich in dieser Stadt die meisten und großartigsten Zeugnisse der Antike. Aber nicht nur diese machten die Ewige Stadt zum Zentrum der Kunst, sondern auch die Werke der größten Meister der Renaissance und des 17. Jahrhunderts. So fühlte sich Poussin vor allem zu Domenichino hingezogen, der, im Gefolge der Carracci, wie Reni ein klassisches Ideal in der Kunst anstrebte.

Dieses klassische Ideal hatte es Poussin angetan. Neben dem eigentlichen pathetischen, rhetorischen Barock, der in umfangreichen Deckenfresken in reicher Allegorik den Triumph der Kirche oder einer berühmten Familie verkündete, verfolgte es einen stilleren, meditativen, von antiker Dichtung, Literatur und Historie poetisch geleiteten, nach antiken Kunstwerken ausgerichteten Weg. Es war der Weg des gebildeten, überlegenden, jeder leeren Theatralik abgeneigten, von tiefem moralischen Ernst geleiteten Poussin.

Abb. 177 Das Thema unseres Bildes ist die *Einnahme von Jerusalem durch Titus* nach dem »Bellum Judaicum« von Josephus Flavius. Das Bild hatte Kardinal Francesco Barberini, Gönner Poussins und Cortonas, 1638 in Auftrag gegeben und Fürst Eggenberg, dem kaiserlichen Gesandten am Heiligen Stuhl, den Papst Urban VIII. besetzte, überlassen; wahrscheinlich war es als Geschenk für den Kaiser gedacht.

Was bei Betrachtung des Bildes als erstes auffällt, ist die strenge Organisation aller Bildteile. Sie nimmt ihren Anfang bei den Säulen des Tempels von Jerusalem. In unnachgiebiger Regelmäßigkeit und Strenge beherrschen sie skandierend die linke größere Bildhälfte und setzen sich weniger deutlich in der rechten Bildhälfte im Hintergrund als Kolonnade eines Gebäudes fort. In und knapp vor dem architektonischen Hintergrund rollt in wildem Tumult die Plünderung des Tempels durch die römischen Sieger ab und die gewaltsame Gefangennahme der Juden. Im Vordergrund ist das Gewicht anders verteilt. Von rechts – in der kleineren Bildhälfte – reitet Titus auf einem prachtvollen, sich bäumenden Schimmel in die Szene. Er schaut wie ein Reiterstandbild aus, und tatsächlich ist sein Vorbild ja auch die »Gloria Romanorum«, wie sie Poussin wohl von römischen Münzen her kannte. Begleitet wird Titus von zwei Fußsoldaten im Gleichschritt und weiteren Berittenen sowie Trägern von Standarten und Feldzeichen. Sie alle heben mit großer Geste, als wollten sie ihm danken, den Blick zum Himmel. Dieser Gruppe steht eine andere auf der linken Bildseite gegenüber: ein Soldat mit zwei Gefangenen. Zwischen beiden Gruppen führt eine Gasse diagonal bildeinwärts. In dieser liegen die Opfer gebreitet. Ein nackter geköpfter Mann, der wie eine gestürzte, zerbrochene Statue aussieht, davor zwei Köpfe, ordentlich auf ein weißes Tuch gebreitet, und

177 Nicolas Poussin, Die Einnahme von Jerusalem durch Titus

ganz vorne, in meisterhafter Verkürzung, ein Toter, die Hände auf den Rücken gebunden. Der Boden ist mit Steinplatten gepflastert und damit ebenfalls einem Ordnungsprinzip unterworfen. Weder das hitzige Getümmel und Gemetzel noch das allenthalben aufflackernde Feuer und die aufsteigenden Rauchschwaden können die Ordnung des Bildes beeinträchtigen. Alles ist genau und überlegt und übersichtlich, jede einzelne Figur in jeder Bewegung in allen ihren Teilen nachvollziehbar. Und überdies geht von der beherrschenden Gestalt des weißen Reiters etwas wie eine Friedensverheißung aus.

In der Farbwahl scheint das Bild aufs erste einfach: in seinen Rottönen, in der braunen Haut der Kämpfenden, die sich bei den Toten grünlich verfärbt, dazwischen hin und wieder ein Moosgrün, das Grau der steinernen Fassaden. Diese einfache Farbgebung wird jedoch durch die Subtilität der malerischen Faktur und die Präzision der Zeichnung ungemein belebt. Der Maler zeichnet mit dem Pinsel, der Strich ist dünn, trocken und von

178 Ludovico Cigoli, Die Beweinung Christi

äußerster Sicherheit. Man hat Poussin vorgeworfen, er komponiere seine Bilder wie Reliefs, alles spiele sich auf einer flachen, unräumlichen Vordergrundsbühne ab. In einem reifen Werk wie der »Einnahme von Jerusalem« zeigte er jedoch, daß er sehr wohl mit vielen Figuren räumlich komponieren konnte. Dennoch kommen einem auch vor diesem Bild die Reliefs römischer Sarkophage in den Sinn. Oder noch eher: die mit ebenso trockenem Pinsel gemalten und so steinern und »antik« wirkenden Bilder Mantegnas. Auch er war ein glühender Bewunderer der Antike, freilich um mehr als eineinhalb Jahrhunderte früher.
Während, wie erwähnt, Rom in jenen Jahrzehnten die Metropole der Kunst war, besaß das im 16. Jahrhundert führende Florenz nun zwar immer noch Talente, von denen aber keines wirklich

179 Francesco Furini, Maria Magdalena

wegweisend wurde. Zu Anfang des Jahrhunderts hatte *Ludovico Cigoli* versucht, den in Florenz fest verwurzelten Manierismus zu brechen. Nicht unähnlich den (freilich viel begabteren) Bolognesen griff er dabei wieder auf die Hochrenaissance als reine Quelle zurück, und da im besonderen auf Correggio. Die Orientierung an diesem Meister sieht man der zweiten Generation florentinischer Maler – so etwa *Francesco Furini* (1603–1646) – immer noch an. Auf dieser Grundlage entwickelte er einen eigenen Stil, der sich freilich im wesentlichen immer an ein- und derselben Thematik versuchte – am weiblichen Akt. Immerhin erreichte er darin eine eigene Meisterschaft. Seine Nymphen, Magdalenen oder was sonst den Titel hergeben mußte, sind, wie etwa die *Reuige Magdalena* (gegen 1640), immer in ein bläulich-graues Sfumato ge-

Abb. 178
Abb. 179

taucht, das die Oberfläche des Körpers glatt und kalt erscheinen läßt. Der dunkle Hintergrund, die tiefen Schatten und Halbschatten machen die Blässe der Haut noch auffallender. Zu dieser eher etwas artifiziellen, den erotischen Aspekt aber ohne Zweifel wirksam betonenden Manier gesellt sich als Gegensatz ein echter Realismus. Die Art, wie Magdalena den Kopf auf die Hand stützt, wie ihr die Tränen die Wangen herunterrollen, wirkt ungekünstelt. Ohne die Salbbüchse, die sie als Magdalena kennzeichnet, und ohne die hebräische Inschrift in der linken unteren Ecke – »Selig sind die Trauernden, denn sie werden getröstet werden« – würde man sie für das Bild eines Mädchens aus dem Volk halten, das ihrem Liebhaber nachtrauert. Und so etwas ähnliches wird ja wohl auch dahinterstecken. Denn weder Inschrift noch Bildtitel – um die Sache nun umzukehren – können verhehlen, daß es dem Maler eben auf das halbnackte Mädchen ankam und daß er wohl kaum erwartete, daß der Betrachter durch die Trauer, die Reue und die Inschrift zu andächtigen Gedanken angeregt würde. Auf seine begrenzte Art beweist dieses Bild dennoch ein meisterliches Können und soll deshalb ebenso wie die Malerei des etwas jüngeren Florentiners Carlo Dolci (1616–1686) als einer der zahllosen Aspekte, die die Maler Italiens im 17. Jahrhundert anbieten konnten, nicht unerwähnt bleiben.

Wie schon gesagt, das hochbarocke Rom war allmählich aus dem Einflußbereich der Kunst Caravaggios geraten. Das galt nicht für andere Länder und Städte. So konnte sich Neapel bis ins 18. Jahrhundert dem großen Eindruck des Malers nicht entziehen, der sich auch auf Zuwanderer ausdehnte, wie etwa auf den Spanier *Jusepe de Ribera,* genannt Lo Spagnoletto, aus Valencia (1591 bis 1652). Neapel stand unter spanischem Regime, und so lag es nahe, daß sich Ribera, übrigens als Hofmaler des Vizekönigs, dort niederließ, wo bekanntlich Caracciolo Caravaggios Gedanken weiterdachte. Außerdem fühlte sich der spanische Künstler wohl von vorneherein von dieser spezifischen Art caravaggesker Malerei angetan. Er selbst kam aus einer Kunstübung, die nur das Porträt und die religiöse oder biblische Thematik kannte. Die weniger ernste antike Mythologie war nicht bildwürdig. Und selbst das Stilleben, das »Bodegon«, inspiriert von der niederländischen Malerei, hatte immer tiefere Bedeutung. Die ernste, fast düstere Religiosität spanischer Bilder, die oft ins Mystische überging, verband

180 Jusepe de Ribera, Der junge Jesus unter den Schriftgelehrten

sich gern – obwohl dies fast wie ein Widerspruch erscheinen mag – mit grausamstem Realismus. Gerade Ribera liefert in seinen großen religiösen Bildern ein gutes Beispiel dafür. Dazu kam, daß die spanische Malerei mit wenigen Ausnahmen eine merkwürdige Geringschätzung der Komposition im Sinn von Ausgewogenheit und Harmonie aller Teile zeigte. Für solche Voraussetzungen nun mag die Kunst Caravaggios verwandt erschienen sein und weitere Anregungen geliefert haben.

Der junge Jesus unter den Schriftgelehrten – ein frühes, noch vor 1630 entstandenes Bild Riberas – läßt alle Neigungen des Malers erkennen. Es ist eine Halbfiguren-Komposition, wie wir sie schon von Caracciolo oder von Bildern aus der Nachfolge des Caravaggio kennen (siehe etwa »Kreuztragung« und »Dornenkrönung Christi«). Die handelnden Personen werden dadurch dem Betrachter viel näher gerückt, als es bei einem ganzfigurigen Bild der Fall ist, sie sprechen ihn daher unmittelbarer an. Die eng gestaffelte Gruppe der Schriftgelehrten, von denen der vorderste Abb. 180

181 Jusepe de Ribera, Die Kreuztragung Christi

über den Talmud gebeugt nachliest, wird gegen den jungen Jesus und seine Worte durch den Mantel, den der Alte mit Leseglas über den Kopf zieht, gleichsam abgeschirmt. Dieser Gruppe gegenüber sitzt der jugendliche Jesus und legt beredt mit erhobener Lehrhand die Schrift in seinem Sinn aus. Hinter ihm erscheinen im Dämmerlicht seine Eltern Maria und Joseph. Der schwarze Hintergrund ohne räumliche Angabe hebt die Hauptfigur, Jesus, eindrucksvoll hervor. Sein Gesicht ist noch dazu fast weiß, das reine Profil mit der runden Kinderstirn unter den rotgoldenen Locken hebt sich wie ausgeschnitten von der dunklen Folie ab. Im glühendroten Kleid steht er in all seiner Jugendlichkeit einsam und isoliert den eifernden alten Männern gegenüber. Auffallend ist, wie die Haltung der Arme Christi in großer S-Bewegung auf der Seite der Schriftgelehrten im Gegensinn ähnlich wieder vorkommt, wodurch die beiden Bildhälften noch mehr auseinandergeschoben werden. Der Sinn der Darstellung aber – die Gegnerschaft zwischen beiden Teilen – wird gerade dadurch unterstrichen.

Ganz auf den inneren Ausdruck ist auch die später (um 1630) entstandene *Kreuztragung Christi* gerichtet. Wieder ist es eine einfache, bildparallele, in vorderster Ebene abrollende, gedrängte Halbfigurenkomposition. Der aschfahle, nunmehr gealterte Christus mit der tief in die Stirn gedrückten Dornenkrone, schleppt sich unter dem Kreuz, hinter wehender Fahne mit der Inschrift S.P.Q.R. und einem Fanfarenbläser nach Golgatha. Üblicherweise kündigen Fanfarentöne Siege an, Hinrichtungen werden nicht auf solche Weise eingeleitet. Oder soll die schmetternde Fanfare bedeuten, daß der düstere Todeszug in Wahrheit den menschenerlösenden Sieg Christi über die Dunkelheit, den Sieg der Kirche überhaupt einleitet? Abb. 181

Noch ein anderes Land fand in der Kunst Caravaggios Elemente, die es ansprach. Das war Holland.

Es ist an der Zeit, dieses Land, das in der europäischen Kunst des 17. Jahrhunderts eine so ungewöhnliche Stellung einnimmt, in unsere Betrachtungen einzuführen. Für diese Stellung ist vor allem die besondere politische Entwicklung Hollands verantwortlich. Erinnern wir uns in einem kurzen Rückblick, daß Kaiser Maximilian I. die Tochter des letzten burgundischen Herzogs Karl des Kühnen, Maria, geheiratet hatte, wodurch die burgundischen Niederlande an die Habsburger gefallen waren und daß Kaiser Karl V., Enkel Maximilians, dieses Land 1551 der spanischen Linie des Hauses übertragen hatte. Reformation und Glaubensspaltung gingen in den Niederlanden Hand in Hand mit der Auflehnung des Landes gegen die katholisch-spanische Herrschaft, welche die von alters her verbrieften Rechte des Landes zu wenig beachtete. Die Glaubens- und Freiheitskämpfe dauerten von 1568 bis 1648 und führten 1579 in der »Union von Utrecht« zu einer Spaltung des Landes in die spanisch und katholisch verbleibende südliche Hälfte und in die protestantisch-nördliche Hälfte des Landes. Die sieben Provinzen der nördlichen Hälfte wurden – nach der größten – unter dem Namen Holland zusammengefaßt. Für die Entwicklung der Malerei ist aber schon der 1609 mit Spanien abgeschlossene zwölfjährige Waffenstillstand von eminenter Bedeutung. Eine völlig eigenständige holländische Malerei, die mit der übrigen Malerei des 17. Jahrhunderts nicht zu verwechseln ist, nahm nach Abschluß des Waffenstillstands ihren Anfang. Denn nun erst konnte sich eine in ihrem Selbstbewußtsein bestätigte Bürgerschaft dem Aufbau des Landes widmen, das durch seine günstige Lage am Meer vor allem den Handel begünstigte. Der reformierte Glaube calvinischen Bekenntnisses, der Erfolg und Gnade in ursächlichen Zusammenhang bringt, bedeutete überdies eine ernste Aufforderung, sich mit Nachdruck den Geschäften dieser Welt zu widmen.

Nun hatte innerhalb Hollands die Provinz Utrecht immer eine eigene Stellung gehabt. Seit dem Mittelalter war die Stadt Utrecht das katholische Zentrum der nördlichen Niederlande gewesen. Und sogar während der Glaubensstreitigkeiten des 17. Jahrhunderts, als die Nordniederländer sich für den Protestantismus entschieden und der Katholizismus unterdrückt wurde, verlor diese Stadt ihren katholischen Charakter nicht. Das erklärt, weshalb gerade aus Utrecht so viele Maler nach Rom zogen und sich dort vor allem an den Werken Caravaggios (er selbst war schon 1610 gestorben) bildeten. Die drei bekanntesten waren Hendrik Terbrugghen (1588–1629), Gerrit van Honthorst (1590–1656) und Dirk van Baburen (1590/1595–1640). Vor ihrem römischen Aufenthalt waren sie Schüler Bloemaerts gewesen (siehe dort), dieses von Spranger abhängigen manieristischen Malers, der erst spät zu einem ruhigeren Stil gefunden hatte.

Was nun diese holländischen Caravaggisten in Rom lernten und wie sie es umsetzten, zeigt sehr eindrucksvoll *Hendrik Terbrugghens Lautenspielerin* (1624/1626). Über ihre Laute gebeugt, lehnt sie an einem Tisch und scheint gerade ihr Instrument zu stimmen, das Notenheft mit kunstvoll, fast gotisch geschwungenen Blättern geöffnet vor sich. Der Kopf ist über die Schulter dem Betrachter zugedreht, der Mund steht halb offen, ihre Augen haben einen leicht nach innen gekehrten Ausdruck, gleich einem Nachhorchen, ob der angeschlagene Ton wohl auch richtig sei. Hart und grell fällt das Licht von links ein und läßt Schulter und Gesicht aufleuchten, während der Hintergrund dunkel und ohne Tiefe bleibt. Das Bild ist sicher und großzügig gemalt, in einem silbriggrauen Gesamtton, zu dem die kühlen blauen und lichtbraunen Farben des großzügig geschlungenen Turbans und des schwungvollen Ärmels sehr geschmackvoll passen.

Abb. 182

An Caravaggios Bildern hat den Maler vor allem der Hell-Dunkel-Effekt interessiert, er läßt die Szene weitaus lebendiger erscheinen, als es bei einer gleichmäßigen Beleuchtung möglich

182 Hendrik Terbrugghen, Lautenspielerin

wäre. Ein solcher Effekt ist gerade bei einer Genreszene, die ja »natürlich« wirken und oft ein Augenblicksbild geben soll, sehr erwünscht. Derselbe Effekt hebt übrigens die Dramatik eines Bildes mit ernstem, also etwa religiösem Inhalt. Daß es Terbrugghen auf das Spontane der gezeigten Situation ankam, erkennt man auch daran, wie genau er die Tätigkeit des Stimmens als eines kurzen Intervalls innerhalb des eigentlichen Musizierens wiedergab. Auch die betonte Diagonalbewegung, die von Frau und Laute in einer gemeinsamen Neigung angegeben wird, unterstreicht das Momentane, Kurzzeitige der dargestellten Handlung.
Man sollte es sich übrigens nicht entgehen lassen, die »Lautenspielerin« mit dem nicht viel später entstandenen »Lautenspieler« von Bernardo Strozzi zu vergleichen. Die grundverschiedene Auffassung ein und desselben Themas macht die Andersartigkeit der

Kunstlandschaften, aber auch die Vielfältigkeit und Differenziertheit der Möglichkeiten der Kunst des 17. Jahrhunderts auf einen Blick augenfällig.

So sehr der Caravaggismus innerhalb Hollands zeitlich und örtlich eine beschränkte Erscheinung war, so blieb er dennoch, oft nicht sofort erkennbar, auf die übrige Malerei des Landes nicht ohne Auswirkung. Wir werden sie nicht nur bei den Delfter Malern – vor allem bei Vermeer – finden, sondern seine Spuren auch in den anderen Malerzentren und bei verschiedenster Thematik feststellen.

Es war die Rede von der Spontaneität der Bildauffassung des Terbrugghen. Gerade diese kennzeichnet auch den ersten der großen holländischen Maler, *Frans Hals* (1581/1585–1666). Er stammte aus Antwerpen, das seine Eltern aber aus Glaubensgründen verlassen hatten, um sich in Haarlem niederzulassen. Von seiner Jugend weiß man kaum etwas, außer daß er bei Van Mander, dem ebenfalls nach Holland ausgewanderten Maler und Künstlerbiographen, in die Lehre gegangen war, ohne im übrigen großen Profit davon zu tragen. Die ersten bekannten Arbeiten des Malers stammen von 1610. Bald kristallisierte sich seine Begabung als die eines Bildnismalers heraus. Hier mangelte es unter der reichen Bürgerschaft auch nicht an Aufträgen. Berühmt wurden vor allem seine Gruppenporträts (heute im Frans-Hals-Museum, Haarlem), in denen er die Mitglieder der sogenannten Schützengilden porträtierte, Kompanien der wehrhaften Bürgermiliz bei ihren Zusammenkünften. Außer van Dyck gab es keinen anderen Porträtmaler, der sein Modell mit solcher Leichtigkeit und Schnelligkeit im Bild erfaßte.

Das Bildnis eines Herrn von 1634 etwa, durch das Wappen als
Abb. 183 das eines *Tieleman Roosterman* ausgewiesen, stammt aus der reifen Periode des Malers. Die in den zwanziger Jahren noch bunte Farbpalette hat sich in den dreißiger Jahren (wie übrigens in der gesamten holländischen Malerei) zu einem silbriggrauen monochromatischen Gesamtton vereinfacht, in dem es kaum andere Farben als Schwarz und Weiß – mit freilich sehr subtilen Zwischentönen und als Gegensatz dazu den warmen Ton der Haut, der Handschuhe und anderem – gab. Der Porträtierte, die Rechte mit dem Hut in die Hüfte gestützt, blickt aus der Höhe, die der große, bis zum Knie reichende Bildausschnitt ermöglicht, selbst-

183 Frans Hals, Bildnis des Tieleman Roosterman

bewußt und fast ein bißchen herausfordernd auf den Betrachter herunter. Auf den grauen, indistinkten Hintergrund fällt ein leichter Schatten.

Das Überraschende und Unerhörte an diesem Porträt – und auch an allen anderen Hals-Bildnissen – ist die Maltechnik. Mit schnellen, parallelen oder sich kreuzenden, breiten, schmalen und schraffierenden Pinselstrichen, die ungeniert als solche sichtbar bleiben, wird die Oberfläche gestaltet. Diese großzügige, schwungvolle Art des Malens hat etwas Skizzenhaftes und Unfertiges an sich, das sich erst aus einiger Entfernung gesehen zum Ganzen schließt, dem Bild aber eine spontane Unmittelbarkeit verleiht, die aus den Porträts gewissermaßen Genrebilder macht. Natürlich bedeutet dies gleichzeitig das Gegenteil vornehmer Distanziertheit.

Die unbekümmert hingebauten Personen sind ja auch keine Aristokraten, deren Stand reservierte Distanz verlangt. Sie wollen es auch gar nicht sein, sie sind vielmehr erfolgreiche Kaufleute und Unternehmer, die auf sich aufmerksam zu machen wünschen, weil sie die Spanier los sind, weil sie Geld und Einfluß haben und weil sie sich von niemandem etwas sagen lassen. Unterstrichen wird diese Haltung auch durch die Beleuchtung: ein helles lichtes Tageslicht, gleichsam das Licht des tätigen Morgens, nicht das warme Nachmittagslicht, das wir von der flämischen Malerei her kennen. Es ist ein Licht, das nichts verhüllt.

Interessant ist ein Vergleich mit dem im selben Jahrzehnt entstandenen »Selbstbildnis« des Rubens. Wie vornehm und zurückhaltend läßt im Vergleich dazu allein die vertreibende, in Lasuren modellierende Malweise Bild und Modell erscheinen. Bezeichnend ist übrigens, daß sogar der recht bescheidene Hof des Statthalters im Haag nicht Hals beschäftigte, sondern südniederländische Maler oder den konventionellen Utrechter Honthorst. Die Bilder Hals' waren zu wenig distinguiert. Man konnte damals nicht ahnen, welchen Eindruck seine Malweise auf die Impressionisten des 19. Jahrhunderts machen würde, in deren Augen das Handwerkliche, die malerische Faktur das Primäre waren, woraus ja auch der l'art-pour-l'art-Gedanke entstehen konnte. So hielt etwa Liebermann Hals deshalb für den phantasievollsten Maler aller Zeiten, weil er seiner Meinung nach die den malerischen Mitteln am meisten adäquate Auffassung der Natur hatte. Richtig ist, daß kein anderer Porträtist dieser Zeit fähig war, einen Menschen so treffend und schnell zu charakterisieren wie Frans Hals. Freilich hätte er dies kaum ohne ein bestimmtes, in Holland einheimisches Publikum vermocht, das zu seiner Zeit gerade auf diese Weise am besten charakterisiert werden konnte und auch wollte.

An dieser Stelle muß nun ein Maler vorgeführt werden, der ebenfalls durch seine Porträtmalerei unsterbliche Berühmtheit erlangt hat; *Anton van Dyck* (1599–1641). Wie Hals war er in Antwerpen geboren, seiner Heimat aber immer verbunden und damit katholisch geblieben. Er war frühreif, fast ein Wunderkind und schon mit zehn Jahren im Atelier des Hendrik van Balen (siehe dessen »Raub der Europa«) tätig. Als Achtzehnjähriger war er bereits Assistent des Rubens. (Das früheste seiner wenigen Selbstporträts besitzt übrigens die Galerie der Akademie der Bildenden Künste

184 Anton van Dyck, Bildnis eines Feldherrn

in Wien.) Von unruhiger Gemütsart und wohl auch von Bedeutung und Ansehen der Persönlichkeit des Rubens niedergedrückt, verließ er Antwerpen und absolvierte einen mehrjährigen Aufenthalt in Italien (1621–1627), wo er, wie vor ihm Rubens, nachhaltigen Eindruck in Genua hinterließ. Nach einem Zwischenaufenthalt in Antwerpen ließ er sich schließlich in London nieder (1632–1640). König Karl I. schlug ihn – wie früher schon Rubens – zum Ritter.

Das schöne *Bildnis eines Feldherrn* stammt noch aus der italienischen Zeit (um 1624). Die Herkunft des Stils von Rubens ist nicht zu übersehen, ebenso stark aber ist zu erkennen, welchen Eindruck die italienische – vor allem die venezianische – Malerei auf ihn gemacht hat. Die Kopfwendung, die schönen rotgoldenen koloristi- Abb. 184

185 Anton van Dyck, Samson und Dalila

schen Effekte, die Weichheit des malerischen Vortrags zeigen die Bewunderung, die van Dyck für Tizian empfand und wie sehr ihm dessen vornehme idealisierende Auffassung der Wirklichkeit zusagte.

Vergleicht man dieses Werk mit dem Idealporträt, das Rubens um 1618 (also etwas früher) von »Karl dem Kühnen« gemalt hat und das sich wegen des ähnlichen Sujets gut zur Gegenüberstellung anbietet, so erfaßt man mit einem Blick den Unterschied im Temperament, der Rubens und van Dyck trennt: der »Junge Feldherr« ist im Vergleich zur robusten Kraft des »Karl des Kühnen« ein verfeinerter, sentimentaler, romantischer Jüngling, der den schweren Harnisch nur angelegt hat, um darin porträtiert zu werden. Man sieht allerdings auch schon hier, was die malerische Stärke von van Dyck sein wird.

Van Dyck war nicht nur Porträtist, was seine figuralen Kompo-
Abb. 185 sitionen, so etwa *Samson und Dalila,* nach seiner Rückkehr aus Italien zwischen 1628 und 1630 in Antwerpen entstanden, zeigen. Wieder ist der Einfluß Rubens' in der Farbigkeit, in den Menschentypen und in der Komposition (wofür es eine Zeichnung von ihm gibt) unübersehbar, der aber auch hier durch venezianische Reminiszenzen, vor allem an Veronese, verfeinert wird. Erzählt

wird aus dem »Buch der Richter« die Geschichte von Samson, dem Helden Israels, dem starken Sohn Manoahs. Sein Leben war Gott geweiht und deshalb durfte er sein Haar nicht schneiden. In diesem Haar aber lag seine übermenschliche Stärke. Nach der Weissagung war er dazu bestimmt, die Feinde Israels, die Philister, zu vernichten. Durch die List Dalilas, der er den Grund seiner Stärke verraten hatte, wurden ihm im Schlaf die sieben Locken seines Hauptes abgeschnitten, so daß er von den Philistern gefangengenommen werden konnte. Diese Szene ist im Bild festgehalten. Voll Vorwurf und Trauer blickt der geschwächte Samson, dessen Locken am Boden liegen, auf die schöne Verräterin, von der er sich geliebt glaubte, während sich die Schergen wie Hunde auf ihn stürzen. Trotz der gewaltsamen Szene sind die Bewegungen fließend und elegant, der malerische Vortrag und die Farbigkeit, die zwischen Rot und Gelb und Grün und Blautönen einen kühlen Akkord anschlägt, von großer Subtilität und Flüssigkeit.

Zu seinem eigenen Stil findet van Dyck aber erst in Bildern wie in der *Mystischen Verlobung des seligen Hermann Joseph mit Maria.* Abb. 186 Sie ist 1630 gemalt und war – wie auch die »Madonna mit der hl. Rosalie« – für die Bruderschaft der Ungetrauten in Antwerpen bestimmt, der der Maler als Junggeselle angehörte.

Die Legende erzählt, daß ein Mönch namens Hermann wegen seiner ungewöhnlichen Verehrung der Hl. Jungfrau in Anspielung auf ihren irdischen Gemahl von seinen Mitbrüdern Joseph genannt wurde. Einmal spät des Nachts erschienen ihm zwei Engel und leiteten ihn zur mystischen Hochzeit mit Maria. Dabei verliehen sie ihm den Namen Joseph. Das ist die wiedergegebene Szene. Aus dem unbestimmten Raum tritt Maria, sehr jung und sehr ernst mit niedergeschlagenen Augen vor den in die Knie Gesunkenen. Ganz zart und leise berührt sie seine Hand, die der Engel stützt. Es gibt wohl kaum ein anderes Bild, in dem Verehrung in so sensitiver Weise wiedergegeben ist. Die fließende Bewegung, die vom Arm der Jungfrau bis in die Fingerspitzen führt, wird aufgefangen von der entgegengehaltenen Hand des Heiligen, zu der sich als dritte noch die Hand des Engels fügt, der gleichsam die Hochzeit vollzieht. Die Farben sind leicht und gebrochen, Rosa und Blau und ein warmes Gelb und Ocker, wie verschleiert von einem leichten Dunst, aus dem sich die Vision entwickelt. Der frommen, dem Mystischen zugeneigten Heiligen-

186 Anton van Dyck, Die mystische Verlobung des seligen Hermann Joseph mit Maria

devotion, die in der Religiosität der Gegenreformation eine große Rolle spielte, war dieses Gemälde besonders angemessen.

Vom Beginn seines englischen Aufenthalts (1532–1540) stammen drei Porträts, die van Dycks Meisterschaft auf dem Gebiet der Bildnismalerei beweisen. Es sind die beiden ganzfigurigen Por-
Abb. 187 träts der beiden jungen Prinzen *Ruprecht* und *Karl Ludwig von*
Abb. 188 *der Pfalz,* Söhne des Winterkönigs Friedrich V., die als Folge der für ihren Vater unglücklich verlaufenen Schlacht am »Weißen Berg« zu ihrem Onkel König Karl I. nach England ins Exil gin-
Abb. 189 gen. Und es ist das *Porträt des Nicholas Lanier* (1588–1665), des Hofmusikmeisters König Karls I. von England, einem Liebhaber der Künste, der sich auch als Kupferstecher einen Namen machte und beauftragt war, für den Hof Gemälde anzukaufen.

187 Anton van Dyck,
Prinz Ruprecht von der Pfalz

188 Anton van Dyck,
Prinz Karl Ludwig von der Pfalz

Die beiden Prinzen stehen vor einem grünen Vorhang, hinter dem sich eine sanfte Landschaft mit hohem Himmel auftut. Die selbstverständliche Lässigkeit im Stehen läßt die lange, bis ins 16. Jahrhundert reichende Reihe von Vorbildern vergessen, die hinter diesen so einfach wirkenden Bildnissen steht: zunächst waren es wohl spanische Fürstenporträts, die dazu Pate standen. Die große Natürlichkeit der Haltung freilich finden wir dort nicht, wohl aber bei den wenigen ganzfigurigen Männerbildnissen von Moretto und Moroni, genau hundert Jahre früher. Van Dyck fertigte auf seinen Reisen Skizzen von Bildern an: so ist Tizians »Bravo« in seinem italienischen Skizzenbuch enthalten; er könnte aber ebensogut auch ein Porträt Moronis oder Morettos skizziert haben, auch wenn man heute nichts mehr davon weiß.

189 Anton van Dyck, Nicholas Lanier

Nicholas Lanier in der Attitüde des vornehmen Hofmanns lehnt an einem ruinenartigen Gebäude mit Ausblick auf eine Abendlandschaft. Die Komposition ist sehr überlegt: die Arme in rotweiß-seidenen Ärmeln sind um den schwarzen, über die Schulter geworfenen Mantel herum derart abgewinkelt, daß daraus die Figur eines auf die Spitze gestellten Rhombus entsteht, wobei Kopf und Hand auf der Mittelachse des Bildes liegen. Diese Figuration verleiht dem Porträt höchste Eleganz und Leichtigkeit, wozu die Kultiviertheit des malerischen Vortrags ihren Teil beiträgt. Es ist verständlich, daß der englische Adel den Maler favorisierte und in der nur van Dyck eigenen Form, die zum Understatement neigt, der Nachwelt überliefert werden wollte. Den nachhaltigen Eindruck, den seine Porträtkunst hinterließ, kann man aber nur daran ermessen, wenn man sich klar macht, daß die durch Eleganz, Grazie und Natürlichkeit berühmte englische Porträtmalerei des späteren 17., 18. und 19. Jahrhunderts ohne sein Vorbild überhaupt nicht denkbar wäre. Auch wurde van Dycks weniger barocker, eher einem Klassizismus zuneigender Stil für die südniederländische Malerei der nächsten Generationen vorbildlich.

An dieser Stelle wäre nun der dritte große Brabanter Maler zu nennen, der wenig ältere Zeitgenosse van Dycks, *Jakob Jordaens* (1593–1678). In ihrer Jugend hatten beide engen Kontakt zueinander, obwohl das Temperament und die weitere Entwicklung Jordaens' Stil sehr von van Dyck unterscheiden. Da sich aber aus dem Jahrzehnt zwischen 1630 und 1640, das wir eben auf seine malerische Ergiebigkeit hin untersuchen wollen, kein repräsentatives Werk Jordaens in unserer Galerie findet, soll das wesentlich später entstandene »Bohnenfest« (um 1656) auch erst später in geeignetem Zusammenhang gebracht werden.

Was hingegen jetzt mehr interessiert, ist die weitere Entwicklung der holländischen Malerei, die mit der außerordentlichen Erscheinung des Frans Hals ihren ersten Auftritt in der Kunst des 17. Jahrhunderts hinter sich gebracht hatte.

Die nächste, etwas jüngere, aber noch weit spektakulärere Erscheinung war *Rembrandt Harmensz van Rijn*, Sohn eines wohlhabenden Müllers aus Leiden (1606–1669). Er lernte bei Peter Lastman, der – wie etliche andere holländische Maler, so etwa Moses van Uytenbrook und Leonard Bramer – ein Schüler des genialen, jung verstorbenen Deutsch-Römers Elsheimer war. Die ganz frühen Werke des Rembrandt haben daher – wenn man sie mit Bildern unserer Galerie belegen will, in der Malweise, wenn auch nicht in der Farbstellung – eine entfernte Ähnlichkeit mit Moses van Uytenbrooks Werken. Aber schon in seiner ersten Amsterdamer Zeit in den dreißiger Jahren wird offenkundig, in welche Richtung Rembrandts künstlerische Phantasie weist. Wir
können es an den beiden *Porträts eines bürgerlichen Ehepaares* Abb. 190
exemplifizieren, die aus dem Jahre 1633 stammen. Rembrandt Abb. 191
war übrigens keineswegs primär Porträtmaler. Sein Hauptinteresse galt der Historie und da vor allem der biblischen Thematik. Da es aber kein Sujet gab, das ihn nicht beschäftigte, umfaßt sein Riesenœuvre auch eine Unzahl verschiedenartigster Porträts, nicht

190 Rembrandt, Männliches Bildnis

gerechnet die fast hundert Selbstporträts aus allen Perioden seines Lebens.

Diese beiden Porträts nun – fast genau zur gleichen Zeit entstanden wie das »Bildnis des Roosterman« von Frans Hals, das eine in Haarlem, die anderen in Amsterdam – sind von diesem dennoch ganz verschieden. Zwar spricht uns auch Rembrandts Mann sehr lebhaft an, wie die Handbewegung zeigt (als wäre er im Gespräch mit dem Betrachter), und auch sein Blick ist ohne Umschweife direkt auf uns gerichtet. Bekanntlich folgte in der holländischen Malerei auf die bunten zwanziger Jahre ein Geschmack, der in der Mode schwarze Kleidung bevorzugte und in der Malerei dementsprechend der vielfarbigen Palette die reiche Nuancierung eines einzigen Farbtons vorzog. Der grau-monochrome

191 Rembrandt, Weibliches Bildnis

Gesamtton ist bei Rembrandt dennoch anders als bei Hals. Der Hintergrund geht allmählich vom Dunkel ins Helle über, wobei der dunkelste Teil des Gewandes vor der Helle steht und das helle Gesicht vor der dunklen Hintergrundspartie. Ebenso wirft die helle, erhobene Hand einen Schatten auf die aufgestützte. Durch diese sorgfältig überlegten Licht-Schatten-Kontraste wird Räumlichkeit erzeugt und überdies eine gewisse Spannung und Bewegtheit. Zur gleichen Zeit malte Rembrandt seine berühmte »Anatomie des Dr. Tulp« (Haag, Mauritshuis). Ihr Aufbau erinnert an Werke des Rubens und daran, daß dieser auch in Holland genauso berühmt war wie anderswo und daß seine Werke natürlich durch zahlreiche Stiche bekannt waren.
Die malerische Faktur, der Pinselstrich der beiden Porträts sind

noch immer den Frühwerken ähnlich: fein, trocken und sorgfältig, aber sehr nuancenreich. An manchen, eher unbedeutenden Stellen, die leicht schematisch werden, wie etwa an Halskrause und Spitzen, werden einem Rembrandts noch unterdrücktes, zurückgehaltenes malerisches Temperament und die außerordentliche Formstärke bewußt, deren Ausmaß und Fähigkeit zur Weiterentfaltung sich hier bereits ankündigen. Im Vergleich zu der flotten schnellen Art, in der Hals sein Gegenüber erfaßte, wirken Rembrandts Porträts solid, profund und um künstlerische Ehrlichkeit bemüht.

Zu Ende des Jahrzehnts, dem glücklichsten in Rembrandts Leben, Abb. 192 entstand das *Bild seiner Mutter,* 1639. Es war das letzte in einer Reihe von Bildnissen der Cornelia Willemsdochter van Zuytbroek, Tochter eines Bäckers, denn 1640 starb sie. Von ihren sieben Kindern war Rembrandt das zweitjüngste.

Das Porträt war übrigens im Originalzustand viereckig und wurde erst im 18. Jahrhundert zum Oval beschnitten. Diese Formgebung verleiht dem Bild einen dekorativen Charakter, den man sich immer wieder wegzudenken bemühen muß, da er das Konzept verfälscht.

In der Farbgebung ist auch dieses Bild monochrom, das Grau wird jedoch von Brauntönen abgelöst. Die malerische Faktur ist kleinteilig, kein Detail, keine Falte wird ausgelassen. Trotz der genauen, nahsichtigen Betrachtungsweise überrascht die Monumentalität der Darstellung, die weit offenkundiger gewesen sein muß, als das Bild noch rechteckig war. Sie wird durch den geschlossenen dreieckförmigen Umriß auf breiter Basis hervorgerufen, durch die Betonung der Mittelachse durch den Stock, die darauf gestützten Hände und das hellbeleuchtete Gesicht, und ganz besonders durch die Schwere des Alters, die man der Greisin ansieht. Sie ist nicht nur altersgebückt, mit beiden Händen schwer auf den Stock gestützt, sondern auch drückend schwer gekleidet. Mantel und Pelz, das dicke Kopftuch lasten und ziehen sie zur Erde. Wie eine Erdhöhle ist dieses Kopftuch, aus deren Schatten das Gesicht nur zögernd hervorkommt und die Stirn im Dunkel läßt.

Der Erscheinung der alten Frau haftet eine Gravitas an, die daran erinnert, daß Rembrandt in dieser Frau nicht nur die Mutter gesehen hat. In mehreren seiner Darstellungen ist sie als die Prophetin Hannah gekennzeichnet. Wie Simeon hatte Hannah an der Darbringung Christi im Tempel teilgenommen und in ihm

192 Rembrandt, Die Mutter des Künstlers

lobpreisend den erwarteten Messias erkannt und verkündet. So bedeuten die Schwere und Gravitas nicht nur das Zu-Boden-Gezogensein des Alters oder seine Würde. Das gleichsam natürliche Gewicht wird noch gewichtiger gemacht, indem der alten Frau die alttestamentarische Bedeutsamkeit der Seherin wie der feierliche Mantel mit der goldenen Schließe übergeworfen wird.
Das Porträt der Mutter sagt über Rembrandts Kunst weit mehr aus als üblicherweise von einem Bildnis zu erwarten wäre. Es verrät zum Beispiel, daß der Künstler mit Vorliebe alte Leute malte; ungleich anderen Malern suchte er nicht das schöne jugendliche Modell. Die Gesichter von Menschen, über die die Zeit wie ein Pflug hingegangen war, boten ihm ein viel interessanteres Feld der Beobachtung als glatte, noch ungeformte Gesichter. Womöglich

ließ er sie noch älter, noch durchfurchter erscheinen als sie waren, um sie durch hohes Alter noch gedankenvoller, noch weiter ins Biblische zurückreichend erscheinen zu lassen.

Bei anderen Malern traten alte Frauen gewöhnlich als Kupplerinnen in lustiger Gesellschaft auf und damit als Symbol der »Vanitas«, der Eitelkeit und der schmachvollen Vergänglichkeit alles Irdischen. Dem Bilde Rembrandts vom Alter haftet kein Verwesungsgeruch an. Er zeigt vielmehr in ihm die Weite der Möglichkeiten, die das Alter dem Menschen bietet, seine moralischen, geistigen und gemütsmäßigen Fähigkeiten voll zu entfalten.

Für den Maler Rembrandt bot hiefür die Bibel, vor allem das »Alte Testament«, die besten und im Bild gut zu verwertenden Beispiele an. Nicht zufällig gehören daher Gemälde wie »Die Rückkehr des verlorenen Sohnes« (Leningrad, Eremitage) oder der »Jakobssegen« (Kassel, Staatliche Gemäldegalerie) oder »Saul und David« (Haag, Mauritshuis), Bilder, in denen das Alter eine Rolle spielt, zu seinen bewegendsten Werken. Daß er zu dieser zu seiner Zeit ganz ungewöhnlichen Haltung fand, mag mehrere Gründe gehabt haben. Ohne Zweifel steckt auch seine besonders geartete Religiosität mit dahinter. Als Reformierter war er von vornherein viel mehr als ein Katholik auf die Bibel konzentriert, die immer wieder dem hohen Alter eine entscheidende Rolle zuweist. Nun scheint er aber überdies nicht Calvinist, sondern Anhänger der Mennoniten-Sekte gewesen zu sein, die überhaupt keine Autorität außerhalb der Bibel gelten ließ, die Freiheit des Gewissens verteidigte und nach den Geboten der »Bergpredigt« gegen den Krieg auftrat, Nächstenliebe predigte und die Gewinnsucht verabscheute. Seine Vorliebe für biblische Themen in Bild, Zeichnung und Stich könnte demnach aus seiner besonders gelagerten Religiosität erklärt werden. Doch wäre er nicht ihr Anhänger gewesen, hätte er nicht von vornherein das bohrende Verlangen gekannt, den Dingen und den Menschen auf den Grund zu schauen, jedes das Individuum verhüllende Dekorum beiseite zu lassen und das Individuum gleichsam ohne die hilfreiche Vermittlung von Kirche oder Standesbewußtsein direkt vor das Angesicht Gottes des Vaters zu bringen in all seiner Schwäche und Häßlichkeit, Sündhaftigkeit und Beladenheit. Das trifft sich mit der seit eh und je die niederländische Kunst kennzeichnenden Neigung, das Aussehen, das Äußere von Dingen, Tieren und

Menschen genau und ungeschmeichelt abzuschildern. Dadurch steht sie grundsätzlich im Gegensatz zur italienischen Kunst, die das Sichtbare nach einem dahinterstehenden Ideal umformen will. Da aber kein Realismus absolut ist, sondern nur in Relation zur gerade geltenden Anschauungsweise steht, konnte auch ein Künstler wie Rembrandt seinen speziellen und vertieften Realismus nur durch gleichzeitige Anwendung von Kontrasten ausdrücken, indem er ihn zum Beispiel in die hiezu sehr geeigneten Geschichten der Bibel einkleidete, die ohnehin das Fundament für seine Weltanschauung waren. Dazu gehörte wohl auch seine romantisch anmutende Freude an der Verkleidung – in seinem Besitz befanden sich eine Menge Kleider, Waffen und Raritäten aus fremden Ländern, die ihm fallweise als Modelle für seine Bilder dienten. Durch solche Hilfsmittel konnte er Kontraste hervorrufen, die den Gehalt seiner Bilder nicht nur verdeutlichten und ausweiteten und ihnen gerade durch das Exotische unerwartete Würde verliehen, sondern im selben Moment auch das Nüchterne der Wirklichkeit besonders kraß empfinden ließen. Die unverrückbare Eigenwilligkeit Rembrandts äußert sich auch darin, daß er ganz im Gegensatz zu anderen Malern keine Lust hatte, Italien zu besuchen.

Es ist auffallend, wie reich die Mitte des 17. Jahrhunderts an hervorragenden Menschendarstellern war. Dazu gehörte auch der größte spanische Maler des 17. Jahrhunderts, *Diego Rodriguez de Silva y Velázquez* aus Sevilla (1599–1660), im selben Jahr geboren wie van Dyck. Zusammen mit diesem und Rubens (den er übrigens im Jahre 1628 in Madrid getroffen hatte) gehörte Velázquez zu den großen Hofmalern der Habsburger: Rubens, Hofmaler der niederländischen Statthalter Erzherzog Albrecht von Österreich, Bruder Kaiser Rudolfs II., und seiner Frau Isabella Clara Eugenia, Schwester Philipps III. von Spanien, van Dyck, ebenfalls Hofmaler der verwitweten Isabella Clara Eugenia und ihres Nachfolgers in der Statthalterschaft, des Kardinalinfanten Ferdinand, und Velázquez, Hofmaler Philipps IV., Bruder des Kardinalinfanten Ferdinand. Als Maler vor allem der spanischen Habsburger, die in den dreißigjährigen, auf mehreren Kriegsschauplätzen ausgetragenen Auseinandersetzungen zusammen mit dem Haupt der katholischen Seite, ihrem Vetter, dem Kaiser, die eine der beiden großen Hauptparteien darstellten, waren speziell Rubens und Velázquez auch damit befaßt, die kriegerischen Ereignisse im Bild festzuhalten. So entstanden zum Beispiel (siehe oben) Rubens' »Begegnung der beiden Vettern Erzherzog Ferdinand, nachmals Kaiser Ferdinand III., und seines gleichnamigen Vetters Kardinalinfant Ferdinand vor der Schlacht von Nördlingen« (1635) und die »Übergabe von Breda« von Velázquez (Madrid, Prado), ein Bild, das einen Sieg der Spanier von 1625 über die Holländer feiert (1634).

Velázquez war aus der Werkstatt des F. Herrera (siehe diesen) und des Pacheco hervorgegangen, übersiedelte dann nach Madrid und absolvierte zwei Italienreisen (1629/30 und 1645/51), nachdem er schon vorher, 1623, Hofmaler König Philipps IV. geworden war. In seiner Jugend stand er, wie auch andere spanische Maler, noch ganz unter dem Einfluß Caravaggios, während seiner Italienreisen lernte er aber die Malerei der Venezianer kennen, die, wie bei so vielen anderen Malern, seinen weiteren Stil bestimmten. Den höchsten Ruhm erlangte er durch seine Porträtmalerei, Einzelporträts und Gruppenbilder. Auch die »Übergabe von Breda« ist kein reines Historienbild, sondern ein Gruppenporträt, freilich ganz anders als jene von Hals oder Rembrandt. Erinnern wir uns, daß zur gleichen Zeit Rembrandt die »Anatomie des Dr. Tulp« und Rubens den »Ildefonso-Altar« malten.

Philipp IV. verlangte vom Maler die Porträts seiner Familie, von denen etliche den Verwandten in Wien geschickt wurden. Die spanische und österreichische Linie der Habsburger hatten in jeder Generation untereinander geheiratet. Auch Philipps IV. zweite Abb. 193 Frau, Maria Anna, war eine Österreicherin. *Infant Balthasar Carlos* (1629–1646) aber stammte aus des Königs erster Ehe mit Isabella von Valois (siehe diese). Das Porträt des Prinzen ist um 1640 entstanden, als er elf Jahre alt war. Wenn man bedenkt, wie streng die Tradition in der spanischen höfischen Porträtmalerei war, die – angefangen von Sanchez Coëllo über Pantoja de la Cruz, Lopez und Gonzalez – ihr Modell immer in derselben vorgeschriebenen Haltung mit denselben Requisiten darstellen mußte, so kann man schon am Bildnis Balthasar Carlos, das noch keineswegs aus der reifsten Zeit des Malers stammt, ermessen, wie Velázquez seine unendlich schwere Aufgabe angepackt hat. Die Haltung des Prinzen ist noch immer dieselbe wie auf den Porträts der älteren Maler, auch Tisch, Sessel und Vorhang sind dieselben. Die unnahbare Starrheit der alten Porträts aber ist

193 Diego Velázquez, Infant Balthasar Carlos

verschwunden, aufgelöst in Farbe, Licht und Luft. In weichen Grau- und Dunkelrot-Nuancen, großzügig in Flächen zusammenfassend und vereinfachend, da und dort mit aufgesetzten Lichtern, ersteht aus dem unbestimmten verschatteten Raum ein Bild von größter Delikatesse und adeliger Vornehmheit, das aber gleichzeitig dennoch das lebendige Porträt eines Kindes ist. Vergleicht man dieses Bildnis mit den ungefähr gleichzeitig entstandenen Prinzenporträts des van Dyck (siehe oben), so erscheinen diese trotz ihrer Eleganz dagegen so robust und vollblütig, als wären sie von Rubens. Velázquez hat also schon in diesem Porträt Durchsichtigkeit und Anfälligkeit des alten Adels in adäquater Weise wiederzugeben gewußt wie niemand sonst.
Erst in den Bildnissen der Kinder von Philipps zweiter Frau

194 Diego Velázquez, Infantin Margarita Teresa in Blau

Maria Anna, mehr als zehn Jahre später, bereits in den fünfziger Jahren entstanden, stehen ihm alle malerischen Mittel zur Verfügung. Es ist die Zeit der »Meninas« (1656, Madrid, Prado), dieses tiefsinnigsten und schönsten aller Gruppenporträts, die Zeit von Rembrandts »Jakobssegen« (Kassel) und den »Selbstporträts« (Wien) und von Frans Hals »Männlichem Porträt« (1654/55) in der Wiener Galerie. Rubens und van Dyck waren schon lange tot.

Abb. 194 Von der Infantin Margarita Teresa (1651–1673) sind mehrere Porträts vorhanden, drei davon, in denen sie in verschiedenen Lebensaltern dargestellt ist, sind in Wien. Als Fünfjährige (1656) im weißen Kleid ist sie auch der Mittelpunkt in den »Meninas«. Das schönste drei drei Porträts ist aber das der *Achtjährigen im blauen Kleid.* Es hatte übrigens seinen Grund, daß so viele Porträts der kleinen Infantin nach Wien kamen. Sie sollte ja die künftige Kaiserin werden, 1666 kam sie auch als Gattin Kaiser Leopolds I. nach Wien.

Sie steht im prachtvoll blauen Kleid genau in der Mitte des Bildes, die Hände auf den weit ausladenden Rock gebreitet. Die silbrigblonden Haare mit den Maschen glänzen seidig und weich. Über der einen Schulter, dem weißen Kragen, liegt eine goldene Schärpe. Die Schössel des Leibchens, mit breiten, silbrig glänzenden Borten eingefaßt, bilden einen ausladenden Halbkreis. Die Hände reichen genau bis zum Rand dieses Halbkreises. Der linke Arm ist etwas verkürzt von vorne gesehen und betont dadurch in diskreter Weise die räumliche Dimension. Der Rock ist aber mit wenigen Schwüngen schon wieder fast bildparallel gesehen, der breite Bortensaum unterstreicht diese Absicht. Der bräunliche Hintergrund, nur teilweise ausgeführt, bildet einen zarten Farbkontrast zum silbrig-kühlen Farbton der Infantin. Die Haare und der Muff in ihrer Linken schaffen koloristische Übergangszonen.

Das Schwierige an solchen Kinderporträts war wohl nicht nur, ihren gehobenen besonderen Stand sichtbar zu machen. Dafür sorgte, wie gesagt, die Bildtradition. Viel schwieriger war es, bei Wahrung des Dekorums das Individuelle, das gerade bei Kindern noch nicht entwickelt ist, herauszuarbeiten. Velázquez machte aus der Not eine Tugend und hob das Überindividuelle hervor, die Familienähnlichkeit. Sie ist unverkennbar in den leicht vortretenden Augen, in der etwas vorgebauten unteren Partie des Gesichts, in der lichten Haut- und Haarfarbe. Diese angedeutete, dem kindlichen unentwickelten Stadium entsprechende Familienähnlichkeit kennzeichnet die Prinzessin unverwechselbar als Sproß des Hauses Habsburg, sie könnte nichts anderes sein. Das strahlende, das Bild dominierende Blau des Kleides entspricht der jugendlichen Frische und Kühle des heranwachsenden Mädchens. Die Individualisierung kann nicht weiter gehen, ohne das Dekorum zu verletzen und ohne der Wirklichkeit Gewalt anzutun; Kinder und schon gar Mädchen haben keine Charakterköpfe.

Velázquez fand aber durch seine malerische Meisterschaft Mittel, das Bildnis so zu beleben, daß eine genauere Charakterisierung des Mädchens überflüssig wurde. Seine Bildung durch die venezianische Malerei – vor allem durch Tizians Werke – machte ihn gewissermaßen zum Träger einer unter Kaiser Karl V. begonnenen Tradition. Denn für diesen, ebenso wie für seinen Sohn Philipp II., war Tizian der einzige eines Fürsten würdige Maler. Soweit es Porträts angeht, stimmt das fast noch mehr für Velázquez. Sein zunächst durchsichtiger dünner Farbauftrag mit weichen, verschwimmenden Konturen, wie zum Beispiel in der Behandlung von Kopf und Hand, wandelt sich in den prachtvollen, reichen, man möchte sagen königlichen, kräftig pastos gemalten Ärmeln, in ihrem Gegenspiel von Weiß und Blau, wird dann aber wieder kursorisch im hingestrichenen Handschuh und in den Lichtern, die Rock und Borten seidig aufglänzen lassen. Diese Art von Malerei ist insofern mit der von Frans Hals verwandt – dessen Technik freilich im Vergleich zu der des Velázquez viel ruppiger ist und in den fünfziger Jahren noch freier geworden war, wie das »Herrenbildnis« zeigt –, als auch sie den Betrachter des späteren 19. Jahrhunderts mehr fesseln konnte als das eigentliche Bildthema, so daß sie zum eigentlichen Bildinhalt wurde.

Man hat damit den Maler nur einseitig gewertet. Daß er neben dem malerischen Splendor auch – wie bei einem Spanier nicht anders zu erwarten – einer phantasievollen geistigen Vertiefung fähig war, zeigt das Porträt des kleinen Bruders von Margarita
Abb. 195 Teresa, *Philipp Prosper* (1657–1661), der schon mit vier Jahren starb. Als ihn Velázquez porträtierte (1659), war er zwei Jahre alt. Das Kind steht in reichem rotem Kleid mit weißer Schürze, behängt mit Amuletten, in der vorgeschriebenen Porträthaltung, die eine Hand auf die Lehne eines rotsamtenen Kindersessels gestützt. Auf diesem Sessel liegt ein kleiner Hund mit runder Kinderstirn und glänzenden braunen Augen, die Schnauze müde auf die Armlehne des Sessels gestützt. Der Boden ist von einem rotgemusterten Teppich bedeckt, weiter hinten steht noch ein Sessel mit rotem Polster, darauf die Kopfbedeckung des Kleinen. Auffallend an diesem Porträt ist, wie absichtsvoll der Bildraum gestaltet ist. So stehen zum Beispiel die beiden Sessel schräg hintereinander und parallel zueinander im Raum und führen den Blick dadurch zunächst in die mittlere Raumzone. Parallel aber zur Fußleiste des zweiten Sessels bemerkt man die beleuchtete Schwelle einer offenen Tür, die ins Unbekannte führt. Über dem Kinderfauteuil mit dem Hund bauscht sich rot und hell beleuchtet – gleich einem Segel, in das der Wind fährt – ein Vorhang.

195 Diego Velázquez, Infant Philipp Prosper

Dahinter aber, den Kopf des Knaben umfangend, liegt ein tiefer, undurchdringlicher Schatten. Erst an der Tür hellt er sich zum Halbschatten auf, wo ein schwaches Licht einen anderen dunkelroten Vorhang andeutet. Vom unmerkbar langsamen Strömen der Bewegung, deren Lauf Sessel und Tür andeuten, werden Hund und Kind ahnungsvoll hinweggetragen, durch tiefe Schatten, hin zum Dämmern der offenen Tür, hinter der das Unbekannte wartet. Lebendiges Rot und kindliches Weiß in allen Nuancen von Tiefe und Helligkeit, das seidige Haar, das zarte blasse Gesicht werden eingefangen von den dunklen Schatten des nahen Todes. Es erübrigt sich fast, noch ein Wort über die im Andeuten große malerische Kunst zu verlieren, die in diesem Bild das suggestive Mitwirken des Raumes in ihrer Flüchtigkeit unterstützt. Das Vor-

196 J. B. Martinez del Mazo, Die Familie des Künstlers

übergehende dieses kleinen Lebens, dessen Eingang so nahe der Schwelle des Ausgangs lag, hat der Maler mit der Ahnung des Künstlers für das Zukünftige in seinem Bild gleichsam vorausgesehen.

Eine phantasievolle bürgerliche Paraphrase auf das Atelierbild Velázquez', »Die Meninas«, ist das *Familienbild* von *Juan Bautista Martinez del Mazo* (um 1612–1667), dem Schwiegersohn und Schüler des Velázquez. Es ist wenige Jahre später als die »Meninas« (1656) entstanden, wohl um 1659–1660. Mazos Bild zeigt im Vordergrund des Bildes – als Hauptthema – seine Familie, die sich in zwei Gruppen gliedert. Rechts sitzt seine Frau – es ist seine zweite, Francisca de la Vega – mit ihren Kindern. Links stehen offenbar die Kinder aus erster Ehe, und im Schatten des Vorhangs andere Familienangehörige. Über dem Mann im Profil hängt das

Abb. 196

Familienwappen, ein Arm mit Klöppel (»Mazo«). An der Rückwand des Zimmers hängt ein Porträt König Philipps IV. von Velázquez, wie es auch in unserer Galerie eines gibt. Daneben öffnet sich abrupt die Wand und gibt den Blick in ein Atelier frei, in dem man einen Maler von hinten vor seiner Staffelei stehen sieht, das lebensgroße Porträt einer Infantin vor sich.

Man erkennt sofort Mazos Schulung an Velázquez, obwohl die malerische Faktur des Jüngeren weniger streng und durchgeformt ist und auch der sehr schöne Farbakkord zwischen Rot- und dunklen Grautönen schwerer wirkt als Velázquez' mehr aufs Silbriggraue abgestimmte Farbskala.

Seit jeher wird angenommen, daß mit dem Maler Velázquez gemeint sei, wodurch die Familie sozusagen ihr bedeutendstes Mitglied ins Bild miteinbezogen hätte. Dieses Atelier ist übrigens so unvermittelt ins Bild gesetzt, wie es Velázquez mehrmals gemacht hatte, so etwa in »Christus bei Maria und Martha« (London, National Gallery) und in den »Teppichweberinnen« (»Las Hilanderas«) in Madrid. Der spanische Maler hatte diese Art des geistigen In-Beziehung-Setzens aus der niederländischen Malerei übernommen, wohl aus einem Bild in der Art wie etwa Aertsens »Vanitas-Stilleben« (siehe dort), wo aus dem inhaltlichen Gegensatz zwischen den beiden Bildteilen eine Lehre gezogen wird. Ähnliches könnte auch für Mazos Bild gelten. Vielleicht soll Velázquez im Atelier bedeuten, daß er bereits tot ist, daß er auch deshalb nicht gemeinsam mit der übrigen Familie porträtiert wurde, was zeitlich – Velázquez starb 1660 – durchaus der Fall sein könnte. Doch sind dies unbeweisbare Spekulationen, die aus der Suggestionskraft des Bildes und aus seiner feierlich-ernsten Aufmachung, die fast an ein Epitaph erinnert, entstehen.

Die zahllosen Möglichkeiten, die die Mitte des Jahrhunderts bot, die Persönlichkeit eines Menschen im Porträt zu erfassen, wird erst in voller Breite offenbar, wenn man Velázquez' Porträts den späten Selbstporträts Rembrandts und dem »Bildnis seines Sohnes Titus« gegenüberstellt. Alle sind sie in den gleichen Jahren entstanden, im Jahrzehnt zwischen 1650 und 1660.

Im vorhergehenden Jahrzehnt, den vierziger Jahren, zu deren Anfang Rembrandt die berühmte »Nachtwache« malte, hatte sich in Holland ein Geschmackswandel angebahnt. Einer streitbaren, nationalstolzen Generation war die nächste der bereits durch die

197 Rembrandt, Das große Selbstbildnis

Väter wohlhabenden und saturierten Söhne gefolgt. Diesen gefiel die elegante, vornehme Malerei des Flamen van Dyck weit besser als die unaristokratische, draufgängerische Art eines Hals oder die nach innen gekehrte, den Menschen vor seinen Stand setzende des Rembrandt. Hals und Rembrandt wurden allmählich unmodern, was freilich nicht heißt, daß sie überhaupt keine Aufträge mehr bekommen hätten. Doch trifft sich im Fall Rembrandt diese Entwicklung mit seiner allmählichen Verarmung und der Zerrüttung seiner Lebensverhältnisse, die 1656 zur Versteigerung seines Besitzes führten.

Abb. 197 Im *Großen Selbstbildnis* von 1652, einem Dreiviertelporträt, steht der Maler in so freier, fast herausfordernder Haltung da, wie man sie eher von Frans Hals her gewohnt war. Im Maler-

198 Rembrandt, Das kleine Selbstbildnis

kittel, die Hände in die Hüfte gestützt, die Daumen im Gürtel, blickt der Maler im Schatten des Baretts mit gerunzelter Stirn abwartend und gleichzeitig dem Kommenden Widerstand entgegensetzend seinem Gegenüber ins Gesicht. Der Hintergrund ist dunkel, auf einer Seite etwas aufgehellt, dort, wo der Lichtstrahl, der auch Schulter und Gesicht beleuchtet, auftritt. Farbe und malerische Struktur haben sich gegen früher verändert. Die kühle graue Tonigkeit hat sich völlig ins Braune gewandelt, das aber einen großen Reichtum an Nuancen aufweist, der freilich erst bei guter Beleuchtung des Bildes sichtbar wird. Und der früher etwas trockene, kleinteilige Pinselstrich ist nun breit geworden, löst sich in Flächen und pastose Stellen, zwischen denen die Malschicht plötzlich aufreißt und so dünn wird, daß man fast den Malgrund

199 Rembrandt, Titus van Rijn

sehen kann. Zwischen aller Tonigkeit blitzt es hin und wieder farbig auf, wie von fernem Wetterleuchten.
Anders als in früherer Zeit, als sich der Maler in seinen Selbstporträts gern in reicher Kleidung zeigte oder halb verkleidet, ist in diesem Bild jedes Dekor verschwunden. Rembrandt trägt den alten schäbigen, lang gebrauchten Malerkittel, Arbeitskleidung seiner Profession, der nicht anders aussieht als ein Bauernkittel. Auch die Palette – sonst Zeichen des Berufs – fehlt. Er ist ganz er selbst, reduziert auf den Menschen, dem nur die Haltung geblieben ist.
Abb. 198 Im *Kleinen Selbstbildnis* von 1657 ahnt man bereits das Nachlassen der seelischen Widerstandskräfte. Diesmal ist es kein imponierendes Kniestück mehr, nur der Kopf wird gezeigt, das

Gesicht. Zwischen den Augen steht dieselbe tiefe Falte wie im »Großen Selbstporträt«, aber der prüfende, wägende, abwartende Blick ist nun weit offen, ohne innere Abwehr, verwundet, dem Erbarmen preisgegeben.
Aus der gleichen Zeit stammt das Bildnis seines fünfzehnjährigen Sohnes *Titus,* dem vierten Kind aus der Ehe mit Saskia, der noch Abb. 199
als Jüngling starb. Der fröhliche junge Mann im Lehnstuhl, ein Buch in Händen, wird beleuchtet, als säße er unter einem Baum, durch dessen leise bewegte Blätter die Sonne spielt und wechselnde Schattenflecke malt. Der Maler hat die Oberfläche weitgehend in helle und dunkle Farbflecken aufgelöst, die Gesicht und Hände beweglich aus dem Dunkel hervorholen.
Man könnte annehmen, daß auch Rembrandt das Vorübergehende, aus dem Dunkel Auftauchende und darin wieder Versinkende dieses jungen Lebens gleich Velázquez darstellen wollte. In Wirklichkeit aber zeigt auch der »Titus« die Spätphase eines Malers, der, wie der alte Tizian (siehe »Nymphe und Schäfer«), alles nur noch in großen einfachen Zusammenhängen sieht.
Während in Holland die Gemälde gemäß der Mehrzahl ihrer Auftraggeber im wesentlichen das Format hatten, das in Wohnungen paßte (mit Ausnahme gelegentlicher Aufträge der Schützen- und anderer Gilden beziehungsweise der Gemeinde), blieb die offizielle Malerei in Flandern und Brabant, wo Kirchen und Paläste ausgeschmückt werden mußten, weiterhin großformatig. Natürlich gab es auch dort die kleinen Formate für den privaten Gebrauch mit einer Thematik ähnlich der holländischen. Doch waren es nicht, wie in Holland, die berühmtesten Meister, die solche Bilder malten. Nach romanisch-katholischer Übung galt zu jener Zeit immer noch die Historienmalerei großen Formats, die religiöse wie die weltliche, als die vornehmste Aufgabe des Malers.
Aus der Art schlägt daher das große Gemälde *Jacob Jordaens* (1593–1678), *Das Fest des Bohnenkönigs,* um 1656. Denn die Abb. 200
moralisierende Note, die er anschlägt, wurde sonst eher im kleinen Format abgehandelt und bildete in der Regel nicht den Inhalt eines repräsentativen Gemäldes.
Dargestellt ist das Fest des Bohnenkönigs, das zur Epiphanie, am 6. Jänner also, gefeiert wurde. In einer Pastete wurde eine Bohne eingebacken, und wer sie beim Aufschneiden fand, wurde

200 Jacob Jordaens, Das Fest des Bohnenkönigs

König des Fests. Der König ernannte die Königin und seinen Hofstaat.

Man sieht in ein enges, getäfeltes Zimmer wie auf eine Bühne. Die Gesellschaft drängt sich um den Tisch, das Festessen ist in vollem Gang, die Laune bereits sehr ausgelassen. Die Gläser werden hochgehoben, neue werden eingeschenkt, sogar das Kind trinkt, und nur der Hund bemerkt, daß einer bereits des Guten zu viel getan hat. Der Trunk gilt dem König, der, fett und genüßlich, beim Trinken den Krug gleich in der Hand behält, um ohne Verzögerung nachschenken zu können. Die überquellende Üppigkeit drängt und fällt in Form der unbelebten Gegenstände fast aus dem Bild heraus. Große glänzende, spiegelnde, bauchige Flaschen und Krüge verstellen den Platz zu Füßen der Zecher und verheißen mehr. Unter dem König liegt zusammengerollt eine Katze und blickt böse auf den Betrachter. Da und dort bemerkt man ein gerolltes Schildchen, auf dem die jeweiligen Hofämter vermerkt sind, die ihre Träger angesteckt hatten. Die meisten sind bereits im Trubel auf den Boden gefallen. Das Bild ist wenig komponiert, obwohl eine gewisse Ordnung angestrebt ist, die sich freilich im dichten Gedränge wenig akzentuieren kann. So erhält es zum Beispiel einen gewissen Halt durch die Lehnstühle rechts und links, in denen der König und die Großmutter sitzen. Die Mitte wird durch den vorne sitzenden, im Profil sichtbaren und grölenden Soldaten hervorgehoben. Er hebt das Glas, und dahinter recken sich neben seiner Hand noch mehrere Hände. Genau über und zwischen diesen Händen an der Wand hängt ein Schild, umrahmt von einer Kartusche mit einem ebenfalls grölenden Maskaron. Darauf steht »Nil similius insano quam ebrius«, das heißt »Keiner ist einem Narren ähnlicher als ein Betrunkener«. Und um die Moral noch zu unterstreichen, erinnert das trinkende Kind noch an ein anderes Sprichwort, an »Wie die Alten sungen, so zwitschern auch die Jungen«. Hinter dem Kind sitzt eine junge Frau. Mit dem Glas in der Hand dreht sie sich über die Schulter dem Betrachter zu und scheint ihm fröhlich zuzuprosten. Gleichzeitig liegt aber in ihrem Blick die Frage, was er wohl von dem unmäßigen Gelage halten möge. Übrigens macht das Guckkasten- oder Bühnenartige der Perspektive mit dem hochgelegenen Vordergrund aus der Szene gewissermaßen ein Schaustück, eine Vorführung.

Jordaens hat dieses Bild und mehrere andere gleicher und ähnlicher Thematik mit großem Schwung und sichtlicher Freude an den vielen, dem Malerauge zusagenden Aspekten geschaffen. Das warme Nachmittagslicht läßt die Farben aufleuchten, aus hohem Fenster schaut munter der blaue Himmel herein, Halbschatten streichen über die gar zu runden, roten Wangen mit den Fettgrübchen, kurz – ein Bild der reinen Lebensfreude und des Überflusses. Auch Rubens' Bilder waren opulent, nicht aber im trivialen, wortwörtlichen Sinn. Darin unterscheidet sich Jordaens ganz wesentlich von ihm, denn das Triviale, allzu Fleischliche wird auch in der Malweise sichtbar: wie er etwa die Hände malt, die sehnigen, fettdurchspickten Stränge der Gesichts- und Halsmuskeln, auch wie er in großen Flächen und Flecken die Lichter in die Metall- und Glasgefäße setzt. Obwohl kräftig und großzügig gemalt, ist doch alles sehr irdisch und etwas gewöhnlich.

Die geistige Überhöhung erhält das Bild erst durch die Moral – So soll man es nicht machen! –, die freilich wie alle direkten Nutzanwendungen mit erhobenem Finger etwas Schulmeisterliches, wenig Erhebendes an sich haben und wie ein Lehrstück wirken. Aber einerseits war die Bevölkerung an das Räsonieren in Sprichwörtern gewöhnt (schon bei Pieter Bruegel findet man es – in freilich viel großartigerer Form), und andererseits wird sich Jordaens als einzelner Calvinist unter Katholiken (man sah lange über diesen dunklen Punkt hinweg) eine solche Moral schuldig gewesen sein. Vielleicht war es überhaupt nur möglich, solche Szenen des alltäglichen und ganz ungeistigen Lebens, die dem Maler und vielen seiner Kunden in Wahrheit wohl eine reine Freude waren, unter moralischer Verbrämung darzustellen.
Die monumentale Malerei der südniederländischen Provinzen weist eine große Anzahl von Meistern auf, die freilich alle nicht an die Qualität eines Rubens oder van Dyck heranreichten. Dennoch brachten auch sie – eher an van Dyck als an Rubens und an einem stärker werdenden Klassizismus orientiert – eine Bereicherung der malerischen Möglichkeiten. Man betrachte die Altäre, Allegorien und Historien eines Gillis Backereel, eines Gaspard de Crayer und Theodor van Thulden, Thomas Willeboirts, Jan van den Hoecke und vieler anderer. Die Gemäldegalerie (siehe auch Sekundärgalerie) kann infolge ihres Reichtums an flämischer Malerei des 17. Jahrhunderts eine genaue Vorstellung vom damaligen malerischen Angebot vermitteln.
Bevor wir die Entwicklung der niederländischen – vor allem der holländischen – Malerei weiter verfolgen, soll ein Blick auf die italienische Malerei der van Dyck-Velázquez-Rembrandt-Generation für Orientierung sorgen. In dieser Zeit hatte die bolognesische-emilianische Malerei in *Guido Cagnacci* (1601–1681) einen sehr eigenwilligen Interpreten gefunden. Für uns ist er von speziellem Interesse, weil er 1657 von Kaiser Leopold I. an den
Abb. 201 Wiener Hof berufen worden war. Den *Tod der Kleopatra,* ein eigenartiges und ungewöhnliches Bild, malte er unmittelbar nach seiner Ankunft in Wien.
Kleopatra, die letzte Königin Ägyptens, zuerst mit Caesar liiert, dann mit Antonius, ließ sich von einer Giftschlange töten, um der Schmach zu entgehen, im Triumphzug des Octavianus Augustus in Rom mitgeführt zu werden. Diese Szene aus der römischen Ge-

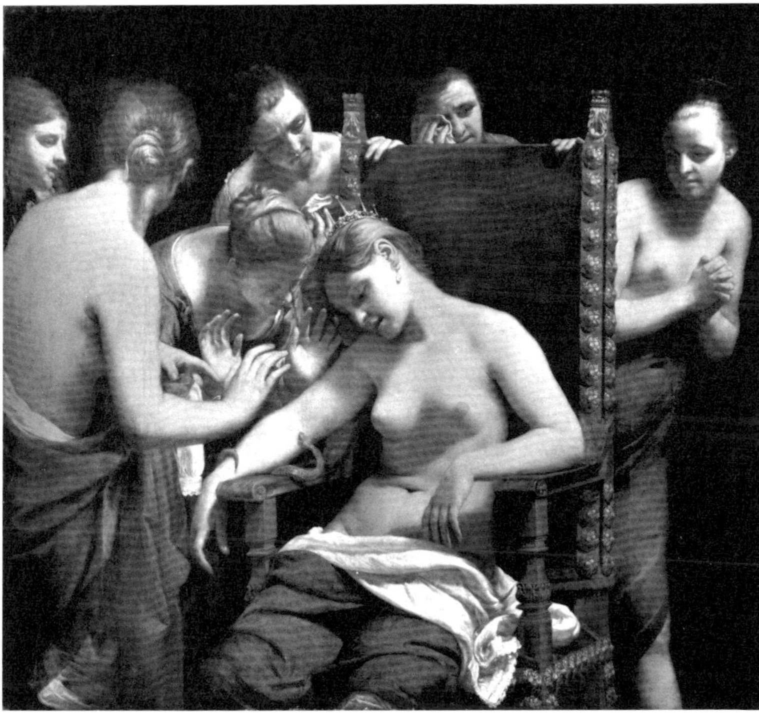

201 Guido Cagnacci, Der Selbstmord der Kleopatra

schichte war ein beliebtes Thema der Barockmalerei; es gab Gelegenheit, eine oder mehrere schöne weibliche Aktfiguren zu zeigen. Cagnacci hat davon reichlich Gebrauch gemacht. Die Königin sitzt halbnackt zurückgesunken und bereits ohne Bewußtsein im hochlehnigen rotsamtenen Lehnstuhl. Sechs Frauen ihrer Begleitung, auch sie halbnackt, beugen sich aufgeregt und schreiend über sie. Alle haben sie die Haare glatt hinter die Ohren gestrichen und zu einem Knoten gewunden. Sie schauen ziemlich gewöhnlich aus, speziell die beiden hinter dem Stuhl, so, als wären sie einfache Frauen aus dem Volk, die der Maler dazu überredet hat, sich auszuziehen, und die sich dabei nicht recht wohl fühlen. Nur die schöne junge Kleopatra scheint sich nicht zu genieren, sie posiert ganz natürlich. Die Frauen heben sich reizvoll vor dem schwarzen Hintergrund ab, Kleopatra vor dem roten des Stuhls und dem kaltblauen des Kleides. Übrigens ist dieselbe Person dem Maler auch für andere, noch provokantere Bilder gesessen. Die Komposition ist nicht sehr einfallsreich, wesentlich ist nur, daß Kleopatra das Zentrum bildet.

In diesem auffallenden Bild sind mehrere Anregungen verarbeitet. Die eine, wenn auch etwas vulgarisierte, kommt von Guido Reni, dem Hauptmeister bolognesischer Malerei. Eine zweite stammt von den frühen Werken des Caravaggio, wohl schon in einer Form überliefert, wie man sie etwa bei Orazio Gentileschi sehen konnte. Auch die Farbkombination mit Braun-Grün etwa ist seinen Bildern ähnlich. Die ungewöhnlichste Anregung kommt aber offenbar von der holländischen Malerei. Die Szene könnte trotz des heroischen Themas mit nur geringfügigen Änderungen in ein Bordellstück Utrechter Stils verwandelt werden. Nordischer Realismus, aber von einem italienischen, nicht von einem niederländischen Künstler klassisch-ideal verkleidet, kann nur ein befremdliches Ergebnis zeitigen, dem freilich Qualität nicht abzusprechen ist. Auf welchem Weg Cagnacci freilich zur holländischen Anregung kam, ist schwer zu sagen. Doch war um die Mitte des Jahrhunderts die Kenntnis der internationalen Malerei für einen Künstler durch Reisen, durch die weitverbreiteten Stiche, durch private Kunstsammlungen und anderes bereits ohne weiteres möglich. Gerade während Cagnaccis Aufenthalt am kaiserlichen Hof kam die weltberühmte Gemäldesammlung Erzherzog Leopold Wilhelms von Brüssel nach Wien und wurde hier aufgestellt. Heute noch bildet sie den Hauptbestand der Gemäldegalerie. Der Erzherzog hatte sie seinem Neffen Kaiser Leopold I. vermacht. Es ist anzunehmen, daß Cagnacci sie eingehend studiert und vielleicht in ihr eine Anregung für sein bemerkenswertes Bild gefunden hat.

In Rom hatte sich inzwischen gegen die monumentale und dekorative Malerei des Cortona ein Widerstand unter jenen Malern ausgebildet, denen die Hochrenaissance immerwährendes Leitbild war. Darunter war zum Beispiel *Pier Francesco Mola* (1612–1666), der seinen Klassizismus von Albani übernommen hatte. Durch einen Aufenthalt in Venedig hatte seine Malerei – wie die stim-
Abb. 202 mungsvolle *Anbetung der Hirten* und ihre Anklänge an Bassano und auch Savoldo zeigt – ihre Möglichkeiten bedeutend erweitert

202 Pier Francesco Mola, Die Anbetung der Hirten

und ungemein an malerischer Qualität gewonnen und an poetischem Reiz zugenommen.

Carlo Maratta (1625–1713) hingegen sah in Raffael sein Vorbild. Wie aber besonders am *Tod des hl. Joseph* (1676) zu erkennen ist, Abb. 203
konnte er einem gewissen Eklektizismus nicht entrinnen, in dem die klassischen Tendenzen des 17. Jahrhunderts, von Carracci und Reni abgeleitet, deutlich sichtbar werden. Seine Madonnenbilder sind jedoch von einer leichten und lichten Grazie und Intimität, Vorläufer des Rokoko.

Die monumentale Deckenmalerei des Cortona führte Andrea Pozzo (1642–1709) weiter, von seiner »Quadratur«-Malerei gibt die Decke der Jesuitenkirche in Wien eine gute Vorstellung.

Interessanter als die akademische Malerei Roms ist die Situation in Neapel, immer noch von dem reichhaltigen malerischen Erbe Caravaggios in der oder jener Weise abhängig. Nach Caracciolo und Ribera hatte sich die nächste, sehr begabte Generation heraus-

203 Carlo Maratta, Der Tod des hl. Joseph

gebildet, darunter Mattia Preti (1613–1699), Salvator Rosa (1615 bis 1673) und Bernardo Cavallino (1622–1654).

Mattia Preti, die Hauptfigur der Szene, war erst nach der verheerenden Pest von 1656 nach Neapel gekommen. Vorher hatten ihn vor allem die Werke Guercinos und des venezianischen Kolorismus interessiert. Die Wiener Galerie besitzt leider keine seiner großen melodramatischen Szenen, die oft die Grausamkeit Riberesker Bildideen verraten. Doch kann auch der *Ungläubige*
Abb. 204 *Thomas,* in der zweiten Hälfte der fünfziger Jahre entstanden, eine Vorstellung von seinem heftigen, gewaltsamen Temperament geben.

Christus erscheint den Aposteln nach seinem Tod in starrer Haltung mit nacktem Oberkörper und weit ausgebreiteten Armen, als hinge er noch am Kreuz. Er ist gleichsam seitlich umgekippt,

204 Mattia Preti, Der ungläubige Thomas

so daß der Oberkörper in der einen, die Arme in der anderen Bilddiagonale liegen. Es schaut aus, als fiele er um. Auf diese heftige, fast zornige Art weist Christus den zweifelnden Aposteln seine Brustwunde, um zu beweisen, daß er wirklich und leibhaftig auferstanden ist. Thomas, der Zweifler, legt, um sich zu überzeugen, zwei Finger tief in die Seitenwunde. Er macht das ganz realistisch, wie ein demonstrierender Arzt. Im Zusammenhang mit der außergewöhnlichen Situation, dem Hell-Dunkel, das nur den zur Untersuchung dargebotenen Leib Christi ins Licht rückt, haftet der Szene ein düsterer, kaltgrausamer Charakter an. In der statuengleichen Miene Christi leben nur die Augen, die unbewegt auf den Betrachter gerichtet sind.
Von großer poetischer Einfühlsamkeit und malerischer Delikatesse hingegen sind die wenigen Bilder des jüngeren, früh verstorbenen

205 Bernardo Cavallino, David spielt vor Saul

Bernardo Cavallino (1622–1654), Schüler des Domenico Vaccaro (siehe Sekundärgalerie). Das kaum mittelgroße Bild *David spielt vor Saul* (um 1645) ist einer näheren Betrachtung wert. Abb. 205

Die Bibel erzählt, wie Gott mit Saul, dem König Israels, unzufrieden wurde und den Priester Samuel aussandte, einen der Söhne Jesses als König auszuwählen. Gott hatte den jüngsten unter ihnen, David, der die Schafe hütete, zum Nachfolger Sauls ausersehen, und Samuel ging hin, ihn als den Auserwählten zu salben. Der Geist Gottes verließ Saul, und ein böser Geist fuhr in ihn, der ihm schwer zusetzte. Da trat David mit einer Harfe vor den König und spielte, und der böse Geist wich von diesem.

In tiefer Schwermut und Kraftlosigkeit sitzt der von Gott verlassene Saul im Halbdunkel seines Zeltes. Der junge David im hoch einfallenden Licht spielt, von Mitleid bewegt, die Laute, bis der böse Geist von Saul weicht. Zwischen Saul und David, ganz in den dunklen Falten des Zeltes verborgen, steht aber ein Mann mit einer Krone in Händen. Und vorne zeigt ein anderer, Gerüsteter, vom Rücken her gesehen, auf die Krone oder vielleicht auch auf David. Ganz unmerklich werden so die Eifersucht und der brennende Haß enthüllt, dic Saul auf David als den künftigen

König empfindet, die wohl auch Teil seiner tiefen Niedergeschlagenheit sind und ihn später sogar dazu treiben werden, dem von Gott Erwählten nach dem Leben zu trachten.
Cavallino hat die schwere seelische Belastung des bereits Besiegten, dessen Verdammtheit die anderen ahnen, durch große malerische Sensibilität, ohne dramatischen Lärm verständlich gemacht. Flüssig gleiten die Farben aus bräunlichen, dunkelroten Schatten ins grausilbrige Licht und steigern sich in den Gewändern der Hauptpersonen in violette und bläuliche Töne. Drohend wie Boten des Schicksals stehen die Bewaffneten dunkel vor dem hell einfallenden Licht. Die kraftlos herabhängende Hand König Sauls ist nicht mehr imstande, ihnen zu befehlen.
Unwillkürlich fällt einem vor dem Werk Cavallinos ein Bild desselben Themas ein, das von einem viel größeren Künstler stammt – und zwar von Rembrandt (Haag, Mauritshuis). Es ist ungefähr zehn Jahre später entstanden. In seiner Auffassung ist das Drama allein auf die beiden Hauptpersonen konzentriert: auf den weinenden und gleichzeitig rachelüsternen König Saul und den in sein Harfenspiel versunkenen David. Der Italiener aber weitet das Thema in den Begleitpersonen auf die ganze Breite der Geschichte aus, ohne das Drama des einzelnen zu vernachlässigen; nach Meinung der Italiener ist eben immer die volle Historie vornehmstes Bildthema. Größer in der Auffassung und Darlegung des Schicksals eines einzelnen Menschen ist ohne Zweifel Rembrandt, wofür er in der Bibel die besten Quellen fand. Daraus erklärt sich auch die große Eindringlichkeit Rembrandtscher Porträts, und darin liegt auch der große Unterschied zwischen der italienischen und der holländischen Malerei, deren protestantischer Grundzug dem Individuum vor der Gesellschaft den Vorrang gab.
Eine eigene Stellung nimmt *Salvator Rosa* (1615–1673) ein, der Maler und Poet zugleich war. Seine Schlachtenbilder, arkadischen Landschaften und Seestücke waren besonders der Romantik teuer, deren Gemütslage sowohl die poetisch-heftige Persönlichkeit des Malers selbst als auch die Art seiner Malerei entsprachen. Die Landschaft mit der *Wiederkehr der Asträa*, um 1645 während Abb. 206
eines Florentiner Aufenthalts entstanden, gibt eine gute Vorstellung von seiner Kunst.
Vor einer efeuumwachsenen romantischen Ruine unter einem

206 Salvator Rosa, Die Wiederkehr der Asträa

knorrigen Baum lagert die Familie des Schäfers mit der Herde. Hoch aus dem dunkelblau strahlenden Himmel sinkt plötzlich, wie von einem wilden Windstoß herangeblasen, eine gewittrig geballte Wolke herab. In ihr erscheint Asträa, die Göttin der Gerechtigkeit. Die Füße auf einen Löwen gestützt, in den Händen die Waage, kündigt sie den Hirten die Wiederkehr des Goldenen Zeitalters an. Wie Ovid erzählt, entfloh die jungfräuliche Asträa, die Göttin der Gerechtigkeit, im kriegerisch-ehernen Zeitalter, um als Sternbild zwischen Löwe und Waage am Himmel zu glänzen. Vergil wieder kündigt in der »IV. Ekloge« Asträas Wiederkunft als Prophezeiung des Goldenen Zeitalters an. Wahrscheinlich ist das Bild als poetische Anspielung auf die glückliche Regierung des Hauses Medici aufzufassen.
Zur gleichen Zeit malte Claude Lorrain – auch er in Rom und Neapel – seine arkadischen Landschaften. Wenn sie auch manchmal eine gewisse Verwandtschaft zu den Bildern Rosas zeigen, so ist dieser doch ungleich temperamentvoller und trotz römischer Ruinenromantik realistischer. Seine Farbpalette ist dunkler, bräunlich, mit roten und blauen, scharfen Akzenten, effektvollen Schat-

ten und Lichtern. Sein Temperament konnte sich besonders in großen bewegten Schlachtenszenen aus der römischen Geschichte auslassen.

Gerade diese beiden originellen, allerdings sehr verschiedenen Maler neapolitanischer Herkunft – Rosa und Cavallino – boten in ihren Bildern dem Deutschen *Johann Heinrich Schönfeld* (1609 bis 1682) durch malerische Sensibilität und poetische Verklärung der antiken Landschaft und Geschichte Anregungen für seine künstlerische Imagination.

Wie bereits oben bemerkt, war die deutsche Malerei in der zweiten Hälfte des 16. Jahrhunderts zu unbedeutendem Provinzialismus herabgesunken. Erst die international orientierte Kunst am Hofe Kaiser Rudolfs II. in Prag um 1600 bot neue Ansatzpunkte für sie. Über Hans von Aachen aus Köln, dem Schüler Sprangers, und Hans Rottenhammer aus München hatte sie in den Persönlichkeiten von Adam Elsheimer (1578–1610) und später Johann Liss eine erste bedeutende Profilierung erfahren. Beide Maler waren jedoch von ihrer Italienreise nicht in die Heimat zurückgekehrt, sondern jung in Rom beziehungsweise in Venedig gestorben. Bilder dieser beiden Maler hatten sich deutlich von der italienischen Barockmalerei abgesetzt. Es dauerte aber lange, bis sie in der Heimat so bekannt wurden, wie sie es in Italien waren, wo ja besonders Liss bis ins 18. Jahrhundert auf die venezianische Malerei einwirkte.

Johann Heinrich Schönfeld nun war der Begabteste unter den deutschen Malern, die nach einem langen Italienaufenthalt wieder nach Hause zurückkehrten. Die Unruhe des Dreißigjährigen Krieges mit seinen vielen Kriegsschauplätzen und Begleiterscheinungen, wie Pest und Hungersnot, war begreiflicherweise nicht förderlich für Kunstaufträge und hatte Schönfeld wie viele andere Künstler nach Italien getrieben, das ohnehin seit je als Vaterland der Kunst galt. So war eben auch Schönfeld um 1635 nach Rom und dann nach Neapel gezogen, nach Kriegsende aber zurückgekehrt und seit 1652 in Augsburg seßhaft geworden.

Seine Geschichten aus dem »Alten Testament« oder geheimnisvolle Beschwörungsszenen in antiken Ruinen, in denen nach einem Schatz gegraben wird, oder Genreszenen, wie der *Halt vor dem* Abb. 207 *Gasthaus,* sind wie vom Dunst der Sommerhitze umflossen, die in der Campagna Himmel und Erde in flimmerndes Licht taucht.

207 J. H. Schönfeld, Halt vor dem Gasthaus

Unter einem alten Wachturm vor einer italienischen Locanda, die »Vini di tutti sorte« unter herabhängenden Weinranken ankündigt, hält ein kleiner Reitertrupp, der sich nach dem Weg erkundigt und gleichzeitig seinen Durst löscht. Die auffallendste Figur ist eine in Violettrosa und Blau gekleidete Frau. Die Pistole im Halfter, sitzt sie rittlings wie ein Mann auf ihrem Apfelschimmel und läßt sich vom Wirt ein Glas Wein hinaufreichen. Dunkel vor ihrer lichten, goldgeschmückten Erscheinung und dem weißen Roß, steht der behäbige Wirt im Gegenlicht wie ein Scherenschnitt vor der gleißenden Mittagshelle. Die Sonne läßt den Wein in der Flasche bernsteinfarben aufglänzen. Ein Bettler verlangt plärrend ein Almosen. Wer sind die unbekannte wehrhafte Schöne und ihr Kavalier mit den Federn am Hut, woher

208 Joachim von Sandrart, Minerva und Saturn beschützen Kunst und Wissenschaft

kommen sie, wohin reiten sie in solcher Eile? Werden sie verfolgt? Wie aus einer romantischen Novelle ist dieser kurze, vom unruhigen Getrappel der nervösen Pferde begleitete Aufenthalt, den der Maler wie aus dem Fenster der Taverne heraus beobachtet.

Die Ähnlichkeit zu Rosa und Cavallino ist augenfällig, wenn auch dem deutschen Maler die aus der Tiefe der Jahrhunderte heraufreichende Basis abgeht, auf der das Werk jedes italienischen Malers ruht. Dennoch ist das Bild Schönfelds von poetischer Eindringlichkeit, ein Bild, das sich – gleich den Weitertrabenden – sofort wieder im Dunst der Hitze auflösen wird.

Der zweite – zu seiner Zeit besonders geachtete – deutsche Maler dieser Generation war *Joachim von Sandrart* (1606–1688). Er bereiste Europa von Holland bis England und Neapel, war offiziell hoch geachtet, gründete die erste deutsche Kunstakademie in Nürnberg und setzte sich, ohne zu ermüden, für die soziale Hebung des Künstlerstandes in Deutschland ein. Allegorisch ist

Abb. 208 diese Absicht umgesetzt in *Minerva und Saturn beschützen Kunst und Wissenschaft* (1644, Sekundärgalerie). Seine Bilder zeigen in der Regel freilich zu sehr die Herkunft von verschiedensten Vorbildern, vor allem von holländischen. Sein wirkliches Verdienst liegt in den in der »Teutschen Akademie« (1675) zusammengefaßten Künstlerbiographien, die gerade für die niederländische Malerei heute noch brauchbare Angaben liefern.

Das gibt das Stichwort, uns wieder der niederländischen Malerei zuzuwenden und den Versuch zu unternehmen, die Leistungen der süd- und der nordniederländischen Malerei zu vergleichen. Trotz der politischen, wirtschaftlichen und konfessionellen Unterschiede, die die beiden Niederlande trennten und auch ihre Kunst beeinflußten, gab es andererseits auch wieder Gemeinsamkeiten, die auf gemeinsame Wurzeln, auf einen gemeinsamen Ausgangspunkt und auch auf fallweise gegenseitige Beeinflussung zurückzuführen sind.

Neben der großen offiziellen aristokratisch-katholischen Malerei der Südniederlande, deren größter Exponent Rubens war, gab es aber gleichzeitig die Malerei der Kleinmeister mit ihren prosaischen Alltagsszenen aus dem Milieu des Bürgers und Bauers. Zum Beispiel gab es die bis auf Pieter Bruegel d. Ä. zurückreichende Tradition der Bauernmalerei. Sein Sohn Pieter Brueghel d. J. (1564–1638) erzeugte sein ganzes Leben lang Bauernbilder in der Art seines Vaters. Diese Gattung erfuhr einen starken Auftrieb durch den Südniederländer Adrian Brouwer (1605–1638), der nach Holland ging, dann aber wieder nach Antwerpen zurückkehrte. Von ihm geht daher in beiden Ländern die Bauernmalerei aus.

Sein erster und wichtigster Schüler in Antwerpen war *David Teniers d. J.* (1610–1690), der übrigens eine Tochter Jan Brueghels zur Frau hatte. In Holland wiederum übernimmt der gleichaltrige Adriaen van Ostade aus Haarlem (1610–1685) die Brouwersche Manier. Der großen Nachfrage wegen war die Produktion an Szenen aus dem bäuerlichen Leben bei beiden Malern bedeutend. Wie sich der Flame und der Holländer voneinander unterscheiden, zeigen zwei in den vierziger Jahren entstandene Bilder,
Abb. 209 die beide ein *Scheuneninneres* zeigen. Teniers Scheune ist weiträumig, trotz einer großen Schattenzone übersichtlich und vergleichsweise ordentlich aufgeräumt. Ziegen stehen und liegen in

209 David Teniers d. J., Scheune mit Ziegen

schöner Ordnung. Wie der dudelsackpfeifende Hirt werden auch sie vom hoch einfallenden Tageslicht beleuchtet, das die ganze Szene in einen Gesamtton geschmackvoll abgestufter Nuancen von Braun-Beige und Grau taucht. Die Malerei ist saftig und durchscheinend, auch die dunkelste Ecke ist übersehbar. Die Szene besitzt etwas Manierliches, als würde sie mit den Augen des Städters betrachtet, der das Landleben so sieht, wie es ihm sein Wunschbild, die Wirklichkeit, glättend zeigt.

Anders *Adriaen van Ostade.* Seine Scheune wäre stockdunkel, Abb. 210
fiele nicht durch den Eingang ohnedies sehr spärliches Licht auf den Boden. Mit Mühe erkennt man einen grottenähnlichen, halb zusammengestürzten Raum. Aus den Dachsparren hängen Strohbüschel, auf dem Boden liegen alle möglichen Geräte, die sich besonders im dunklen Schatten des Vordergrundes bedrohlich türmen und häufen. Unter den verstreuten Pfannen, Töpfen und Krügen regt sich bei genauem Hinschauen etwas. Es sind ein paar Bauern, die selber – wie Dinge unter Dingen – im Düstern munter

210 Adriaen van Ostade, Bauernfamilie in einer Scheune

zechen. Die Mitte der Scheune ist für den kurzen Weg des Lichts freigelassen. Das braun in braun getauchte ländliche Interieur entfaltet trotz weniger Farben dennoch einen großen und subtilen Reichtum an Nuancen.
Ostade sieht seine Bauernwirtschaft mit weit verständnisvollerem Auge als Teniers. Er dringt in sie ein, für ihn ist Unordnung ein Positivum, das nicht geglättet werden soll. Sie bereichert das Bild und sie kennzeichnet das Bauernwesen. Fast unheimlich ist es, wie im Schatten der Dinge, gleichsam am Rande versteckt, die Bauern sich kichernd belustigen. In solchen Bildern aus seiner späteren Periode wird Ostade, was auch der braune Gesamtton zeigt, deutlich von Rembrandt beeinflußt. Aber auch schon in den früheren Bildern, deren grauer Gesamtton, wie zum Beispiel in »Der Dorfbarbier«, noch unter dem Einfluß von Frans Hals steht, steckt im Grotesk-Häßlichen des Bauernwesens gleichzeitig Unheimlich-

211 Jacques d'Arthois, Waldlandschaft mit Herde

Bedeutsames, das trotz aller Verschiedenheiten an die Bauern Pieter Bruegels d. Ä. zurückdenken läßt. Die schön und flüssig gemalten Bauernszenen Teniers' und seiner flämischen Zeitgenossen, wie Joos van Craesbeek etwa und David Ryckaert, erscheinen dagegen langweilig und phantasielos.

Ähnlich ist der Vorgang bei der Landschaftsmalerei. Der gemeinsame Ausgangspunkt liegt in den Landschaften Pieter Bruegels d. Ä. In den Südniederlanden wirkt in den kleinteiligen Landschaften seines Sohnes Jan Brueghel d. Ä. und in denen des Joos de Mompers weiter. Diese introvertierte und naturfremde Umsetzung der Natur erfährt durch die wenigen Landschaften Rubens' eine mächtige Belebung, einen Zug ins Große und Weite. Das kam dem Antwerpener Landschaftsmaler Jan Wildens (1586 bis 1653) zugute, der außerdem während seiner Italienreise mit den Landschaftskompositionen Paul Brils – seines in Rom an-

212 Hendrick Avercamp, Winterlandschaft

sässigen Landsmanns – bekannt geworden war. Die »Landschaft mit Jägern« von 1649 ist typisch für das Landschaftsbild des Wildens. Große Baumgruppen gliedern das Bild und geben dazwischen einen Ausblick auf ein breites Flußtal frei. Die Bäume und Büsche stehen in ihrer Plastizität und Bedeutung gewissermaßen für eine figurale Komposition, Himmel und Hintergrund sind nur notwendiges Beiwerk. Diese rein flämische Tradition der Baumlandschaft erreicht – neben Malern wie Lucas van Uden (1595–1672), der sich noch mehr an das Vorbild des Rubens hält – ihren Höhepunkt in den heroischen Waldlandschaften des Brüsselers *Jacques d'Arthois* (1613–1686). Im Schatten dunkelgrüner, mächtiger Baumriesen, die den Himmel fast verstellen, öffnen sich besonnte Lichtungen, auf die sich ein Schäfer mit seiner Herde oder auch ein Heiliger, klein und unscheinbar, zurückgezogen hat. Arthois' Bilder sind sehr dekorativ und auch durch ihre Größe immer in Gefahr, an innerem Gewicht zu verlieren und reine Schaustücke zu werden.

Abb. 211

In eine andere Richtung entwickelt sich die holländische Landschaft. Ihren ersten starken Impuls erhält sie durch den Flamen

Coninxloo (1544–1606), der wegen seines Glaubens mit anderen Malern nach Frankenthal bei Frankfurt und dann nach Amsterdam ausgewandert war. Seine minuziös gemalten, geheimnisvollen und märchenhaften Waldlandschaften wirkten weiter in Roelant Savery und David Vinckebonns (1576–1633), gleichfalls flämische Emigranten in Holland.

Die ersten Landschaftsmaler holländischer Abkunft sind *Hendrick Avercamp* (1585–1634) und Esaias van de Velde (um 1501 bis 1630). Trotz des altertümlich hochgezogenen Horizonts in der *Winterlandschaft* des »Stummen von Kampen« – Spezialist in Abb. 212
Winterbildern – ist hier deutlich ein neues Element festzustellen. Er läßt hinter den kahlen Bäumen die Weite der flachen weißgrauen Ebene fühlbar werden, über die sich feuchtgrau der Winterhimmel senkt und auf der der Nebel die Schlittschuhläufer zu grauen Schemen werden läßt.

Das wird nun auf Jahre hinaus ein Anliegen der holländischen Landschafter sein: die Weite der heimatlichen, im Dunst liegenden Flachlandschaft und darüber den hohen Himmel zu zeigen, in dem die Winde von Meer und Land ihr bewegliches Spiel mit den Wolken treiben. Holland mit seiner langen Küste und den vielen Kanälen ist viel mehr Wasser und Meer zugeordnet als die weit ins Land hineinreichenden südlichen Niederlande. Himmel und Meer griffen ständig nach diesem unter dem Meeresspiegel gelegenen »Niederland«. Die Beobachtung des ständig wechselnden Wetters war nicht nur dem Maler angeboren, sondern dem ganzen Volk, den Hütern der Deiche, den Fischern und den Seefahrern. Der Reichtum Hollands, der durch Seehandel und gerade damals aus der Gründung von Kolonien erfloß, begann mit dem Wasser, dem Meer, dem günstigen Wetter. Es ist auch das wechselhafte Wetter – Wolken, durch die Sonnenstrahlen dringen und die Dünen gelb aufleuchten lassen, Winde, die kleine böse Wellen hart gegen den Bug schlagen, Regenschleier, hinter denen die flache Küste im weiten Horizont des Wassers verschwindet und die Städte und Kathedralen zu grauen Schemen machen –, dem *Jan van Goyen* (1596–1656) seine Bilder widmet. Hatte er am Anfang in seinen Dünen noch etwas Grün wachsen lassen, so wie auch Salomon Ruysdael (1603–1670), so verliert sich in den dreißiger und vierziger Jahren alles in einem einheitlichen atmosphärischen warmen Gesamtton. Es ist ein Ton, der, wie wir schon

213 Jan van Goyen, Blick über die Merwede auf Dordrecht

wissen, die ganze holländische Malerei dieser Zeit beherrscht und der besonders landschaftlichen Visionen, wie etwa dem *Blick auf*
Abb. 213 *Dordrecht* (1644) – nur Wasser und Himmel – trotz mangelnder kompositioneller Elemente, wie sie etwa die flämischen Landschaften auszeichnen, Größe und Einheit verleiht. Die nur angedeutete Bildstruktur, das durch Lichteinfall, Anordnung der Boote und der Kathedrale vorgezeichnete flache Dreieck, die Gruppierung der Wolken, hätten einem Anhänger klassischer Kompositionen wohl kaum genügt.

Abb. 214 Auch der Amsterdamer *Aert van der Neer* (1603/04–1677) erfaßt seine weiten Räume durch Atmosphäre, Luft und Licht. Sein Licht spendet gewöhnlich der Mond. Hinter dunklen Nachtwolken tritt er hervor, erfüllt den Himmel mit seinem Schein, läßt die stillen Gewässer silbrigblau aufglänzen und fängt sich als Spiegelbild in den Netzen der Fischer.

214 Aert van der Neer, Landschaft mit Dorf bei Mondschein

Isaak van Ostade (1621–1649), der jüngere Bruder des Bauernmalers Adriaen, zeigt wieder anders die sandigen, kaum bewachsenen Dünen, an deren Rand ein Gasthaus steht (um 1645). Trocken ist hier alles und stachelig, aber der Himmel steht weit und hoch darüber, und die Wolken türmen sich über einer fernen Stadt. Abb. 215
Die Stimmung dieser Landschaften – auch in solchen anderer, nicht so bedeutender Maler – packt immer wieder durch ihre jeweilige besondere Eigenart. Jedes Bild ist ein Individuum, eine Persönlichkeit. Man sieht ihm die grüblerische Beschäftigung des Malers an, die man unwillkürlich als Betrachter nachvollzieht, wenn man über die gewellten Dünen, über die Wasserwege dem Horizont zustrebt.
Die nächste Malergeneration war aber mit diesen Licht- und Luftstimmungen, denen ihrer Meinung nach stärkere Akzente ab-

215 Isaak van Ostade, Gasthaus am Dünenrand

gingen, nicht mehr zufrieden. Sie verlangte nach bedeutender Komposition, nach Kontrasten, Emotion und Spannung.

Der hervorragendste Vertreter dieser klassischen Epoche holländischer Landschaftsmalerei war der Haarlemer *Jakob van Ruisdael* (1628/29–1682), Neffe des Salomon Ruysdael. Eines seiner schönsten Bilder ist *Der große Wald* (zwischen 1655/1660).
Abb. 216

Aus sandigem Dünenboden erhebt sich eine Gruppe mächtiger Eichen. Ein Karrenweg windet sich unter den Bäumen durch, eine Furt kreuzt ihn, der Weg scheint durch das niedrige Wasser. Am Himmel ziehen graue Wolken. Durch die Stämme hindurch blickt man auf die Ebene hinunter. Der Wald ist dunkelgrün und schattig, die Furt verliert sich, breiter werdend, unter dunklem Gebüsch. Am Rande des Weges und der Schatten sitzt ein Mann, Stock und Bündel hat er neben sich gelegt. Um die Wegbiegung aus dem Wald tritt eine Frau. Alles scheint höchst selbstverständlich in diesem Bild, reines Abbild eines Naturstücks. Und dennoch ist nichts zufällig, alles ist Schritt für Schritt überlegt.

216 Jakob van Ruisdael, Der große Wald

Die Masse der Bäume türmt sich zu einem höchsten Wipfel und fällt dann weit nach links ab. Parallel dazu verläuft der gelbe, sandige Karrenweg. Doch dieser Weg, der schräg aus dem Bild herausführt, wird jäh unterbrochen durch das dunkle Wasser der Furt, und diese wiederum verläuft parallel zum schrägen Abfall der Baumkronen in der rechten Bildseite. Über der Stelle, an der die beiden raumschaffenden Bewegungen sich treffen, Furt und Weg nämlich, liegt auch die höchste Baumkrone. Bis an diese Stelle heran reicht auch von rechts her dunkler Schatten, während jenseits der sandige Boden im Licht liegt, gerade dort, wo auch der Himmel durch eine Lücke zwischen den Bäumen tief herunter durchscheint. Eine größere schattige Hälfte trifft die kleinere hellere. Schnell und geballt steigert es sich bis zum höchsten Wipfel und klingt von dort wieder langsam ab, läßt die Bäume auseinandertreten, duftige Wolken sich auflösen.

217 Jan Both, Landschaft mit Merkur und Argus

Noch viel mehr gäbe es zu bemerken, wie etwa die grauen Stämme Platz und Abstand zwischen einander sichtbar werden lassen und wie der Wanderer – unter dem Zenit des Bildes sitzend – in seiner Person Maler und Betrachter vereinigt und dies alles bedenkt, überwältigt von der Natur und sie gleichzeitig doch gestaltend.
Zur gleichen Zeit malte Jacques d'Arthois seine großen, dekorativen Waldstücke. Wie weit entfernt sind sie vom Ernst, von der Eindringlichkeit und Intensität eines Waldes von Ruisdael.
Zum Reichtum der holländischen Landschaftsmalerei gehören auch jene Bilder, die von Malern stammen, die nach Italien zogen. Bereits die Utrechter Meister – wie Terbrugghen und Honthorst – waren in Italien vor allem dem Zauber der Kunst Caravaggios

218 Johannes Lingelbach, Carneval in Rom

erlegen. Nun aber waren es die Landschaften der in Rom ansässigen Franzosen Poussin und vor allem Claude Lorrain, die zum Vorbild wurden. So brachten Cornelis van Poelenburgh (um 1586 bis 1667) und nach ihm *Jan Both* (ca. 1618–1652), Nicolaes Berchem (1620–1683) und ihre Nachfolger ihre von der römischen Sonne beleuchteten Landschaften, in denen unter Ruinen Hirten, Herden und olympische Götter ihr Wesen trieben, nach Holland, wo sie besonders von der besseren Gesellschaft sehr geschätzt wurden. Darüber hinaus vermittelten sie aber auch den zu Hause gebliebenen Malern manche Impulse. Abb. 217
Eine eigene Gruppe von Malern, an ihrer Spitze Pieter van Laer, auch unter seinem Spitznamen »Bamboccio« bekannt (1592–1642), gab sich mit der Schilderung des römischen Straßenlebens ab. Ein

219 Philips Wouwerman, Landschaft mit Erntearbeiten

Abb. 218 *Carneval in Rom* von seinem Schüler *Johannes Lingelbach* (1622 bis 1674) ist ein gutes Beispiel dafür. Gerade von dieser Gruppe von Malern wurde einer der bekanntesten und im 18. Jahrhundert besonders beliebten Maler beeinflußt, nämlich *Philips Wouwerman* (1619–1668). Er hatte sich vor allem auf Landschaften mit Pferden spezialisiert. Doch sind jene Bilder, in denen die Land-
Abb. 219 schaft vorherrscht, wie das mit den *Erntearbeitern* unter einem Gewitterhimmel, ganz besonders schön. Das italienische Licht – das der Maler in Wirklichkeit nie gesehen hatte –, der dramatische Himmel, die Helligkeit des Getreidefeldes, ergeben trotz der geringen Ausmaße des Bildes eine großangelegte Komposition. Auch Jan Wynants und Adriaen van de Velde gehören dieser Richtung an.

Niemals darf man aber vergessen, daß die Maler dieser Zeit nicht vor der Natur arbeiteten, sondern nur nach einzelnen Skizzen und eben aus ihrer Erfahrung und Erinnerung.

220 Jan Siberechts, Die Furt

Auch flämische Maler zogen nach Italien, unter ihnen ist *Jan Siberechts* (1627–1700/1703) eine der interessantesten Erscheinungen. Nach seinem italienischen Aufenthalt kehrte er nach Antwerpen zurück und übersiedelte schließlich um 1672 nach England, wo er ein gesuchter Maler des englischen Adels wurde.

Siberechts war offenbar (wie auch die anderen flämischen Maler in Rom) mit holländischen Kollegen in näheren Kontakt gekommen, anders wäre seine ganz ungewöhnliche Manier kaum erklärbar. Sie zeigt nämlich holländische und flämische Elemente in einer sehr reizvollen Mischung.

Das Lieblingsthema seiner reifen Jahre dreht sich immer um dasselbe: Bäuerinnen ziehen mit Rindern und beladenen Karren durch eine seichte *Furt*, an deren Ufer Weiden und Pappeln stehen. Das Wasser ist leuchtend blau, die wandernde Gesellschaft Abb. 220

221 Andries van Ertvelt, Hafen mit Kriegsschiffen

spiegelt sich darin, die Bäume stehen grün und durchsichtig gegen den Himmel, in der Kleidung der Frauen leuchtet hie und da ein Rot auf. Sie ziehen in der Regel bildeinwärts und erschließen auf ihrem langen Weg die frühlingshafte Landschaft. So sehr bäuerliche Figuren in diese ländliche Szene gehören, so sehr fällt aber auch die gravitätische, langsame, etwas hölzerne Schwere auf, mit der sie sich bewegen, bedeutsam, wie in einer Prozession. Holländische Bauern sind nie so gewichtig. Es fallen einem Bilder des 16. Jahrhunderts ein, wie die Bauern Joachim Bueckelaers oder aber die Gestalten der französischen Caravaggio-Nachfolger, wie Georges de la Tour oder die Brüder Le Nain, die die Menschen ebenfalls einfach, aber umgeben von einer stillen Würde sehen. Und während sonst die Flamen dekorative Landschaften malen wie d'Arthois, ist Siberechts der einzige, der die bescheidene Bauernlandschaft wie die Holländer auffaßt.

Den Vergleich zwischen holländischer und flämischer Malerei kann man fortsetzen. Die Marinemalerei nahm begreiflicherweise in Holland breiten Raum ein. Die holländische Marine war um die Mitte des 17. Jahrhunderts die mächtigste, die es gab. Ihre Handelsflotte segelte auf den sieben Meeren, und die Kriegsflotte war in bestem Stand.

222 Simon de Vlieger, Flottenbesuch vor Dordrecht

Aber auch die Marinemalerei hatte ihren Anfang im Süden genommen, das erste Meerbild ist der »Seesturm« von Pieter Bruegel d. Ä. Aber während sie in den südlichen Niederlanden einen eher phantastischen Anstrich bekam und Aktionen mit fremden Völkern und Seestürme zeigte *(Andries van Ertvelt,* Bonaventura und Jan Peeters), wurde sie in Holland wieder zum Feld für Spezialisten, die das Seebild wie die Landschaft zum Anlaß nahmen, das Spiel von Licht, Luft, Himmel und Wasser im Bild umzusetzen und andererseits mit äußerster Genauigkeit Schiffe zu porträtieren: Schiffe im Hafen, bei einem besonderen Anlaß, wenn etwa hoher Besuch kam, auf hoher See, bei Sturm und beim Angriff. Aber immer wird ein genau und lebendig empfundenes Bild daraus. Der von *Simon de Vlieger* stammende *Flottenbesuch* (1646) gibt den Eindruck ankernder Schiffe auf spiegelglatter See am besten wieder. Willem van de Velde d. J., sein Nachfolger,

Abb. 221
Abb. 222

223 Rachel Ruysch, Ein Blumenstrauß

spezialisierte sich darauf, die Schiffe als Hauptakteure in peinlichster Verläßlichkeit und Detailgenauigkeit gleichsam als »Helden« zu porträtieren. Das früher so geschätzte Schauspiel atmosphärischer Bewegung begann er im gleichen Maße zu vernachlässigen. Sein bedeutendstes Betätigungsfeld war England.

Ähnlich geht die Entwicklung in anderen Zweigen der Naturdarstellung vor sich. Das »Blumenstück« etwa, von Jan Brueghel d. J. zum erstenmal vorgestellt, wird durch den Antwerpener Blumenmaler Ambrosius Boschaert d. Ä. (1573–1621) in Holland eingeführt, wo es unerhörten Anklang fand und sich durch Maler
Abb. 223 wie *Rachel Ruysch* (1664–1750) und Jan van Huysum (1682–1749) bis ins 18. Jahrhundert auf höchstem Niveau hielt. Dabei war ohne Zweifel auch die entwickelte Blumenzucht der Holländer

224 Daniel Seghers, Die Heilige Familie im Blumenkranz

von Bedeutung, desgleichen ihr Handel mit Blumenzwiebeln und seltenen, aus den Kolonien eingeführten Pflanzen. Dennoch verliert sich nie die zweite Bedeutung dieser Bilder, die immer einen Hinweis auf die Vergänglichkeit enthalten. Auch das Arrangement der Blumen, die immer nach einer bestimmten Regel komponiert waren, und die Größe der einzelnen Gattung, die in ihrem Verhältnis zueinander willkürlich variierte und außerdem Blumen verschiedenster Jahreszeiten zusammenstellte, setzte das Abbild der Natur um in ein reflektiertes Werk der Kunst, das wie ein reines Abbild aussehen sollte. Daher wurde jede Einzelheit mit äußerster, malerisch und farblich unüberbietbarer Akribie wiedergegeben.
In der flämischen Blumenmalerei, deren wichtigster Exponent der

225 Frans Snyders und Paul de Vos, Ein Fischmarkt

Abb. 224 Antwerpener Jesuit *Daniel Seghers* (1590–1661) war, konzentrierte man sich auf die symbolische Bedeutung der Blume und wendete sie im religiösen Sinn an. In Kränzen und Girlanden, manchmal gemischt mit Früchten, umwinden und schmücken sie in der Regel als Relief wiedergegebene Marienbilder oder Kelch und Hostie, wobei auf die symbolischen Beziehungen auch fallweise durch Inschriften hingewiesen wird. Auch diese Form hat Jan Brueghel d. Ä. vorgebildet, auch in den flämischen Bildern sind die Blumen mit äußerster Sorgfalt gemalt, die Faktur ist jedoch flüssiger und opaker als in Holland, das Gesamtbild ist weniger intensiv, dafür von dekorativer Schönheit.

Eine weitere Differenzierung des Naturbildes ist das »Stilleben«. So wie die Blumen findet man schon auf den flämischen Altären des 15. Jahrhunderts – bei van Eyck, Rogier van der Weyden und anderen – Blumen, Krüge, Bücher, die die Interieurs bereichern und zudem symbolische Bedeutung haben. Im 16. Jahrhundert malten der Amsterdamer Pieter Aertsen und sein Nachfolger, der Antwerpener Joachim Bueckelaer, bereits selbständige, reichhaltige Stilleben in Lebensgröße, die oft nur mehr nebenbei und

226 Jan Fyt, Stilleben mit totem Pfau und Eberkopf

durch eine Szene im Hintergrund ihre tiefere Bedeutung eröffnen. Im 17. Jahrhundert entwickelten *Frans Snyders* (1579–1637) und andere Maler der Rubens-Schule das überlebensgroße Stilleben in barock-opulenter Weise, das auch tote Tiere aller Art mit einschließt. Manchmal wird es mit der menschlichen Figur kombiniert, wie das übrigens schon Ende des 16. Jahrhunderts Lucas van Valckenborch getan hat, der außerdem den Zusammenhang mit den Jahreszeiten herstellte (siehe Sekundärgalerie). Abb. 225

Aus diesen großen und dekorativen Tierstücken, die auch Snyders Schwager Paul de Vos mit großem Schwung malte, entstand die Gattung der reichen und üppigen Jagdstilleben des *Jan Fyt* (1611 bis 1661). Lebhaft komponiert, virtuos, mit viel Sinn für nuancenreiche Farbschattierungen gemalt, fanden sie bei den Statthaltern Abb. 226

227 Pieter Claesz, Vanitas-Stilleben

der südlichen Niederlande und ihrer vornehmen Hofgesellschaft reißenden Absatz. In der fürstlichen Hofhaltung war die Jagd seit jeher eine der Hauptvergnügungen gewesen.

In Holland, wo die hohe Aristokratie fehlte und das Bürgertum das Gesicht des Landes bestimmte, kam der Jagd nicht annähernd solche Bedeutung zu. Das echte Stilleben aber – das Wort ist übrigens um 1650 in Holland entstanden – als Ansammlung stiller Dinge aller Art, war sehr beliebt. Unter den ersten bedeutenden Stillebenmalern finden wir den Vater von Berchem, nämlich
Abb. 227 *Pieter Claesz* (1597/98–1661). Sein *Vanitas-Stilleben* (1656) zeigt unverhüllt die tiefere Bedeutung dieser Bilder, Totenschädel, ausgelöschte Öllampe, abgelaufene Uhr, Stundenglas sind direkte Hinweise auf die Vergänglichkeit des Lebens, ebenso wie das aufgeschlagene Notenheft und das umgestürzte Weinglas auf die Eitelkeit der Freuden dieser Welt hinweisen. Deutlicher hat übrigens Leonhard Bramer (1595–1674) in zwei Bildern dieselben Gedanken ausgearbeitet (um 1640/1645). Aus der echten Nature Morte des Pieter Claesz, der aber auch Stilleben mit Brot, Fisch, Glas und anderem malte, wird die bereits üppigere Zusammen-

228 Cornelis de Heem, Frühstücksstilleben

stellung von Bechern, Gläsern, Früchten, Austern, Zitronen auf Zinn- oder Silbertassen von Jan Davidsz de Heem (1606 bis 1683/84) und später von seinem Sohn *Cornelis de Heem* (1631 bis 1695). Die Freude und die Fähigkeit, diese unbelebten Dinge fast schöner als die Natur selbst wiedergeben zu können, drängt die Hinweise auf die tiefere Bedeutung manchmal in den Hintergrund. Doch findet man sie immer wieder (so etwa die Uhr), wenn sie manchmal auch nur ein Alibi waren, um darzutun, daß der rechtschaffene Calvinist bei allem weltlichen Erfolg, durch den ihm die göttliche Gnade bestätigt wurde, dennoch nie auf das ewige Leben vergessen dürfe. Die Üppigkeit der Arrangements verliert sich in den dunkel-samtigen Bildern eines *Abraham van Beyeren* (1620/21–1690), der nur mehr wenige Objekte sehr überlegt und elegant zusammenstellt. Die Glanzlichter auf der Tischdecke, auf Glas und Metall, die Oberfläche der Früchte und

Abb. 228

Abb. 229

229 Abraham van Beyeren, Frühstücksstilleben

Austern sind von exquisiter Malkultur, die dennoch nie auf Kosten möglichst großer Realitätsnähe geht. Die holländischen Feinschmecker wollten ihre Austern auch mit den Augen genießen können.

Zieht man eine vorläufige Bilanz aus der Gegenüberstellung von flämischer und holländischer Malerei und ihren so differenzierten und spezialisierten Bildgattungen, so ist festzuhalten: die Anfänge liegen immer in den südlichen Niederlanden, wo die Nähe des burgundischen Herzogshofes allein schon auf Kunst und Kultur unmittelbarer eingewirkt hatte als in den nördlichen Landesteilen. Beiden Ländern gemeinsam sind der Wille und das Vermögen, die Erscheinungen der Welt von ihrer Oberfläche her mit Lust an der sinnlichen Vielfältigkeit darzustellen. Die südlichen Nieder-

230 Antonio de Pereda, Vanitas-Stilleben

lande jedoch, der großen katholischen Welt angehörig und von einer politisch ebenso großen, zentralen fürstlichen Macht und deren Hierarchie regiert, sind auch in der Malerei des 17. Jahrhunderts immer von einem übergeordneten Zentrum abhängig und ihm zugeordnet. Die Bindung an eine übergeordnete Idee wird nicht nur durch die großen offiziellen Aufträge für Kirche und Fürst sichtbar, sondern auch in den anderen angeführten Spezies der Malerei. Da dies aber für die Kunst des Barock im allgemeinen gilt, kann man in der flämischen Kunst dieser Zeit eben einen besonders reich und vielfältig blühenden Zweig der europäischen Gesamtkunst sehen.

In diesem Zusammenhang soll ein spanisches *Vanitas-Stilleben* Abb. 230 erwähnt werden. Es wurde um 1654 von dem Madrider Maler *Antonio de Pereda* (1608–1678) gemalt, fast gleichzeitig mit dem »Vanitas-Stilleben« von Pieter Claesz. Es ist ein großes aufwendiges Bild, ganz anders als das düstere, im Schatten verschwindende kleine Bild des Holländers. Auf der einen Seite liegen Totenköpfe in allen Stellungen, Harnischteile, Waffen und Bücher. Und auch Sanduhr und ausgelöschte Kerze fehlen nicht. Dazu kommen Spielkarten, Geld und Preziosen, Porträts schon Verstorbener und eine große Tischuhr. Hinter all dem aber steht ein geflügelter Genius, zeigt mit einer Hand auf einen Globus und hält in der anderen einen Kameo mit dem Bildnis des großen unvergeßlichen Kaisers Karl V., in dessen Weltreich die Sonne niemals untergegangen war. Neben der Sanduhr steht: »Nil omne«. Das heißt, daß aller Reichtum, alle Macht und alle Lust auf Erden soviel wie nichts sind. Es kann aber auch heißen, daß dieses Nichts alles ist, was wir besitzen, daß es den unsterblichen Nachruhm ausmachen kann. In diesem Sinn ist der Genius ein solcher des Ruhms. Der große Kaiser ist schon lange tot, nicht aber die Fama seiner Taten, die erst durch das Ende aller Zeiten, durch die Ewigkeit, besiegt werden kann.

Es ist das eine nur in Spanien mögliche Variante, die dem Vanitas-Gedanken, der Sterblichkeit, die Unsterblichkeit des Ruhmes gegenüberstellt.

Da der holländischen Malerei die großen zentralen Themen, wie Kirche und fürstliche Macht sie lieferten, fehlten und ihr Hauptauftraggeber die begüterten Bürger waren, sind die Bildgattungen spezialisierter als im Süden, voneinander verschiedener und differenzierter. Das bringt auch größere malerische Intensität und Wirklichkeitsnähe mit sich, eine gewissermaßen bürgerliche Aufmerksamkeit und Genauigkeit. Der religiöse Aspekt wird weitgehend durch moralische Hinweise ersetzt. Rembrandt nimmt als überragender Künstler eine Sonderstellung ein. Die seelische und geistige Verinnerlichung seiner Kunst tritt bei anderen, weniger bedeutenden Malern als Intensivierung im bildkünstlerischen und malerischen Sinn auf.

Im übrigen ist die immer hervorgehobene besondere Realitätsnähe der holländischen Malerei des 17. Jahrhunderts nicht nur die Folge historischer Entwicklungen. Die Altäre eines Geertgen oder gar eines Bosch zeigen bereits einen solchen Blick für die Wirklichkeit und deren häßliche, erschreckende Aspekte, so daß man vielleicht sogar von einer Disposition und Geneigtheit, sich mit ihr auseinanderzusetzen, sprechen kann.

Bis jetzt war noch nicht die Rede von einer der anziehendsten

231 Frans Francken und H. Vredeman de Vries, Gesellschaftsszene

Bildgattungen der holländischen Malerei, dem Genrebild, das einfache Szenen aus dem bürgerlichen Alltagsleben wiedergibt. Die flämische Malerei pflegte es charakteristischerweise überhaupt nicht. Dafür gab es »Gesellschaftsszenen« in reichen, bildergeschmückten Sälen, wie sie etwa *Frans Francken II.* (1581–1642) malte und aus denen sich die Darstellungen von »Kunstkammern« und *Gemäldegalerien* abspalteten, wie sie *David Teniers d. J.* malte, nachdem er 1651 in den Dienst Erzherzog Leopold Wilhelms getreten und sein Hofmaler und Galeriedirektor geworden war. Es ist übrigens dieselbe Gemäldegalerie, die der Erzherzog bei seiner Übersiedlung nach Wien mitbrachte und die heute noch den Kern der Wiener Galerie bildet. Welche Wertschätzung die Genremalerei in Holland erfuhr, kann man an dem Umstand ermessen, daß ein Künstler wie Vermeer – die letzte große Er-

Abb. 231

Abb. 232

232 David Teniers d. J., Erzherzog Leopold Wilhelm in seiner Galerie in Brüssel

scheinung auf der malerischen Bühne Hollands – ein Genremaler war.

Die Gattung der Genremalerei entwickelte sich in zwei Schüben, wobei die eine Gruppe mit der anderen nichts zu tun hat. Diese erste, kleinere geht zunächst von den Bildern des nach Holland emigrierten Mechelner Malers David Vinckeboons (1576–1631) aus, der außer Bauernszenen auch »Lustige Gesellschaften« malte. Dazu kam der Einfluß von Frans Hals, unter dem kleine galante Gesellschaftsszenen entstehen, die sich in Garten oder Haus abspielen. Zu den bekanntesten Vertretern dieses Genres gehören

Abb. 233 der Bruder Hals', Dirk Hals (1591–1656), und *Esaias van de Velde* (1591–1630). Mit den flämischen Gesellschaftsszenen haben sie insofern eine gewisse Ähnlichkeit, als sie wie diese die Unterhaltungen gehobener Stände, jedenfalls nicht die des Bürgers, zum Thema hatten. Die lichten, bunten fröhlichen Bildchen stammen alle mehr oder weniger aus den zwanziger Jahren. In den dreißiger Jahren sind sie kaum noch gefragt, ebensowenig wie

233 Esaias van de Velde, Gastmahl im Schloßpark

eine Abspaltung davon, Interieurs mit Offizieren und leichten Damen nämlich, so wie sie etwa Antonie Palamedesz malte (1601 bis 1673).

Die folgende Generation von Genremalern ist unabhängig von der vorhergehenden, ihr Ausgangspunkt liegt ganz wo anders – und zwar bei Rembrandt. Ihr Thema ist, wie schon gesagt, das häusliche Leben. Einer der zahlreichen Schüler Rembrandts, der die kleinteilige und kleinfigurige Malerei seiner Frühzeit fortsetzte und sie ins bürgerliche Genre hinüberhob, war *Gerard* Abb. 234 *Dou* (1613–1675). Er wurde damit zum Begründer der Leidener Feinmalerei, zu der in der nächsten Generation *Gabriel Metsu* (1629–1667) und Frans van Mieris d. Ä. (1635–1681) kamen. Ihre häuslichen Szenen und Interieurs sind mit größter malerischer Delikatesse vorgetragen, die Stoffmalerei zu kaum glaublicher Vollendung gebracht; verständlich, daß diese Bilder sehr gesucht waren. Wieder darf nicht übersehen werden, daß alle diese Bildchen noch eine zweite Bedeutung hatten: der »Arztbesuch« be-

234 Gerard Dou, Alte Frau am Fenster

Abb. 235 zieht sich auf Liebesschmerz, der *Offizier und das Mädchen* spielt auf die käufliche Liebe an und so weiter. Immer ist ein moralisierender Unterton vorhanden, der den Leuten freilich so geläufig war, daß sie ihn wohl kaum noch wahrnahmen.

Aus dem Umkreis des bedeutendsten Rembrandtschülers, Carel Fabritius nämlich, kam *Vermeer van Delft* (1632–1675). Er erhob das bürgerliche Genrebild zur großen Kunst. Sein Ausgangspunkt liegt bei den Utrechter Caravaggisten; aber bald entwickelte er aus diesen und anderen Anregungen ein eigenes Konzept. Die Gemäldegalerie besitzt von seinen ohnehin sehr wenigen anerkannten Bildern ein Werk aus seiner besten Zeit (um 1665), nämlich den »Maler im Atelier« oder, wie das Bild kurz nach dem

235 Gabriel Metsu, Der Offizier und das Mädchen

Tod des Künstlers hieß, *De Schilderconst*, also *Die Malkunst*. Ein anderes »Maleratelier« von höchster Qualität ging Vermeers Bild einige Jahre voraus, die schon öfters zitierten »Meninas«, die Velázquez bei der Arbeit im Atelier zeigen. Abb. 236

Wie aus einem dunklen Zimmer heraus, an einem zurückgeschlagenen Vorhang vorbei, sieht man in die Helligkeit und Stille des Vermeerschen Ateliers. Darin sitzt ein Maler vor der Staffelei. Man sieht ihn nur von rückwärts, sein Gesicht ist verborgen. Er ist reich und schön gekleidet, als wolle er dem ernst-feierlichen Thema seines Bildes die Reverenz erweisen. Gerade ist er dabei, den Lorbeerkranz zu malen, den sein Modell trägt. Dieses Modell, ein freundliches Mädchen, ist als allegorische Figur verkleidet. Es posiert in einem prachtvollen blauen Mantel als Klio, die Muse der Geschichte, mit der Trompete der Fama in Händen und dem Buch der Geschichte. An der weißen Hand hängt eine Landkarte der Niederlande. Sie zeigt das Land noch in seiner früheren Größe mit allen siebzehn Provinzen, wie es vor der Teilung von 1581 ausgesehen hatte. Auf dem Tisch liegen noch weitere Requisiten zur Verkleidung, darunter eine Maske, ein Modell für den Maler, wohl aber auch Sinnbild der Verkleidung, durch die der Maler – wie der Dichter – den Sinn seines Bildes verhüllt und gleichzeitig enthüllt. Auch ein Skizzenheft liegt da. Das Licht fällt vom Fenster, das vom Vorhang abgeschirmt wird, voll auf das Modell, der Maler sitzt im Halbschatten, der Stuhl ganz vorne ist im Dunkel.

Man denkt vor diesem Bild an ältere Maler in unserer Galerie: so an den spätgotischen »Hl. Lukas der die Madonna malt« von Gossaert, an Dosso Dossis »Jupiter, Schmetterlinge malend«, an den zum rudolfinischen Kunstkreis gehörenden Niederländer Joos van Winghe, der den Maler als Apelles zeigt, der Campaspe, die Geliebte Alexanders des Großen, malt (Sekundärgalerie), bis zum Spanier Mazo, der in sein Familienbild das Atelier des Velázquez miteinbezieht. Allen diesen Bildern, obwohl verschiedensten Zeiten und Kunstkreisen angehörig, ist gemeinsam, daß sie etwas über die allgemeine Situation des Malers und seine Wertschätzung aussagen wollen. Die Malerei wurde bekanntlich lange als Handwerk angesehen, sie gehörte nicht zu den »artes liberales«, es gab keine Muse der Malerei. In Italien wurde der Maler schon viel früher gesellschaftlich anerkannt als im Norden, Kaiser Rudolf II. setzte sich um 1600 für dasselbe Ziel ein, und im 17. Jahrhundert war der Stand des Malers auch in den Niederlanden gesichert, man denke bloß an Rubens. Ob Vermeer mit dem Maler im Bild sich selbst meinte oder nicht, ist belanglos, jedenfalls identifizierte er sich mit dieser Figur als Vertreter der gesamtniederländischen Malerei, deren Ruhm, deren Fama in die Geschichte eingehen wird.

Über der Bedeutung, die dieses Bild besitzt und die wohl noch eingehendere Erklärungen verlangt, darf jedoch nicht übersehen werden, daß wir gleichzeitig auch eine reale Szene vor uns haben – einen Maler im Atelier und sein Modell in allegorischer Verkleidung. Wirklichkeit und ihre Überhöhung werden auf eine Art

236 Vermeer van Delft, Maler im Atelier

interpretiert, die in dieser Weise noch keinem Maler eingefallen war. Vermeer benützt den Raum und räumliche Beziehungen als Ausdrucksmittel. Der Vordergrund – Vorhang und Stuhl – ist dem Betrachter so nah, so groß, daß er fast in Gefahr gerät, daran anzustoßen. Die weibliche Figur, nennen wir sie Fama oder Klio, ist dagegen klein, kleiner als man sie in Wirklichkeit bei der gegebenen Raumtiefe sehen würde. Es ist gleichgültig, ob Vermeer, wie sein Malerkollege Pieter de Hooch (1628–1684), die »camera obscura« benützt hat oder nicht. Auf alle Fälle wollte er Raumtiefe über die realen Gegebenheiten hinaus suggerieren. Das ist aber noch nicht alles. Das schwarz-weiße, für räumliche Spielereien sehr brauchbare Pflaster des Fußbodens wird zu weiterer Verfestigung der räumlichen Verhältnisse benützt. Die Tischkante folgt etwa einer schwarzen Diagonale nach links, an deren Ende die Fama steht. Der Maler wieder orientiert sich durch Haltung, Stellung der Beine und der Staffelei nach einer anderen Pflasterdiagonale, die nach rechts ins Bild führt. Beide Diagonalen verstärken das räumliche Gefühl. Die Waagrechte der Holzdecke, der Ober- und Unterkante des Plans ebenso wie dessen betonte senkrechte Kanten, die auf einer Seite mit dem Bildrand gleichlaufen, sowie die Senkrechten von Stuhl und Staffeleibild geben allen diesen Raumbezügen nicht nur eine feste Grundstruktur, sondern führen die Dreidimensionalität des Raumes wieder über in die Zweidimensionalität der Bildfläche. Vom Licht, das die Raumverhältnisse noch weiterhin erläutert, war schon die Rede. Der Aufbau der Farben steigert sich zu einem Mittel- und Höhepunkt im strahlenden Blau des Mantels der Fama und im leuchtenden Gelb des Buches. Den Gegensatz dazu bildet der Maler in Schwarz mit roten Strümpfen. Alles andere ist in Nuancen dazu abgestimmt. Die weiche und dennoch bestimmte, gleichsam mühelose Malerei wird besonders im Vordergrund zu eigenartig prickelndem Leben erweckt durch eine pointillierende Maltechnik, die Vermeer offenbar erfunden hat. Einzelne Farbflächen werden, durch Farbpunkte gebrochen, aufgelöst und dadurch körperhafter, stofflicher empfunden, also ohne sie – ein malerisches Äquivalent zur betonten Räumlichkeit. Die genaue Darlegung räumlicher und stofflicher Verhältnisse befriedigt den Sinn für Realität. Die Vollkommenheit des malerischen Gebildes dient der Überhöhung der Realität, dem ewigen Ruhm der Malerei, dem Ruhm des Malers, der sozusagen seinen eigenen Lorbeerkranz malt. Vermeer hat mit diesem Bild ein Manifest vollkommener Malkunst geschaffen – dem Geist, dem Intellekt und der Phantasie nach.

Um die Breite der holländischen Malerei darzulegen, seien noch zwei weitere Maler vorgestellt. Ein stiller und ein lauter gleichsam. Der eine ist *Gerard ter Borch* (1617–1681) aus dem künstlerisch sonst unbedeutenden Deventer, der zweite ist Jan Steen (1626–1679) aus der Malerstadt Leiden. Ter Borchs Bild *Die*
Abb. 237 *Apfelschälerin* ist gegen 1661 entstanden, also um die gleiche Zeit wie Vermeers »Maler im Atelier«, doch gehörte Ter Borch zur vorangehenden älteren Generation. Das kleine Bildchen ist denkbar einfach. Vor einer grauen Wand, auf der, wie auch bei Vermeer, eine Landkarte hängt, sitzt vor einem Tisch mit nieder-

237 Gerard ter Borch, Die Apfelschälerin

geschlagenen Augen eine Frau, die einen Apfel schält, den sie eben aus einer Schüssel genommen hat. Auf dem dunkelblauen Tischtuch steht ein zinnener Kerzenleuchter. Fast genau die Mitte des Bildes nimmt der Kopf eines kleinen Mädchens mit großem Hut ein. Fragend blickt es zu der Frau, wohl seiner Mutter, auf. Farblich ist das Bild sehr vornehm und diskret elegant in seinen kühlen Grau-, Beige- und Blautönen, die nur vom Gelb der Jacke und den roten Äpfeln kontrastiert werden. Und als Stimmung kann man sich nichts Zarteres, Leiseres denken als die Beziehung zwischen Mutter und Kind, die nur durch den stummen Blick hergestellt wird. Und dennoch ist auch dieses Bild emblematisch verschlüsselt, denn es will sagen: »Gib einer Frau, einem Freund, einem Kind nicht alles, was ihr Herz ersinnt, und gib vor allem dir selbst nicht alles, was dein begieriges Herz gebietet.« Bewundernswert, wie der Maler die strenge Ermahnung zur Selbstzucht ganz mühelos in das einfache freundliche Bild einer Mutter verwandelt hat, die einen bescheidenen kindlichen Wunsch erfüllt.

Der jüngere *Jan Steen,* der bei Nikolaus Knüpfer in Utrecht, dann beim Bauernmaler Adriaen van Ostade und schließlich bei seinem Schwiegervater Jan van Goyen gelernt hatte, ist ein anderes Ka-
Abb. 238 liber. Die *Verkehrte Welt* stammt ebenfalls vom Anfang der sechziger Jahre, wohl von 1663 – ebenso wie Ter Borchs Bild.

Der helle Tag scheint durchs Fenster in ein Zimmer, in dem eine merkwürdige Gesellschaft beisammensitzt. Die Mitte nimmt ein betrunkenes Liebespaar ein. Der Mann hat seinen Hut verloren, er wirft einem Schwein, das ungehindert ins Zimmer darf, Rosen vor, sie hält ihm ein Weinglas hin. Hinter den beiden stehen einer, der musiziert, und ein anderer in der Kleidung eines Quacksalbers, dem eine Ente auf der Schulter sitzt, eine alte Frau spricht eindringlich auf ihn ein. Auf der anderen Seite ist die Mutter von drei Kindern eingeschlafen, während eben diese Kinder Unfug treiben und ein Hund auf den Tisch gesprungen ist und die Pastete frißt. Ein Korb mit Krücke, Besen und anderem hängt hoch an der Decke, und ein Affe bringt die Uhr in Unordnung. Aus einem Faß rinnt der Wein, und auf der Tafel neben den zu Boden gefallenen Spielkarten, auf der sonst die Spielschulden angekreidet werden, steht: »In weelde siet toe«, das heißt: »Im üppigen Leben seht euch vor.« Die ganze liederliche, närrische Gesellschaft ist die wörtliche Illustration moralisierender Sprichwörter, die in recht eindeutiger Weise die Folgen einer unordentlichen Wirtschaft schildern.

Einige Jahre zuvor hatte der um eine Generation ältere Jakob Jordaens im »Bohnenfest« ein ähnliches Thema behandelt, allerdings in monumentalem Format und dadurch wohl weniger eindringlich auf den einzelnen bezogen, sondern eher als allgemeine Sentenz gemeint, deren Beherzigung freilich kaum erwartet wird, da man ja gerade unter einem solchen Bild zu Gastereien zusammentritt und es eher dazu auffordert als daß es davon abhielte.

Das Bild Jan Steens tut dies zwar nicht, es hat aber eine andere Eigenheit, die viele seiner Bilder auszeichnet: er macht sich deutlich über die Moral der Geschichte lustig. Angefangen von der jungen Frau in der Mitte im schönen gelben Seidenkleid und

238 Jan Steen, »Die verkehrte Welt«

ihrem Kavalier sind alle mit solcher Lebhaftigkeit und glänzenden Auges guter Laune bei der Sache, als wollten sie durch Übertreibung das ewige Moralisieren ad absurdum führen, als spielten sie das liederliche Leben auf der Bühne. Wenn man weiß, daß Steen in solchen Bildern immer die eigene Familie porträtiert hat, so wird diese Vorstellung noch plausibler. Die dargestellte Realität wird also zunächst durch die tiefere Bedeutung in Frage gestellt, diese aber ihrerseits wiederum bezweifelt und nicht ernst genommen, so daß zum Schluß wieder die Realität übrig bleibt, aber eine von sehr menschlicher augenzwinkernder Art. Darum sprechen die Bilder Jan Steens den Beschauer so direkt und trotz mancher, für uns ungewohnter Derbheiten so sympathisch und erheiternd an.
Darüber soll nicht übersehen werden, wie übersichtlich das Bild aufgebaut ist. Die ganze Gruppe ist in ein auf der Spitze stehendes kompaktes, breites Dreieck zusammengefaßt. Rundherum im Raum sind Dinge in auffälliger Symmetrie verstreut, die auf geordnete Weise Unordnung darstellen. Die Malerei ist kräftig,

239 Bartholomeus van der Helst, Damenbildnis

flüssig und bewegt, die Farben steigern sich von Grau und Braun zur strahlenden Mitte im gelben Kleid mit der blauen Schärpe – einer Farbkombination, die auch bei Vermeer vorkommt. Steen bringt eine Dynamik in seine Bilder, die der dargestellten guten Laune entspricht und in holländischen Genrebildern sonst nicht vorkommt. Das gleiche Temperament gab es in ähnlicher Weise nur in den Porträts Frans Hals'.

Die Porträtmalerei hatte sich aber seit Hals und Rembrandt sehr bedeutend geändert. Die reich gewordene holländische Gesellschaft, der kleine Adel, das Militär wollten sich ihren gehobenen Ansprüchen entsprechend elegant und aristokratisch im Bild dargestellt sehen. Das angestrebte Vorbild wurden van Dyck und die höfische Atmosphäre seiner Bilder. Ab 1640 nahmen daher die

240 Adriaen van der Werff, Herrenbildnis

Porträts allmählich einen anderen Charakter an. Der Lieblingsporträtist der neuen Gesellschaft wurde *Bartholomeus van der Helst* (1613–1670). Sein *Damenbildnis* (1651) zeigt deutlich den neuen Geschmack. Mit unverbindlichem Lächeln blickt die Dame, glatt und schön gemalt, die Hände in leichter Konversationshaltung, aus ihrem weißen Kragen. Im Hintergrund ist eine Landschaft van Dyckschen Stils angedeutet. Noch weiter ging Nicolaes Maes (1634–1693), der den Porträtstil der Generation nach van der Helst ab 1660 bestimmte. Beim Anblick seiner »Sara Ingelbrechts« (1675) würde man nicht glauben, daß er ursprünglich ein Schüler Rembrandts war und durch seine Genrebilder berühmt wurde. Doch hatte er dieses Fach aufgegeben und sich ausschließlich der Porträtmalerei zugewandt. Van der Helst war in der

Abb. 239

Farbgebung seiner Bilder noch der holländischen Tradition verbunden, Maes hingegen brach damit, verwendete hellere warme Farben und näherte sich dem französischen Geschmack in der Art Rigauds. Noch viel eindeutiger verfolgte diesen Weg der jüngere
Abb. 240 *Adriaen van der Werff* (1659–1722), was sein *Herrenbildnis* von 1694 deutlich macht.

Holland war in relativ kurzer Zeit zur Großmacht geworden. Sein Aufstieg hatte um 1610 begonnen, der Höhepunkt war zwischen 1650 und 1670 erreicht. 1672 fiel König Ludwig XIV. von Frankreich in das schlecht gerüstete Land ein, das kein Geld für militärische Zwecke, sondern nur für die wirtschaftliche Wohlfahrt ausgeben wollte. Obwohl 1678 der Frieden von Nijmwegen geschlossen wurde, setzte Frankreich die imperialistischen Bestrebungen gegen Holland fort, bis endlich Wilhelm III. von Oranien, Generalkapitän und Statthalter, 1697 den Frieden von Rijswijk erreichte, der ihm im weiteren Verlauf die Krone von England einbrachte. Danach widmete er seine Kräfte hauptsächlich der neuen Aufgabe, und die Republik der Vereinigten Niederlande sank zu sekundärer Bedeutung herab. Die Auseinandersetzungen mit Frankreich und die Flucht französischer Protestanten nach Holland hatten den französischen Geschmack ins Land gebracht, der nun begann, Kunst und Kultur zu bestimmen. Aus eigenem konnte dem fremden Einfluß nicht mehr viel entgegengesetzt werden. Die französischen Maler freilich wurden inspiriert von der großen holländischen Malkunst der vergangenen Jahrzehnte, wofür Chardin etwa ein Beispiel ist. Der schöpferische Impuls in der holländischen Malerei war mit dem Tod Vermeers (1675) zu dessen Lebzeiten sich die fremde Mode ja bereits durchsetzte, wie man am Beispiel seines Generationsgenossen Maes sehen konnte, erlahmt. Immerhin: die unerhörte bildnerische und schöpferische Kraft holländischer Maler und Künstler hatte drei Generationen angedauert. Sie hatte der Welt in erstaunlicher Weise gezeigt, wie Selbstbeschränkung auf der einen Seite ungeahnte Kräfte auf der anderen freisetzen kann. Das malerische Weltbild Hollands ist – verglichen mit den südlichen Niederlanden oder gar mit Italien – nicht extensiv, auch nicht in seinen größten Malern. Die Kräfte, die in ihm wirken, gehen in die Tiefe und ins einzelne, nicht in die Breite und ins Allgemeine. Die Selbstbeschränkung führte zu einer Intensivierung, die auch das malerische Handwerk ergriff und schließlich den inneren Gehalt der Bilder, der oft bescheiden und nur der Wirklichkeit des Tages entnommen war, auf eine Weise umdeutete, daß diese alltägliche Welt auch heute noch in einer sehr persönlichen, aber jedermann verständlichen Sprache – die aber dennoch die Sprache des Dichters ist – zu uns spricht. In keinem anderen Land konnte die Malerei des Barock ähnliche Effekte hervorbringen.

Der Niedergang der holländischen Kunst seit ungefähr 1670 ist nicht als europäische Einzelerscheinung zu werten. In den Südniederlanden geschah Ähnliches und ebenso in den großen Kunstzentren Italiens. Die Dynamik des Barock verliert an Atem, läuft sich aus und erstarrt in einem kühlen, glatten Akademismus, wie er etwa in Rom durch Carlo Maratta vorgeführt wurde und in Bologna durch Carlo Cignani (1628–1719) – man betrachte daraufhin die »Caritas Romana« (1690). Neapel freilich, dessen Malerei nicht so sehr durch die klassische Kunst der Carracci bestimmt worden war wie die römische und bolognesische Kunst, sondern durch Caravaggio und die daraus entstehende malerische Tradition, geriet nicht so leicht in Gefahr, in einen Akademismus zu verfallen, obwohl auch hier eine gewisse Zäsur zu spüren ist. Die venezianische Malerei, deren Stagnation, wie schon erwähnt, bereits nach dem Tod der großen Renaissancemaler einsetzte, konnte sich nur durch die um 1630 eingewanderten Maler Feti, Strozzi und Liss und deren Nachfolger einigermaßen erholen, ohne aber ganz große Leistungen hervorzubringen. Auch in Spanien ist der letzte große Name Murillo (1618–1682), dem erst in der zweiten Hälfte des 18. Jahrhunderts ein Goya nachfolgt. Ähnliches geschieht in Frankreich, wo erst zwei Jahre nach dem Tod des Claude Lorrain (1600–1682) Watteau geboren wird.

In diesem Zusammenhang bekommt die Figur des Neapolitaners *Luca Giordano* (1632–1705) Gewicht. Er beginnt in der Art des Ribera und gerät später unter den Einfluß Mattia Pretis. Die Philosophen- und Bettlerköpfe, die er gern malt, sind oft kaum von solchen Riberas zu unterscheiden. Auch der eindrucksvolle *Altar des Erzengels Michael,* der die abtrünnigen Engel in die Abb. 241
Hölle stürzt, trägt noch – bis in den Pinselstrich hinein – die Erinnerung an den spanischen Maler (um 1550). Der Einfluß Pretis läßt seinen Stil malerischer werden, er vermittelt ihm einen Sinn für chromatische Werte. Damit erzielte er in Venedig, als er 1667

241 Luca Giordano, Michaelsaltar

diese Stadt besuchte und sie mit der großen dekorativen Malerei Neapels bekannt machte, großen Eindruck. Gleichzeitig nahm er aber aus Venedig koloristische Anregungen mit, die er in seinen großen Deckenfresken – vor allem für den spanischen Hof – verwertete. Die dunkelfarbige Malerei seiner Jugend änderte sich
Abb. 242 in den späten Werken vollkommen – so etwa der *Einholung der Bundeslade durch David* oder in der Serie des »Marienlebens« (Sekundärgalerie) – und wird licht, luftig und leicht. Diese späten Werke bestimmen das malerische Konzept des 18. Jahrhunderts.
Ein Nachfolger Luca Giordanos ist *Francesco Solimena* (1657 bis
Abb. 243 1747). Typisch für seine Kunst ist das schöne Bild von *Boreas und Orithyia* (um 1730). Ovid erzählt, wie Boreas, der Nordwind, sich in die Tochter des Königs von Athen verliebt und sie – wäh-

242 Luca Giordano, David vor der Bundeslade

rend er mit seinen Flügeln einen Sturm anfacht – entführt. Der Windgott fährt mit seiner Beute in den Himmel, eine Dienerin versucht ihn noch am Mantel festzuhalten, während die anderen entsetzt auseinanderstieben. Zwischen Getümmel, Wolken und Putten sieht man auf die sich verdüsternde Landschaft.

Die heftige Bewegung, die allgemeine Aufregung werden fast ausschließlich in Diagonalen ausgedrückt, Körperhaltung, Arme, Beine und vor allem die beiden Hauptfiguren folgen der schon immer Barockstrukturen beherrschenden Bildkomponente. Der Unterschied zu den Werken des Hochbarock liegt jedoch in der Überbetonung, die die Komposition beinahe einem dekorativen Gerüst unterordnet. Die Figuren sind so fest zusammengefaßt und die Körper durch flatternde Gewänder in dekorative Formen

243 Francesco Solimena, Boreas und Orithyia

aufgelöst, daß es schwer wird, sie als einzelne Individuen herauszufinden.

Solimena hat hier viel bei Preti gelernt, von dem er auch die dramatische Verwendung des Lichts, die Verteilung von Hell-Dunkel-Zonen übernahm. Bei Giordano sah er, wie das kompakte Figurengefüge erst, wenn es der Freiheit des Raums überantwortet wird, Pathos und rauschendes Leben gewinnt. Solimenas Beitrag zu allem bereits Vorgegebenen und Vorhandenen war eine auf der Sicherheit der Zeichnung beruhende Plastik schöner Körperformen. Durch reiches Licht- und Schattenspiel hebt er plastische Verschiebungen hervor, wodurch zwar der Tumult an Formen und Bewegung noch verstärkt, aber doch auch wieder geordnet wird. Die Farbigkeit ist im ganzen kühl, von Schatten

transparent durchkreuzt, dem Element der Luft und dem Raum zugeordnet.
Es versteht sich, daß eine solche Malerei für große dekorative Aufgaben, wie sie Solimena etwa in seinen Fresken in Neapel lösen konnte, besonders geeignet war. Durch die weite Verbreitung seiner zahlreichen Staffeleibilder gewann er unter anderem auch in Venedig großen Einfluß, was man den frühen Werken des Piazzetta und des Tiepolo deutlich ansieht.
Für Wien und die hiesige Malerei war Solimena aus einem besonderen Grund nicht ohne Bedeutung. Als Folge des Spanischen Erbfolgekriegs wurde Neapel 1714 österreichisch und blieb es bis 1738. Kaiser Karl VI. ließ den Neapolitaner Maler anläßlich der Neuordnung der Gemäldegalerie in der Stallburg nach Wien kommen und beauftragte ihn, dieses Ereignis in einem repräsentativen Bild zu verewigen (1728). Auch »Boreas und Orithyia« ging auf den Auftrag des Kaisers zurück. Damals malte Solimena in der Kapelle des Schlosses Belvedere, dem Sitz Prinz Eugens von Savoyen, auch das Bild des Hauptaltars. Es versteht sich, daß die österreichische Barockmalerei den Eindruck, den die Bilder Solimenas hinterließen, widerspiegelt.
Nicht weniger bedeutungsvoll für die Malerei des 18. Jahrhunderts wurde die Person des Bolognesen *Giuseppe Maria Crespi* (1665–1747), eines Zeitgenossen von Solimena. Er kam zwar aus der Schule der oben erwähnten kalten, glatten Akademiker wie Cignani, seinen davon völlig verschiedenen eigenen Stil verdankte er aber den Werken Guercinos. Bei Studienreisen, vor allem nach Venedig, lernte er den neuartigen Kolorismus kennen, wie er dort um 1690 durch Maler wie Mazzoni geübt wurde.
Die beiden Gemälde *Äneas, die Sibylle und Charon* und das Abb. 244
Gegenstück »Der Kentaur Chiron lehrt den jungen Achilles Bogenschießen« (um 1700) stammen aus der Sammlung des Prinzen Eugen und hingen ursprünglich als Supraporten über Türen. Daraus erklärt sich die Unteransicht, die besonders beim »Chiron« auffällig ist. Auch die Thematik scheint mit der Person des Prinzen zusammenzuhängen. Zwei große antike Helden des Trojanischen Krieges aus den Epen Homers und Vergils werden darin vorgestellt. Die Allegorik des Barock setzte Fürsten gern mit antiken Helden gleich.
In der einen Darstellung steigt Äneas, der Trojaner und Gründer

244 Giuseppe Maria Crespi, Äneas, die Sybille und Charon

Roms, mit Hilfe der Sibylle in die Unterwelt, um seinen verstorbenen Vater Anchises zu besuchen. Der Fährmann Charon führt sie beide über den Styx. Die Stimmung dieser Szene, die Vergil in der »Aeneis« so poetisch schildert, ist sehr beeindruckend wiedergegeben. Das unheimliche Halbdunkel, in dem das Gesicht des Helden fast verschwindet, der mächtige Fährmann und die schöne Zauberin in leuchtend silbriggraublauem Kleid, die Haare verhüllt wie eine Priesterin, in der Hand den goldenen Zweig, Schlüssel zur Unterwelt. Die andere Hand reicht sie Äneas, um ihn – wie Dante den Vergil – in die schaurige Tiefe zu führen.
Das andere Bild zeigt den Pferdemenschen Chiron, dem man große Weisheit nachsagte und der den jungen griechischen Helden Achilles in allen Künsten unterwies – nicht nur im Kriegshand-

werk und in der Jagd, sondern auch, wie die verschiedenen Attribute zeigen, in der Astronomie und in der Mathematik, in der Medizin und in der Botanik. Auch hier steht die Szene im weichen graubräunlichen Halbdunkel, nur von einem Lichtstrahl erhellt. Aber hinter den beiden kompositionell sehr durchdacht verschränkten Figuren öffnet sich ein weiter unbestimmter Landschafts- und Himmelsraum. Die Perspektive macht dieses Bild, mehr noch als sein Pendant, fast schon zu einem Deckenbild, das auch dekorativen Ansprüchen gerecht werden muß.

Wenn auch der Kolorismus, der lebendige flüchtige Pinselstrich ohne Venedig nicht denkbar wären, so wird gerade in diesen Bildern doch auch eine Erinnerung an Correggio und Barrocci bemerkbar. Aber fast noch auffälliger ist ein gewisser, leiser Anklang an die holländische Malerei der Rembrandtzeit: die Art, wie etwa Äneas, die Hauptperson, im Schatten steht, die Sibylle und die beiden ineinandergelegten Hände dagegen im Licht, verleiht der Szene Spannung und Bedeutsamkeit, wie man sie in der italienischen Malerei in dieser besonderen Art sonst nicht kennt. Auch der junge Achilles erinnert von weitem an holländische Vorbilder, die allerdings auch über deutsche Rembrandtschüler nach Italien hätten vermittelt werden können. Schließlich hat Crespi auch einige Genrebilder gemalt, die ohne die Kenntnis holländischer Vorbilder kaum erklärbar wären.

Die malerische Produktion dieser Zeit war freilich bereits so unübersehbar und durch Stiche oder durch den Kunsthandel überall so bekannt, daß es fast unmöglich ist, die zahllosen Einflüsse, denen ein Künstler ausgesetzt war, genau zu bestimmen. Was an Crespis Bildern »holländisch« anmutet, kann auch auf anderem Weg zustande gekommen sein. Sicher ist allerdings, daß die beiden Bilder – trotz der klassischen Thematik und trotz ihres repräsentativen Charakters – einen für italienische Barockbilder seltenen Gefühlsgehalt aufweisen.

Echte Nachfolger seiner Kunst fand dieser originelle und phantasievolle Maler nicht in seiner Heimat Bologna, wohl aber in Venedig. Die Malerei Venedigs durchlief, wie gesagt, im 17. Jahrhundert eine Epoche der Schwäche, die, im nachhinein gesehen, wie eine Erholungspause wirkte. Denn im 18. Jahrhundert ersteht sie wieder voll Kraft, Vitalität und der Fähigkeit, den Vorstellungen des neuen Jahrhunderts Ausdruck zu geben. Das Erschei-

245 Sebastiano Ricci, Christus am Ölberg

nungsbild dieser Malerei ist ungemein komplex und reichhaltig und für die gesamte europäische Malerei des 18. Jahrhunderts tonangebend. Der Internationalität der venezianischen Malerei entspricht die seiner gesamten Kultur. Venedig war um die Zeit bereits eine kosmopolitische Stadt, in der sich Besucher aus allen Ländern trafen und in der festlichen, weltoffenen Atmosphäre Geist und Unterhaltung fanden. Daß sich unter der strahlenden Oberfläche längst das nahe Ende der ehrwürdigen Republik ankündigte, war zwar nicht den Besuchern, wohl aber den Bürgern dieser Stadt bitter gegenwärtig.
Einer der bedeutenden Maler Venedigs dieser Zeit war *Sebastiano Ricci* (1659–1734), Zeitgenosse Crespis und Solimenas. Ricci hatte auf vielen Reisen sämtliche künstlerischen Strömungen Europas kennengelernt, als er 1717 wieder nach Venedig zurückkehrte. Er war auch in Wien gewesen, wo er – wohl zur Dekoration für eines der kaiserlichen Schlösser – eine große dekorative Leinwand mit

einer Herkules-Szene hinterließ (1702/03, Sekundärgalerie). Der malerische Reichtum, der temperamentvolle spritzige Pinselstrich, der an den Konturen zehrt, sie manchmal fast auflöst, im Verein mit einer suggestiven luftigen Weiträumigkeit, die Platz läßt für das Spiel von Licht und Schatten, weist den Weg, den die venezianische Malerei nun gehen wird. Es ist der Weg zur großen dekorativen Malerei, auf dem die Intensität des Staffeleibildes dennoch nicht verlorengehen wird. Die subtilen und keineswegs oberflächlichen Effekte, die einem Maler wie Ricci einfallen, sieht man besonders einprägsam an seinem *Christus am Ölberg* (1730). Abb. 245
Das Bild lebt vor allem aus dem Kontrast zwischen zwei Lichtphänomenen: die Nacht des Ölbergs wird silbergrau vom Mond erhellt, Christus aber im Vordergrund wird in das gleißende Licht des vom Himmel stürzenden Engels getaucht. Die Apostel versinken schlafend in den Schatten der Nacht.

Der romantische Beleuchtungseffekt, mehr noch die nervöse und gleichzeitig fulminante Malweise erinnern an einen großen Zeitgenossen Riccis, an den Lombarden *Alessandro Magnasco* (1667 bis 1749). Auch er steht an der Wende des Jahrhunderts. Aus seiner Heimatstadt Genua brachte er noch die Erinnerung an die Werke der großen Flamen Rubens und van Dyck mit. Sein langer Aufenthalt in der Lombardei verschaffte ihm aber die Kenntnis der düsteren, ausdrucksvollen Hell-Dunkel-Malerei des Cerano und Morazzone. Auch kannte er die Stiche des Franzosen Callot. Die unheimliche Phantastik und Bizarrerie seiner Werke, die zwischen Volks-, unheimlichen Kloster-, Hinrichtungsszenen und wilden Landschaften wechseln, wird nicht nur durch Thema und Beleuchtung hervorgerufen, sondern vor allem durch den hektischen, zackig-eckigen, pastosen Pinselstrich. In seinen späten Werken, wie dem *Mahl der Einsiedler in der Höhle,* läßt dieser Pin- Abb. 246
selstrich die Figuren aus der allgemeinen braunen Finsternis überhaupt erst erstehen. In grellen Blitzen deutet er da einen Kopf, dort eine Hand, einen Fuß, ein weißes Tuch an. In früheren Werken, wie den »Wäscherinnen« (um 1725), deren Gesamtton noch nicht braun, sondern graugrün ist, läßt er in flüssigen, fahrig andeutenden Strichen die Szene, die landschaftliche Umgebung, das Wasser eher ahnen als wirklich erfassen.

Gerade dieser ungemein lebhafte, fast hektische Pinselstrich hatte es dem Venezianer Sebastiano Ricci und später auch seinem Nef-

246 Alessandro Magnasco, Mahl der Einsiedler in der Höhle

fen, dem Landschafter Marco Ricci, angetan. Freilich läßt er seinem Temperament nicht so die Zügel schießen – das malerische Handwerk, wenn auch im Dienst des Ausdrucks, steht nicht derart im Vordergrund.

An Magnasco, ebenso aber an Feti und G. M. Crespi, orientierte sich auch der Mantuaner *Giuseppe Bazzani* (1690–1769), wie seine
Abb. 247 *Verkündigung Mariae,* ein spätes Werk, erkennen läßt. Es ist gerade der Anteil Magnascos in seiner Kunst, der ihn für die österreichische Barockmalerei so vorbildlich werden läßt.

Bevor wir uns der hervorragendsten Erscheinung des venezianischen – ja überhaupt des ganzen italienischen – Spätbarock nähern, Giambattista Tiepolo nämlich, soll ein kurzer Blick auf die französische Malerei der Übergangszeit vom 17. zum 18. Jahrhundert eine Idee von der Situation in Frankreich geben. Die jahrhundertelange Rivalität zwischen dem habsburgischen Kaiserreich und

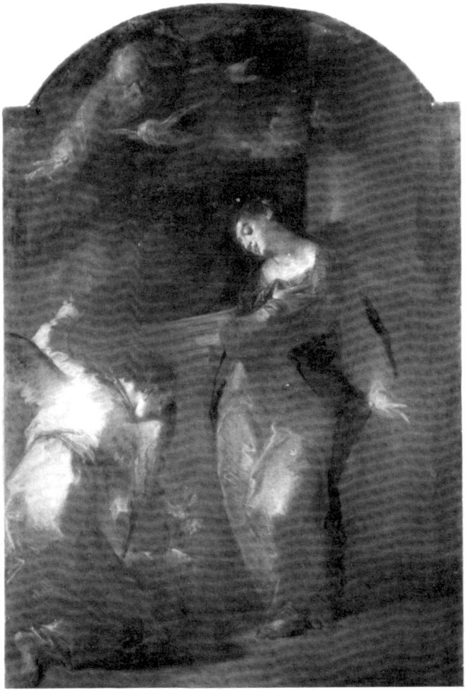

247 Giuseppe Bazzani, Verkündigung Mariae

der französischen Krone hatte sich auch auf das Sammeln französischer Kunst negativ ausgewirkt. Daher stehen nur wenige Bilder zur Verfügung, die aber dennoch eine allgemeine Vorstellung geben können.

Einer der berühmtesten Maler dieser Epoche war *Hyacinthe Rigaud* (1659–1743), Hofmaler und Porträtist des Sonnenkönigs Ludwig XIV. Seine im Bild wiedergegebene Auffassung des Menschen entspricht der Meinung, die der französische König von seiner absoluten Würde, seinen Machtansprüchen, seiner Verantwortung, die sich auch auf Kultur und Kunst ausdehnten, hatte. Die offiziellen Bildnisse, die Rigaud zu malen hatte – so das Bildnis des bedeutenden Politikers Graf *Philipp Wenzel von Sinzendorf* (1671–1742), kaiserlicher Gesandter am französischen Hof, später oberster Hofkanzler und kaiserlicher Gesandter am Kon- Abb. 248

248 Hyacinthe Rigaud, Philipp Wenzel von Sinzendorf

greß von Utrecht –, waren nach dem Bild des Königs orientiert (1728).

Der Graf erscheint im prachtvollen, violett schillernden Rot der Ordensrobe des Goldenen Vließes, das ihm 1712 verliehen worden war. Und dieser Ornat – Zeichen seiner Würde – nimmt auch als besondere Auszeichnung seiner Person, die ihm von Kaiser Karl VI. zuteil wurde, drei Viertel der Bildfläche ein. Das Gesicht unter der großen Allongeperücke hat ebenfalls mehr Würde als Ausdruck. Dennoch verrät das Bild unter aller glatten und virtuosen Malerei den großen Eindruck, den die Malerei des Rubens auf Rigaud gemacht hat. Er kannte sie vor allem von der sogenannten Medici-Serie her, die Rubens für Maria de' Medici, Mutter König Ludwigs XIII., vor rund hundert Jahren gemalt hatte. Neben der pompösen, theatralischen Aufmachung, die Rigaud so zeitentsprechend seinen Figuren verlieh, wirkt das Porträt des Bürgermeisters von Paris, Boucher d'Orsay, von Nicolas de Largillière (1656 bis 1746) trotz aller hochbarocken Aufmachung fast bürgerlich. Und tatsächlich hatte sich Largillière lange in England bei Lely gebildet, der wiederum durch die vornehm-zurückhaltende Art van Dycks geformt worden war. Das machte Largillière zum Porträtisten des Großbürgertums, dessen Anspruch auf Repräsentation dem der Hocharistokratie einigermaßen nachstand. Antoine Watteau, der das große Zeitalter der französischen Malerei einleitete, wurde erst 1684 geboren. Damit ist er der etwas ältere Zeitgenosse der hervorragendsten Erscheinung am europäischen Malerhimmel des 18. Jahrhunderts, des Venezianers *Giambattista Tiepolo* (1696–1770).

Die beiden großen und repräsentativen Gemälde, die unsere Galerie von ihm besitzt, sind zwischen 1725 und 1730 entstanden. Von der vornehmen und einflußreichen Familie Dolfin hatte Tiepolo den Auftrag erhalten, den großen Salon des Palazzo Dolfin bei San Pantaleon in Venedig zu dekorieren und zudem den erzbischöflichen Palast des Patriarchen von Udine, der ebenfalls dieser Familie angehörte. Für den Palast in Venedig hatte er einen Zyklus von zehn großen Gemälden aus der römischen Geschichte auszuführen; zwei davon sind die Wiener Bilder. Ihr schmales hohes Format erklärt sich aus den Maßen der Wandabschnitte, an denen sie hängen sollten.

Aus den gemalten Schriftbändern lassen sich die dargestellten Szenen erschließen, nämlich der *Tod des Konsuls L. J. Brutus im* Abb. 249
Zweikampf mit Aruns und *Hannibal erkennt den Kopf seines* Abb. 250
Bruders Hasdrubal, den die römischen Sieger vor sein Zelt werfen.

Die Kompositionen sind mühelos dem hohen Format angepaßt. Das war besonders im Zweikampf des Brutus schwierig zu lösen. Aber gerade dieser Umstand scheint den Maler besonders inspiriert zu haben. Während Aruns, von der Lanze des Brutus tödlich getroffen, bereits auf dem Boden liegt, stürzt Brutus selbst, von der Lanze seines Gegners durchbohrt, vom Pferd herunter über ihn. Der prachtvolle Apfelschimmel bäumt sich hoch auf. Die Konfiguration der drei ineinander verflochtenen Körper, die aufs erste wie ein unlösbarer Knäuel wirken, gehorcht einer einfachen Grundstruktur: die beiden Lanzen, die Oberschenkel des Gefal-

249 Giambattista Tiepolo,
Tod des Konsuls L. J. Brutus
im Zweikampf mit Aruns

250 Giambattista Tiepolo,
Hannibal erkennt den Kopf
seines Bruders Hasdrubal

lenen, liegen in einer nach links weisenden steilen Diagonale. Die beiden Köpfe und das Pferd kreuzen sie in einer nach rechts führenden Diagonale, so daß gewissermaßen als Gerüst der Komposition ein Andreaskreuz dient. Die beiden Schilder sind innerhalb dieser Diagonalbewegungen retardierende Zäsuren. Die ausgestreckten Arme der beiden Kämpfer geben die gegenüberliegenden Seiten eines geneigten und auf der Spitze stehenden Rhombus an. Eine geniale und scharf durchdachte Komposition, die als formale Lösung an den berühmten »Raub der Töchter des Leukippos« (München) von Rubens erinnert. In einem solchen Bild hält sich die dekorative Absicht noch im Hintergrund, es könnte für sich

251 Gian Domenico Tiepolo, Venezianische Postbarke

allein bestehen, ohne Teil eines übergeordneten Gesamtkonzepts sein zu müssen.

Die feste Plastizität der Körper, das bräunliche Hell-Dunkel mit den einerseits blau-gelben, andererseits roten Akzenten läßt die Schulung des jungen Tiepolo an den Werken des etwas älteren Piazzetta erkennen. Der auch vom Thema geforderte dramatische Impetus Tiepolos ist viel stärker und drängender als je im Werk Piazzettas, die bildnerische Phantasie breiter und ungestümer, gewissermaßen schon angelegt auf die außerordentlichen Aufgaben der Zukunft, die ihn als großen Freskanten bis in die Residenzen von Würzburg und Madrid führten. Sein Stil änderte sich allmählich in Richtung einer strahlenden Licht- und Luftmalerei, deren Schönheit hierin und auch in anderer Hinsicht an Veronese erinnert, so bei seinem Frauentypus. Daß dem freien Raum, dem leichten hohen Himmel in den Fresken Tiepolos ein wichtiger Anteil zufallen wird, kann man schon vor den beiden Dolfin-Bildern ahnen. Hinter dem steigenden Schimmel wölbt sich der blaue Himmel mit weißen Sommerwolken, nur halb verdeckt vom Schlachtenrauch. Die Reihe der Zelte im »Hannibal« zieht jäh einen Abhang hinunter und läßt einen Abendhimmel im gelben Licht aufsteigen, der gleichsam als Sieger über die grausame Szene triumphiert.

Angesichts der überzeugenden künstlerischen Kraft und Schönheit

252 Corrado Giaquinto, Die Anbetung der Könige

solcher Werke erfüllt es auch den heutigen Betrachter fast mit Trauer, daß in Madrid der alte Tiepolo, 1764 beauftragt, im königlichen Palast mehrere Decken zu freskieren, dem Klassizismus des eine Generation jüngeren Deutsch-Römers Raffael Mengs (1728–1779) weichen mußte. Erst viel später rettete der letzte große spanische Maler, Francisco Goya (1746–1828), die große Kunst des Venezianers in das nächste, das 19. Jahrhundert, das dann wieder einiges damit anzufangen wußte. Die »Heilige Katharina von Siena« aus der späteren Zeit Tiepolos, in der Farben und malerischer Vortrag leicht und licht sind, und noch mehr die hübsche *Postbarke* – die damals zwischen Venedig und Mestre
Abb. 251 verkehrte – von Tiepolos Sohn *Gian Domenico* (1727–1804) lassen bereits die Malerei Goyas vorausahnen.

Stellt man die Gemälde Tiepolos sowie Solimenas »Raub der Orytheia« und den »Christus am Ölberg« von Sebastiano Ricci, alle gegen 1730 entstanden, einander gegenüber und frägt man sich, wie ein Gemisch aus der künstlerischen Vision dieser drei

Meister wohl aussehen mag, so gibt die *Anbetung der Könige* des Neapolitaners *Corrado Giaquinto* (1703–1765) Antwort auf diese Frage. Sie ist ein gelungenes, ungemein reizvolles Gemisch aus Venedig und Neapel, spritziger und charaktervoller, als die venezianischen Nachfolger des Sebastiano Ricci und G. B. Tiepolo, wie etwa Pellegrini und Pittoni, es zusammengebracht hätten. Abb. 252

Neben der großen offiziellen Malerei eines Piazzetta und Tiepolo gab es aber auch die kleinformatige, nahsichtige, die den privaten Geschmack befriedigte. Dazu gehörten Landschaften wie die phantasievollen Bilder der Marco Ricci (1676–1729), einem Neffen des Sebastiano, die oft nahe an die Magnascos herankommen, oder die etwas oberflächlichen, am französischen Geschmack orientierten, aber sehr hübschen Bilder des vielgereisten Francesco Zuccarelli (1702–1778).

Außerdem aber gab es die Vedutenmalerei. Innerhalb ihrer Art kann sie denselben hohen Rang beanspruchen wie die Kolossalgemälde Tiepolos.

Die venezianische Vedutenmalerei hat eine lange Vorgeschichte, die wohl die Ursache dafür ist, daß sie im 18. Jahrhundert zu so qualitätsvoller Höhe aufsteigen konnte. Sie hatte sich aus den Aufträgen der Republik entwickelt, große feierliche Feste, die sich ja immer auf den Plätzen und an den Kanälen der Stadt, vor allem vor San Marco, abspielten, zu verewigen. In ähnlicher Weise ließen die »Scuolen«, religiöse Bruderschaften, bedeutende Ereignisse darstellen. Gentile Bellini und Vittore Carpaccio haben in der zweiten Hälfte des 15. Jahrhunderts die schönsten Beispiele dieser Bildgattung geschaffen. Aber auch die großen Maler der Hochrenaissance: Giorgione, Tizian, Sebastiano del Piombo, an deren Bildern die Landschaft sehr oft einen großen Anteil hatte, ließen dann und wann im Hintergrund wie eine Traumstadt Venedig erscheinen, wie sie der heimkehrende Seefahrer von Ferne aus der Lagune auftauchen sah: die Piazzetta, den Dogenpalast, die Kuppeln von San Marco, den Campanile – das Herz Venedigs. Wie die Landschaft, so war auch die Stadtlandschaft, die Vedute, für venezianische Maler im 17. Jahrhundert noch kein eigenes Thema. Es war daher auch ein Deutscher, Josef Heintz d. J. (um 1600–1678), Sohn des bekannten Malers aus dem Kreis um Kaiser Rudolf II., der 1648 eine Serie von festlichen Ereignissen malte, die sich auf den Plätzen der Stadt abspielten. Da-

253 Gaspar van Wittel, gen. Vanvitelli, Die Tiberinsel in Rom

nach erschien der Holländer *Gaspar van Wittel* (1653–1736), der wie Gerrit Berckheyde oder Jan van der Heyden aus der Tradition holländischer Stadtmaler herkam. Er hatte sich schon früh in Rom niedergelassen, denn Papst Clemens X. wollte den Tiber von Perugia bis zum Meer schiffbar machen, und van Wittel – der seinen Namen übrigens in Vanvitelli italianisiert hatte – sollte die Untersuchungen, die ein holländischer Ingenieur anstellte,
Abb. 253 illustrieren. Die *Tiberinsel in Rom* (1685) stehe als Beispiel für seine Malerei. Seine Reisen führten ihn 1694/95 auch nach Venedig, 1697 ist sein erstes Bild mit dem klassischen Blick vom Bacino auf die Piazzetta datiert. Wenig später beginnt der ansässige Maler Luca Carlevaris (1663–1729) ebenfalls Veduten dieser Stadt zu malen.

Das war ungefähr die Situation, als Antonio Canale, genannt *Canaletto* (1697–1768), die Szene betrat. Er kam aus einer Familie von Theater- und Bühnenmalern und hatte in seiner Jugend bei mehreren Inszenierungen, so auch bei Melodramen von Antonio Vivaldi mitgewirkt. Auf die Dauer genügte ihm diese Arbeit aber nicht, er wollte »nach der Natur« arbeiten. Nach einer Romreise kehrte er 1720 wieder nach Venedig zurück. Als Bühnenmaler beherrschte er die Theorie der Perspektive samt Anwendung der »camera obscura«« ohnedies besser als die ansässigen Vedutisten. Dazu kam nun seine in Rom gebildete Vorstellung

254 Antonio Canale, gen. Canaletto, Die Riva degli Schiavoni in Venedig

von der durch den Menschen geformten Natur, die er – ähnlich wie Marco Ricci – in romantischer Weise umsetzte und damit das wissenschaftlich präzise Skelett seiner Bilder malerisch verkleidete. Mit der Zeit nahm die Präzision seiner Bilder zu, ohne daß die Malerei deshalb trocken geworden wäre.

Aus seiner besten Zeit (um 1738/1740) stammen die beiden Ansichten der Dogana und der *Riva degli Schiavoni.* Es lohnt die Abb. 254
Mühe, zu untersuchen, wie es der Maler angestellt hat, seinen Bildern ein so strahlendes Licht, ein solches Leuchten und Glitzern zu verleihen. Das kommt nicht nur vom blauen Himmel, der sich im Wasser spiegelt, oder der Sonne, die auf den Häuserfronten liegt. Es wird vielmehr von unzähligen winzigen hellen Punkten und kleinen Flecken verursacht, die mit spitzem Pinsel Köpfen, Gesichtern, Ärmeln, Schiffen, Segeln, Wellen, Kuppeln, Dächern, Mauern und Rauchfängen aufgesetzt sind und in ihrer Gesamtheit das gleiche Glitzern hervorrufen, das in Wirklichkeit das

Sonnenlicht erzeugt, wenn es sich an unzähligen kleinen Wellen der Lagune bricht, flimmernd auf die Stadt zurückstrahlt und jeden Fleck im Licht tanzen läßt. Den Betrachter befriedigt es ganz besonders, daß trotz aller Lichtreflexe kein Detail übergangen oder unterdrückt wird, daß man die Riva entlangschlendern, in grünüberwachsene Balkone spähen, über den Rücken einer Holzbrücke steigen und mit dem Blick in den wirren Masten und Seilen der Segelschiffe hängen bleiben kann, sich aber dabei dennoch nichts von der Feierlichkeit des herüberragenden Campanile und des Dogenpalastes entgehen lassen muß.
Nur in holländischen Bildern des 17. Jahrhunderts geht man in ähnlicher Weise gern spazieren, fühlt man ebenso den hohen Himmelsraum und die Verheißung des Meeres. Vielleicht konnte nur – bei größter Verschiedenheit aller sonstigen Voraussetzungen – die enge Verwobenheit von Meer, Land und Stadt mit ihrer Vielfalt an menschlichen Tätigkeiten im Norden wie im Süden ein ähnliches Gefühl von Nähe und Weite gleichzeitig aufkommen lassen.
Der Neffe Antonio Canales, *Bernardo Bellotto* (1721–1780), machte die Vedutenmalerei, die sein Onkel geschaffen hatte, in Mitteleuropa bekannt. Schon Canale war lange in England gewesen, wo er ein besonders verständnisvolles Publikum gefunden hatte. Bernardo aber hatte nach seiner Lehrzeit in Venedig und einigen Reisen nach Rom und Oberitalien 1747 die Heimat endgültig verlassen. Nacheinander war er zuerst an den Höfen von Dresden, Wien, München und Warschau tätig. Anfänglich, noch in Venedig, sind seine Arbeiten von denen seines Onkels kaum zu unterscheiden, seine Arbeitsmethode mit der »camera obscura« – die genaue zeichnerische Vorbereitung – ist dieselbe geblieben. Erst später wird der Unterschied – den Aufträgen und der Umgebung gemäß – eindeutig merkbar.
Bellotto verließ Dresden, das den Ereignissen des Siebenjährigen Kriegs gefährlich nah war, und zog 1758 nach Wien, wo er bis 1761 blieb. Vor allem von Kaiserin Maria Theresia, aber auch von den Fürsten Liechtenstein und Kaunitz beauftragt, hatte er die Aufgabe, Wien und die großen Residenzschlösser zu malen. Überdies malte er, offenbar auf eigene Initiative, Ansichten der Inneren Stadt.
Bellottos Veduten haben, wohl auch auf Wunsch der Auftrag-

255 Bernardo Bellotto, Wien, vom Belvedere aus gesehen

geber, ein größeres und repräsentativeres Format als die seines Onkels. Obwohl – in breiter und flüssiger Manier – auch in ihnen die Lichtmalerei Canales weitergeführt wird und die bekannten Flecken und Punkte lebendige Lichteffekte hervorrufen, entsteht insgesamt nicht der Effekt der älteren Bilder. Das liegt unter anderem wohl auch an dem weniger hellen und intensiven Licht der nördlich der Alpen gelegenen Städte. Der genau beobachtende, sich immer wieder an der Wirklichkeit orientierende Italiener mußte den Unterschied deutlich empfinden. Seine Bilder wirken daher trotz Sonne und blauem Himmel weitaus kälter als die seines Onkels.

Die großen Veduten, wie *Wien,* die Schlösser »Schönbrunn« und »Schloßhof« und die »Ruine Theben« sind nicht nur Schloß-, sondern auch Parkansichten, die fallweise in die Landschaft übergehen, was den besonderen Reiz dieser Bilder ausmacht. Bei den »Ansichten von Schloßhof« scheint den Maler überhaupt die in die ungarische Ebene übergehende Umgebung des Schlosses mehr interessiert zu haben als das Schloß selbst. Die melancholische Donaulandschaft hinter der Ruine Theben unter bewölktem Himmel – das Schloß ist weit in der Ferne kaum noch sichtbar – gehört zu seinen Abb. 255

256 Bernardo Bellotto, Der Universitätsplatz in Wien

schönsten Landschaftsimpressionen, in denen die Farbigkeit durch das Grün der Landschaft bestimmt wird.

Abb. 256 Weiters ist vor allem in den Ansichten der Innenstadt auffallend, wie sehr er große Schatten in die Gesamtkomposition einbezogen hat. Anders als in Dresden und dann in Warschau, fand er in Wien eine bereits fertige, schon zu Anfang des Jahrhunderts entstandene Barockstadt vor, die an manchen Stellen wohl an italienische Städte – wie Genua oder auch Rom – erinnern mochte. Ihre schweren Paläste und Kirchenfassaden, die hohen schmalen Bürgerhäuser verdunkeln die engen Gassen und Plätze. Die ernste Schwere dieser Stadtlandschaft monumentalisierte der Maler noch überdies durch breite dunkle Schattenzonen, die Plätze und Gebäude dramatisch durchschnitten und große zusammengehörige Bildeinheiten schufen. Man wird an die düsteren römischen Architekturphantasien in den Stichen des Architekten G. B. Piranesi (1720–1778) erinnert, die aus der gleichen Zeit stammen. Bellotto läßt freilich solche – aus Spätbarock und Romantik geborenen –

257 Francesco Guardi, Wunder des hl. Hyazinth

Effekte nicht überwiegen. Die schattigen Schluchten der engen Gassen und Plätze sind dicht bevölkert von einem betriebsamen bunten Gewimmel, das vom einfachen Bauer, der seine Waren in der Stadt anbietet, bis zum geschäftigen Bürger und zum kirchlichen und höfischen Gepränge reicht und so alle Stände umfaßt. In solchen Bildern gehen rationaler Geist und spätbarockes Licht- und Formempfinden unvermerkt ineinander über. Zur gleichen Zeit war auch G. B. Tiepolo mit seinen großen dekorativen Fresken in Würzburg und Madrid beschäftigt.
Aus der Welt der offiziellen dekorativen venezianischen Malerei stammt *Francesco Guardi* (1714–1793), jüngerer Sohn einer aus dem Trentino nach Venedig gezogenen Malerfamilie. Die Eltern Francescos hatten sich übrigens in Wien kennengelernt, wo auch der älteste Sohn Gianantonio geboren wurde. Die schon in Venedig geborene Tochter wurde die Gattin Tiepolos; zusammen mit seinem älteren Bruder, dem Haupt der Werkstatt, widmete sich Francesco zunächst wie dieser der figuralen Malerei. Eines der

258 Francesco Guardi, Das Tor zum Arsenal in Venedig

Abb. 257 wenigen erhaltenen Bilder dieser Periode ist das *Wunder des hl. Hyazinth,* der seine Mitbrüder beim Einsturz einer Brücke über den Dnjepr vor dem Ertrinken errettete. Man weiß, daß das Bild 1763 für San Pietro Martire in Murano in Auftrag gegeben wurde. Die aus der Manier von Magnasco und Marco Ricci entwickelte Malerei bringt doch auch wieder neue Varianten. Die Form, fast ohne Zeichnung, ist in Flecken aufgelöst, die nervös vibrierende Farbimpressionen vermitteln, in denen die Körper alle Schwere verlieren und sich in Licht und Farbe auflösen. Aber schon damals wandte sich Francesco der Vedutenmalerei zu, die schließlich sein eigentliches Fach wurde.

Der »Markusplatz in Venedig« mit der Holzarchitektur für die
Abb. 258 »Festa della Sensa« am Himmelfahrtstag sowie das *Tor zum Arsenal in Venedig* sind um 1777 gemalt und stammen aus seiner besten Zeit. Das geometrische strenge Bildgerüst, das in frühen Veduten noch an Canale erinnert, ist bereits ganz aufgelöst, zerlegt in helle Flecken und zitternd in der warmen Luft, das Wasser ist ein glatter öliger Spiegel ohne Wellen, die Farben – Rosa-Graugrün-Silbrig – sind Impressionen, nicht Farben, die einem

259 Pompeo Batoni, Kaiser Josef II. und sein Bruder Leopold, Großherzog von Toskana

Körper anhaften, und die Personen bestehen vollends nur noch aus genial hingeworfenen Farbandeutungen. Tiefe Schatten unterbrechen hie und da die lichtflimmernde Bühne. Die Impressionisten des folgenden Jahrhunderts werden sich an diese Bilder erinnern.

Während in Venedig die Malerei des Spätbarock noch Höhepunkte erreichte, die gleichzeitig schon Ende und Erfüllung einer jahrhundertelangen malerischen Tradition bedeuten, in der bis zum Schluß die Imaginationen eines Bellini, eines Tizian, eines Veronese und Tintoretto gegenwärtig waren, brachte 1755 der deutsche Philosoph und Archäologe Johann Joachim Winckelmann (1717–1768) seine »Gedanken über die Nachahmung der griechischen Werke in Malerei und Plastik« heraus. Im Jahr

260 Josèphe Sifrède Duplessis, Christoph Willibald von Gluck am Spinett

darauf ging er nach Rom und wenig später wurde er zum Inspektor der römischen Altertümer ernannt. Von nun an sollte das Ideal des Schönen nur mehr vom Ebenmaß der griechischen Kunst bestimmt werden, die »abstrusen« Phantasien des Barock waren abzulehnen. Rom, die Stadt der antiken Altertümer, war der Boden, in dem ein neuer Klassizismus aufblühen sollte. Während man sich in Venedig noch den malerischen Phantasien eines Tiepolo und Guardi verschrieb, hatte in Rom schon zu Beginn des 18. Jahrhunderts mit Maratta die Entwicklung der Barockmalerei ein Ende gefunden. Bezeichnenderweise wurde sein Stil durch einen in Venedig geschulten Meister, Francesco Trevisani (1656 bis 1746) nämlich, noch eine Zeitlang am Leben erhalten.
In der zweiten Hälfte des Jahrhunderts machten sich die Theorien

261 Anton Raffael Mengs, Bildnis der Infantin Maria Ludovica

der klassizistischen Ästhetik in Rom immer deutlicher bemerkbar und beeinträchtigten die freie künstlerische Vision, die freilich von selbst schon suspekt geworden war. Die Schwäche der römischen Malerei erkennt man an Bildern von der Unbeseeltheit der 1773 gemalten »Heimkehr des verlorenen Sohnes« von *Pompeo Batoni* (1708–1787). Das Können Batonis konnte sich nur im Porträt entfalten. Dort wurde er, wie etwa in dem Doppelporträt von *Kaiser Josef II. und seinem Bruder Leopold, Großherzog von Toskana* (1769) seiner Aufgabe gerecht. Die Theorien des Klassizismus und die Maximen der Aufklärung treffen sich in der Person Kaiser Josefs II., der sich in diesem Bild weniger als Fürst, denn als Verfechter des Zeitalters der Vernunft sehen wollte. Eleganter und lebhafter ist der Klassizismus des Franzosen

Abb. 259

262 Jacques Louis David, Napoleon am St. Bernhard

Josèphe Sifrède Duplessis (1725–1802), der in Rom bei Subleyras
Abb. 260 gelernt hatte. Das Porträt des Komponisten *Willibald Gluck* malte
er 1775 bei dessen Aufenthalt in Paris, wohin ihn Königin Maria
Antoinette, Schwester Josefs II. und ehemalige Schülerin Glucks,
zur Uraufführung seiner »Iphigenie« eingeladen hatte.

Echtestes Kind des Klassizismus ist jedoch der Deutsch-Römer *Anton Raffael Mengs* aus Aussig (1728–1779), das Künstler-Pendant zu Winckelmann. Sein Ideal war Raffael, was man dem »Madonnenbild« (um 1770) deutlich ablesen kann. Wie schon angeführt, wurde er Tiepolos Nachfolger in der Dekoration des königlichen Palastes in Madrid. So hatte sich der Geschmack gewandelt! Ähnlich Batoni konnte er sein Talent an bescheideneren, gedanklich weniger belasteten Themen, wie dem Porträt, besser entfalten.

Das *Bildnis der Infantin Maria Ludovica,* Tochter Karls III., Königs von Spanien, und Gattin Kaiser Leopolds II. (1765) zeigt Würde und große malerische Raffinesse. Abb. 261

Einer der Söhne Maria Ludovikas war der spätere Kaiser Franz II. (I.) von Österreich. Die Laune des Geschicks machte Napoleon I. zu seinem Schwiegersohn. *Jacques Louis David* (1748 bis 1825), erster Maler Bonapartes, verewigte ihn in Siegerpose auf den Spuren Hannibals beim *Übergang über den St. Bernhard* (1801). Das kraftvolle Temperament Davids, inspiriert durch die heroische Persönlichkeit Napoleons, der nur in den Helden der Antike ein Vorbild fand, konnte die Ziele des Klassizismus viel eindeutiger ins Bild umsetzen als der theoretisierende Mengs. Abb. 262

Wie Aufklärung und Französische Revolution dem Rokoko in Geistesleben und Politik ein Ende gemacht hatten, so machte es der Klassizismus in der Kunst. Die großen Umwälzungen setzten nicht nur Kriege in Bewegung. Nur um ein einziges Jahr jünger als David ist Goethe. Und das heroische Reiterbild Bonapartes, in dem noch die »Gloria Romanorum« römischer Vorbilder bis zu Poussins »Titus« in der »Einnahme des Tempels von Jerusalem« stecken, trägt bereits alle Merkmale der Romantik, die in eine neue Zeit führt.

Wir sagten zu Anfang, daß die Entwicklung der Kunst Verwandlung von schon Dagewesenem und Vorhandenem sei, daß es unmöglich sei, etwas völlig Neues zu schaffen, da das scheinbar Neue nur aus der Erinnerung kommen kann. Die Bilder einer alten, großen Galerie, so fremd sie einander oft scheinen mögen, können dies bezeugen.

VERZEICHNIS DER ABBILDUNGEN

41 Wolf Huber, Jakob Ziegler, 58,5×44,3 cm
42 Hans Baldung Grien, Vanitas, 48×32,5 cm
43 Giorgione, Laura, 41×33,6 cm
44 Catena, Männerporträt, 79×59,5 cm
45 Giorgione, Knabe mit Pfeil, 48×42 cm
46 Giorgione, Die Drei Philosophen, 123,8×144,5 cm
47 Sebastiano del Piombo, Knabe mit Helm, 73×64 cm
48 Sebastiano del Piombo, Kardinal Rodolfo Pio, 71,5×57 cm
49 Raffael, Madonna im Grünen, 113×88,5 cm
50 Fra Bartolomeo della Porta, Darbringung im Tempel, 155×159 cm
51 Andrea del Sarto, Pietà, 99×120 cm
52 Tizian, Zigeunermadonna, 65,8×83,5 cm
53 Tizian, Kirschenmadonna, 81×99,5 cm
54 Tizian, Violante, 64,5×50,8 cm
55 Tizian, Bravo, 77×66,5 cm
56 Tizian, Der Arzt Parma, 88×75 cm
57 Palma Vecchio, Bad der Diana, 77,5×124 cm
58 Palma Vecchio, Santa Conversazione, 133×198 cm
59 Moretto, Hl. Justina, 200×139 cm
60 Lorenzo Lotto, Jüngling vor weißem Vorhang, 53,3×42,3 cm
61 Lorenzo Lotto, Mann mit Tierpranke, 95,5×69,5 cm
62 Lorenzo Lotto, Bildnis eines Mannes in drei Ansichten, 52×79 cm
63 Lorenzo Lotto, Madonna mit Kind und Heiligen, 113,5×152 cm
64 Dosso Dossi, Jupiter, Merkur und die Tugend, 112×150 cm
65 Correggio, Io, 162×73,5 cm
66 Correggio, Ganymed, 163,5×70,5 cm
67 Jan Gossaert, Hl. Lukas, die Madonna malend, 109,5×82 cm
68 Joachim Patinier, Taufe Christi, 60×76,5 cm
69 Joachim Patinier, Marter der hl. Katharina, 27×44 cm
70 Jan van Scorel, Darbringung Christi im Tempel, 114×85 cm
71 Maerten van Heemskerck, Vulkan, Venus und Mars, 96,5×99 cm
72 Hans Holbein, Bildnis des Dirk Tybis, 47,7×34,8 cm
73 Hans Holbein, Jane Seymour, 65,4×40,7 cm
74 Lukas Cranach, Drei sächsische Prinzessinnen, 62×89 cm
75 Tizian, Mädchen im Pelz, 95×63 cm
76 Tizian, Kurfürst Johann Friedrich von Sachsen, 103,5×83 cm
77 Parmigianino, Selbstporträt im Konvexspiegel, ∅ 24,4 cm
78 Parmigianino, Malatesta Baglione, 117×98 cm
79 Parmigianino, Bogenschnitzender Amor, 135×65,3 cm
80 Bronzino, Hl. Familie mit Anna und Josef, 124,5×99,5 cm
81 Tizian, Ecce Homo, 242×361 cm
82 Paris Bordone, Liebesallegorie, 110×176 cm
83 Tintoretto, Die Königin von Saba vor Salomon, 29×157 cm
84 Christoph Amberger, Christoph Baumgartner, 83×62 cm
85 Jan de Hemessen, Berufung des Matthäus, 114×137 cm
86 Pieter Aertsen, Marktbauern, 91×112 cm
87 Pieter Aertsen, Stilleben, 60×101,5 cm

88 Frans Floris, Das Jüngste Gericht, 162×220 cm
89 Antonis Mor, Kardinal Granvella, 107×82 cm
90 Antonis Mor, Königin Anna von Spanien, 161×110 cm
91 G. B. Moroni, Bildnis eines Bildhauers, 87,5×70 cm
92 G. B. Moroni, Bildnis eines Herrn, 88×70 cm
93 Tizian, Jacopo Strada, 125×95 cm
94 Tintoretto, Weißbärtiger Mann, 92,5×59,5 cm
95 Tizian, Diana und Callisto, 183×200 cm
96 Tizian, Nymphe und Schäfer, 149,6×187 cm
97 Tintoretto, Susanna im Bade, 146×193,6 cm
98 Tintoretto, Geißelung Christi, 118,3×106 cm
99 Jacopo Bassano, Die Anbetung der Könige, 92,3×117,5 cm
100 Veronese, Christus und die Blutflüssige, 102×136 cm
101 Veronese, Judith mit dem Haupt des Holofernes, 111×100,5 cm
102 Pieter Bruegel d. Ä., Kinderspiele, 118×161 cm
103 Pieter Bruegel d. Ä., Fasching und Fasten, 118×164,5 cm
104 Pieter Bruegel d. Ä., Der Turmbau von Babel, 114×155 cm
105 Pieter Bruegel d. Ä., Kreuztragung Christi, 124×170 cm
106 Pieter Bruegel d. Ä., Die Heimkehr der Herde, 117×159 cm
107 Pieter Bruegel d. Ä., Die Jäger im Schnee, 117×162 cm
108 Pieter Bruegel d. Ä., Der düstere Tag, 118×163 cm
109 Pieter Bruegel d. Ä., Bekehrung des Paulus, 108×156 cm
110 Pieter Bruegel d. Ä., Seesturm, 71×97 cm
111 Pieter Bruegel d. Ä., Bauernhochzeit, 114×164 cm
112 Pieter Buregel d. Ä., Bauernkirmes, 114×164 cm
113 Pieter Bruegel d. Ä., Der Vogeldieb, 59×68 cm
114 Giuseppe Arcimboldo, Sommer, 67×50,8 cm
115 Giuseppe Arcimboldo, Feuer, 66,5×51 cm
116 Lukas van Valckenborch, Winter, 117×198 cm
117 Lukas van Valckenborch, Landschaft mit Schmelzhütte, 76,5×107,5 cm
118 Lukas van Valckenborch, Fischer am Waldteich, 47×56 cm
119 Gillis van Coninxloo, Waldinneres, 56×85 cm
120 Bartholomäus Spranger, Triumph der Weisheit, 163×117 cm
121 Bartholomäus Spranger, Herkules und Omphale, 24×18 cm
122 Bartholomäus Spranger, Vulkan und Maja, 23×18 cm
123 Sanchez Coëllo, Don Carlos, 186×82,5 cm
124 Pantoja de la Cruz, Philipp III., 150×74,5 cm
125 Lukas van Valckenborch, Erzherzog Matthias, 198×98 cm
126 Joseph Heintz d. Ä., Erzherzog Maximilian Ernst, 191×105 cm
127 François Clouet, Karl IX. von Frankreich, 222×115 cm
128 Jan Brueghel d. Ä., Dorfstraße, 18×25,5 cm
129 Jan Brueghel d. Ä., Dorf am Fluß, 52×90,5 cm
130 Jan Brueghel d. Ä., Ölskizze mit Tieren, 34,2×55,5 cm
131 Roelandt Savery, Orpheus und die thrakischen Weiber, 35×49 cm
132 Jan Brueghel d. Ä., Großer Blumenstrauß, 98×73 cm
133 Joos de Momper, Große Gebirgslandschaft, 209×286 cm
134 Joachim Wtewael, Diana und Aktäon, 58×79 cm

135 Abraham Bloemaert, Judith mit dem Kopf des Holofernes, 34,5×44,5 cm
136 Federigo Barocci, Monsignore Giuliano della Rovere, 117×97,5 cm
137 Annibale Carracci, Christus und die Samariterin am Brunnen, 60,5×146 cm
138 Veronese, Christus und die Samariterin am Brunnen, 143×289 cm
139 Annibale Carracci, Pietà, 41×60 cm
140 Guido Reni, Taufe Christi, 263,5×186,5 cm
141 Annibale Carracci, Venus und Adonis, 217×246 cm
142 Francesco Albani, Büßende Magdalena, 117×95,5 cm
143 Michelangelo Merisi da Caravaggio, David mit dem Haupt des Goliath, 90,5×116 cm
144 Michelangelo Merisi da Caravaggio, Rosenkranzmadonna, 364×249 cm
145 Peter Paul Rubens, Vincenzo II. Gonzaga, 67×51,5 cm
146 Peter Paul Rubens, Verkündigung an Maria, 224×200 cm
147 Peter Paul Rubens, Kleine Beweinung, 40,5×52,5 cm
148 Peter Paul Rubens, Beweinung Christi durch Maria und Johannes, 107,5×111,5 cm
149 Peter Paul Rubens, Altar des Ignatius von Loyola, 535×395 cm
150 Peter Paul Rubens, Altar des Franz Xaver, 535×395 cm
151 Peter Paul Rubens, Die vier Weltteile, 209×284 cm
152 Peter Paul Rubens, Cimon und Efigenia, 208×282 cm
153 Abraham Janssens, Venus und Adonis, 200×240 cm
154 Paul de Vos, Das Paradies, 219×309 cm
155 Peter Paul Rubens, Haupt der Medusa, 68,5×118 cm
156 Giambattista Caracciolo, Christus am Ölberg, 147×121 cm
157 Giambattista Caracciolo, Maria mit Kind und der hl. Anna, 120×152 cm
158 Orazio Gentileschi, Büßende Magdalena, 163×208 cm
159 Giovanni Lanfranco, Paulus und Antonius aus Ägypten, 220×127,5 cm
160 Guercino, Heimkehr des verlorenen Sohnes, 106,5×143,5 cm
161 Carlo Saraceni, Judith, 90×79 cm
162 Giulio Cesare Procaccini, Büßende Magdalena, 53,5×47,5 cm
163 Cerano, Christus erscheint Petrus und Paulus, 274×184 cm
164 Domenico Feti, Flucht nach Ägypten, 73×82 cm
165 Domenico Feti, Hero und Leander, 41×97 cm
166 Johann Liss, Judith, 126×102 cm
167 Bernardo Strozzi, Lautenspieler, 92×76 cm
168 Peter Paul Rubens, Schlafende Angelika und der Eremit, 43×66 cm
169 Peter Paul Rubens, Gewitterlandschaft, 147×209 cm
170 Peter Paul Rubens, Ildefonsoaltar, Mitteltafel, 352×236 cm, Flügel je 352×109 cm
171 Peter Paul Rubens, Heilige Familie unter dem Apfelbaum, 353×233 cm
172 Peter Paul Rubens, Das Venusfest, 217×350 cm
173 Peter Paul Rubens, Der Schloßpark, 52,7×97 cm
174 Peter Paul Rubens, Das Pelzchen, 176×83 cm
175 Peter Paul Rubens, Selbstbildnis, 109,5×85 cm
176 Pietro da Cortona, Die Heimkehr der Hagar, 123,5×99 cm
177 Nicolas Poussin, Die Einnahme von Jerusalem durch Titus, 148×199 cm

178 Ludovico Cigoli, Die Beweinung Christi, 193,5×144,5 cm
179 Francesco Furini, Maria Magdalena, 69×59,5 cm
180 Jusepe de Ribera, Der junge Jesus unter den Schriftgelehrten, 129×175 cm
181 Jusepe de Ribera, Die Kreuztragung Christi, 144×198 cm
182 Hendrik Terbrugghen, Lautenspielerin, 71×85 cm
183 Frans Hals, Bildnis des Tieleman Roosterman, 117×87 cm
184 Anton van Dyck, Bildnis eines Feldherrn, 115,5×104 cm
185 Anton van Dyck, Samson und Dalila, 146×254 cm
186 Anton van Dyck, Die mystische Verlobung des seligen Hermann Joseph mit Maria, 160×128 cm
187 Anton van Dyck, Prinz Ruprecht von der Pfalz, 175×96,5 cm
188 Anton van Dyck, Prinz Karl Ludwig von der Pfalz, 175×96,5 cm
189 Anton van Dyck, Nicholaes Lanier, 111×87,6 cm
190 Rembrandt, Männliches Bildnis, 90×69 cm
191 Rembrandt, Weibliches Bildnis, 90×67,5 cm
192 Rembrandt, Die Mutter des Künstlers, 79,5×61,7 cm
193 Diego Velázquez, Infant Balthasar Carlos, 128,5×99 cm
194 Diego Velázquez, Infantin Margarita Teresa in Blau, 127×107 cm
195 Diego Velázquez, Infant Philipp Prosper, 128,5×99,5 cm
196 J. B. Martinez del Mazo, Die Familie des Künstlers, 148×174,5 cm
197 Rembrandt, Das große Selbstbildnis, 112×81,5 cm
198 Rembrandt, Das kleine Selbstbildnis, 48,8×40,6 cm
199 Rembrandt, Titus van Rijn, 70,5×64 cm
200 Jacob Jordaens, Das Fest des Bohnenkönigs, 242×300 cm
201 Guido Cagnacci, Der Selbstmord der Kleopatra, 140×159,5 cm
202 Pier Francesco Mola, Die Anbetung der Hirten, 75×100 cm
203 Carlo Maratta, Der Tod des hl. Joseph, 368×206 cm
204 Mattia Preti, Der ungläubige Thomas, 187×145,5 cm
205 Bernardo Cavallino, David spielt vor Saul, 65×105 cm
206 Salvator Rosa, Die Wiederkehr der Asträa, 138×209 cm
207 J. H. Schönfeld, Halt vor dem Gasthaus, 86×64 cm
208 Joachim von Sandrart, Minerva und Saturn beschützen Kunst und Wissenschaft, 146×202 cm
209 David Teniers d. J., Scheune mit Ziegen, 73,5×104 cm
210 Adriaen van Ostade, Bauernfamilie in einer Scheune, 36,4×47 cm
211 Jacques d'Arthois, Waldlandschaft mit Herde, 173×218 cm
212 Hendrick Avercamp, Winterlandschaft, 29,5×46,4 cm
213 Jan van Goyen, Blick über die Merwede auf Dordrecht, 103,5×133 cm
214 Aert van der Neer, Landschaft mit Dorf bei Mondschein, 57×76 cm
215 Isaak van Ostade, Gasthaus am Dünenrand, 107,5×153 cm
216 Jakob van Ruisdael, Der große Wald, 139×180 cm
217 Jan Both, Landschaft mit Merkur und Argus, 108×88 cm
218 Johannes Lingelbach, Carneval in Rom, 42,5×51,5 cm
219 Philips Wouwerman, Landschaft mit Erntearbeitern, 24×30 cm
220 Jan Siberechts, Die Furt, 115×90 cm
221 Andries van Ertvelt, Hafen mit Kriegsschiffen, 185×317 cm
222 Simon de Vlieger, Flottenbesuch vor Dordrecht, 71×92 cm

223 Rachel Ruysch, Ein Blumenstrauß, 100×81 cm
224 Daniel Seghers, Die Heilige Familie im Blumenkranz, 83×54,5 cm
225 Frans Snyders und Paul de Vos, Ein Fischmarkt, 225×365 cm
226 Jan Fyt, Stilleben mit totem Pfau und Eberkopf, 137,6×134,4 cm
227 Pieter Claesz, Vanitas-Stilleben, 39,5×60,5 cm
228 Cornelis de Heem, Frühstücksstilleben, 74×57,4 cm
229 Abraham van Beyeren, Frühstücksstilleben, 74×57,4 cm
230 Antonio de Pereda, Vanitas-Stilleben, 139,5×174 cm
231 Frans Francken und H. Vredeman de Vries, Gesellschaftsszene, 76×88,5 cm
232 David Teniers d. J., Erzherzog Leopold Wilhelm in seiner Galerie in Brüssel, 123×163 cm
233 Esaias van de Velde, Gastmahl im Schloßpark, 47×67 cm
234 Gerard Dou, Alte Frau am Fenster, 28,3×22,8 cm
235 Gabriel Metsu, Der Offizier und das Mädchen, 41×35 cm
236 Vermeer van Delft, Maler im Atelier, 120×100 cm
237 Gerard ter Borch, Die Apfelschälerin, 36,3×30,7 cm
238 Jan Steen, »Die verkehrte Welt«, 105×145 cm
239 Bartholomeus van der Helst, Damenbildnis, 86×67 cm
240 Adriaen van der Werff, Herrenbildnis, 47×39 cm
241 Luca Giordano, Michaelsaltar, 419×283 cm
242 Luca Giordano, David vor der Bundeslade, 76×63 cm
243 Francesco Solimena, Boreas und Oreithyia, 114×86,5 cm
244 Giuseppe Maria Crespi, Äneas, die Sibylle und Charon, 129×127 cm
245 Sebastiano Ricci, Christus am Ölberg, 59×76 cm
246 Alessandro Magnasco, Mahl der Einsiedler in der Höhle, 118,5×146,5 cm
247 Giuseppe Bazzani, Verkündigung Mariae, 158×109,5 cm
248 Hyacinthe Rigaud, Philipp Wenzel von Sinzendorf, 166×132 cm
249 Giambattista Tiepolo, Tod des Konsuls L. J. Brutus im Zweikampf mit Aruns, 383×182 cm
250 Giambattista Tiepolo, Hannibal erkennt den Kopf seines Bruders Hasdrubal, 383×182 cm
251 Gian Domenico Tiepolo, Venezianische Postbarke, 38×78,3 cm
252 Corrado Giaquinto, Die Anbetung der Könige, 54×73 cm
253 Gaspar van Wittel, gen. Vanvitelli, Die Tiberinsel in Rom, 48,5×98,5 cm
254 Antonio Canale, gen. Canaletto, Die Riva degli Schiavoni in Venedig, 46×63 cm
255 Bernardo Bellotto, Wien, vom Belvedere aus gesehen, 136×214 cm
256 Bernardo Bellotto, Der Universitätsplatz in Wien, 115,5×155,5 cm
257 Francesco Guardi, Wunder des hl. Hyazinth, 122×172 cm
258 Francesco Guardi, Das Tor zum Arsenal in Venedig, 29×45 cm
259 Pompeo Batoni, Kaiser Josef II. und sein Bruder Leopold, Großherzog von Toskana, 173×122 cm
260 Josèphe Sifrède Duplessis, Christoph Willibald von Gluck am Spinett, 99,5×80,5 cm
261 Anton Raffael Mengs, Bildnis der Infantin Maria Ludovica, 85×65 cm
262 Jacques Louis David, Napoleon am St. Bernhard, 246×231 cm

ÜBERSICHTSPLAN DER GEMÄLDEGALERIE

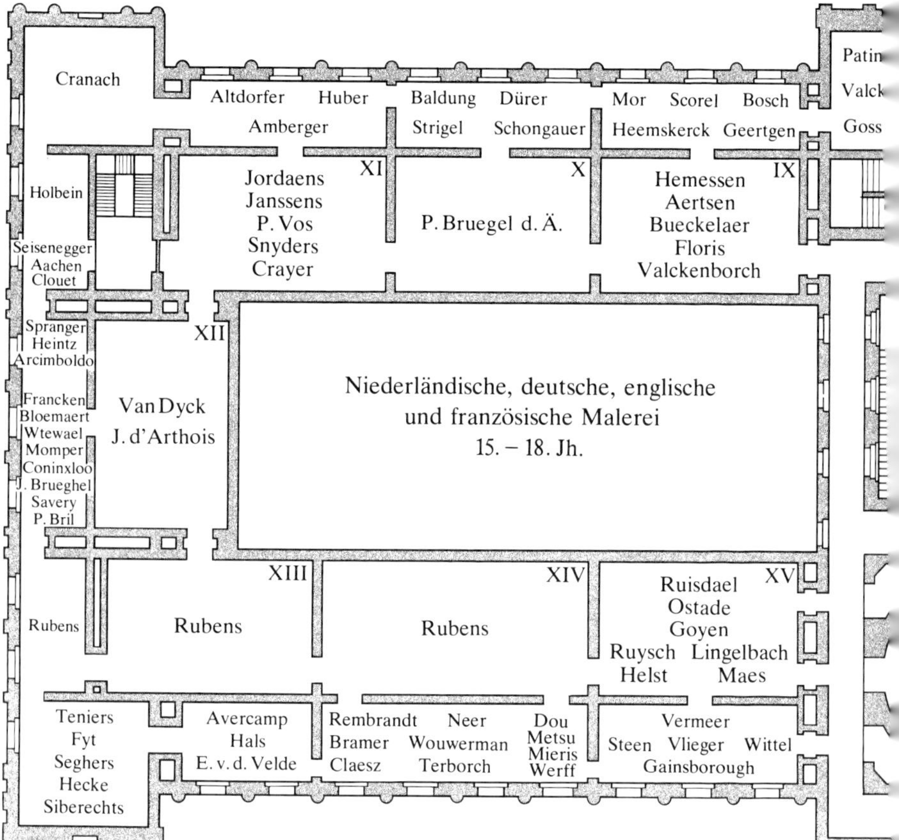

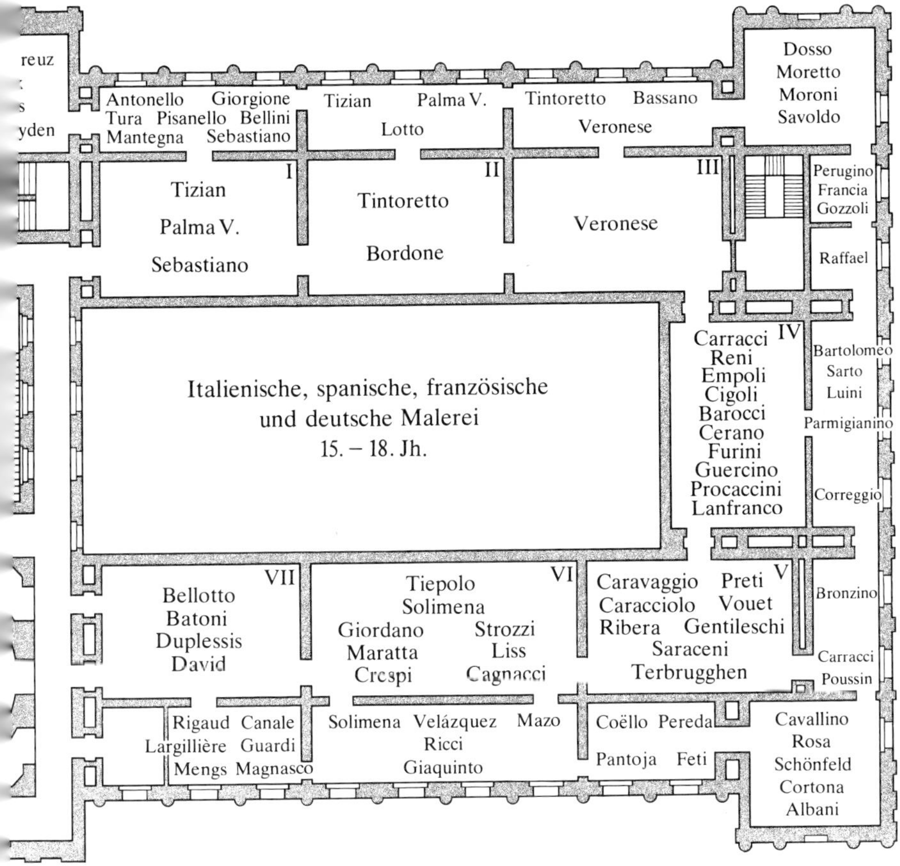

Antonello Giorgione
Tura Pisanello Bellini
Mantegna Sebastiano
Tizian
Palma V.
Lotto
Tintoretto
Bassano
Veronese
Dosso
Moretto
Moroni
Savoldo
I
II
III
Tizian
Palma V.
Sebastiano
Tintoretto
Bordone
Veronese
Perugino
Francia
Gozzoli
Raffael
IV
Carracci
Reni
Empoli
Cigoli
Barocci
Cerano
Furini
Guercino
Procaccini
Lanfranco
Bartolomeo
Sarto
Luini
Parmigianino
Correggio
Italienische, spanische, französische
und deutsche Malerei
15. – 18. Jh.
VII
Bellotto
Batoni
Duplessis
David
Tiepolo
Solimena
Giordano
Maratta
Crespi
Strozzi
Liss
Cagnacci
VI
Caravaggio
Caracciolo
Ribera
Preti
Vouet
Gentileschi
Saraceni
Terbrugghen
V
Bronzino
Carracci
Poussin
Rigaud
Largillière
Mengs
Canale
Guardi
Magnasco
Solimena
Velázquez
Ricci
Giaquinto
Mazo
Coëllo
Pantoja
Pereda
Feti
Cavallino
Rosa
Schönfeld
Cortona
Albani

KÜNSTLER-REGISTER

Die Ziffern bedeuten die Seitenzahlen

INHALT